精益管理与过程控制实战系列

零售业精益管理与过程控制

智慧零售助力零售业数字化转型

王丽丽 —— 编著

化学工业出版社

·北京·

内容简介

《零售业精益管理与过程控制——智慧零售助力零售业数字化转型》一书,从零售企业智慧化、图解零售企业之精益管理、图解零售企业之过程控制三个部分进行了详细的描述和讲解。零售企业智慧化部分包括:智慧零售与新零售、传统门店智慧化的途径。图解零售企业之精益管理部分包括:零售企业的精益管理、图解精益管理之职位说明书、图解精益管理之卖场礼仪礼节、图解精益管理之卖场布局规划、图解精益管理之商品标准化陈列、图解精益管理之商品损耗控制、图解精益管理之消防安全。图解零售企业之过程控制部分包括:过程控制解析、与信息系统相关的业务流程、门店运营管理流程、门店业务管理流程、采购业务管理流程、卖场作业管理流程、生鲜管理流程。

本书进行模块化设置,以图解的方式解说精益管理和过程控制,内容实用性强,着重突出可操作性。本书既可以作为零售业从业人员进行管理的参照范本和工具书,也可供管理咨询顾问和高校教师做实务类参考指南。

图书在版编目(CIP)数据

零售业精益管理与过程控制:智慧零售助力零售业数字化转型/王丽丽编著. —北京:化学工业出版社,2021.5
(精益管理与过程控制实战系列)
ISBN 978-7-122-38606-9

Ⅰ.①零… Ⅱ.①王… Ⅲ.①零售商业-商业企业管理-图解 Ⅳ.①F713.32-64

中国版本图书馆CIP数据核字(2021)第035746号

责任编辑:陈 蕾 装帧设计:溢思视觉设计
责任校对:王 静

出版发行:化学工业出版社(北京市东城区青年湖南街13号 邮政编码100011)
印 装:大厂聚鑫印刷有限责任公司
787mm×1092mm 1/16 印张28½ 字数568千字 2021年5月北京第1版第1次印刷

购书咨询:010-64518888   售后服务:010-64518899
网 址:http://www.cip.com.cn
凡购买本书,如有缺损质量问题,本社销售中心负责调换。

定 价:98.00元   版权所有 违者必究

智慧零售是让零售企业以及供应链的海量数据连起来、动起来、活起来、用起来,从数据中提炼、发掘、获取有价值的信息;同时,AI商品识别、个性化商品推荐、自动支付等智能服务也为消费者带来了全新的购物体验;更重要的是,随着物联网、移动互联网、云计算、边缘计算、人工智能、机理模型、数字孪生等新技术群落的爆发性和融合性发展,智能硬件的更新迭代,数据的沉淀、算力的提升、算法的革新、网络设施的完善以及应用场景的持续丰富,相关行业标准、法律法规的不断健全,以及政府政策和顶层规划的不断推进,再加上行业联盟、协会以及高校、科研院所的多元参与,中国零售业将大步迈入智慧零售时代,进而成为世界潮流的"引领者"。

精益管理是在日本丰田公司精益生产的基础上,总结提炼并加以升华的一种高效管理工具。精益管理的"精"指减少投入、少花时间、少耗资源;"益"指增加效益、提高效率、提升质量。精益管理通过流程再造、降低成本、提高质量、提升效率来增强企业的竞争力。

零售业推行精益管理,首先要从流程和制度的建设抓起,从零售业的各个方面进行梳理,包括各项业务流程力求简化,识别现有运营流程与精益管理要求的差距,找出所有的问题,删减不必要的非增值环节,不断提高零售业的创效能力。

零售业的管理核心在服务,而服务质量的高低首先在于是否有一套科学的质量标准体系和管理程序,管理方面的诸多问题最终又要在过程控制中才能实现。过程是指通过使用资源和管理,将输入转化为输出的活动。一个过程的输入通常是其他过程的输出,零售业的过程只有在受控条件下策划和执行，才具有价值。

基于精益管理与过程控制的理念，我们策划编写了《零售业精益管理与过程控制——智慧零售助力零售业数字化转型》一书，本书从零售企业智慧化、图解零售企业之精益管理、图解零售企业之过程控制三个部分进行了详细的描述和讲解。零售企业智慧化部分包括：智慧零售与新零售、传统门店智慧化的途径；图解零售企业之精益管理部分包括：零售企业的精益管理、图解精益管理之职位说明书、图解精益管理之卖场礼仪礼节、图解精益管理之卖场布局规划、图解精益管理之商品标准化陈列、图解精益管理之商品损耗控制、图解精益管理之消防安全；图解零售企业之过程控制部分包括：过程控制解析、与信息系统相关的业务流程、门店运营管理流程、门店业务管理流程、采购业务管理流程、卖场作业管理流程、生鲜管理流程。

本书进行模块化设置，以图解的方式解说精益管理和过程控制，内容实用性强，着重突出可操作性。本书既可以作为零售业从业人员进行管理的参照范本和工具书，也可供管理咨询顾问和高校教师做实务类参考指南。

由于编者水平有限，书中难免出现疏漏，敬请读者批评指正。

编著者

CONTENTS

第1部分 零售企业智慧化

第1章 智慧零售与新零售 ································· 002
1.1 智慧零售 ································· 002
1.2 新零售 ································· 002

第2章 传统门店智慧化的途径 ································· 007
2.1 运用大数据更好地决策 ································· 007
2.2 运用人脸识别技术强化管理 ································· 010
2.3 智能导购 ································· 011
2.4 智慧收银 ································· 013

第2部分 图解零售企业之精益管理

第3章 零售企业的精益管理 ································· 017
3.1 精益管理的发展与演变 ································· 017
3.2 精益管理的内涵 ································· 018
3.3 推行精益管理关注的焦点 ································· 019

3.4 零售企业推行精益管理的基础工作 …………………………… 020

第4章 图解精益管理之职位说明书 …………………………… 021

4.1 职位说明书的六大作用 …………………………………………… 021
4.2 职位说明书编制的前期工作——职位工作分析 ………………… 024
4.3 职位说明书的内容与形式 ………………………………………… 025
4.4 职位说明书的填写 ………………………………………………… 026

【他山之石01】采购经理职位说明书 ……………………………… 031
【他山之石02】采购主管职位说明书 ……………………………… 032
【他山之石03】采购员职位说明书 ………………………………… 034
【他山之石04】生鲜经理职位说明书 ……………………………… 035
【他山之石05】生鲜主管职位说明书 ……………………………… 036
【他山之石06】生鲜员工职位说明书 ……………………………… 038
【他山之石07】食品/百货经理职位说明书 ………………………… 040
【他山之石08】食品/百货主管职位说明书 ………………………… 041
【他山之石09】食品/百货组长职位说明书 ………………………… 043
【他山之石10】百货部家电测试员职位说明书 …………………… 045
【他山之石11】理货员职位说明书 ………………………………… 046
【他山之石12】收货经理职位说明书 ……………………………… 048
【他山之石13】收货主管职位说明书 ……………………………… 049
【他山之石14】接单员职位说明书 ………………………………… 050
【他山之石15】录入员职位说明书 ………………………………… 051
【他山之石16】确认员职位说明书 ………………………………… 053
【他山之石17】收货员职位说明书 ………………………………… 054
【他山之石18】退/换货员职位说明书 ……………………………… 055
【他山之石19】收银主管职位说明书 ……………………………… 057
【他山之石20】收银员职位说明书 ………………………………… 058
【他山之石21】总收室出纳职位说明书 …………………………… 059
【他山之石22】客服经理职位说明书 ……………………………… 061
【他山之石23】客服主管职位说明书 ……………………………… 062
【他山之石24】前台接待职位说明书 ……………………………… 063
【他山之石25】广播员职位说明书 ………………………………… 064

【他山之石 26】退/换货员（前台）职位说明书·················066
【他山之石 27】赠品发放员职位说明书·················067
【他山之石 28】人力资源经理职位说明书·················069
【他山之石 29】人力资源助理职位说明书·················070
【他山之石 30】人力资源主管职位说明书·················072
【他山之石 31】防损经理职位说明书·················073
【他山之石 32】防损主管职位说明书·················075
【他山之石 33】防损员职位说明书·················076
【他山之石 34】电脑部经理职位说明书·················080
【他山之石 35】电脑工程师职位说明书·················082
【他山之石 36】计算机操作员职位说明书·················084
【他山之石 37】总务部经理职位说明书·················086
【他山之石 38】库管员职位说明书·················088
【他山之石 39】维修主管职位说明书·················089
【他山之石 40】电工（空调）职位说明书·················091
【他山之石 41】促销经理职位说明书·················093
【他山之石 42】促销主管职位说明书·················094
【他山之石 43】美工职位说明书·················096
【他山之石 44】团购部经理职位说明书·················097
【他山之石 45】业务员职位说明书·················098
【他山之石 46】接待员职位说明书·················099
【他山之石 47】财务经理职位说明书·················101
【他山之石 48】财务主管职位说明书·················102
【他山之石 49】出纳职位说明书·················103

第5章 图解精益管理之卖场礼仪礼节·················104

5.1 接待礼仪·················104
5.2 仪容、仪表·················105
5.3 迎宾礼仪·················107
5.4 饰物佩戴·················107
5.5 工作用品佩戴·················108
5.6 卖场工作人员的站姿·················110

5.7 卖场服务礼貌用语……112

第6章　图解精益管理之卖场布局规划……124

6.1 卖场出入口的布局……124
6.2 设计购物路线……126
6.3 确定陈列面积……129
6.4 进行商品配置……130
6.5 卖场的功能性布局……131
6.6 商品配置表的管理……134

第7章　图解精益管理之商品标准化陈列……139

7.1 商品标准化陈列管理的重要意义……139
7.2 商品标准化陈列管理的实施要求……140
7.3 商品标准化陈列原则……140
7.4 果蔬类的陈列……146
7.5 肉类的陈列……150
7.6 水产品的陈列……153
7.7 自制类食品的陈列……156
7.8 饮料、酒水的陈列……159
7.9 冲调品、冷冻冷藏品的陈列……164
7.10 休闲食品的陈列……174
7.11 粮食、调味品及干杂货的陈列……178
7.12 家居用品的陈列……184
7.13 家庭用具商品的陈列……199
7.14 家庭日用品的陈列……204
7.15 洗化用品的陈列……211
7.16 纺织品的陈列……214
7.17 鞋类商品的陈列……223
7.18 婴幼/儿童用品的陈列……229

7.19　服装区的陈列·····································235
　　7.20　玩具类商品的陈列·····························244
　　7.21　学习/办公类商品的陈列····················254

第8章　图解精益管理之商品损耗控制·····································260
　　8.1　什么是全员和全过程防损·····················260
　　8.2　全员和全过程防损要点·························260
　　8.3　门店员工防损职责·································262
　　8.4　卖场商品损耗类别·································263
　　8.5　非生鲜商品大类的控损措施··················264
　　8.6　生鲜商品损耗控制·································271
　　8.7　开业期间的商品损耗控制·····················279
　　8.8　员工内盗行为的防范···························281
　　8.9　顾客偷窃行为的防范···························283
　　8.10　团伙偷盗行为的防范·························291
　　8.11　收银作业损耗及控制·························294
　　8.12　防损稽核···296

第9章　图解精益管理之消防安全·····································300
　　9.1　完善卖场的门店消防系统·····················300
　　9.2　建立消防组织·······································301
　　9.3　制定消防安全管理制度·························302
　　9.4　加强明火管理·······································307
　　9.5　加强易燃品管理···································307
　　9.6　加强全员消防教育·······························308
　　9.7　加强消防设施、器材的管理···················308
　　9.8　制定灭火和应急疏散预案并组织演习·····309
　　　【他山之石01】商场消防安全事故应急预案··········313
　　　【他山之石02】超市消防演习方案·······················316

【他山之石03】商场灭火、应急疏散演练（超市地下库房）……319
【他山之石04】关于确定企业消防安全管理组织机构的通知……320
【他山之石05】关于确定消防安全责任人的通知……321
【他山之石06】关于确定消防安全管理人的通知……322
【他山之石07】消防安全工作责任书……322
【他山之石08】员工消防安全工作承诺书……323
【他山之石09】门店每日防火巡查（夜查）情况记录表……324
【他山之石10】门店每周防火检查情况记录表……326
【他山之石11】门店每月防火检查情况记录表……328

第3部分
图解零售企业之过程控制

第10章 过程控制解析……333
10.1 什么是过程……333
10.2 过程的分类……333
10.3 过程分析的工具——龟形图……336
10.4 过程识别的结果——流程图……338
10.5 过程控制的方法——PDCA循环……338

第11章 与信息系统相关的业务流程……340
11.1 新建合同流程……340
11.2 新建商品流程……341
11.3 供应商资料变更流程……341
11.4 商品资料变更流程……342
11.5 食品、百货补货流程……342
11.6 生鲜补货流程……343
11.7 赠品订货流程……343
11.8 特殊进价商品流程……343
11.9 常规收货流程……344

11.10 永续订单收货（无订单收货）流程 …… 345
11.11 紧急收货流程 …… 346
11.12 赠品收货流程 …… 347
11.13 退货作业流程 …… 348
11.14 收货部发现审核后的验收单差异流程 …… 349
11.15 商品报损流程 …… 350
11.16 收银流程 …… 351
11.17 联营销售流程 …… 351
11.18 联营销售日结对账流程 …… 352
11.19 顾客退/换货流程 …… 353
11.20 组合销售流程 …… 354
11.21 DM促销调价流程 …… 354
11.22 店内促销流程 …… 355
11.23 单品促销折让流程 …… 355
11.24 单品时点促销折让流程 …… 356
11.25 商品削价处理流程 …… 356
11.26 进/售价调价流程 …… 357
11.27 赠品领用流程 …… 358
11.28 行政领用商品流程 …… 358
11.29 供应商领用流程 …… 359
11.30 销售领用流程 …… 360
11.31 会员卡申领流程 …… 360
11.32 财务验收单记账核算流程 …… 361
11.33 财务人员使用MIS系统的结算流程 …… 362

第12章 门店运营管理流程 …… **363**

12.1 市场调研流程 …… 363
12.2 员工招聘流程 …… 364
12.3 资财、设备购置/申领流程 …… 364

12.4 内部领用/调拨流程 365
12.5 员工入场流程 366
12.6 员工出场流程 366
12.7 大型活动策划/执行流程 367
12.8 卖场停电应急流程 368
12.9 火灾应急流程 368
12.10 执行总经理（店长）日工作流程 369
12.11 业务部经理（处长）日工作流程 370
12.12 营业主管（部长）日工作流程 371
12.13 采购员日工作流程 372
12.14 理货员日工作流程 373
12.15 加工间员工日操作流程 374
12.16 收银主管日工作流程 375
12.17 收银员日工作流程 376
12.18 收货主管日工作流程 377
12.19 收货员日工作流程 378
12.20 库管员日工作流程 379
12.21 防损主管日工作流程 380
12.22 防损员日工作流程 381
12.23 保洁员日工作流程 382
12.24 客服员日工作流程 383
12.25 存包员日工作流程 384
12.26 广播员日工作流程 385
12.27 维修保养岗日工作流程 386
12.28 财务岗日工作流程 387
12.29 信息岗日工作流程 388

第13章 门店业务管理流程 389

13.1 新品引进作业流程 389

13.2 专柜标价签打印流程 … 390
13.3 自营专柜标价签打印流程 … 391
13.4 供应商打印条码流程 … 391
13.5 供应商赠品发放流程 … 391
13.6 服务中心（台）赠品发放流程 … 392
13.7 订货流程 … 392
13.8 商品调价工作流程 … 393
13.9 商品不在竞争商品清单上的变价流程 … 393
13.10 竞争商品清单的变价流程 … 394
13.11 门店广告位使用流程 … 394
13.12 场外促销活动流程 … 395
13.13 场内堆头、端架等特殊陈列审批、收费流程 … 395
13.14 商品淘汰申请流程 … 396
13.15 坏品的处理流程 … 396
13.16 问题商品处理流程 … 397
13.17 营业款缴款作业流程 … 398
13.18 促销人员进场流程 … 398
13.19 促销人员离场流程 … 399
13.20 顾客投诉处理流程 … 399
13.21 自用品内部转货流程 … 400

第14章 采购业务管理流程 … 401

14.1 采购业务管理总流程 … 401
14.2 新供应商商品引进流程 … 402
14.3 旧供应商新商品引进流程 … 403
14.4 联营及代销供应商引进流程 … 404
14.5 新商品转正流程 … 405
14.6 供应商分析淘汰流程 … 406
14.7 租赁结算流程 … 407

14.8　联营供应商结算流程 …………………………………… 408
　14.9　代销结算流程 …………………………………………… 409
　14.10　购销（先货后款）结算流程 ………………………… 410
　14.11　购销（先款后货）结算流程 ………………………… 411
　14.12　类别单品数量确定流程 ……………………………… 412
　14.13　类别单品数量调整流程 ……………………………… 412
　14.14　赠品送货流程 ………………………………………… 413
　14.15　供应商自行举办的促销活动流程 …………………… 413
　14.16　门店举办的促销活动流程 …………………………… 414

第15章　卖场作业管理流程 ……………………………………… 415

　15.1　端架、地堆及货架编号作业流程 ……………………… 415
　15.2　确定商品陈列图作业流程 ……………………………… 415
　15.3　促销商品陈列图作业流程 ……………………………… 416
　15.4　端架、地堆陈列作业流程 ……………………………… 416
　15.5　人工订单作业流程 ……………………………………… 417
　15.6　紧急订单作业流程 ……………………………………… 417
　15.7　生鲜永续订货作业流程 ………………………………… 418
　15.8　补货作业流程 …………………………………………… 418
　15.9　缺货管理流程 …………………………………………… 419
　15.10　理货作业流程 ………………………………………… 420
　15.11　孤儿商品管理流程 …………………………………… 420
　15.12　食品、百货报废管理流程 …………………………… 421
　15.13　防盗签（扣）管理流程 ……………………………… 421
　15.14　商品残次、破包处理作业流程 ……………………… 422
　15.15　货价卡、标签作业流程 ……………………………… 422
　15.16　商品变价作业流程 …………………………………… 423
　15.17　清仓、滞销品处理作业流程 ………………………… 424
　15.18　库存更正作业流程 …………………………………… 425

15.19	商品负库存处理作业流程	425
15.20	食品、百货盘点作业流程	426
15.21	超市部快讯作业流程	427
15.22	店内促销作业流程	427
15.23	促销人员管理流程	428
15.24	专题促销作业流程	429
15.25	超市部市场调查作业流程	429

第16章 生鲜管理流程 430

16.1	生鲜蔬菜商品采购、销售管理流程	430
16.2	生鲜物流流程	430
16.3	扎菜流程	431
16.4	叶菜加工流程	431
16.5	水果加工流程	431
16.6	果盘加工流程	432
16.7	果汁加工处理流程	432
16.8	熟食半成品、原材料的引进流程	433
16.9	熟食成品及原材料的现金采购流程	434
16.10	供货商直送商品（原材料）的进货流程	434
16.11	熟食订货、验货流程	435
16.12	熟食生产加工管理流程	436
16.13	熟食定价流程	437
16.14	熟食销售、退/换货流程	437
16.15	熟食退厂流程	438
16.16	熟食促销流程	439
16.17	熟食报损流程	439
16.18	生鲜报损流程	440

第1部分
零售企业智慧化

阅读索引：
➪ 智慧零售与新零售
➪ 传统门店智慧化的途径

第 1 章

智慧零售与新零售

1.1 智慧零售

在智慧便利店、无人超市内,前端自带屏幕的AI智能购物车,其商品自动识别、自助支付等智能服务为消费者带来了更人性化的购物体验;在采购处、货架旁,智能AI摄像机正在对消费者购买行为进行科学分析,并通过智能APP为消费者推荐所需商品;在商超智慧零售大数据云平台上,进销存过程中的商品信息流、资金流以及物流数据正以可视化图表形式实时呈现,智能数据分析正辅助管理者做出最佳营销决策,提升店铺运营效率……

这是"智慧零售"整体解决方案的典型应用场景。

智慧零售是让零售企业以及供应链的海量数据连起来、动起来、活起来、用起来,从数据中提炼、发掘、获取有价值的信息,让商户清晰地看到自身的全局问题,并寻求问题解决方案,为零售商基于数据的决策执行提供支持,降本增效;同时,AI商品识别、个性化商品推荐、自动支付等智能服务也为消费者带来了全新的购物体验;当然,不断沉淀的数据资源也可"反哺"云服务商、大数据服务商的自身技术、商业模式实现快速更新迭代,以更高的效率、更好的体验为用户提供产品和服务。更重要的是,随着物联网、移动互联网、云计算、边缘计算、人工智能、机理模型、数字孪生等新技术群落的爆发性和融合性发展,智能硬件的更新迭代,数据的沉淀、算力的提升、算法的革新、网络设施的完善以及应用场景的持续丰富,相关行业标准、法律法规的不断健全,以及政府政策和顶层规划的不断推进,再加上行业联盟、协会以及高校、科研院所的多元参与,中国零售业将大步迈入智慧零售时代,进而成为世界潮流的"引领者"。

1.2 新零售

新零售是以电子商务加实体零售的融合,结合现代智慧物流,给消费者提供随时、随地、随心的购物体验,让商家全天候、全渠道、全链路完成对顾客、商品、营销、订单、库存、仓库等管理,不断提升客流和销量。

1.2.1 新零售的商业模式

新零售目前有4大商业模式，一是京东到家为典型的网站商业模式，二是每日优鲜为典型的前置仓商业模式，三是永辉生活APP为典型的单店赋能商业模式，四是盒马鲜生为典型的新业态便利店商业模式。下文分别分析其盈利模型。

1.网站商业模式

京东到家、饿了么商超频道、美团外卖商超频道都是网站商业模式，区域内的多个商家加盟网站，可称为C2C商业模式。

2.前置仓商业模式

前置仓，是将仓库（配送中心）从城市远郊的物流中心，前移到离消费者更近的位置，实现更快送达的一种解决方案。例如，大型电商下单后配送时间最快为4小时左右，而前置仓则将配送的时间可以压缩到0.5～2.0小时。

前置仓的概念是2019年新零售和电商行业的"风口"（对应2017年的"无人店"概念、2018年社交拼团和社区团购概念）。新零售模式中的无人便利店，以存量市场为目标，与传统的便利店进行成本竞争，但目前无人便利店模式并没有进行快速扩张；而自动货柜摆到写字楼附近、地铁站，是补充便利店的缺失，可视为增量市场，服务于流量大的上班人群。前置仓将线上化交易的线下配送，推高到新的竞争状态，传统B2C电商的隔日达，再到次日达，再到当日达、4小时配送，再到前置仓的1小时左右到达，更快满足消费者需求。前置仓的商业模式创新，首先让人眼前一亮。

传统配送模式与前置仓配送模式可如图1-1所示。

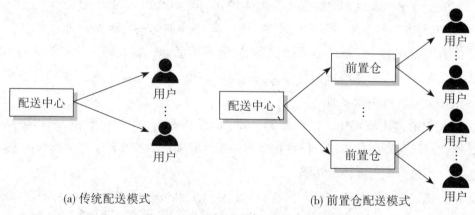

(a) 传统配送模式　　　　(b) 前置仓配送模式

图1-1　传统配送模式与前置仓配送模式

前置仓是一种缩小规模、靠近消费者的仓配模式，由城市配送中心进行供货。消费者下单后，商品从附近的前置仓发货，而非城市配送中心，一般前置仓配送范围约为3公里内。前置仓可以选择在办公楼内、社区或较大的店面。

前置仓的市场定位，是大型超市与便利店之间的市场空白，试图满足品类较为齐全、快速送达的消费需求，是便利店与大型超市的竞争者。便利店的品类少，而大型超市的购物时间过长（生活节奏过快），是前置仓模式成立的基本逻辑。消费者期望"既快又好"，前置仓的经营目标是实现消费者在时间成本和商品价格之间的最佳结合点。这也是新零售的理念。

目前超市商品在品质上优势并不明显，所以前置仓以优质产品为主（特别是新鲜）的模式是主流模式。年轻一代消费者，对于食品本质的需求更加简明扼要，就是渠道便利化、内容品质化。而生鲜电商将两头连接的功能凸显出来——高品质生鲜的生产者、愿意线上化的消费者。

以每日优鲜为例，"过不将就的生活，从吃好一点开始"，国内首家率先实现盈利的生鲜电商，客户复购率达到80%，注册用户数超过200万（2018年数据），其服务定位：精选SKU（库存单位）+前置冷链+快+新鲜+购买方便、送货快、省心、省力，上千款商品一小时送达。大数据、人工智能等技术实现对消费者的精准营销和需求预测，从而做到"千人千面"的个性化服务。

3. 单店赋能商业模式

永辉生活APP、多点、大润发优鲜都是单店赋能商业模式，打开APP直接进入某个实体店的线上商店，而不是先选实体店后再选商品。以下介绍一下多点。

多点全面打通会员、商品、供应链、营销等上下游产业链，推动全渠道业务整合，赋能传统零售企业实现数据、场景、交易、体验闭环。

多点的定位是传统零售数字化改造，具体产品有两类，一类是线上订单履约，一类是门店赋能，下文分这两部分说明。

（1）线上订单　多点APP的起送门槛是19元，笔单价19元到59元收6元运费，笔单价59元到79元收2元运费，超过79元免运费，每1.5小时为一个送货周期。

多点有时推出秒杀、买一送一、爆款、0元购等活动，据说在物美和美廉美超市购物，必须安装多点APP才能成为超市会员，打印的小票含有多点信息，通过这些引流手段，多点APP安装量不断增加。

多点APP销售比较集中，活动期间，90%的销售来自TOP100商品，所以多点尝试过把畅销商品放到专门仓库，专门拣货以提高拣货效率，多点开发了订单履约优化系统，具有拣货、打包、配送路由等功能。

据传，拣货打包由员工完成，拣货一件商品员工得0.5元提成，可见店内操作成本较高，配送分为自营配送和第三方配送，员工闲时也参与配送，根据订单起伏调整配送人员比例，其中自营配送占比50%~60%。

（2）门店赋能　多点APP不仅可以线上下单，还有会员卡、自由购、大数据营销、秒付等功能。

多点APP可以代替实体会员卡，结账时使用APP支付，或者出示APP，就能积分，能随时查询到积分情况，查询到积分可换的礼品。

自由购是多点主推功能，也是对外合作的主要吸引点，消费者在卖场购物的同时，可用多点APP扫描商品，自行支付结账后，APP会生成订单码，消费者不用到收银台排队结账，只要向出口工作人员出示订单码扫描核销后就可离开。

自由购的功能主要是节省收银排队时间，对于信誉度高的顾客，核销订单码时不用核对商品，这在提高顾客体验的同时降低人力成本。

多点的合作伙伴中，规模比较小的，只上线了自由购、积分卡等功能，只有区域龙头（年销售额大于30亿元）才合作线上订单、大数据营销等功能，因为打通系统、改变流程需要一定投入。

多点还开发了一套会员系统，把消费者分成三大类二十个小类，根据消费者消费习惯自动分类，不同用户看到的商品看到的活动不同，做精确匹配推荐，多点把这套系统取名叫潘多拉，并且提供给品牌商，让品牌商更了解消费者。

4.新业态便利店

便利店快送是否能盈利，关键在于笔单价，新业态便利店很大一个价值点在于筛选了顾客，通过实体店定位和商品结构，筛选了高价值顾客，在不收运费、不设起送金额的前提下，也能提高笔单价。

可以把新业态便利店看成两个部分，线下部分和线上部分，线下部分的投入要靠线下销售和盈利支持，线上部分的投入靠线上订单的盈利支持，线下便利店本身是成熟的商业模型，只要选址和内功足够强，是能够靠线下收入养活实体店的。

新零售是线上与线下结合，组合的价值主要是线下为线上引流，降低引流投入，线下成为线上的体验店，提高转化和复购，线上和线下双渠道一起提高周转，提高效率，线上和线下虽然各自核算收入和投入，但相互之间能产生互促效应。

1.2.2　新零售商业模式四大特征

新零售商业模式四大特征如图1-2所示。

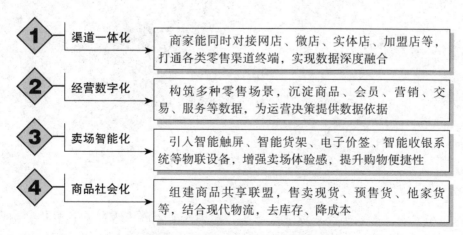

图1-2　新零售商业模式四大特征

1.2.3 新零售业态之智慧超市

新零售如今已经是老百姓耳熟能详的一种商业模式，众多零售企业、互联网企业等都在新零售这条赛道上互相竞争市场。其中，智慧超市是目前新零售模式众多尝试中较为出色的一种经营形态，如阿里巴巴、腾讯、沃尔玛等大企业都在争相投资布局智慧超市这一新零售新形态。

1. 何谓智慧超市

所谓智慧超市，就是指一种能深入利用数字化技术辅助顾客的超市购物体验的超市形态，其通过对大量用户数据的个性化、智能化读取和运算，为每一个客户和潜在消费者生成精准购物档案，让顾客在这种新形态超市购物时获得网络化购物体验和高价值的服务感受。智慧超市的核心要素，就是网罗线下门店各环节的O2O端口，利用AI算法和数字手段实现超市门店的新零售改造升级。

智慧超市通常支持消费者在实体店购物时通过手机实现与产品的多维交互，包括评价信息浏览、电子发票开取等。智慧超市这一概念的设计理念，就在于让消费者与消费者之间形成跨越时间的联结，让消费者和产品之间形成跨越空间的联结，让消费者和商家之间形成点对点精准识别和营销推荐，最终形成一个更加智能化、人性化和个性化的智慧型超市。

2. 智慧超市的优势

对于消费者来说，比起普通超市，智慧超市具有能个性化定制服务的优势，消费者进入超市只要一刷脸，就可以立即享受智慧超市数字系统为自己精准规划的商品推荐和优惠信息，并且在手机上就能显示商品所在超市的位置和路线图，非常方便而有用。对于商家来说，智慧超市在引流方面具有强大优势，由于对接了线上和线下系统，智慧超市可以将线上营销的流量导入线下实体店，节约了商家的获客成本。

第 2 章

传统门店智慧化的途径

2.1 运用大数据更好地决策

现在已经进入了大数据时代,所有的企业未来必然会触碰大数据。零售行业实际上是最早触碰大数据的,而且也是在所有行业中对大数据非常敏感的一个行业,最主要的原因是因为零售行业与生俱来具有非常好的大数据基础。

零售商要在内部提供有利条件,使人们可以"快准狠"地做出决策。要达到这一目标,唯一的途径就是将大数据利用起来,制定最好的计划与决策,更加深入地了解顾客,并挖掘隐藏趋势,展现出新的机遇。大数据在零售业的应用包括以下几个方面。

2.1.1 零售业的顾客行为数据分析

提升客户转化率,以个性化的广告提振营收,预测并避免顾客流失,降低获取客户所需要的成本——要应对这类挑战,深层次的数据驱动型洞察至关重要。但如今,顾客通过多个交互点与企业互动——移动设备、社交媒体、门店、电子商务网站等,因此,需要汇总与分析的数据的复杂性陡然上升,涉及的数据类型也骤然增加。

一旦这些数据得到汇总与分析,你将收获前所未有的洞见——比如说,最有价值的顾客是哪些,促进他们消费更多商品的动力是什么,他们的行为模式是怎样的?与他们互动的最佳方式与时机是什么?有了这些洞见,你不仅能收获更多客户,还能提升客户忠诚度。

要发掘顾客行为数据中隐藏的洞见——不论这些数据是结构化还是非结构化的——数据工程是关键。因为,你可以同时汇总并分析所有数据,进而得到所需洞见,以提升客户获取率与忠诚度。

2.1.2 利用大数据,将店内体验个性化

过去,销售被视为一种艺术形式,人们认为,商品销售中,决策的具体影响是无法确切衡量的。而随着在线销售的增长,一种新的趋势开始显现:顾客会先去实体店对商

品作一番了解，继而回家网购。

行为追踪技术的出现，为分析店内行为以及衡量销售策略提供了新的途径。零售商必须吃透这些数据，以优化销售策略，同时，通过忠诚度应用程序，对店内体验进行个性化定制，并及时采取行动，促使顾客完成购置——最终目标就是提升所有渠道的销售额。

通过分析POS机系统和店内传感器等数据来源，全渠道零售商可以做到以下几点。

（1）就不同营销与销售策略对客户行为和销售产生的影响，进行相应的测试与量化。

（2）依据顾客的购买和浏览记录，确定顾客的需求与兴趣，然后为顾客量身定制店内体验。

（3）监测店内顾客习惯，并及时采取行动，促使顾客当场完成购物，或是之后上网购置，由此保住交易。

2.1.3 通过预测型分析和定向宣传，提升顾客转化率

要在提升客户获取率的同时降低成本，零售企业需要有效地进行定向促销。为此，商家需要全方位地了解顾客，并掌握尽可能准确的预期。

历来，顾客信息都仅限于交易发生时的地理数据。但如今，顾客的互动行为多于交易行为，而这些互动发生在社交媒体等多种渠道上。考虑到这些趋势，对零售商最有利的做法，就是将顾客在互动过程中生成的数据加以利用，将其转变为顾客信息与洞见的宝库（例如，理解他们的喜好）。

将顾客的购物记录和个人资料，及其在社交媒体网站上的行为结合起来，通常能揭示出意料之外的洞见。打个比方，一家零售商的多名高价值顾客都"喜欢"在电视上观看美食频道，而且经常在全食超市购物。这种情况下，零售商就可以利用这些洞察，在烹饪相关的电视节目中、Facebook页面上，以及有机食品店内，投放有针对性的广告。

结果会如何呢？这家零售商的顾客转化率有可能大幅提升，获取客户所需的成本也有望显著降低。

2.1.4 进行顾客历程数据分析

如今，顾客所掌握的便利条件超过了以往任何时候。基于可以获取的信息，顾客可以视便利与否，随时随地做出购买决定，或是直接购买。

与此同时，顾客的期望值也更高了。他们期待企业提供前后一致的信息，以及跨渠道的无缝体验，这些体验要能反映出他们的购物记录、喜好和兴趣。客户体验的质量比以往任何时候都更能推动销售额与顾客保留率。这就需要从数据中获取洞见，助你理解每一位顾客的跨渠道历程。

借助大数据工程技术，零售商得以将结构化与非结构化的数据结合起来，作为单一数据集加以分析，将不同的数据类型一网打尽。分析结果可以揭示出你未曾预料到的全新的模式和洞察，甚至可以带来传统分析手段无法企及的结果，比如以下几点。

(1)顾客历程的每一步究竟发生了什么？
(2)哪些是你的高价值顾客？他们的行为方式是怎样的？
(3)与他们互动的最佳方式与时机是什么？

2.1.5 进行运营分析与供应链分析

由于产品生命周期的加快以及运营的日益复杂化，零售商开始利用大数据分析来理解供应链和产品分销，以期缩减成本。优化资产利用、预算、绩效与服务质量的压力不可小觑，对此，很多零售商都深有体会。因此，取得竞争优势、提升业务表现就显得格外关键。

使用数据工程平台来提升运营效率的关键，是利用它们去发现隐藏在日志、传感器和机器数据中的洞察。这些洞察包括有关趋势、模式和异常情况的信息，这些信息可以改进决策，改善运营，并大幅缩减成本。

2.1.6 提供下一个最佳和个性化的优惠

大数据可以更好地分析客户，并使用协作和基于上下文的过滤来在任何给定时间提供最合适的产品、产品包或报价。利用大数据技术来存储所有客户数据（包括所有客户互动），并逐步添加社交媒体和社交网络分析，将有助于零售商优化所有渠道的客户体验并改善对品牌的看法。对于零售商营销团队来说，这意味着最终能够以更个性化的水平吸引最终消费者，在合适的时间有效地推出正确的产品或推广建议。当客户许可时，机器学习应用程序使用最近的消费历史和客户概况数据进行大量交易，以训练推荐模型。该模型预测哪些产品和特定客户可能会喜欢，并通过不同渠道提出这些建议给移动或店内主管。

2.1.7 有助于商店设计和人体工程学

为实现有效的客户参与，大数据技术允许捕获地理空间数据，以洞察客户在商店内的移动，这使得热点和冷点的映射成为可能。有了这样的见解，零售商可以通过吸引客户进入冷点或将高收入产品转移到热点来改善楼层布局。零售商可以使用此空间和楼层规划信息来推动更有效的类别管理。围绕平面图的数据还可以与过去的销售行为（购物历史、在线活动等）相关的信息结合起来，为顾客创造量身定制的导航路径和购物清单，以最有效的方式通过店内导航技术使零售商能够构建移动应用程序，从而显著改善店内客户体验。零售商可以通过为顾客提供在购物清单上购买商品的最佳方式，并在此过程中突出显示适当的补充产品或促销活动来实现这一目标。

2.1.8 帮助零售商优化实时库存

数据驱动的库存和订购大数据解决方案可帮助零售商优化供应链，以降低成本，改善服务并获得重要见解。大数据分析用于预测商店和分销渠道中的库存状况，这通过利用需求计划和预测、销售历史、未来业绩的外部预测因子（例如类别趋势、天气模式、本地事件等）来实现，从而帮助零售商减少缺货和库存过剩。大数据分析还可以通过捕获整个企业和扩展供应链的实时库存位置来提供完整的供应链可视性。其中要使用的数据包括未结订单、在途库存或供应商和分销商库存。这些信息对于希望为其客户提供全渠道购物体验的零售商至关重要。

2.1.9　有助于零售商分类优化

根据当地人口统计、买方认知和其他大数据输入，可以决定在哪些商店中销售哪些产品，如何进行产品组合优化，以大幅增加销售量。例如，笔者曾与一家领先的零售商合作，利用消费者研究、市场和竞争分析以及详细的经济模型来确定类别水平的平缓增长和下降的原因。对于实体零售商而言，通过在SKU级别挖掘销售数据，优化货物和视觉设计的布局，例如端盖和货架布局，可以获得实质性收益。实质上，传统的零售商可以构建更细化的本地化版本的各种优化，从而利用汇总的脚流量数据。对于在线零售商，商家可以根据页面交互数据（如滚动、点击和鼠标悬停）调整网站展示位置。

2.1.10　有助于零售商实时定价优化

今天的零售商可以利用数据的粒度，转向更精细、更相关的消费者参与模式，运用定价和使用更高级别的分析功能，将定价优化提升到一个新的水平。业务分析师可以使用复杂的需求弹性模型来检查历史销售数据，从而获得对SKU级别定价的深入了解，包括降价定价和计划安排，甚至将产品定价更改与更详细的细分市场相关联，即使不是针对个人消费者。使用这种方法，零售商可以开始实现由多渠道参与模式支持的个人定价计划。零售商还可以使用结果数据来分析促销活动，评估销售额提升的来源，并询问这些活动可能带来的潜在成本。

2.2　运用人脸识别技术强化管理

如今新零售时代，体验为王，零售行业早已摒弃了传统简单的买卖交易行为，而是以体验为主，交易为辅，着重提高顾客购物体验，升级服务。这就要求线下门店借势做好消费数据和客流画像分析，有针对性地进行精准营销。

而在商品同质化、价格竞争激烈的市场背景下，实体零售门店的会员体系化管理就是门店的核心竞争力。随着人脸会员识别技术系统的日趋成熟，自动身份识别和管理成为可能，通过该技术来进行会员管理，已经成为一种新思路。

零售企业可以从顶层设计出发，以顾客为导向，基于先进的机器视觉、多维度实时收集以及云端强大数据分析与挖掘等核心技术，研发人脸会员识别的数据采集和智能分析系统，助力线下门店智慧化升级，为零售企业的精准营销提供强力技术支撑，重构人、货、场，创造高效的零售新卖场。

人脸会员识别系统具有以下多重优势。

（1）人脸识别　当顾客进入门店时，人脸识别摄像头快速捕捉动态中最佳人脸，自动识别新客、熟客与会员，商家通过快捷识别顾客身份提供个性化服务，优化服务水平与效率。

（2）关联消费　主动识别进店顾客身份，APP即时提醒，关联客户消费记录、购物偏好等信息，以提供导购服务。

（3）发展会员　分析多次到店消费顾客的购买频率、消费能力等信息比对数据变化趋势，通过实时互动、创新活动引导注册新会员。

（4）客群营销　根据现场顾客人脸，根据性别、年龄等特征，基于消费记录，精准呈现商品广告信息，实现个性化精准推送店铺优惠信息。

（5）黑名单防范　基于人脸识别技术，分析进店顾客人脸特征，对惯偷及竞争对手做黑名单标签，进店的同时后台报警通知店员。

零售企业通过对入店客户进行精准分析，不管是VIP、回头客还是潜在客户，入店即识，采集顾客属性、特点大数据，尤其是针对其喜好和消费习惯做重点分析，帮助门店全面掌握用户画像，并实时推送至店员手机，帮助店员抓住每次销售机会，为个性化的服务提供及时、全面的数据支撑，对于升级客户购物体验、提高客户满意度、提升客户回购率、从而增加客户转化量有着重要意义，也轻松助力商家一站式搞定门店数客、识客、知客、懂客的智慧营销。

2.3　智能导购

随着大数据物联网时代到来，零售商们都在不断创新经营模式，突破时间、空间让顾客体验个性化、场景化消费。消费场景也从单一的线上，转变到如今线上线下串联在一起的购物场景，剁手党们正在以看得见摸得着的真切体验感受着，例如：AR天眼、智能试妆镜、虚拟试衣间、智能导购屏等高颜值与炫酷科技齐飞的"黑科技"新零售产品，以下介绍智能导购屏在实体零售店的功能及作用。

2.3.1　何谓智能导购屏

智能导购屏是通过感应RFID标签来展示商品的信息，用图案、文字、视频相结合的方式展示给消费者，以促进消费者对商品直观的了解。再结合大数据统计，有效地推介商品，是用于代替传统营销人员的营销工具。

RFID标签以一种有效的方式，使供应链系统能够更简易、自动地追踪商品动态，让物品实现真正的自动化管理。此外，它能为零售业提供便捷的数据采集方式，便利的顾客交易，有助商家有效率地运营，做出快速而有洞察力的决策。

在功能上，智能导购屏系统精准的营销方式，可以帮助顾客最精准地认识自己的喜好，独特的商品信息展现功能让门店不费口舌，轻松地增加消费者黏性；除此之外，它还具有播放广告的功能，智能导购屏系统可自定义视频/图片等广告形式，支持商家个性化广告推送，广告视频的播放，成为商家智能广告代言人。同时，实体店搭配智能导购屏媒体平台管理体系，已经不是简单的硬件和软件的升级，而是整体门店的焕新，业务的大幅度提升。

2.3.2 智能导购屏在零售实体店的应用价值

1. 营造诚信的购物氛围，有效提升顾客品牌归属感

智能导购屏通过数字化展示商品信息，用图案、文字、视频相结合的方式展示给消费者，以促进消费者对商品直观的了解。再结合大数据统计，有效地推介商品。

借助智能导购屏系统，消费者可以在智能导购屏上浏览商品的价格、商品材质、产地等，大大提高了顾客的选购效率。

并且，智能导购屏系统可以记录商品被查看的次数，当商品查看次数多却没有购买商品时，商家可以针对这样的现象进行商品的升级、更换，或是有针对性地推送相关产品的促销活动，能够实现更精准有效的运营。

对于消费者而言，通过真实地了解品牌及商品信息，可以有效提升顾客的购物安全感。这是零售店诚信经营、人性化服务的具体化展现。

2. 提升零售店消费趣味性

零售店智能导购屏应用，除了能够让顾客了解商品详情外，随着互动技术应用的不断完善，更能够为零售店营造趣味化、轻松化的购物氛围，让顾客与零售店之间不再是单纯的买卖关系，更添加了人文情怀，自然也容易留住回头客。

2.3.3 智能导购屏的具体功能

数字化体验"智能导购屏"它是一种显示和标识类别，与传统的印刷标识相比它能起到更多的作用，具有互动、准确和更新功能。利用智能导购屏功能可以提升顾客体验。具体功能如下所述。

1. 显示品牌溯源信息

智能导购屏外观科技感十足，能够展示商品的信息，这些信息有如：商品出产地、成分、价格、材质等。屏幕用图文、视频相结合的方式展示给消费者，促进消费者对商品直观的了解。

2. 分享产品信息和促销

导购员可以回答顾客关于店内任何产品的问题，但是花在鼓励销售上的时间比回答问题更好。有了智能导购屏，关于产品特性和好处员工不用一遍又一遍不停地重复，简

化了促销人员时间,可以更好地专注服务于顾客,也让顾客多一种了解产品的渠道。智能导购连接后台系统进行编辑,可以是增加销售和交叉销售。

3.增加消费者黏性

智能导购屏系统精准的营销方式,可以帮助顾客最精准地认识自己的喜好,独特的商品信息展现功能让门店不费口舌,轻松地增加消费者黏性。

4.成为商家"广告代言人"

由于智能导购屏具有播放广告的功能,智能导购屏系统可自定义视频/图片等广告形式,支持商家个性化广告推送,广告视频的播放,成为商家智能广告代言人。

除以上4个方面之外,通过精确地统计出商品查看的次数等数据,商家可以根据这些数据更科学地调整店内营销策略。

将智能导购屏引入零售门店,等于为销售产品打开了一个全新的世界。智能导购屏为消费者带来良好的购物体验,并最大程度为商家提升销量。

2.4 智慧收银

对于各大商超与线下连锁门店,顾客们都纷纷支持手机支付,传统的现金收银模式渐渐退出社交舞台。微信、支付宝、POS收银系统等仍是线下支付方式的首选。

随着现在人们对超市商品的需求大,针对收银效率不高导致的排队时间长,顾客耐心被消磨,可能导致超市销量下降,人工收银不方便管理等缺点,因此需要一套健全的智慧超市收银系统来解决顾客排队困扰和方便快速准确收银,实现对超市内部各种商品管理的电子化、自动化,提高超市各个工作模块的处理效率,方便日常经营管理和决策,保证服务质量。

2.4.1 智慧收银系统

超市智慧收银系统是一套专业的店铺门店线下收银系统,系统通常至少应包含APP端、PC收银端、微信会员端等。

1.智慧收银系统的常用功能

智慧收银系统主要实现线上线下统一管理,方便进销商品数据输入修改,其具体功能如表2-1所示。

表2-1 智慧收银系统的常用功能

序号	功能	说明
1	基础功能	一个专业的收银管理系统必须具备一些基础功能来支持店铺的正常运营和业务的开展,比如应支持多种支付方式,对于当今社会来讲,各类扫码支付可是尤为不可或缺的

续表

序号	功能	说明
2	商品管理	收银系统应支持商品资料的维护、毛利率计算以及大小包装的库存转换和拆包售卖等
3	库存管理	收银系统后台可实时查询商品的库存情况以及库存修改、损耗等记录
4	销售管理	可在收银系统中实时查询销售单、退货单的情况,收银员每日交接班的收银缴款等
5	供应商管理	可在收银系统中进行供应商的信息维护、进货单维护、应付账款管理等
6	会员管理	收银系统支持会员信息维护、储值账户管理、会员销售统计等
7	营销管理	一个业绩好的超市离不开好的用户量和品牌,通过收银系统营销中心进行微信优惠券等活动进行推广传播是非常好的促销和引流的方式之一
8	打印功能	打印不仅仅是销售时的小票打印,还包括货架标签打印,设置适合自己超市的标价签格式,实时打印,实时替换
9	支持连锁管理	收银系统在支持当前单店管理的同时,也可以满足多家店铺下支持统一的销售管理和会员管理等
10	手机+电脑	收银系统应支持手机端、电脑端两种收银方式,均可扫码支付

2.业务流程

工作人员运行收银系统登录账号,检查收银系统的商品档案是否下载成功。

(1)有客人来购物的时候,使用扫码枪扫客人带过来的商品,软件会自动把扫过的商品放在收银界面的购物清单。注意听扫码枪的声音,没扫成功会发出不一样的声音。

(2)如果客人是使用现金支付的话要注意结算的时候看该找零多少钱,然后小票打印出来的时候钱箱会自动弹开,把现金放进去,找零给客人。

2.4.2 自助收银软件

使用自助收银台不仅可以减轻收银员的收银压力、减少排队等待的时间,最重要的还是可以让客户体验到黑科技在零售行业的应用,提高客户的体验感。如图2-1所示。

当我们在便利店内选购商品时会发现,智慧便利店内的所有商品均贴上了唯一的标签,我们选购完

图2-1 自助收银

毕后将所选物品一起放入自助收银机的收银篓中，自助收银机自动识别篓中的商品标签，在屏幕上显示所有商品的名称、单价、数量还有总价等商品信息，客户核对无误后便可使用手机微信或支付宝，出示付款码，对准扫描窗口扫一扫便完成了此次购物。

自助智能收银机最早出现在欧美国家的大型超市中，因其方便、快捷的自助形式受到了消费者的一致欢迎。现如今自助收银走入我国，并在不少城市中逐渐被使用。自助收银的形式更加方便，消费者自己就能操作完成，节省了很多排队结账的时间。另外，超市或便利店安装了自助智能收银机设备节省了人力成本，也为商户带来了可观的利益。

除此之外，自助收银软件的无线支付还可以和会员管理软件打通，顾客通过无线支付付款后直接成为实体店会员，软件再自动把顾客纳入实体店会员管理系统。比如说，消费者在支付完成后，会自动关注商家的公众号。商家可以通过定期优惠消息推送、卡券（代金券、优惠券）定向发放等方式，让消费者对商家有更深入的了解，给商家提供了再次接触消费者的机会。

CHAPTER TWO
第2部分
图解零售企业之精益管理

阅读索引：
- 零售企业的精益管理
- 图解精益管理之职位说明书
- 图解精益管理之卖场礼仪礼节
- 图解精益管理之卖场布局规划
- 图解精益管理之商品标准化陈列
- 图解精益管理之商品损耗控制
- 图解精益管理之消防安全

第 3 章

零售企业的精益管理

精益管理是在日本丰田公司精益生产的基础上,总结提炼并加以升华的一种高效管理工具。

精益管理的"精"指减少投入、少花时间、少耗资源;"益"指增加效益,提高效率,提升质量。精益管理通过流程再造、降低成本、提升质量、提升效率来提升企业的竞争力。

3.1 精益管理的发展与演变

精益管理的发展经过管理→精细管理→精益管理的过程,如图3-1所示。

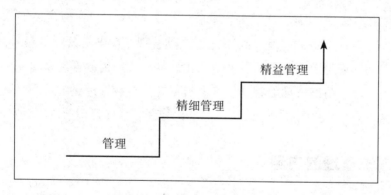

图 3-1 精益管理的发展与演变

3.1.1 管理

管理有多种解释。从管理的职能来理解,"管"是布置任务,"理"是检查结果、调整布置。从管理广义的角度来理解,"管"是协调不同员工的工作,让员工围绕企业目标尽职尽责工作。"理"的第一层意思可以理解为对员工从事的工作进行梳理,让员工对所从事的工作思路清晰,有条不紊地按计划、按流程、按标准推进落实;"理"的第二层意思可以理解为对员工的心理进行梳理,让员工对企业保持一份尽责的心愿、对同事保持一份阳光的心态、对工作保持一份积极向上的激情、对挑战保持一份永不服输的精神。

3.1.2 精细管理

精细管理可以理解为用精致、细密的思维进行企业管理，通过对目标和流程的研究，对信息量的最大掌握，将企业管理的任务进行精细化分解，形成若干个有效的管理模块，再组合成一个有机的管理体系，实现对过程和结果的精细控制。

3.1.3 精益管理

精益管理："精"可以理解为精简、精益求精、出精品；"益"可以理解为有利益、有益处，可以理解为"溢"，更加的意思。精益可以理解为在精的基础上实现有利益、有益处。

精益管理可以理解为用精益求精的思想、用精益的思维方式、用精益的价值观念、用精益的企业文化，对企业实施精益管理。具体可以理解为精简没有必要的消耗，没有必要的机构设置，没有必要的产业流程，没有必要的工作流程，用精益思维对企业资源进行最大化利用，以最小的成本投入实现企业效益的最大化，企业价值的最大化。

精细管理与精益管理侧重点不同。精细管理摒弃了传统的粗放式管理模式，将具体的、量化的标准渗透到管理的各个环节，更加关注每一件小事、每一个细节，解决管理粗放和执行不到位问题。

精益管理中的"精"体现在追求"精简环节""精简消耗""精益求精"，"精"在过程，做到不偏不倚，恰到好处。"益"主要体现在经营活动都要有益有效，用最少的资源消耗，产出最大的效益，"益"在效果和质量。

精益管理是循序渐进的过程。切不能把基础管理、精细管理、精益管理割裂开来。精细管理是在基础管理的基础上，做到精细化、具体化。精益管理是对基础管理、规范管理、标准化管理、精细管理的融合、丰富与提升，精益管理更加重视管理效果，更加重视管理效益。企业要在推进规范管理、标准化管理、精细管理的过程中实现精益管理。

3.2 精益管理的内涵

精益管理的核心就是以最少的资源投入创造出更多的价值。如图3-2所示。

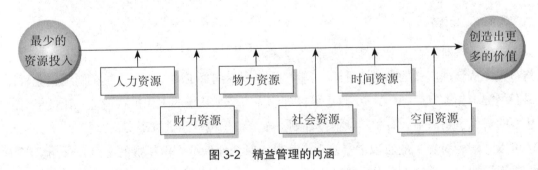

图3-2 精益管理的内涵

精益管理的"精"除了减少不必要的物质资源消耗外,还要精简不必要的生产环节、销售环节、服务环节、管理环节等,减少人力、时间、空间等消耗,更要精通业务,制造出精品,用精品塑造公司形象,用精品提升公司影响力,用精品提升公司品牌价值。

3.3 推行精益管理关注的焦点

3.3.1 关注流程

质量管理大师戴明说过:"员工只需对15%的问题负责,另外85%归咎于制度流程。"什么样的流程就产生什么样的绩效。改进流程要提高总体效益,而不是提高局部的部门效益,为了总体的效益可以牺牲局部的部门效益。

零售企业要建立无间断流程,就要及时完善服务链、业务链,使流程更加完整。将流程中不增值的无效节点尽可能压缩,以缩短整个流程,减少不必要的人员消耗、能源消耗、时间消耗,从而以快速的反应适应顾客的需要,以最优的人员配备,最低的能源消耗,最短的时间投入,实现企业效益的最大化。

3.3.2 关注标准

标准化的作用是将企业中最优秀的做法固定下来,使员工按照标准来做,都可以做得最好,发挥出工作的最大效益和效率。但是,标准不是固化一成不变的,需要不断地创新和改进,需要做到与时俱进,与企业发展相适应,用标准引领企业的发展。

3.3.3 关注质量

质量是制造出来的,不是检验出来的。检验只是一种事后补救措施,不但成本高而且无法保证不出差错。因此,企业应该将品质内建于思想、规划、设计、流程和制造之中,建立一个不会出错的品质保证系统。

3.3.4 关注文化

文化也就是要突出自我反省和现地现物特点。

1. 自我反省

自我反省是找出自己的不精益之处,不断自我改进、自我完善、自我提升。要把"问题当作机会"——当不精益问题发生时,企业要采取改正措施及时补救,并在企业内部查找同类的不精益现象,让员工从每个不精益问题中受到启示。

2. 现地现物

现地现物倡导的是无论职位高低,每个人都要深入现场,这样有利于干部、员工基于事实进行管理,通过彻底了解流程,掌握实际工作,查找浪费现象,挖掘资源潜力,创造出最大的效益。

3.4 零售企业推行精益管理的基础工作

精益管理是系统工程,包括纵向和横向的体系。横向是指零售企业涉及的方方面面;纵向站在整个系统的高度,全方位地考虑问题,而不是孤立地、片面地强调一个方面的改进,要注重局部优化与整体协调相结合,注重整体功能的发挥,实现系统内各子系统的协调运转。

零售企业推行精益管理,首先要从流程和制度的建设抓起,系统是从零售企业的各个方面进行梳理,包括各项业务流程力求简化,识别现有运营流程与精益管理要求的差距,找出所有的问题,删减不必要的非增值环节,不断提高企业创效能力。

基于以上分析可以知道,零售企业要推行精益管理,必须做好一些基础工作,如确立量化管理的目标、加强内部控制、建立并维护好零售企业管理信息系统等。

第4章

图解精益管理之职位说明书

4.1 职位说明书的六大作用

职位说明书有六大作用，如图4-1所示。

为员工晋升与开发提供依据
为招聘、录用员工提供依据
为员工教育与培训提供依据
对员工进行目标管理
为企业制定薪酬政策提供依据
是绩效考核的基本依据

图 4-1 职位说明书的六大作用

4.1.1 为招聘、录用员工提供依据

职位说明书为招聘、录用员工提供依据，体现在三个方面，具体如图4-2所示。

确定职位的任职条件

职位说明书里已经确定了这个职位的任职条件，任职条件是招聘工作的基础，招聘工作需要依照任职条件来挑选人员，不满足任职条件的人，不能用。如果企业一定要用也只能降格使用，例如工资等级要下降，或者职务要略微下降

职位说明书将作为签订的劳动合同的附件

职位说明书将作为员工录用以后签订的劳动合同的附件。企业决定录用员工后，这名员工应该承担什么样的责任，以及要负责到何种程度，都已经事先在职位说明书里约定好了，企业不需要对员工重复说明

图 4-2

作为入职培训的教材

新员工在被录用以后，一般企业要进行一次入职培训，职位说明书可以作为入职培训的教材

图 4-2　职位说明书为招聘、录用员工提供依据

4.1.2　对员工进行目标管理

企业在对员工目标管理进行设计的时候，依据职位说明书所规定的职责，通过职位说明书可以很清晰、明确地给员工下达目标，同时也便于设计目标，具体体现在两个方面，如图4-3所示。

 职位说明书是给员工下达目标的凭证

目标管理是现代企业管理的一种最有效的办法。给员工下达目标的凭证就是职位说明书里面规定的职责。例如给人力资源部的培训专员下达的目标是培训的指标，而不能下达薪酬管理的指标。由此可见，职位说明书是目标管理的一个基本依据

 依据职位说明书可清晰设计目标

在职位说明书中，具体某个项目有几项职责，目标应该下达给谁，都有非常清楚的说明。因此，负责目标管理的主管应该随时查阅职位说明书，以便更明确、有效地对员工进行目标管理

图 4-3　职位说明书对目标管理的体现

4.1.3　是绩效考核的基本依据

职位说明书是绩效考核的基本依据，具体体现在三个方面，如图4-4所示。

 职位说明书确定了职位职责

负责目标管理的主管在绩效考核的时候，只有通过考察职位说明书，才会知道只有这个职位才有这个职责，才能去考核这个职位上工作的员工是不是尽职尽责，是不是完成了工作目标。假如在职位说明书中根本就没有这个职责，就不能拿这个要求考核他，因为他不需要承担这样的责任。所以，职位说明书在工作目标管理和绩效考核工作中起很大的作用

职位说明书确定了职责范围

职位说明书明确定了某一项职责的范围,是全责、部分还是支持,很清楚地划分了员工的职责。当某一项工作没有完成或出现问题时,责任十分清楚

职位说明书确定了考核内容

职位说明书还规定了考核评价内容。绩效考核的标准应该是一致的,不能是职位说明书写的是一个样,考核标准又是另一个样

图 4-4 职位说明书对绩效考核的体现

4.1.4 为企业制定薪酬政策提供依据

直接决定薪酬的是职位评价,所以职位说明书所提供的依据评价是间接的。职位评价是企业薪酬政策的基本依据,整个薪酬体系需要以职位评价为支撑性资料。而职位评价的基础是职位分析和职位说明书,如果没有职位说明书、职位内涵分析、员工规格分析等资料,就无法进行职位评价。因此,从根本上说,职位说明书为企业制定薪酬政策提供了重要的依据。缺少了职位说明书,企业制定薪酬政策将是很困难的。

4.1.5 为员工教育与培训提供依据

企业对员工进行培训是为了满足职位职务的需要,有针对性地对具有一定文化素质的员工进行职位专业知识和实际技能培训,完备上岗任职资格,提高员工胜任本岗本职工作的能力。根据职位说明书的具体要求,对一些任职条件不足,但其他方面优秀、符合公司急需人才要求的员工进行教育和培训,提升他们自身的素质,最后使其达到职位说明书的任职要求。

4.1.6 为员工晋升与开发提供依据

人力资源管理中一项非常重要的工作是人力资源开发,就是通过一些方法使员工的素质和积极性不断提高,最大限度地发挥员工的潜能,为企业做出更大贡献。员工的晋升与开发,离不开绩效考核。绩效考核是以员工为对象,以职位说明书的要求为考核依据,通过对员工德、能、勤、绩等方面的综合评价,判断他们是否称职,并以此作为任免、奖罚、报酬、培训的依据,促进"人适其位"。因此,职位说明书也为这项工作提供了一个依据。

员工大都愿意在一家企业长期工作,并不愿意来回跳槽。主要是看有没有发展的空间,例如现在是销售员,有没有可能做销售经理或销售总监。所以,企业依据职位说明

书，有针对性地做工作，要根据职位说明书做员工晋升路径图，作为规范化管理的一个基础文件，使每一位员工都清楚，只要好好工作将来就能升到什么职位，或几年才能达到任职条件。

4.2 职位说明书编制的前期工作——职位工作分析

职位工作分析也就是职位分析，即是指对某项工作进行完整的描述或说明，以便为人力资源管理活动提供有关职位方面的信息，从而进行一系列职位信息的收集、分析和综合的人力资源管理的基础性活动，职位分析与职位说明书的关系如图4-5所示。

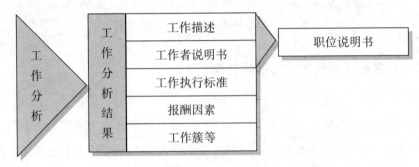

图 4-5 职位分析与职位说明书的关系

职位分析要从以下八个要素开始着手进行分析，即"7W1H"，如图4-6所示。

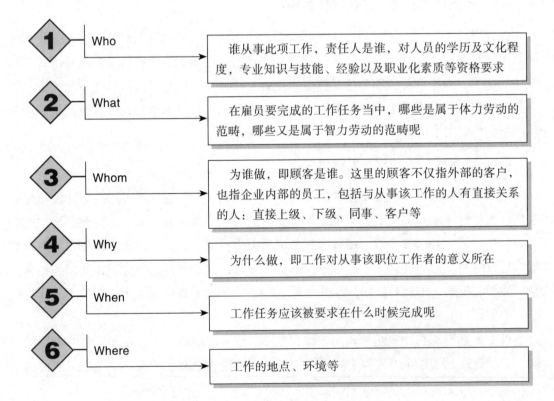

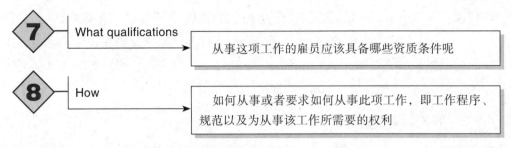

图 4-6 职位分析的八要素——"7W1H"

职位工作分析是一项复杂的系统工程，企业进行职位工作分析，必须统筹规划，分阶段、按步骤地进行。进行职位工作分析通常使用的方法有：问卷调查、总结分析、员工记录、直接面谈、观察法等。有了职位工作分析的结果以后，企业就可以着手制定职位工作说明书了。

4.3 职位说明书的内容与形式

职位说明书是表明企业期望员工做些什么、员工应该做些什么、应该怎么做和在什么样的情况下履行职责的总汇。职位说明书最好根据公司的具体情况进行制定，而且在编制时，要注意文字简单明了，并使用浅显易懂的文字填写；内容要越具体越好，避免形式化、书面化。

4.3.1 职位说明书的内容

职位说明书通常应该包括表4-1所示的主要内容。

表4-1 职位说明书的内容

序号	栏目	具体说明
1	职位基本资料	包括职位名称、职位工作编号、汇报关系、直属主管、所属部门、工资等级、工资标准、所辖人数、工作性质、工作地点、职位分析日期、职位分析人等
2	职位分析日期	目的是为了避免使用过期的职位说明书
3	职位工作概述	简要说明职位工作的内容，并逐项加以说明职位工作活动的内容，以及各活动内容所占时间百分比，活动内容的权限，执行的依据等
4	职位工作责任	包括直接责任与领导责任（非管理职位则没有此项内容），要逐项列出任职者工作职责
5	职位资格	从事该项职位工作所必须具备的基本资格条件，主要有学历、个性特点、体力要求以及其他方面的要求

职位说明书的内容，可依据职位工作分析的目标加以调整，内容可繁可简。

另外，在实际工作当中，随着公司规模的不断扩大，职位说明书在制定之后，还要在一定的时间内，有必要给予一定程度的修正和补充，以便与公司的实际发展状况保持同步。

4.3.2 职位说明书的形式

职位说明书的外在形式，是根据一项工作编制一份书面材料，可用表格显示，也可用文字叙述。

4.4 职位说明书的填写

职位说明书制定的原则是直接上级为下属制定职位说明书。职位说明书实际上传递了上级对下级的期望和要求，并且职位说明也要定期根据公司业务和战略的变化而不断更新和修订，所以说为下级制定职位说明书也是管理者的一项职责，同时也有利于规范管理。

职位说明书包括职位名称、所在部门、报告关系、职位薪资等级、职位编号、编制日期、职位概要、职位位置、职责要求、关键绩效指标（KPI）、任职资格（资历、所需资格证书、知识技能要求、能力要求、素质要求）、工作联系、职业通道等栏目。

4.4.1 如何填写"职位名称"

职位名称是对工作名称的进一步明确，规范职位的名称有利于进行职位管理。

4.4.2 如何填写"所在部门"

所在部门是指该职位所属的机构或部门；繁简程度要视企业具体情况来定，原则是应该写到该职位所属的最小组织细胞。一般会有图4-7所示的几种情况。

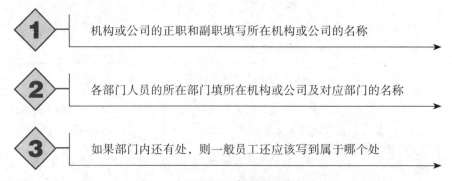

图4-7 所在部门填写的几种情况

例如：某一般规模子公司人力资源部员工，填"子公司名称+人力资源部"；如果部门很大，还分有各处，则招聘处的员工填"公司名称+人力资源部招聘处"。

4.4.3 如何填写"报告关系"

报告关系指该职位的直接上级,一般会有图4-8所示的几种情况。

 机构(包括子公司、分公司、事业部、分店)或部门副职的直接上级是正职

 各部门或机构正职的直接上级是对应的主管领导

 各部门内人员的直接上级一般来讲都是该部门的正职;但如果部门内还有处,则处长的直接上级是该部门正职,各处内的员工直接上级是该处处长

图 4-8　报告关系的填写情况

4.4.4 如何填写"职位薪资等级"

职位薪资等级是指该职位经过职位评估和薪酬设计后的薪资等和级别的位置。

4.4.5 如何填写"职位编号"

职位编号是指职位的代码,组织中的每个职位都应当能有一个代码;编码的繁简程度视企业具体需要而定;职位编号的目的是为了便于快速查找所有的职位。职位编号的步骤如图4-9所示。

图 4-9　职位编号的步骤

这一栏将在全公司职位说明书编制完成后由人力资源部为全公司所有职位说明书统一编号并填补上。

4.4.6 如何填写"编制日期"

编制日期是指职位说明书的具体编写日期是什么时间;这一栏可以暂时不填,将在职位说明书出台时由人力资源部统一填补上。

4.4.7 如何填写"职位概要"

职位概要也就是职位设置的目的,应该用一句话简单地概括工作的主要功能,简短而准确地表示:该职位为什么存在?机构整体目的的哪一部分由该职位完成?该职位对

机构的独特贡献是什么？如果该职位不存在，会有什么工作完不成？我们究竟为什么需要这一职位？

职位设置的目的部分还应当描述工作的总体性质，因此只列出其主要功能或活动即可。

4.4.8 如何填写"职位位置"

职位位置表明本职位在整个组织中所处的层级和位置。

例如，图4-10是某公司招聘主管的职位位置。

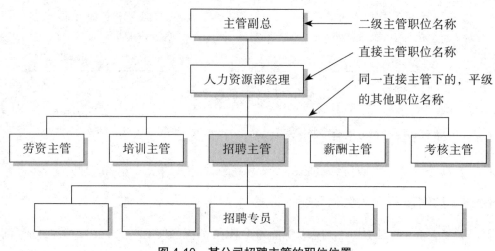

图4-10 某公司招聘主管的职位位置

4.4.9 如何填写"职责要求"

在编写职责时，首先应该将本职位职责的几个大块找出来，即本职位应该做哪几方面的事情，然后对每块事情进行具体描述；在具体描述时，每一条职责都应尽量以流程的形式描述，尽量讲清楚每件事的输入与输出，描述的格式为："动词+名词宾语+进一步描述任务的词语"。

在职位职责的描述中，重要的是清楚地界定每一职责上的权限，应该用精心选择的动词恰当地描述权限范围。在职位说明书的编制过程中，经常会碰到下面这些情况，如图4-11所示。

例如：在编制某一文件的过程中，部门负责人组织拟订文件，一般文员可能只是按部门内主管的要求收集一些资料，然后主管草拟文件，主管副总审核文件并提出意见，总经理最终批准文件。这些动词清楚、准确地表明了相应职位在流程中的权限。

4.4.10 如何填写"关键绩效指标"

绩效指标是指从哪些方面、以什么标准去评价该职位工作的效果。

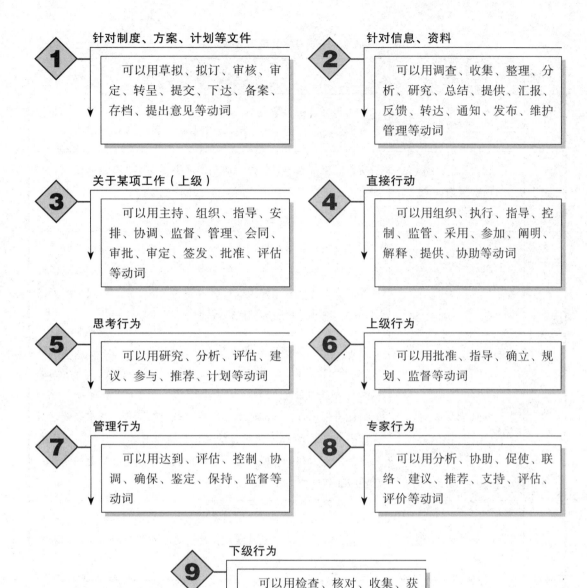

图 4-11 职位说明书在编制中运用动词的情况

绩效可以体现在两方面：一是工作的结果；二是在工作过程中高绩效的行为。因此，绩效指标也分为结果界定和行为界定。职位说明书中的考核指标只需涉及考核方面即可，在考核制度中将会对考核指标进行标准分级的描述。

4.4.11 如何填写"任职资格"

任职资格是决定职位价值、招募、培训等的重要依据。任职资格是对应聘者的要求，不是针对现有人员的要求。任职资格包括表 4-2 所示的这些项目。

表4-2 任职资格的填写要求

序号	项目	填写要求
1	资历	资历包括学历（学位）、所学专业（或接受何种培训）、职称和工作经验（包括一般工作经验和特殊工作经验）
2	所需资格证书	所需资格证书不是职称，而是指从事本工作所必需的证照。例如：出纳必须有会计证才能上岗；维修电工需要"高低压电工运行维本和普通电、气焊本"
3	知识要求	知识要求包括业务知识和管理知识，这些知识都应区分其广博程度和精通程度，例如：广博程度可以用系统级的，还是子系统级等词或者能区分出知识广泛程度的词加以区别；精通程度可以用知晓、熟悉、精通等词加以区别
4	技能要求	技能包括基本技能和业务技能，这些技能都应区分其熟练程度。对于外语和计算机的应用等技能可以参照国家统一规定的级别来区分，例如英语四级、计算机三级；对于没有国家统一规定的技能可以用行业标准或本公司标准来加以区分。基本技能是指完成各种工作时都需要具备的通用的操作技术，通常指写作能力、外语能力和计算机能力。业务技能是指运用所掌握的业务完成业务工作的能力
5	能力要求	能力要求是指完成工作应具备的一些能力方面的要求，这些要求包括需要什么能力及其级别；能力要求是指该职位对任职者最需要的能力要求；能力要求一般不宜多，三到五个即可
6	素质要求	素质是指一个人的潜在特质，与生俱来，一般不宜改变；素质要求是指该职位对任职者最需要的个性或特质的要求；素质要求一般不宜多，一到两个即可

4.4.12 如何填写"工作联系"

工作联系是指与本职位有较多工作沟通的组织内、外部沟通对象。

4.4.13 如何填写"职业通道"

职位说明书中的建议职业通道仅仅从专业的角度提出参考性的意见，说明晋升或者轮换的方向，具体某个人的成长需要结合具体情况决定，如图4-12所示。

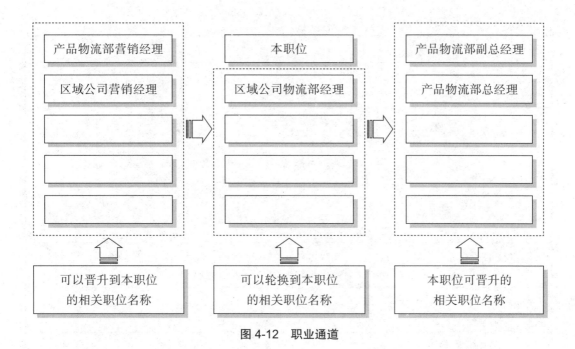

图 4-12　职业通道

下面提供几份不同的岗位说明书的范本，仅供读者参考。

【他山之石01】采购经理职位说明书

采购经理职位说明书

职位名称：采购经理　　　　　　　　　　　　　　　　说明书编号No.：

职位编号		部门	采购部	部门定员		组别	
直接上级	营采总监	直接下属	采购主管	工资级别		月薪标准	

序号	工作内容	工作标准
1	巡视卖场、周转仓	每天按规定时间完成，其他时间不定时；准确及时掌握存货量及销售状况；控制存货量及掌握畅销品项
2	查看电脑，分析报表	每天第一项工作；及时知道本部门员工的工作效果；准确判断本部门员工的工作状况
3	联系供应商，与供应商谈判	推进采购工作；准确获得市场信息；如果在公司内谈判，要安排好时间
4	检查采购的谈判工作（新品、快讯营业外收入等）	工作进展顺畅，积极引进新品，合理定价；促进采购的平衡发展；库存合理
5	开发自有品牌	质优价廉（民生，民用）；合作方有足够的信誉保证

续表

序号	工作内容	工作标准
6	监督落实团购订单到货、出货情况	及时完成供货、提高销售额；顾客满意
7	与店面交换意见	双方步调一致，意见统一；互相尊重，促进工作；耐心听取店面意见
8	组织快讯换挡、促销工作	按计划完成，有效提高销售，减少库存；快讯商品选项准确；能够带动整体销售及价格合理
9	审批、签批合同，引进新品	及时处理；仔细检查，杜绝隐患
10	定期核算各项指标	每月定期核算一次；鼓励先进，鞭策后退；及时进行有效的战略调整
11	及时处理呆、滞、残次积压商品	及时完成；商品组合趋向完善；保障盘点数据准确
12	组织调整本部门的商品组合	调整及时，适应市场；提高毛利、销售；整体配合良好；遵循单品一进一出
13	制订本部门季节性商品采购方案	有效指导员工进行季节性商品采购；方案具体，可行性；均衡各组采购任务
知识	1.教育：大专以上学历，管理、商业、营销、经济或相关专业优先 2.培训：计算机操作，财务知识，营销知识，采购专业培训 3.经验：三年以上本业态工作经验及两年以上采购主管管理工作经验 4.技能：熟悉计算机操作，熟知食品、百货商品的专业知识及采购商品的谈判流程技巧等	
能力	较好的语言、文字表达、协调、沟通能力；快速的数字计算及应变能力；良好的观察、分析、总结、判断、决策能力；出色的谈判能力、谈判技巧；独立处理问题的能力	
晋升途径	采购总监、店长、副店长、副总经理	

【他山之石02】采购主管职位说明书

采购主管职位说明书

职位名称：采购主管　　　　　　　　　　　　　　说明书编号No.：

职位编号		部门	采购部	部门定员		组别	
直接上级	采购经理	直接下属	采购员	工资级别		月薪标准	

续表

序号	工作内容	工作标准
1	供应商开发谈判及巩固	积极、努力开展;深入了解供应商,维护公司利益;与供应商保持良好的合作关系
2	与供应商谈判签订协议(合同书)	新品适销对路,价格合理优惠;新品数量、品项满足库存、陈列容量;按规章、程序签订合同
3	拜访供应商,了解供应商情况	(食品)卫生符合要求;证照齐全,供货能力达到要求;掌握的资料诚信、可靠
4	向供应商下订单	下订单及时;保证供应货源;严把品质、数量(库存能力)
5	与供应商谈判DM快讯	规定时间内完成;快讯商品的选项正确;起真正的促销效果,适销对路,提高销售额
6	与供应商谈判灯箱、广告等	增加公司收入项目;达到促销作用;挖掘营业外收入项目
7	与供应商联系,处理退换货	及时处理退换货,减少仓存压力,降损耗;优化商品组合
8	与供应商联系,采集市场信息	利用空余时间收集信息,保证信息的准确性
9	巡视卖场、周转仓	每天上班前完成;准确及时掌握销售、缺货情况;保证畅销商品供应充足
10	查电脑系统,看报表	每天的第一项工作;准确及时掌握销售状况,做销售分析
11	与店面主管沟通	保证新品及时上架销售;增加销售额,控制毛利,及时变换促销;听取意见、建议改进方案
12	为新进商品定价	定价及时,上架前完成;定价合理,保证毛利、销售指标完成
13	办理现款吃货	判断准确,适销对路;价位合理,提高毛利;品质保证,顾客满意
14	开发自有品牌	质优价廉(民生、民用品);合作方有足够的信誉保证
15	制订季节性商品的采购计划	完成季节性商品供货;不积压季节性商品;适应市场购买需要
16	与团购部沟通,了解团购需求	及时了解信息变化;利用团购信息做采购参考;及时满足团购订单供应
知识	1.教育:大专以上学历,管理、商业、营销、经济或相关专业优先 2.培训:计算机操作,财务知识,营销知识,采购专业培训 3.经验:三年以上本业态工作经验及两年以上采购主管管理工作经验 4.技能:熟悉计算机操作,熟知食品、百货商品的专业知识及采购商品的谈判流程技巧等	

续表

能力	较好的语言、文字表达、协调、沟通能力；快速的数字计算及应变能力；出色的谈判能力、谈判技巧；独立处理问题的能力
晋升途径	采购部经理或其他部门经理

【他山之石03】采购员职位说明书

采购员职位说明书

职位名称：采购员　　　　　　　　　　　　　说明书编号No.：

职位编号		部门	采购部	部门定员		组别	
直接上级	采购主管	直接下属	无	工资级别		月薪标准	

序号	工作内容	工作标准
1	查看前一天的销售、库存情况，汇总、统计销售	汇总、统计数字快速、准确；认真、仔细查阅电脑；上班后按规定时间完成
2	查缺货、向供应商下订单、催货	准确查找缺货品项；及时准确发出订单；订单数量、描述准确
3	整理、保管厂商合同等资料	便于查阅（整齐）；及时完成
4	执行商品变价	及时为促销品项做变价处理；准确执行变价动作；严格依流程、制度执行
5	接待供应商，参与谈判、定价、对账	热情接待供应商；谈判、定价维护公司利益，提高毛利、销售；对账认真、仔细完成
6	通知供应商结款，协调结款事项	及时通知；积极、认真协调供应商处理结款流程
7	交快讯报表（报批表、提交表、堆头计划表）	按规定时间完成
8	追踪订单到货情况	多追问，查询到货情况
9	提取快讯商品，协助快讯拍照	认真、负责、及时；按规定执行
10	填写、递交代签批资料	填写内容清楚、明确；认真核对有关数字；及时上呈
11	处理价格差异	认真核对、落实，找出差异原因，及时解决，维护公司利益
12	巡视卖场、库房等	认真巡查；准确掌握销售、库存情况

续表

序号	工作内容	工作标准
13	厂商资料、新品、快讯的录入,删除旧品项	及时完成,录入、删除数据准确,认真核查
14	协助楼面处理退换货	及时联系供应商;及时处理滞、残等积压品
15	与楼面、团购等部门的沟通、协调	不定期完成;尊重对方,听取对方意见;坚持公司原则、立场
16	向供应商催交营业外费用	积极、主动、礼貌进行;不得出现差错
知识	1.教育:大专以上学历,管理、商业、营销、经济或相关专业优先 2.培训:计算机操作,财务知识,采购、文秘专业培训 3.经验:一年以上本业态工作经验或两年以上商业系统办公、公关事务经验 4.技能:熟悉计算机操作,Windows、Office系统及办公设备使用,熟知部分商品专业知识	
能力	较好的语言、文字表达、协调、沟通能力;快速的数字计算及应变能力;良好的记忆力;良好的观察、分析、总结、判断、决策能力;一定的谈判能力、谈判技巧	
晋升途径	采购主管	

【他山之石04】生鲜经理职位说明书

生鲜经理职位说明书

职位名称:生鲜经理　　　　　　　　　　　　　　说明书编号No.:

职位编号		部门	生鲜部	部门定员		组别	
直接上级	店长	直接下属	部门主管	工资级别		月薪标准	

序号	工作内容	工作标准
1	巡视工作区,检查员工出勤、着装、早会等情况	及时掌握员工纪律情况,严格按照公司制度处理,及时纠正不良行为,不断提高员工自觉性
2	组织召开例会	准确上传下达,总结前日的工作,布置当日工作,及时纠正错误行为
3	巡场、检查各组的工作开展及工作效果	每天不定时巡查排面、堆头、场景气氛、货架、商品的卫生、POP牌、指示牌、订货、退货、库存、降价促销、报损等,协助员工解决问题并指导员工的工作
4	查看报表,分析各组销售	每天上班后按规定时间完成;对比前日,寻找起伏原因;登记畅、滞销单;销售异常及时上报店长

续表

序号	工作内容	工作标准
5	合理设计新商品组合	商品组合趋向合理;找出新卖点
6	检查收货、验货情况	严格按制度流程办理;把控商品品质,维护公司利益;卫生、防疫符合标准;严格依合同履行
7	监督、检查设施、设备的安全操作、维护(冷柜、货架等),环境的消毒	不定期抽查、观察;保证设备得到正常的维护及正常的操作;冷库-18℃,冷柜1~4℃;达到防疫标准;及时对违规者进行处罚
8	检查、监督下属安全用电、煤气等设施、设备	随时、认真执行;严格依有关规定使用操作,杜绝事故的发生
9	每周各组分析/总结(缺货统计表/报损汇总表/滞销品统计表)	认真仔细进行/准确分析上周报告/快讯销售情况,统计退换货,畅、滞销品/破损缺货商品;每周一上午12:00前完成
10	组织实施盘点	规定时间内完成;认真仔细,如实报告盘点数据
11	监督、检查商品加工流程,工具的使用、保管	认真仔细执行;严格按流程、规定操作;达到卫生、防疫、安全要求
知识	1.教育:大专以上学历,商业、营销、经济或相关专业优先 2.培训:计算机操作,生鲜商品加工及卫生、防疫知识培训 3.经验:两年以上本业态生鲜工作经验及一年以上管理工作经验 4.技能:熟悉计算机操作,有熟练的生鲜加工处理技术;熟知生鲜商品专业知识及生鲜部门的工作流程与方法;熟悉商品组合、陈列、管理等技能,熟悉卖场动线、端架等规划、设计;熟悉人事管理常识及采购商品的谈判流程技巧等
能力	良好的谈判、沟通、协调能力;快速的数字计算及反应能力;较好的观察、总结、分析、判断、决策能力;准确的商品识别能力;有一定的创新能力及规划布局能力	
晋升途径	副店长、店长或运营方面管理人员	

【他山之石05】生鲜主管职位说明书

生鲜主管职位说明书

职位名称:生鲜主管　　　　　　　　　　　　　　说明书编号No.:

职位编号		部门	生鲜部	部门定员		组别	
直接上级	生鲜经理	直接下属	生鲜员工	工资级别		月薪标准	

续表

序号	工作内容	工作标准
1	组织召开晨会	总结前日工作、布置当日作业，对员工进行表扬、批评；按规定时间完成
2	新品的上货	及时依陈列规范、要求完成新品上货
3	收验货（填写永续订单、取验货清单）	及时清点数量或重量（称重商品），并在验货清单上填写准确数据；严格查验品质；必须有收货部员工在场
4	巡场，查排面	及时处理不正确事宜；及时检查价签、条码、POP牌、保质期、品质、包装是否达标
5	损耗登记（损耗商品登记表）	每天一次，及时登记；认真、仔细完成，准确掌握损耗情况
6	登记三级账	认真、仔细完成，做到账、物相符
7	制订季节性商品的计划	认真、积极完成，与其他部门保持一致
8	组织、实施叫卖（促销）	及时变价促销，控制毛利，减少库存损耗
9	对商品予以加工处理	严格按加工规范操作；降低损耗，按时完成
10	查库存、检查核实缺货情况	积极认真进行；账物不符时，及时调整账本数据；有效提供订货时的下单数据
11	督促员工拾孤	及时进行，让孤儿商品归位（上架、包装、报损等）；对违反纪律的员工追究责任
12	处理内部调货	及时按要求、按标准备货，并送往调货单位；及时到电脑部更正库存
13	组织整理库房，库房盘点	积极、认真执行；单品库存天数、码放、数量、质量、卫生符合要求；如实报告盘点数量
14	组织完成商品转移	及时转移，并报告设备异常情况
15	督促员工组织团购商品	及时组织人员，高效进行；购物客户满意
16	快讯商品的谈判	积极、认真对待；及时完成促销方式、价格、数量的确定
17	组织员工进行DM商品换挡	快讯期前一天晚上完成；及时更换价签，整理排面，堆放码头、POP牌
18	制订快讯端架计划	按时合理完成；有效实施促销计划，增加销售额
19	编制快讯损益表	认真、及时完成，正确编制
20	查销售报表、进行报表分析	仔细、认真，及时掌握销售情况

续表

序号	工作内容	工作标准
21	巡场,监督,检查人员的日常工作及工作效果	发现问题,及时解决问题;提高员工的工作效率和效果;培养员工的熟练业务能力及动作规范
22	实施季节性商品的销售方式、方法	认真积极执行季节性商品销售计划;与其他部门保持一致
23	统计畅销、滞销品项	仔细、认真进行
知识	\multicolumn{2}{l}{1.教育:大专以上学历,商业、营销、经济或相关专业优先 2.培训:计算机操作,生鲜商品加工,卫生、防疫知识培训 3.经验:两年以上本业态生鲜工作经验及一年管理经验 4.技能:熟悉计算机操作,有熟练的生鲜加工处理技术,熟知生鲜商品专业知识及生鲜部门的工作流程及方法}
能力	\multicolumn{2}{l}{良好的谈判技巧,快速的数字计算能力;准确的商品识别能力;一定的创新、创造能力}
晋升途径	\multicolumn{2}{l}{生鲜经理或其他部门经理}

【他山之石06】生鲜员工职位说明书

生鲜员工职位说明书

职位名称:生鲜员工　　　　　　　　　　　　说明书编号No.:

职位编号		部门	生鲜部	部门定员		组别	
直接上级	生鲜主管	直接下属	无	工资级别		月薪标准	
序号	工作内容			工作标准			
1	收验货			收取符合品质要求的商品;及时清点数量或重量(称重商品),并在验货清单上填写准确数量;必须有收货部员工在场			
2	下紧急订单			及时、内容准确,适销,不形成积压;在上级的授权下进行			
3	补货(上货、整理排面)			排面丰满、先进先出、保证品质;清理垫板、垃圾;所用用具放回原位			
4	从库房提取一定量商品化冻			及时进行,保证销售			
5	理货			严格按陈列规范,陈列整齐、美观,品质优良;回收不良品质商品			

续表

序号	工作内容	工作标准
6	将不上排面商品或下班时剩余商品入库	及时入库,保证品质
7	对商品予以加工处理	严格按加工规范操作,降低损耗,按时完成
8	对称重销售商品包装、输入货号、贴价签	准确输入货号、快速包装、粘贴价签;严格执行销售规范
9	(水产)制作冰墙	所制冰墙必须保证商品新鲜程度
10	包装加工散装商品	按质量、重量、卫生、包装要求完成;价签贴平、贴牢
11	把变质商品做退换货处理	及时处理,遵守退换货协议
12	商品报损(填库存更正单)	及时处理,并及时更正库存
13	整理破损包装商品	及时完成,达到卫生防疫标准,重新上架
14	DM商品换挡	按时完成商品换挡;及时更换价签,整理排面,堆放码头、POP牌
15	到退换货处领退换货	及时或定时将顾客所退商品收回并做相应处理
16	拾孤	将孤儿商品及时归位,减少商品损坏
17	查排面	做到排面干净、整齐、无缺,将商品亮丽的一面面对顾客
18	对剩余商品快速促销(变价、叫卖)	必须控制、保证单品毛利,及时进行促销,减少损耗
19	查库房、整理库房	随时检查库房商品存放是否合乎规范,库房温度是否正常,及时整理变质、破损商品,调整库房温度,整理残品,码放商品
20	查库存数量,库房盘点	积极、认真执行;单品库存天数、数量符合要求;如实报告盘点数量
21	完成商品转移	及时转移,并报告设备异常情况
22	处理内部调货	及时按要求、按标准调货,并送往调货单位
23	打扫销售区、库区的卫生并消毒	每天积极、认真按时完成,达到卫生、防疫标准
24	本组设施、设备、工具维护、清洗及准确摆放	定期、认真检查,有故障及时上报;达到卫生标准;正确摆放;温度正常,冷藏:0~4℃,冷冻:-18℃
25	对燃料、燃气、水、电的管理、使用	下班前必须关闭电源、气源;使用燃料、燃气、水、电设施遵守安全规定

续表

知识	1.教育：高中以上学历 2.培训：接受计算机培训，生鲜商品加工、卫生、防疫知识培训 3.经验：有半年以上工作经验或学习商业知识专业优先 4.技能：熟悉计算机操作，（生鲜加工员工）有熟练的生鲜加工处理技术
能力	良好的语言表达能力和快速的数字计算能力；一定的应变、协调、沟通能力；手指灵活，眼、手、足配合协调
晋升途径	生鲜主管

【他山之石07】食品/百货经理职位说明书

食品/百货经理职位说明书

职位名称：食品/百货经理　　　　　　　　　　　说明书编号No.：

职位编号		部门	食品/百货部	部门定员		组别	
直接上级	店长	直接下属	食品/百货主管	工资级别		月薪标准	

序号	工作内容	工作标准
1	巡视工作区，检查员工出勤、着装、早会等情况	及时掌握员工纪律情况；严格按照公司制度处理；及时纠正不良行为，不断提高员工自觉性
2	组织召开例会	准确上传下达；总结前日工作，布置当日工作；及时纠正错误行为
3	巡场、检查各组的工作开展及工作效果	不定期进行，协助员工解决问题并指导员工的工作；严格要求员工的工作程序化、规范化，同时按时、按要求、按规定完成各项工作，追究违规员工的责任
4	查看报告，分析各组销售	每天上午10:00完成；对比前日，寻找起伏原因；登记畅、滞销单品，销售异常及时上报店长
5	合理设计新商品组合	商品组合趋向合理；找出新卖点
6	检查员工的工作区、办公区卫生	每天至少一次；仔细检查每一区域、角落及有关公共区域；严格按照规章处理
7	监督、检查设施、设备的安全操作（冷柜、货架等），环境的消毒	不定期抽查、观察；保证设备得到正常的维护及操作；冷库-18℃，冷柜1~4℃；达到防疫标准；及时对违规者进行处罚

续表

序号	工作内容	工作标准
8	指导各组对排面陈列、货架、布局进行合理调整	按时、按标准及时完成;方便顾客、增加销售
9	处理商品的缺货问题	及时与采购协商或出台解决方法
10	制定季节性商品的销售方案	认真、积极制订季节性商品销售计划;与门店及其他部门保持一致
11	汇总各组(端)堆头计划	堆头安排合理,动线畅顺,码放合理;有效促销商品;与其他部门不冲突
12	到库房查库存、商品码放等	随时进行,及时掌握库存情况;追究违规操作者的责任
13	每周各组分析、总结(缺货统计表、报损汇总表、滞销品统计表)	认真仔细进行,准确分析上周的销售、快讯销售情况,统计退换货产品,畅、滞销品,破损产品,缺货产品;每周一上午12:00前完成
14	换挡	换挡期前一天下班前完成;保证价签、条码、POP牌等的到位及准确性
知识	1.教育:大专以上学历,商业、营销、经济或相关专业优先 2.培训:计算机操作,财务知识,营销知识 3.经验:三年以上本业态食品、百货工作经验及一年以上主管工作经验,或五年以上相关工作经验及两年以上管理工作经验 4.技能:熟悉计算机操作,熟知商品专业知识,熟悉商品组合、陈列、管理等技能,熟悉卖场动线、端架等规划、设计,熟悉人事管理常识	
能力	良好的谈判、沟通、协调处理能力;快速的数字计算及反应能力;良好的观察、总结、分析、判断、决策能力;有一定的创新、创造能力和规划布局能力	
晋升途径	副店长、店长或营运方面管理人员	

【他山之石08】食品/百货主管职位说明书

食品/百货主管职位说明书

职位名称:食品/百货主管　　　　　　　　　　说明书编号No.:

职位编号		部门	食品/百货部	部门定员		组别	
直接上级	食品/百货经理	直接下属	食品/百货组长	工资级别		月薪标准	

续表

序号	工作内容	工作标准
1	巡视工作区,检查员工出勤、着装、早会等情况	及时掌握员工纪律情况;严格按照公司制度处理;及时纠正不良行为,不断提高员工自觉性
2	召开例会	准确上传下达;总结前日工作,布置当日工作;及时纠正错误行为
3	巡场、检查各组的工作开展及工作效果	不定期进行检查(排面、堆头、场景气氛、货架、商品的卫生、POP牌、指示牌、订货、退货、库存、降价促销、报损等),协助员工解决问题并指导员工的工作;严格要求员工的工作程序化、规范化,同时按时、按要求、按规定完成各项工作,追究违规员工的责任
4	查看报告,分析各组销售	每天上午10:00完成;对比前日,寻找起伏原因;登记畅、滞销单品;销售异常及时上报店长
5	合理设计新商品组合	商品组合趋向合理;找出新卖点
6	检查员工工作区、办公区卫生	每天至少一次,仔细检查每一区域、角落及有关公共区域;严格按照规章处理
7	监督、检查设施、设备的安全操作(冷柜、货架等),环境的消毒	不定期抽查、观察;保证设备得到正常的维护及操作;冷库-18℃,冷柜1~4℃;达到防疫标准;及时对违规者进行处罚
8	处理商品的缺货问题	及时与采购协商或出台解决方法
9	制定季节性商品的销售方案	认真、积极制订季节性商品销售计划;与门店及其他部门保持一致
10	汇总各组(端)堆头计划并管理	堆头安排合理,动线畅顺,码放合理;有效促销商品;与其他部门不冲突
11	与供应商谈判堆头、促销区的使用价格	耐心进行;维护公司利益,提高营业外收入,提高销售额
12	到库房查库存、商品码放等	随时进行,及时掌握库存情况;追究违规操作者的责任
13	每周各组分析、总结	认真仔细进行,准确分析上周的销售、快讯销售情况,统计退换货产品,畅、滞销品,破损产品,缺货产品;每周一上午12:00前完成
14	换挡	换挡期前一天下班前完成;保证价签、条码、POP牌等的到位及准确性
15	组织实施盘店	在规定时间内完成;认真、仔细,如实报告盘点数据

续表

知识	1. 教育：大专以上学历，商业、营销、经济或相关专业优先 2. 培训：计算机操作，财务知识，营销知识 3. 经验：三年以上本业态食品、百货工作经验及一年以上主管工作经验，或五年以上相关工作经验及两年以上管理工作经验 4. 技能：熟悉计算机操作，熟知商品专业知识，熟悉商品组合、陈列、管理等技能，熟悉卖场动线、端架等规划、设计，熟悉人力资源管理常识
能力	良好的谈判、沟通、协调处理能力；快速的数字计算及反应能力；良好的观察、总结、分析、判断、决策能力；有一定的创新、创造能力及规划布局能力
晋升途径	副店长、店长或营运方面管理人员

【他山之石09】食品/百货组长职位说明书

食品/百货组长职位说明书

职位名称：食品/百货组长　　　　　　　　　　　说明书编号No.：

职位编号		部门	食品/百货部	部门定员		组别	
直接上级	食品/百货主管	直接下属	理货员	工资级别		月薪标准	

序号	工作内容	工作标准
1	组织召开晨会	总结前日工作，布置当日工作，对员工进行表扬、批评，按规定时间完成
2	参加店内例会、会议	准时参加，遵守纪律，敢于发言，提出合理建议及存在的问题，认真听取他人意见，接受上级的指示，做好会议记录，总结落实会议精神
3	巡场、检查前天工作的完成情况、组织员工检查价格标签等	每天按规定时间完成，积极、认真、仔细，发现问题及时解决
4	给新进单品挤出排面陈列	做到上货及时，价签、条码及商品品质、类型、保质期符合要求，陈列整齐、美观、亮丽
5	督促员工上报缺货情况	每天按规定时间完成，及时掌握缺货信息
6	将缺货商品报采购或下紧急订单	做到不缺货，商品陈列丰满
7	巡场、查排面	及时处理不正确事宜，及时检查价签、条码、POP牌、保质期、品质、包装是否达标

续表

序号	工作内容	工作标准
8	监督、协助打扫货架、商品卫生及工作区域卫生	每天按规定时间完成，达到卫生标准
9	登记员工考勤、上报考勤（考勤表）	每天下班后完成考勤登记 每月一次按时汇总，如实上报考勤
10	组织员工排面的调整、整理	商品组合合理，有效增加销售
11	与各部门沟通联系	（1）随时与采购沟通业务事宜，了解对方情况及工作行为与结果，达到每次沟通的目的，及时掌握采购新品的情况，及时向采购报告缺货情况，及时建议对滞销品项的退货 （2）及时到行政部门领取办公工具、用品、耗材等并发放 （3）到收货部收货、验货、退货、换货，严格按制度流程办理，把控商品品质 （4）到企划部协调POP牌、场景布置等，有效增加卖场气氛，促销商品有明显标示
12	查库存、检查核实缺货情况	积极、认真进行，及时下订单，保障销售
13	带领员工进行快讯商品的换挡	及时实施变价、拉排面、端头堆放
14	制订快讯端架计划	按时、合理完成；有效实施促销计划，增加销售额
15	监督、协助员工及时修复破包商品或作报损	严格依破损、商品包装的标准执行；积极、认真对待，以有效提高商品周转率，减少损耗
16	检查销售报表、进行报表分析	仔细、认真；及时掌握后续工作
17	检查员工的三级账登记	随时执行，及时发现库存情况
18	随时检查场内道具的使用	各道具的归位、卫生安全达到规定要求
19	统计畅销、滞销品项	认真、仔细进行
20	下OPL订单	准确分析订单数量，及时下订单；检查退换统计表，将退货品名及数量写在订单上，完成退换货
知识	1.教育：大专以上学历，商业、营销、经济或相关专业优先 2.培训：计算机操作熟练 3.经验：至少两年以上本业态食品、百货工作经验及一年以上管理工作经验 4.技能：熟悉计算机操作，熟知商品专业知识，熟悉商品组合、陈列、管理等技能，熟悉卖场动线、端架等规划、设计	
能力	快速的数字计算能力；较好的观察、总结、分析、判断、决策能力；有准确的商品识别能力	
晋升途径	食品、百货部经理或其他部门经理	

【他山之石10】百货部家电测试员职位说明书

百货部家电测试员职位说明书

职位名称：百货部家电测试员　　　　　　　　　　　说明书编号No.：

职位编号		部门	百货部	部门定员		组别	
直接上级	电器主管	直接下属	无	工资级别		月薪标准	

序号	工作内容	工作标准
1	参加晨会、会议	准时参加，遵守纪律；汇报工作，敢于提出建议或存在的问题；认真听取他人的意见，接受上级的安排指导；做会议记录，总结会议精神
2	打扫测试区卫生	每天一次，下班前完成；达到卫生要求
3	领取测试工具、器材，并擦拭干净	每天一次，在规定时间前完成；领齐后送到测试区，对其擦拭干净，无污物
4	检查电源、开关、插座	仔细检查路线、开关、插座是否达到安全标准；测试每一部位的送电到位情况
5	连接测试器材并试机	按规定时间完成；按连接要求，把工具、器材连接起来；打开器材开关，确保器材能够正常工作
6	接待顾客	礼貌用语，热情接待；咨询时，准确回答顾客提出的问题及相关知识；测试时，按程序、流程给予顾客办理
7	检查提货卡	查验提货卡内容及付款发票小票，保证顾客已付款
8	开具提货数量单	开具所提商品提货单；填写清晰、准确；持单到收货部办理提货，并由收货部人员送到测试区，并回收提货单，保管提货卡
9	安排家电测试	小心开箱、拆包装，并要求顾客自检外观；严格依检测流程，认真仔细监测每一部位；原样封包装、封箱；将结果填写在登记本上
10	开运输单	仔细、正确填写，并将顾客联交给顾客；告知顾客到服务部门去安排送货事宜
11	办理退换货	及时通知退货处来人为顾客办理退换商品；对换回的商品继续执行监测手续
12	告知顾客注意事项	耐心、细心告知顾客；帮助顾客设置好电器设置情况，保证顾客回去后能正确使用

续表

序号	工作内容	工作标准
13	清理纸皮等杂物	及时清理到指定位置
14	设计、完善家电的检测流程、方法	仔细参考有关资料,设计可行的检测流程及方法;随时完善流程及方法
15	与家电采购、厂商、楼面人员沟通	及时、积极与其沟通,掌握尽可能多的商品使用、性能等知识
16	申领、购置用品、器材、耗材等	及时办理申领、购置手续;不浪费,妥善保管领取的物品
17	维修、保养、检测用工具、器材	及时维修、保养,延长使用寿命;自己无法能及事宜,上报主管解决
18	将提货卡交回家电组主管处	下班时将提货卡全部交于主管,并与单据核对数量,保管无误;汇报当日测试情况
知识	1.教育:高中以上学历,家电维修专业或相关专业优先 2.培训:计算机操作 3.经验:家电维修、维护工作时间两年以上 4.技能:熟悉大小家电一般故障检查及性能检查,熟悉大小家电的一般常识	
能力	一定的语言表达及逻辑思维能力;一定的数字计算及反应速度;一定的观察、分析、判断能力;一定的独立处理问题能力;手指灵活,眼、手、足配合协调	
晋升途径	主管	

【他山之石11】理货员职位说明书

理货员职位说明书

职位名称:理货员 说明书编号No.:

职位编号		部门	食品/百货部	部门定员		组别	
直接上级	部门主管	直接下属	无	工资级别		月薪标准	

序号	工作内容	工作标准
1	检查排面缺货情况	随时检查,及时提货补充缺少品项
2	填写缺货记录,报告缺货情况(缺货记录单)	准确填写、及时报告

续表

序号	工作内容	工作标准
3	补货	保证排面丰满，及时将垫板及垃圾归位
4	提货（送货数量单）	保证补货及时，及时更正库存单
5	接收新品、及时上架	及时将到货新品上架
6	（家电）开电视墙	按时打开
7	收货（验货清单）	及时处理（上排面、进周转仓）新货
8	验货	仔细、认真核对到货商品的数量、质量、规格型号等
9	拉货到周转仓	将排面放不下的货物及时码放在周转仓固定位置
10	登记三级账	及时完成，做到账物相符
11	整理排面、拉齐排面	保证排面美观、整齐、无缺，并将商品亮丽的一面面对顾客
12	打扫货架、商品卫生	达到卫生要求
13	（食品）检查保质期	（食品）先进先出，保证商品质量
14	检查、整理条码、价签、POP牌	做到价签、条码与商品一一对应；及时将上期DM商品恢复原状；按规定陈列价签，POP牌挂在正确位置
15	申请、领取价签、条码	做到价签、条码与商品一一对应
16	申请POP牌（POP牌申请单）	做到DM商品的标示明确，方便客户购物
17	上报畅销、滞销商品情况	及时反馈畅销、滞销商品信息
18	到退换货处领取退换货	及时定时将顾客所退商品收回
19	将残缺商品装箱、报损（报损单）	及时处理残缺商品，做到上品质量及库存准确
20	查库存、整理库存、盘点	做到商品按一定的库存量储备
21	整理退换货及破损商品	将完好商品上架或重新包装后上架
22	退货、换货（填写退换货单）	做到陈列商品均是顾客所需商品
23	拾领孤儿商品	将孤儿商品及时归位，减少商品损坏
24	组织团购商品	及时备齐团购商品
知识	1.教育：高中以上学历 2.培训：计算机操作，财务知识，营销知识培训 3.经验：有工作经验或学习商业知识专业优先 4.技能：熟悉计算机操作	
能力	良好的语言表达和快速的数字计算能力；一定的分析、判断能力；较好的理解、记忆能力；手指灵活，眼、手、足配合协调	
晋升途径	主管	

【他山之石12】收货经理职位说明书

收货经理职位说明书

职位名称：收货经理　　　　　　　　　　　　　　说明书编号No.：

职位编号		部门	客户部	部门定员		组别	
直接上级	部门经理	直接下属	发货主管	工资级别		月薪标准	

序号	工作内容	工作标准
1	巡视工作区，检查员工出勤、着装、早会等情况	及时掌握员工纪律情况；严格按照公司制度处理；及时纠正不良行为，不断提高员工自觉性
2	参加各组组织的晨会	不定期地轮流参加，每天按规定时间完成
3	核查各组的工作开展及工作效果	不定期进行检查，协助员工解决问题并指导员工的工作；严格要求员工的工作程序化、规范化，追究违规员工的责任
4	检查收货区、周转仓、退换货区、办公区卫生	每天至少一次，严格按照规章处理；仔细检查每一区域、角落及有关公共区域
5	监督、检查设施、设备的安全操作	不定期抽查、观察，及时对违规者进行处罚；保证设备得到正常的维护及操作
6	为供应商找单、查单、核对差异	认真仔细进行；尽快完成，并让供应商得到适当的解释
7	组织周转仓的盘点	做好收货部人员安排，实施盘点；组织盘点培训，保障任务完成；实事求是上报盘点数目
8	审核部门费用预算（费用预算表）	每月一次及时完成并签字确认；结合本月预算及下月工作任务安排，认真审核预算项目内容
9	做日、月工作总结并分析、思考新思路	如实总结每日、月的异常工作情况及解决方案、办法
知识	1.教育：大专以上学历，商业、营销、经济、计算机或相关专业优先 2.培训：计算机操作，财务知识，营销知识 3.经验：三年以上本业态工作经验及一年以上管理工作经验 4.技能：熟悉计算机操作，熟知商品专业知识及标准的收货部门工作流程与工作方法	
能力	良好的应变、协调、沟通能力；快速的数字计算及反应能力；较好的观察、总结、分析、判断、决策能力；一定的人事管理能力；准确的商品识别能力	
晋升途径	店长，营运部门经理	

【他山之石13】收货主管职位说明书

收货主管职位说明书

职位名称：收货主管						说明书编号No.：	
职位编号		部门	客服部	部门定员		组别	
直接上级	收货经理	直接下属	无	工资级别		月薪标准	

序号	工作内容	工作标准
1	组织召开晨会	传达上级的意见及公司精神；总结前日的工作、布置当日工作及重点工作，按规定时间完成
2	监督、协助员工的正常工作活动及活动结果	发现问题，及时解决问题；提高员工的工作效率、效果；培养员工的熟练业务能力及动作规范化
3	上报每月考勤	及时完成，公平、公正，如实填写
4	异常情况的处理	不超过24小时；及时组织人力，调整工作时间，解决问题；遵守门店、公司规定；维护公司利益，不损公利己
5	监督员工对叉车、栈板的维护，收货区卫生的打扫	及时回收栈板、叉车到规定位置；保持收货区的干净
6	领取用具、用品、耗材等，并及时发放	随时或定时办理；严格依程序、规定执行；不浪费，保障工作正常开展
7	处理联营厂商的商品	及时、认真、负责；按联营厂商收货办法办理
知识	1.教育：大专以上学历，商业、营销、经济、计算机或相关专业优先 2.培训：计算机操作，财务知识，营销知识 3.经验：三年以上本业态工作经验及一年以上管理工作经验 4.技能：熟悉计算机操作，熟悉叉车的使用、商品码放技术、商品专业知识和标准的收货部门工作流程及工作方法	
能力	良好的应变、协调、沟通能力；快速的数字计算及反应能力；一定的人力资源管理能力；良好的工作指导、分配能力；准确的商品识别能力	
晋升途径	收货部门经理及营运部门人员	

【他山之石14】接单员职位说明书

接单员职位说明书

职位名称：接单员　　　　　　　　　　　　　　说明书编号No.：

职位编号		部门	客服部	部门定员		组别	
直接上级	收货主管	直接下属	无	工资级别		月薪标准	

序号	工作内容	工作标准
1	参加晨会、会议	准时参加，遵守纪律；敢于提出新建议或存在的问题；做好会议记录，总结会议精神
2	打扫本区域办公环境卫生	每天一次，按规定时间完成，达到卫生要求
3	擦拭电脑等设备、设施	每天一次，按规定时间完成；保持设施干净，无污物
4	销毁前日剩余的收货号签	上班前及时完成；保证收货号签为当日有效号签；记录被销毁收货号签号码及数量
5	从标签员处领取当日所用的收货号签	接单前及时完成；保证接单工作顺利；中途不够用时及时补领
6	接受供应商投单	使用礼貌用语，热情接待；多单时按顺序进行；及时完成
7	核对商品项	及时进行，认真仔细，不遗漏，字迹易认，高效无误
8	填写收货清单	填写清晰、正确，字迹易认、清楚
9	核对验货清单	保证核对无误后完成，认真检查打印出的验货清单是否达到标准
10	粘贴收货号签	在订货单和验货清单前三联右上角粘贴，在号签上签写用户顺序号，其他单子手写收货号，动作利落、准确
11	处理单据	单独按顺序放在桌面，及时交予售货员做优先操作
12	监督收货员工取单	严禁挑单收货，阻止挑单行为，对挑单者报上级（处罚）
13	审核供应商订货的有效性	保证不重复使用订单，认真、积极对待，打印验货清单前完成
14	进行订单收货操作	及时安排收货；将收货完成的订单保存直至打印出验货清单找相关人员签字后上交确认（收验货员、标签员、供应商的签字）

续表

序号	工作内容	工作标准
15	查看收货号码	随时查看号码的连续性;仔细、认真;将其展开放于右侧
16	废号补打再利用	保证收货员无废号;出现废号时随时补打,将该号码予以利用
17	处理废号	将其贴在收货清单上作废号处理;确认其为无法再利用的废号
18	整理收货清单	随时整理;保持桌面有三张待填写的收货清单;桌面不留空白的清单
19	清理桌面、废纸、废料等	下班后完成;保持桌面整洁、无杂物
知识	1. 教育:高中以上学历 2. 培训:计算机培训,生鲜商品加工、卫生、防疫知识培训 3. 经验:三个月以上本业态工作经验或一年以上办公、文秘事务工作经验 4. 技能:熟悉计算机操作,Windows、Office系列与办公设备的使用及熟知一定的商品专业知识	
能力	一定的分析、判断、决策能力;一定的沟通、协调能力;快速的数学计算及反应、应变能力;手指灵活,眼、手、足配合协调	
晋升途径	主管	

【他山之石15】录入员职位说明书

录入员职位说明书

职位名称:录入员　　　　　　　　　　　　　　　　　　　　说明书编号No.:

职位编号		部门	客服部	部门定员		组别	
直接上级	收货主管	直接下属	无	工资级别		月薪标准	

序号	工作内容	工作标准
1	参加展会、会议	准时参加,遵守纪律;敢于提出新建议或存在的问题;做好会议记录,总结会议精神
2	接收录入单据	使用礼貌用语,多单时按顺序摆放桌面

续表

序号	工作内容	工作标准
3	在电脑上录入单据	必须是经确认后收验货员填写的验货清单；快速、认真、仔细执行；存盘前认真核对一遍，确保无误
4	在验货清单上签字	及时完成；确保录入无误后方可签字，明确责任
5	录入退货单	及时认真录入，存盘前认真核对一遍；退货单必须有专职退货人员签字；生鲜退货单须生鲜主管签字；录入电脑，再办理退货手续
6	返还换退货单	及时将财务联留存，其余交还退货号
7	整理每日单据，保管单据	当天的单据，必须当天录入完毕；所有单据按规定分类整理无误后归档，存放于指定位置；下班前完成
8	处理有问题的单据	及时处理；找有关人员签字以明确责任并标明原因；严格依各种规章制度执行
9	清理杂物、废品等	下班前完成；保证桌面整齐、无杂物
10	接受供应商、楼面、财务查单	准确、快速取出有关单据，提供原始数据；解答有关问题
11	将前日单据上交主管	每天按规定时间完成；提交单据必须齐全，分类清楚整齐
知识	1.教育：高中以上学历 2.培训：计算机操作，接受过办公、文秘培训者优先 3.经验：三个月以上本业态工作经验或一年以上办公、文秘事务工作经验 4.技能：熟悉计算机操作，Windows、Office系列与办公设备的使用及熟知一定的商品专业知识	
能力	一定的分析、判断、决策能力；一定的沟通、协调能力；快速的数学计算及反应、应变能力；良好的语言表达能力；手指灵活，眼、手、足配合协调	
晋升途径	主管	

【他山之石16】确认员职位说明书

确认员职位说明书

职位名称：确认员　　　　　　　　　　　　　说明书编号No.：

职位编号		部门	客服部	部门定员		组别	
直接上级	收货主管	直接下属	无	工资级别		月薪标准	

序号	工作内容	工作标准
1	参加晨会、会议	准时参加，遵守纪律；敢于提出新建议或存在的问题；做好会议记录，总结会议精神
2	接收验货员送来的待确认单据	使用礼貌用语；多单时（多客户对象）按顺序摆放台面
3	整理初始单据	及时完成；将所有单据、供应商出库单与小票订在一起
4	确认单据	单据必须齐全才签字，没有超订单来量，收货及验货数目一致，复写清晰对齐；如果验货清单品项较少时，核对厂商小票，保证品项无误
5	在验货清单上签字、盖章	及时在相应位置签字，确保责任，清晰加盖相应公章
6	将单据分发给有关对象	将贴有收货号签的一联给供应商，供应商不在现场的，立即放入固定的夹子里，最后一联给楼面，其他联交给录入员
7	处理送给楼面的单子	按大组分层、分食品、百货顺序整齐放置在文件夹内，随时通知楼面联单，不影响工作前提下可以去发送
8	通知楼面到货情况	及时通知楼面对应部门到货情况
9	处理给录入员的单据	及时将剩余单据转交到录入员处，保证录入员及时入收货数量
知识	1.教育：高中以上学历 2.培训：计算机培训，生鲜商品加工、卫生、防疫知识培训 3.经验：三个月以上本业态工作经验或一年以上办公、文秘事务工作经验 4.技能：熟悉计算机操作，Office系列与办公设备的使用及熟知一定的商品专业知识	
能力	一定的分析、判断、决策能力；一定的沟通、协调能力；快速的数学计算及反应、应变能力；手指灵活，眼、手、足配合协调	
晋升途径	主管	

【他山之石17】收货员职位说明书

收货员职位说明书

职位名称：收货员　　　　　　　　　　　　　　　说明书编号No.：

职位编号		部门	客服部	部门定员		组别	
直接上级	收货主管	直接下属	无	工资级别		月薪标准	

序号	工作内容	工作标准
1	从收货办取验货清单及订单、供应商送货	生鲜、快讯商品优先办理，有单时及时取单，不得挑单验货，只能按顺序，严格按收验货流程办理
2	辨认外包装标识（电器码、长城标）	认真、仔细检验标识；及时完成；不符合标识规定的拒绝收货
3	清点单品数量并登记数量	整包开箱（抽点30%）；快速、认真、仔细清点；登记准确，字迹清晰；送货数必须小于或等于订货数；如送货数大于订货数，按订数收货
4	与楼面协商	必须有楼面主管签字方可收货；及时通知楼面协商
5	封箱包装	按标准及时完成
6	验收货物并填写验货清单有关栏目	食品离保质期少于3个月拒收；生鲜、精品收货必须有对应主管在场验货
7	与采购协商异常情况	及时通知采购，保障收货工作；认真、负责，严格依收货规定执行
8	在验货清单上签字	必须有收货人、验货人签字；生鲜、精品要求对应主管在验货人一栏签字
9	投单到收货办，完成收货动作	按规定及时完成
10	将到货情况通知楼面各组取货	及时将货物送进卖场或周转仓；保证收验区的使用率
11	维护、回收栈板、叉车	及时收取栈板、叉车到指定位置，保障公司财产不被损坏
12	处理联营厂商的商品收货	及时按联营厂商收货办法办理，认真积极

续表

序号	工作内容	工作标准
13	将收验到的赠品通知客服组	及时将赠品单独交给客服部,并转移周转仓
知识	1.教育:高中以上学历 2.培训:接受过本业态商品专业知识者优先 3.经验:有收验货、退换货工作经验者优先 4.技能:熟知商品知识及质检、识别等	
能力	具有一定的分析、判断、解决问题能力;一定的沟通、协调能力;快速的数学计算及反应、应变能力;良好的语言表达能力	
晋升途径	主管	

【他山之石18】退/换货员职位说明书

退/换货员职位说明书

职位名称:退/换货员　　　　　　　　　　　　　说明书编号No.:

职位编号		部门	客服部	部门定员		组别	
直接上级	收货主管	直接下属	无	工资级别		月薪标准	

序号	工作内容	工作标准
1	参加晨会及其他会议	准时参加,遵守纪律,敢于发表个人意见及听取他人意见,总结会议精神
2	检查退货/差异通知单的合法性	由楼面人员填写及相关人员签核(1000元以下由主管签字生效,1000~5000元由楼面部门经理签核有效,5000元以上由店长签核),认真、仔细,严格依制度执行
3	核查、整理退货商品	确认后,为退货单品编号,归位;点数、核查认真、仔细;为破包品重新包装整理
4	将单据交收货办做数据	核对单据数据,无误后签字;每天17:00后交单据,早上9:00前到收货办取回单据

续表

序号	工作内容	工作标准
5	传真或电话通知供应商	录入过的单据有录入员的签字;及时通知供应商;电话描述时清晰、准确;告知供应商公司有关退货制度
6	将货物储放在指定区域,保存有关单据	按规定码放商品;商品必须放在退还货区域;便于查找、搬运,有明显标示;及时完成
7	核对报表(单与报表的核对)	仔细、认真检查;有错误及时寻找原因,予以更正;取回报表后及时完成
8	办理退货(取货、装运)	必须有退货员、退货组主管、保安员签字;及时安排退货的出库、装车;与供应商保持良好的合作关系
9	巡视、整理退货存放区	经常性巡视;严格依商品码放标准码放;准确掌握商品的位置
10	为各种单据、退货资料归档	分类归档,做好标记;安全存放,保管妥当;定期整理,每月一次
11	接收楼面的换货通知	及时接收并了解换货原因
12	对所换旧货清点、验证	及时检查、核对退/换货及库存单;在退/换货单上签字;认真清点、验证质量情况
13	从供应商所送商品中挑选同类商品予以清点、验证	退/换货单上有楼面人员、退换货员工、保安及供应商签字;作一对一的交换
14	旧货须在保安员监督下拉出退/换货区	及时完成、装车;与供应商保持良好的合作关系
15	记库存账	准确记录数量、品名、描述、供应商资料、入库时间、出库时间、存放位置等项目
知识	1.教育:高中以上学历 2.培训:接受过本业态商品专业知识者优先 3.经验:有收验货、退/换货工作经验者优先 4.技能:熟知商品知识及质检、识别等	
能力	一定的分析、判断、解决问题能力;一定的沟通、协调能力;快速的数学计算及反应、应变能力;良好的语言表达能力	
晋升途径	主管	

【他山之石19】收银主管职位说明书

收银主管职位说明书

职位名称：收银主管　　　　　　　　　　　　　　说明书编号No.：

职位编号		部门	客服部	部门定员		组别	
直接上级	客服经理	直接下属	收银员	工资级别		月薪标准	

序号	工作内容	工作标准
1	参加晨会及其他会议	传达上级的意见及公司精神，总结前日的工作，布置当日工作及重点工作检查，按规定时间完成
2	组织迎宾工作	准时在各自职位上站好姿势，目迎顾客，面带微笑
3	参加店内例会、会议	准时参加，遵守纪律，敢于提出新建议或存在的问题，认真听取他人的意见，接受上级的安排指导，做好会议记录，总结会议精神
4	组织员工换岗、交接班	交接班日志记录清晰；监督员工按时到岗，准时进行交接班
5	员工的排班，登记员工考勤、报考勤	及时合理安排；如实登记考勤，每月一次将本组员工考勤上报内勤处
6	巡视工作区卫生、员工出勤、着装等纪律情况	每日至少两次；掌握员工纪律情况；严格按规章制度给予惩罚
7	文件、资料的收集、整理、保管	每月整理一次，认真登记每一份资料；保密
8	巡场、监督、检查人员的日常工作及工作效果	（1）及时协助员工解决问题，并指导员工工作，确保服务质量优质 （2）提高员工的工作效率、效果 （3）培养员工的熟练业务能力及动作规范 （4）不定时进行，并对检查结果进行评价
9	查看当日投诉，并把问题反映到各部门经理	职权范围内进行；当日反映
10	处理紧急事件	尽快了解实情，处理事件高效、无误；严格按规定制度处理
11	核对收银折扣报表	电脑价格与实际价格一致，确保收银流程顺畅、准确
12	核对收银退货报表	保证所收银的准确，及时寻找原因，解决问题
13	负责控制、分析现金差异，提出解决方案	及时寻找原因，解决问题；将差异减到最少

续表

序号	工作内容	工作标准
14	巡场，解决突发事件，督促礼貌待客的优质服务	（1）及时解决收银台缺零、商品扫描错误等问题并给予解决 （2）保证结账区及台与环境的整洁 （3）为顾客提供良好的服务
15	每日下班督促员工将货款及时交到总收	确保所有款准确无误回收，每日必须将货款交总收
知识	1.教育：大专以上学历，商业、营销、经济、管理、财会及相关专业优先 2.培训：计算机操作、POS机操作，参加过礼仪、服务规范培训 3.经验：两年以上本业态收银工作经验及一年以上管理工作经验 4.技能：熟悉计算机操作，熟知商品专业知识，点钞、收银机操作	
能力	手指灵活，眼、手配合协调；快速的数字计算及反应能力；一定的文字书写、文字表达及语言表达能力；一定的人力资源管理能力	
晋升途径	前台部门经理及其他部门主管	

【他山之石20】收银员职位说明书

收银员职位说明书

职位名称：收银员　　　　　　　　　　　　　　　说明书编号No.：

职位编号		部门	客服部	部门定员		组别	
直接上级	收银主管	直接下属	无	工资级别		月薪标准	

序号	工作内容	工作标准
1	参加晨会，迎宾	准时参加，遵守纪律；汇报工作，敢于提出合理建议及存在的问题；认真听取他人意见，接受上级的指示；做好会议记录，总结会议精神
2	到收银台领收银机密码	上机前完成，每日一次
3	总收室领款	营业前完成；将现金分类放入收银机，并关好收银机
4	收银总台换取零钱	等价换取，备足零钱
5	打扫收银台卫生	保证收银设备、收银区的清洁卫生，班前、班后各一次

续表

序号	工作内容	工作标准
6	营业期间收银，接待顾客	唱收唱付，面带微笑，使用礼貌用语；严格按收银流程操作
7	拾、送交孤儿商品	将孤儿商品收集起来，下班后及时送交楼面
8	营业期间，到总收室交大额票（填写预售款明细表）	点清金额，快速办理，全部上交
9	到总收室交款（收银员现金核算表）	及时将货款上交，按要求办理
10	做现金差额报告	寻找原因，及时解决；保证数目相符；差错率、短期率每月不超过1%
知识	\multicolumn{2}{l}{1.教育：高中以上学历，财会或相关专业优先 2.培训：计算机操作培训 3.经验：有收银工作经验者优先；熟悉本业态部门工作流程及工作方法 4.技能：熟悉计算机操作}
能力	\multicolumn{2}{l}{良好的应变、协调、沟通能力；快速的数字计算及反应能力；一定的文字书写、文字表达及语言表达能力；独立处理问题的能力}
晋升途径	主管	

【他山之石21】总收室出纳职位说明书

总收室出纳职位说明书

职位名称：总收室出纳　　　　　　　　　　　　　说明书编号No.：

职位编号		部门	客服部	部门定员		组别	
直接上级	收银主管	直接下属	无	工资级别		月薪标准	
序号	工作内容			工作标准			
1	参加例会、会议			准时参加，遵守纪律；敢于提出建议或存在的问题；认真听取他人的意见，接受上级的安排指导；做好会议记录，总结会议精神			
2	盘点备用金库（备用金交接本）			每日营业结束后进行一次；保证金库内现金数目完整			

续表

序号	工作内容	工作标准
3	准备好备用金包,并发放给收银员(收银员现金核算表)	每日结束后,准备好所有备用金,并按要求放入备用金包;准确无误地依号发放到收银员手中;严格按规定制度完成
4	准备收银总台所需的钱(收银员换零钱登记表)	每天按规定时间完成,将大面额钞票放入保险箱,快速准确(15分钟)
5	清点收银员上交的日销售款(收银员现金核算表)	点钞速度快而准确;及时按要求完成备用金,并将包放入保险柜,做次日所需;将大面额钞票及时放入保险箱
6	监督银行点款(现金进账单)	将销售款按时交到财务,严格遵守财务制度
7	准备并发放退货专用款给收银总台	每日按时完成;严格按标准操作
8	做每日现金汇总表	每日按时将前一天的现金核算汇总表交财务处;准确无误
9	做联营销售表	每日按时将前一天的现金核算汇总表交财务处;准确无误
10	登记大宗购物单信用卡(大宗购物单信用卡登记表)	每日按时交财务处;认真核对,仔细登记
11	询问支票到账情况(支票登记表)	每周三次;保证尽快到账
12	给团购发到账通知单(到账通知单登记表)	立即(1小时)通知;账单号准确
13	传送报表及单据	每日按时传财务部;严格按流程操作
14	收款(预售款明细表、现金核算表)	每日按时间将两表交财务处;遵守财务流程
15	将大宗购物单与支票进账单进行核对	保证数据一一对应;每日按时给财务处
16	每日结款(现金核算表)	迅速、准确;严格遵守工作流程
17	登记当天的售货款(现金进账单)	日清日结;货款对应,数据准确
18	填写收银员差异一览表	每周一次
19	整理零钞、残币	每日营业结束后进行一次;放入保险柜;次日将残币到银行兑换

续表

知识	1.教育：中专/高中以上学历，财务或相关专业 2.培训：计算机操作，财务知识 3.经验：有出纳、收银工作经验者优先 4.技能：熟悉计算机操作、财会工作流程
能力	一定的分析、判断、解决问题能力；一定的沟通、协调能力；快速的数学计算及反应、应变能力
晋升途径	主管

【他山之石22】客服经理职位说明书

客服经理职位说明书

职位名称：客服经理　　　　　　　　　　　　　　　说明书编号No.：

职位编号		部门	客服部	部门定员		组别	
直接上级	店长	直接下属	部门主管	工资级别		月薪标准	

序号	工作内容	工作标准
1	巡视、检查员工出勤、礼仪、早会、工作等情况	及时掌握员工纪律情况；严格按照公司制度处理；及时纠正不良行为，不断提高员工自觉性
2	组织召开例会	准确上传下达；总结前日的工作，布置当日的工作；及时纠正错误行为
3	巡场、检查各组的工作开展及工作效果	不定期进行，协助员工解决问题并指导员工的工作；严格要求员工的工作程序化、规范化，同时按时、按要求、按规定完成各项工作；追究违规者的责任
4	监督、检查收银设备的正确操作、维护	不定期抽查、观察，及时纠正错误操作；保证设备得到正常的维护及操作
5	检查工作区域卫生	每天至少一次；保证地面、墙角、收银柜台等洁净；严格按照规章处理
6	审核部门的费用预算	认真审核预算项目、内容，按时完成审核，及时交还递交者予以修改

续表

知识	1.教育：大专以上学历，管理、商业、营销、经济或相关专业优先 2.培训：计算机操作，财务知识，营销知识，礼仪服务知识 3.经验：三年以上本业态工作经验及一年以上管理工作经验 4.技能：熟悉计算机操作，熟知商品专业知识及标准的顾客服务工作方法，熟悉卖场动线、端架等规划、设计，熟悉人力资源管理常识
能力	良好的谈判、沟通、协调能力；一定的文字书写及语言表达能力；一定的人力资源管理，优秀的领导、指挥能力及工作指导、分配能力；准确的商品识别能力
晋升途径	副店长、店长或后勤职能部门管理人员

【他山之石23】客服主管职位说明书

客服主管职位说明书

职位名称：客服主管　　　　　　　　　　　　　　说明书编号No.：

职位编号		部门	客服部	部门定员		组别	
直接上级	经理	直接下属	客服人员	工资级别		月薪标准	

序号	工作内容	工作标准
1	组织召开晨会	传达上级的意见及公司精神；总结前日的工作，布置当日的工作及重点工作检查；按规定时间完成
2	组织员工迎宾	准时在各自职位站好姿势，目迎顾客，面带微笑
3	员工的排班，登记员工考勤，报考勤	及时、合理排班；如实登记考勤，每月一次将本组员工考勤报内勤处
4	文件、资料的收集、整理、保管	每月整理一次，认真登记每一份资料并保密
5	巡视工作区域卫生、员工出勤、着装等纪律情况	每日至少两次；掌握员工纪律情况；严格按规章制度给予处罚
6	巡场、监督、检查人员的日常工作及工作效果	及时协助员工解决问题，并指导员工的工作，确保服务优质；提高员工的工作效率、效果；培养员工熟练的业务能力及动作规范；不定时进行，并对检查结果进行评价
7	接受顾客的咨询、投诉并帮助顾客	耐心听取对方要求；及时解决对方期望的问题；职权范围内按规定处理
8	检查前一天退/换货单并与现金室核对	单据完整；数与单一一对应

续表

序号	工作内容	工作标准
9	检查当日投诉，并把问题反映到各部门经理	职权范围内进行；当日反映
10	处理紧急事件	尽快了解实情，处理事件高效、无误；严格按规章制度处理
11	严格手推车的管理，及时调整用量	每月至少检查一次手推车数量；定期检修手推车，保证使用方便
12	做每日、每周工作分析、工作总结	每日下班前一次日结，每周一次周结；发现问题，改进、布置后续工作
13	指导提货处工作，安排大件商品提货、运输	24小时之内送货；商品无损坏；顾客满意
14	负责DM快讯的发放、张贴、追踪	按时发放；定期追踪
知识	1.教育：大专以上学历，管理、商业、营销、经济或相关专业优先 2.培训：计算机操作，财务知识，营销知识，公关礼仪服务知识 3.经验：两年以上本业态工作经验及一年以上管理工作经验 4.技能：熟悉计算机操作，熟知商品专业知识及标准的顾客服务工作方法，熟悉卖场动线、端架等规划、设计，熟悉人力资源管理常识	
能力	快速的紧急应变能力；独立解决问题；观察、总结、分析、判断、决策能力；一定的人力资源管理，工作指导、工作分配能力	
晋升途径	前台部门经理或职能部门经理	

【他山之石24】前台接待职位说明书

前台接待职位说明书

职位名称：前台接待　　　　　　　　　　　　　　说明书编号No.:

职位编号		部门	客服部	部门定员		组别	
直接上级	客服主管	直接下属	无	工资级别		月薪标准	

序号	工作内容	工作标准
1	参加晨会	准时参加，遵守公司纪律；汇报工作，敢于提出新建议及存在的问题；做好会议记录，总结会议精神
2	办理会员卡，录入会员资料，制作会员卡	及时办理，严格按规定办理

续表

序号	工作内容	工作标准
3	迎宾	准时在服务总台前站好姿势，目迎顾客，面带微笑
4	发放DM快讯	在规定时间发放到顾客手中；定期追踪，反馈顾客意见
5	节后顾客的咨询投诉处理	耐心听取对方要求；及时解决对方期望的问题；按规定处理
6	打扫前台卫生，存放物品	保证工作区域地面、角落干净、整洁
7	协助赠品发放、手推车、存包处工作	赠品充足，发放及时；存包处顾客排队不过长；加快各处工作速度
8	对突发事件进行处理	顾客满意
9	接听电话，代售电话卡、球票、报纸等	用语规范、卡钱两清，钱放入钱盒
10	上交代售款	每日营业后将代售款交到客服办公室
11	制作会员卡及输入会员资料	（1）录入速度快而准确率高 （2）收集保管好已做会员卡
知识	1.教育：高中/中专以上学历，文秘、管理、商业、营销、经济或相关专业优先 2.培训：计算机操作，营销知识，公关礼仪服务知识 3.经验：有宾馆酒店服务经验者优先 4.技能：熟悉计算机操作，熟知标准的顾客服务工作方法，熟知卖场动线、端架等规划、设计	
能力	快速的紧急应变能力；独立处理、解决问题的能力；观察、总结、分析、判断能力；一定的文字表达及语言表达能力	
晋升途径	主管	

【他山之石25】广播员职位说明书

广播员职位说明书

职位名称：广播员　　　　　　　　　　　　　　说明书编号No.：

职位编号		部门		广播员	部门定员		组别	
直接上级		客服主管		直接下属	无	工资级别		月薪标准

序号	工作内容	工作标准
1	参加晨会、会议	准时参加，遵守公司纪律；汇报工作，敢于提出新建议及存在的问题；听取他人意见及上级的工作指示、安排；做好会议记录，总结会议精神

续表

序号	工作内容	工作标准
2	打扫工作区域内卫生	按规定时间完成；保证地面、墙面、门窗桌椅等清洁卫生
3	擦拭维护广播设备	每天一次，按规定时间完成；保持设备干净、无污物
4	开机、播放迎宾曲及迎宾词	每日8:55准时通知各部门迎宾，播放迎宾曲
5	安排广播时间表	营造温馨的购物音乐
6	回答顾客关于卖场的咨询	减少顾客投诉，回答合理
7	整理广播稿（包括提示语、各类须知）	保证各类广播稿的齐全
8	按照广播时间表播放内容	必须按规定时间播放，语言规范
9	插播各部门要求的促销销售及失物招领、寻人启事等	准确、清晰广播各类内容；使用规范的语言
10	挑选优美的卖场音乐	定时播放，乐曲悠扬、动听，使顾客心轻气爽
11	插播各类须知、提示语	口齿清晰，语言规范；定时播放
12	定期维护、保养广播器材，清洗磁头	设备的完整齐全，正常运作
13	通知各部门领取孤儿商品	定期播放；让员工及时将孤儿商品归位，减少损失
14	查看卖场广播音量	音量适度，声音清晰
15	播放送宾词、送宾曲	每日按规定时间准时播放
知识	1.教育：高中/中专以上学历，文秘、商业、营销、播音专业优先 2.培训：计算机操作、财务知识、顾客服务，接受过播音训练为佳 3.经验：有过演讲、播音经验者优先 4.技能：熟悉计算机操作	
能力	一定的紧急应变能力；文字写作能力；较强的语言表达能力，音质好、口才好；有一定的忍耐力、记忆力	
晋升途径	主管	

【他山之石26】退/换货员（前台）职位说明书

退/换货员（前台）职位说明书

职位名称：退/换货员（前台）　　　　　　　　　　　说明书编号No.：

职位编号		部门	客服部	部门定员		组别	
直接上级	客服主管	直接下属	无	工资级别		月薪标准	

序号	工作内容	工作标准
1	参加晨会、会议	准时参加，遵守公司纪律；汇报工作，敢于提出新建议及存在的问题；听取他人意见及上级的工作指示、安排；做好会议记录，总结会议精神
2	迎宾	准时在柜台前站好姿势，目迎顾客，面带微笑
3	办理退/换货	耐心、认真接待退/换货顾客；所退商品属于退货范围；严格按有关规定办理；每晚将当天退/换货单上交主管
4	接受顾客的咨询、投诉，帮助顾客	耐心听取顾客要求；及时解决顾客期望的问题；按规定处理
5	打扫前台卫生、码放物品	保证工作区域地面、角落干净、整洁；设备、工具摆放整齐
6	通知楼面各部门领取退/换货	保证退/换货外形不损坏；设备、工具摆放整齐
7	统计每日退/换货	每退一件商品都要认真填写退/换货统计表，做好日清日结
8	接受主管安排的业务培训、形象培训	准时参加；提高自身的整体素质；最大限度地投入工作
9	统计总结当日退/换货金额，与收银总台核对	货款两清；营业结束后进行一次
10	向上级和采购反映退/换货统计情况	每周一次，如实汇报，及时反映并指出常退商品
11	保管退/换货检测工具	用具完好；办公用具取用方便
12	营业结束后将所用用具、印章、单表保管好	无丢失、无污损；取用方便

续表

序号	工作内容	工作标准
13	检查、核实所退商品是否有赠品	有赠品的必须退还,认真登记每件赠品
知识	1.教育:高中/中专以上学历,文秘、管理、商业、营销、经济、服务、旅游等相关专业优先 2.培训:计算机操作,营销知识,公关礼仪服务知识,并接受本业态相关知识及质检、识别等 3.经验:有相关工作经验者优先 4.技能:熟悉计算机操作,熟知标准的顾客服务工作方法,熟知商品专业知识及质检、识别等	
能力	快速的紧急应变能力;独立处理、解决问题的能力;良好的分析、判断能力;良好的人际交往能力;良好的忍耐力、说服力	
晋升途径	主管	

【他山之石27】赠品发放员职位说明书

赠品发放员职位说明书

职位名称:赠品发放员　　　　　　　　　　　　　　说明书编号No.:

职位编号		部门	客服务	部门定员		组别	
直接上级	客服主管	直接下属	无	工资级别		月薪标准	
序号	工作内容			工作标准			
1	参加展会、会议			准时参加,遵守公司纪律;汇报工作,敢于提出新建议及存在的问题;听取他人意见及上级的工作指示、安排;做好会议记录,总结会议精神			
2	迎宾			准时在柜台前站好姿势,目迎顾客,面带微笑			
3	熟悉赠品发放方案			保证赠品发放准确无误			
4	按收货部通知领取赠品,登记数目			查验数目,及时入账,及时送入赠品库房			

续表

序号	工作内容	工作标准
5	回答顾客关于卖场的咨询、投诉	熟悉门店结构、商品分布,及时、准确解答顾客咨询、投诉,热情、礼貌服务于顾客
6	打扫前台卫生、码放物品	保证工作区域地面、角落干净、整洁
7	发放赠品	逐一登记领取数目,顾客签字;按赠品发放规定快速发放
8	从库房提取赠品	每日上班前将赠品摆好于赠品处;赠品充足,摆放整齐
9	通知店内楼面人员撤销赠品广告或补充赠品	及时撤销赠品广告,补充赠品;保证顾客没有投诉
10	留意店内促销及赠品发放原则是否与原发放方案一致	及时改变赠品发放方案;提前两天写出通知、告知顾客;无顾客投诉
11	通知客服退换货处关于赠品的退货要求	及时通知客服;根据厂家要求回收赠品;清点、保管退货赠品
12	营业结束后,根据赠品发放记录表实发数量登记入账,并核对账物是否相符	每晚一次,账物一致
13	定期盘点,向上级汇报赠品发放情况	每周一次;认真记录盘点结果,如实反映
知识	1.教育:高中/中专以上学历,文秘、管理、商业、营销、经济、服务、旅游等相关专业优先 2.培训:计算机操作,营销知识,公关礼仪服务知识,并接受本业态相关知识培训 3.经验:有相关工作经验者优先 4.技能:熟悉计算机操作,熟知标准的顾客服务工作方法,熟知商品专业知识及质检、识别等	
能力	快速的紧急应变能力;独立处理、解决问题的能力;良好的分析、判断能力;良好的人际交往能力;良好的忍耐力、说服力	
晋升途径	主管	

【他山之石28】人力资源经理职位说明书

人力资源经理职位说明书

职位名称：人力资源经理　　　　　　　　　　　　　　说明书编号No.：

职位编号		部门	人资部	部门定员		组别	
直接上级	人力总监	直接下属	人资主管	工资级别		月薪标准	

序号	工作内容	工作标准
1	参加各组组织的晨会或召开本部门会议	不定期地轮流参加各组晨会；准时出席部门会议，及时指出问题并组织讨论解决方案
2	巡视下属工作区域，检查员工出勤、礼仪、着装、早会、工作、工作区域卫生等情况	随时进行，及时掌握员工纪律情况；严格按照公司制度处理；及时纠正不良行为，不断提高员工自觉性
3	监督、检查本部门设施、设备维护	不定期抽查、观察；要求设备得到正常的维护及操作；对违规者进行处罚
4	传达公司文件、政策等，并落实执行	组织员工学习通知、文件；言传身教带领大家积极行动
5	审核本部门费用预算或初审各部门费用预算	每月一次，认真负责、及时完成并签字确认；结合各种实际情况，逐个审核预算项目内容；执行财务等有关政策，节约开支，维护公司利益
6	接受咨询及投诉	耐心听取对方陈述；及时解决对方期望的问题
7	做好日、月工作总结并分析、思考新思路	如实总结当日、当月的异常工作情况及解决方案、办法；深入探究工作实施计划，创新思维
8	审批每月上报的工资表等	认真审核，经确认后签字交还递交者；不得故意拖延
9	与政府有关职能部门联系，保持良好的外部关系	定期、不定期保持联系；得到政府职能部门的支持
10	发现、挖掘、扶植人才并向上级推荐优秀人才	向上级有关部门推荐人才；有意识、有目的地培养已发现的人才苗子；关心各类人才的成长

续表

知识	1.教育：大专以上学历，人力资源管理，商业、企业管理、行政管理专业或相关专业优先 2.培训：计算机操作，财务知识，营销知识，相关人力资源管理系列知识 3.经验：四年以上本业态工作经验及两年以上主管管理工作经验 4.技能：熟悉计算机操作，熟练使用办公设备
能力	较强的观察、总结、分析、判断、决策能力；出色的人际交往、沟通、协调能力；出色的领导、指挥才能及工作指导、工作分配能力
晋升途径	店长

【他山之石29】人力资源助理职位说明书

人力资源助理职位说明书

职位名称：人力资源助理　　　　　　　　　　　　说明书编号No.：

职位编号		部门	人资部	部门定员		组别	
直接上级	人资主管	直接下属	无	工资级别		月薪标准	

序号	工作内容	工作标准
1	参加例会、会议	准时参加，遵守纪律；敢于提出新建议或存在的问题；认真听取他人意见，接受上级的安排指导；做好会议记录，总结会议精神
2	打扫办公区域卫生	每天一次，下班前完成；保证地面、墙面、门窗、桌椅等的清洁卫生，达到卫生标准
3	擦拭电脑、打印机等机器设备	每天进行一次，上班以前完成；保证地面、墙面、门窗、桌椅等的清洁卫生
4	复印文件、通知及其他资料	及时办理，保证主管工作正常进行；原件放在固定位置，不得出现遗漏现象
5	形成本部门的文字资料及排版、打印、落实	用语符合公司文化；制作效果美观、大方、易读，并及时上交经理审阅

续表

序号	工作内容	工作标准
6	信件、一般文件、资料、表格的收发、整理、保存、管理	及时签收并呈报主管处;随时进行登记、分类整理;原件无遗失,保密
7	各种文件资料通知的收发、上传下达	及时签收并转达文件精神或呈经理;处理完的文件、资料及时归档,存在规定位置
8	负责人力资源信息的上传下达	及时传达,保证工作完成;不误传、不谣传,保证信息准确;保证信息传达途径通畅
9	收取考勤表,统计出勤情况	每月一次,按时完成,上交主管;如实登记、汇总异常缺勤人员
10	登记重要文件的收发事由、时间及发送单位等,并归类管理	不得丢失文件,泄露文件内容;对每一份文件都要按时间顺序登记;查阅方便、快速
11	向上级推荐优秀人才	及时向上级或有关部门推荐人才;维护公司的人才政策
12	配合上级做好人力资源部门的其他日常工作	积极、认真、及时地完成;维护人力资源部门形象及门店的利益
13	录入、修改员工档案信息	积极、认真操作,确保无误;不得泄露档案内容
14	统计员工信息并录入	每日统计当日人员流动情况,及时进行信息录入
15	整理、管理劳动合同	不得丢失,无污损,并定期整理
知识	1.教育:大专以上学历,人力资源管理,商业、企业管理,行政管理专业或相关专业优先 2.培训:计算机操作,财务知识,营销知识,相关人力资源系列知识 3.经验:两年以上本业态工作经验,有人力资源工作经验者优先 4.技能:熟悉计算机操作,熟练使用办公设备	
能力	良好的公关交际、沟通、协调能力;文笔流畅,一定的文字书写能力;良好的语言表达能力;一定的观察、总结、分析、判断能力;优秀的团队合作	
晋升途径	人力资源主管	

【他山之石30】人力资源主管职位说明书

人力资源主管职位说明书

职位名称：人力资源主管　　　　　　　　　　　　　　　说明书编号No.：

职位编号		部门	人资部	部门定员		组别	
直接上级	人资经理	直接下属	人资助理	工资级别		月薪标准	

序号	工作内容	工作标准
1	组织召开晨会	传达上级的意见及公司精神；总结前日的工作，布置当日工作及重点工作检查；按规定时间完成
2	检查员工出勤、礼仪、着装、纪律等情况	随时进行，维护公司形象；严格按照公司制度执行；及时纠正不良行为，不断提高员工自觉性
3	检查下属日常工作活动及效果	及时协助员工解决问题，并指导员工工作；严格要求员工的工作规范化；不定时进行，并对检查结果进行评价
4	核发员工工资，代扣相关保险费用，并完成工资表制作	认真、仔细操作，按时完成；准确无误，按章办事；及时将工资条发放给每位员工；保证准时发放员工的工资
5	对本部门重要文件（包括薪资等重要文件）、资料等的收集、整理、存档、备档和保管	认真操作，保密，不得丢失；有规律，取用快捷；仔细登记每份档案，便于查找
6	整理、保存门店人事资料，进行员工档案管理	认真进行，及时安排下属进行电脑录入资料；保密，不得遗失
7	办理薪资变动手续	严格按章办事；认真、仔细、及时、无差错
8	负责解释薪资发放、人员异动等过程中的问题	耐心听取，详细、准确解答；职权范围内进行（对有些内容保密）
9	签批各种人力资源管理方面的表、单、文件	认真核验、证实无误后，及时完成并返还递交者；严格按照程序、制度办理
10	向用人部门推荐候选人，并组织面试、考核	有组织、有准备；认真考察对方，优胜劣汰、吸纳新人；严格遵守招聘制度、招聘流程
11	办理人事异动	严格遵守用人制度，仔细了解异动原因，防止人才的不正当流失；办理手续认真、仔细、及时，无差错
12	员工的排班，登记员工考勤，报考勤	及时、合理排班；当天下班时如实登记今日考勤；每月一次将本组员工考勤报到部门助理处

续表

序号	工作内容	工作标准
13	监督检查各部门、员工执行规范、工作纪律的情况	严格按照规章执行;积极、主动、公平、公正进行;及时制止、纠正不良行为
14	做好日、月工作总结并分析,思考新思路	如实总结当日、当月的异常工作情况及解决方案、办法;深入探究工作实施计划,创新思维
15	接受咨询及投诉	耐心听取对方陈述;及时解决对方期望的问题;按规章制度及时办理
知识	1.教育:大专以上学历,人力资源管理,商业、企业管理,行政管理专业或相关专业优先 2.培训:计算机操作,财务知识,营销知识,相关人力资源系列知识 3.经验:三年以上本业态工作经验及一年以上主管管理工作经验 4.技能:熟悉计算机操作,熟练使用办公设备	
能力	较强的工作指导、分配能力;良好的文字书写及文字、语言表达能力;出色的人际交往、沟通、协调能力;较强的观察、总结、分析、判断、决策能力;良好的独立处理问题能力;优秀的领导、指挥及团队合作能力	
晋升途径	人力资源经理	

【他山之石31】防损经理职位说明书

防损经理职位说明书

职位名称:防损经理　　　　　　　　　　　　　　说明书编号No.:

职位编号		部门	防损部	部门定员		组别	
直接上级	人力总监	直接下属	防损主管	工资级别		月薪标准	
序号	工作内容			工作标准			
1	定期或不定期组织消防安全检查			积极、认真组织部门人员,检查严密进行;一切从集体利益出发,对各个部门不放松			
2	制定消防整改方案,并监督有关部门实施			及时结合实际情况制定,保证其可行性、完整性;呈报上级领导审核后与有关部门沟通、协调进行;随时监督有关部门实施,促使其尽快完成			
3	制定重大活动的安全保卫工作方案及指挥实施			详细了解重大活动各具体情况;按计划完成;呈报上级领导审核后通过;认真对待,亲自指挥实施			

续表

序号	工作内容	工作标准
4	组织力量侦破内部发生的案件	及时组织侦察小组,依上级的指示进行;认真、仔细深入调查、取证;耐心调查有关人员;在规定时间内完成,并将结果上报上级
5	巡视工作区,检查卫生,员工出勤、着装、早会、晨训等情况	随时进行巡视;及时纠正下属违反纪律、卫生不达标准行为;情节严重或屡教不改者,严格依规章制度处理
6	参加店内组织的例会或其他会议	准时参加,遵守会场纪律;做好记录,总结会议精神并向下传达、落实;详细汇报部门工作,敢于提出新建议及存在的问题;听取他人意见及建议,接受上级的布置安排
7	巡视、检查设施、设备的维护和安全操作	随时检查;敦促下属进行正常维护及依使用规定操作设备;果断处理情节严重者
8	检查各组主管、人员的日常工作活动及活动效果	及时对不足、违纪人员予以指正;对下属工作予以帮助;对情节严重者及严重违纪者予以严惩;仔细观察下属的工作活动,检查其工作效果
9	接受消防及其他职能部门的检查	做好接待工作;如实接受检查及汇报情况;接受工作指示
10	与公安、消防、交通、城管等部门的沟通、协调	随时积极与之协调、沟通;交流对方意见及汇报工作情况;严格维护公司、门店利益
11	定期组织或监督主管组织有关业务知识的培训、演练	制订出演练计划、方案;严格依计划、方案予以完成;所有参训、参练人员必须遵守有关规定
12	组织实施消防、救火	及时奔赴现场,针对火情合理安排人员、物力并予以调度;必须亲临现场,不准退缩;让公司损失降到最低限度
13	进行日常巡视	每日至少两次以上;及时解决各种现场问题;组织、指挥各种异常、重大事件
14	进行日工作总结、制订明日工作计划	下班后完成;如实登记当日各大事、要事及解决方法、结果等;详细计划明天的工作内容
知识	1.教育:大专以上学历,公安学校毕业者优先 2.培训:受专业消防培训、演练,侦察、侦案培训,保安职业培训 3.经验:两年以上保安管理工作经验,退伍军人优先 4.技能:擒拿、格斗、消防保安器材的使用	
能力	较好的观察、分析、总结、判断、决策能力;较好的人力资源管理、工作指导能力;良好的紧急应变与独立处理问题能力;出色的人际交往	
晋升途径	副店长	

【他山之石32】防损主管职位说明书

防损主管职位说明书

职位名称：防损主管　　　　　　　　　　　　　　说明书编号No.：

职位编号		部门	防损部	部门定员		组别	
直接上级	防损经理	直接下属	防损员	工资级别		月薪标准	

序号	工作内容	工作标准
1	组织召开晨会、晨训	传达上级的意见及公司精神；总结前日的工作，布置当日工作及重点工作检查；按规定时间完成
2	员工的排班，登记员工考勤，报考勤	及时、合理排班；如实登记考勤，每月一次将本组员工考勤上报内勤处
3	（与晚班或早班人员）进行交接班	认真记录交接班情况，听取对方意见或向对方交代事宜；严格执行交接班规定
4	文件、资料的收集、整理、保管	每月整理一次，认真登记每一份资料并保密
5	与其他部门沟通、协调	及时举报员工的工作不良情况；共同进行防盗、防火等工作
6	检查下属的工作活动及工作效果	及时协助员工解决问题，并指导员工的工作；严格要求员工的工作规范化；不定时检查，并对检查结果进行评价
7	员工的培训、讲解有关知识	仔细安排培训内容和课程；达到培训的目的，员工业务知识普遍提高
8	制订保安计划、措施并监督实施	以实际情况为基础，切实可行；每位下属都严格执行
9	巡视工作区域卫生、员工出勤、着装等纪律情况	每日至少两次；掌握员工纪律情况；严格按规章制度给予处罚
10	处理下属上报的事项或及时发现的事项	及时答复或解决有关问题，并依情况上报经理、店长或其他部门；严格按规章制度办理
11	进行日常巡视工作	及时处理发现的问题；熟悉门店结构、商品布局及消防设施位置和使用方法
12	组织对违法人员的布控及截留抓获	组织全面、填密、无遗漏；及时抓获；认真记录口供并按规定处理
13	协助反扒人员侦破案件	运用自己的经验，提出侦破方案，有效进行案情侦破
14	接受顾客的咨询、投诉，帮助顾客	耐心听取对方要求；及时解决对方期望的问题；按规定处理

续表

序号	工作内容	工作标准
15	参加消防培训、演练	准时参加，认真对待；表现积极、吃苦耐劳；达到培训的目的
16	处理紧急事件	尽快了解实情，处理事件高效、无误；严格按规章制度处理
17	参加消防、救火	迅速参加救火行动，不得退缩；听从指挥调度，完成灭火工作；及时总结经验
18	维持卖场停车场、办公区域等场所秩序	安全、井然有序的购物环境；维护良好的企业形象；严格遵守各项规章
19	申领本组物品并及时发放、保管	及时完成；不浪费，剩余的予以妥善保管；发放时，有领取人签字
知识	1.教育：大专以上学历 2.培训：接受过侦察、侦破、保安职业培训，消防培训演练 3.经验：两年以上保安管理工作经验，退伍军人侦察兵优先 4.技能：基本的擒拿、格斗、消防保安器材的使用	
能力	反应灵敏、动作敏捷，较强的观察、分析、判断、决策能力；良好的分析、判断能力；一定的语言表达能力；良好的协调、沟通及独立处理问题能力；敏锐的洞察力，较强的紧急应变能力	
晋升途径	保卫部经理、后勤部门副经理	

【他山之石33】防损员职位说明书

防损员职位说明书

职位名称：防损员　　　　　　　　　　　　　　说明书编号No.：

职位编号		部门	防损部	部门定员		组别	
直接上级	防损主管	直接下属	无	工资级别		月薪标准	

序号	工作内容	工作标准
1	参加晨会、晨训、会议	准时参加，遵守有关纪律；汇报工作，敢于提出新建议及存在的问题；听取他人意见及上级的工作指示、安排；做好会议记录，总结会议精神
2	值班站岗	着装整齐、姿态端正、站位正确；发生异常情况时，必须保证核岗安全；有重大事项及时请示、报告上级处理，事后汇报；离岗时必须有同事顶岗

续表

序号	工作内容	工作标准
3	接受顾客的咨询、投诉,帮助顾客	熟悉门店结构、商品分布及消防设施位置、用途;及时、准确解答顾客咨询、投诉;热情、礼貌服务于顾客
4	领取物品并妥善保管、使用	及时办理;不浪费,妥善保管、使用
5	进行消防、救火工作	立即扑救、不准退缩;必须保证本职位安全,或按调度进行
6	参加消防训练、演习	准时参加,遵守纪律;积极对待,通过考核
7	处理其他紧急事件	及时依规范、程序完成;通知有关人员予以处理
8	处理或举报员工的违规、违章行为	及时予以纠正、指正;情节严重者,及时汇报有关部门或报主管处理
9	处理各种冲突,维护现场秩序	了解事实真相,将双方带至工作室,随机解决,或随地调解;在保证不影响本职位安全下进行

职位	工作内容	工作标准
办公区	接待来访人员	检查证件、证明,予以登记;指引客人到目的地
	维持办公区域的公共秩序	及时纠正扰乱秩序行为;严重时报相关部门领导处理
	保障员工物品的安全	认真仔细观察,防止不法分子犯案
	监督办公人员执行制度的情况	及时指出违反制度行为;情节严重者报其上级领导
	办理办公物品及卖场商品等的带出	认真登记清点;必须得到保卫部批准
	监督员工打卡和打卡机、卡纸的保管	督促员工必须依规定进行打卡,违反者报主管或其他相关上级;督促卡纸的准确取放
	向人力资源部报告打卡机故障	及时报告,并告知出现故障现象的细节
出口稽核保安	稽核顾客所带物品	仔细检查水单与物品是否一致,一致时在水单上盖章;检查大家电水单上的价格、型号是否与物品相符;发现商品包装被拆,检查内部有否夹带商品;注意观察顾客表情,初步判断顾客行为
	处理有偷窃等不法行为的顾客	及时予以进一步核查;对不法分子及时带至工作室,协助反扒工作;离岗前必须找同事顶岗

续表

职位	工作内容	工作标准
出口稽核保安	处理借故闹事的顾客	及时上报主管或耐心说明；文明用语，做必要的解释工作，让顾客满意
	禁止人员从出入口进入卖场	严格执行制度；礼貌用语，耐心说明，并指引入口位置
	接受顾客咨询、投诉	文明用语，礼貌待客；准确及时回答顾客；将投诉内容上报主管
	处理防盗器发生的示警	及时、仔细了解情况，解除误会；核实，截住偷窃顾客、员工，并依程序处理
员工通道口	检查员工的着装及胸卡佩戴	及时指正违规行为；仔细检查每一位员工
	检查上下班的秩序	及时指正扰乱秩序人员；情况严重者或屡教不改者及时报其上级或店长
	处理工程人员及其他特殊人员带入或带出物品和工具	认真清点登记；必须经保卫部经理批准
	严格员工带进带出任何与工作无关的物品	严格执行制度；工作中需要使用个人物品时，个人用品必须申贴"员工自用品"标签
	督促员工自动接受检查	严格要求员工敞开外衣、翻出衣袋内的物品、执行制度
	禁止员工购物走员工通道	严格执行规定
	禁止非工作人员走员工通道	严格依规定执行
周转仓与卖场通道口	制止非工作人员从卖场进入周转仓	严格执行规定
	检查员工进出秩序及着装胸卡佩戴	仔细检查每一位员工；及时指正违规行为；严重者汇报其上级
	检查从该通道进入的报废的所有物品	仔细、认真查验；严禁场内物品被带出卖场；出现夹带行为，及时报主管或同事，将其带至工作室、予以处理
	检查从楼面进入周转仓的商品	认真执行有关规定；必须单（退/换货单）与货同行
	疏散人员	坚守职位，有条不紊地疏散人员（员工或顾客）

续表

职位	工作内容	工作标准
精品区保安	维持精品区内及出、入口的顾客秩序	及时维持秩序；让顾客按顺序进出；出现严重情形时，立即报主管，调配人力
	提醒顾客的行为	及时提醒顾客不要将手推车及物品带进；提醒精品区物品不需带到本区外结账；礼貌待客，文明用语
	检查物品进出精品区	仔细、认真核查；没结账的，提醒顾客予以结账；礼貌待客，文明用语
入口保安	维持顾客进入卖场的秩序	当出现混乱、人员拥挤现象时，及时维持秩序；让顾客有序进入；严重时，报主管增派人力
	禁止任何人从入口出门（除总台服务员外）	严格依规定执行；礼貌待人，文明用语，并予以必要的解释工作
	阻止顾客外递东西	不准任何物品外递；礼貌待人，文明用语
	提醒顾客行为	及时予以提醒；细心观察顾客行为
收货口保安	禁止任何人员从该入口上、下班	严格执行制度，阻止不良行为
	禁止卖场人员从收货口出去或非收货工作人员进入收货口	严格执行制度；礼貌待人，文明用语，并予以必要的解释工作
	阻止个人物品进入收货办公室	要求个人物品一律放入员工寄存柜；严格依规定执行
	阻止任何人员从收货口向外递物品	及时阻止、执行规定
	处理联营厂商携入商品	必须有楼面经理签字的携入单，经清单登记后，通知楼面主管负责带入；严格执行规定
场外保安	检查标板、交通指示牌的排放	仔细查看，不符合要求的要及时予以准确排放
	各种车辆的停放	准确指引各种车辆的停放；文明用语，礼貌待客
	监视盗窃、破坏车辆行为	密切注意车辆存放地点的人员行为；防止一切不法行为；发现后，存控抓获，并移交公安部门处理
	监督手推车、购物车、手提篮的使用及回收	发现有遗弃的对象时，及时通知有关部门、人员；严禁公司物品被顾客带走

续表

职位	工作内容	工作标准
场外保安	清查遗漏的店内、顾客的物品	定期、不定期认真清查，发现物品及时拾起，并交主管或通知相关部门、人员拿取
	指挥、疏导机动车辆停泊	及时进行，予以正确指挥；保证防止交通堵塞及交通安全意外
	处理各种意外事件	及时进行，予以正确指挥；保证防止交通堵塞及交通安全意外
知识	1.教育：高中以上学历 2.培训：接受专业消防培训、保安职业培训 3.经验：一年以上保安管理工作经验，退伍军人优先 4.技能：基本的擒拿、格斗、消防保安器材的使用	
能力	反应灵敏、动作敏捷；良好的分析、判断能力；良好的协调、沟通能力；敏锐的洞察力；优秀的团队合作能力	
晋升途径	防损主管	

【他山之石34】电脑部经理职位说明书

电脑部经理职位说明书

职位名称：电脑部经理　　　　　　　　　　　　　说明书编号No.：

职位编号		部门	电脑部	部门定员		组别	
直接上级	店长	直接下属	部门员工	工资级别		月薪标准	

序号	工作内容	工作标准
1	巡视工作区、电子设备使用区域	随时进行巡视；发现问题及时解决；掌握电子设备运作、维护情况
2	检查员工出勤、礼仪、着装、早会等情况	及时掌握员工纪律情况；严格按照公司制度处理；及时纠正不良行为，不断提高员工自觉性
3	参加店长组织的例会或其他会议	准时参加，遵守会场纪律；做好记录，总结会议精神并向下传达、落实；详细汇报部门工作，听取他人意见及上级的布置安排

续表

序号	工作内容	工作标准
4	检查下属的工作及工作效果	及时协助员工解决问题并指导员工的工作；严格要求员工的工作程序化、规范化；不定期进行
5	检查工作区域卫生	每天至少一次；保证地面、墙角等洁净；严格按照规章处理
6	监督、检查设施、设备维护	不定期抽查、观察；要求设备得到正常的维护及正常的操作
7	做整个门店电子设备技术规划	仔细分析门店的总台规划及公司的战略思想，并予以紧密结合；按上级要求完成，融合公司电脑部的意见
8	组织技术人员实施技术改造和创新	随时观察员工使用电子设备情况，思索有无改善设备、提高性能的措施；分析设备软、硬性能，寻求技术突破方案；以详细方案报领导审批后实施
9	培训各部门使用、维护电子设备的知识、技术	形成可自学的培训教案；详细讲解各设备的使用方法并示范；耐心提供最佳咨询方式
10	审核部门费用预算（费用预算表）	每月一次，及时完成并签字确认；结合本月及下月的工作任务安排认真审核运算项目内容
11	接受咨询及投诉	耐心听取对方陈述；及时解决对方期望的问题；按规章制度及时办理
12	做好日、月工作总结并分析、思考新思路	如实总结当日、当月的异常工作情况及解决方案、办法；深入探究工作实施计划，创新思维
知识	1.教育：大专以上学历，计算机或相关专业优先 2.培训：计算机信息管理系统、网络维护等岗前培训，财务知识 3.经验：三年以上本业态工作经验及两年以上主管管理工作经验 4.技能：熟悉计算机操作，网络维护和修理，UNIX系统、ORACLE数据库、C语言，熟知商品专业知识	
能力	较好的利用专业知识解决各种技术问题的能力；快速的计算及反应能力；良好的独立处理问题能力；一定的谈判、沟通、协调能力；一定的创新、攻关技术水平	
晋升途径	营运部门经理或店长	

【他山之石35】电脑工程师职位说明书

电脑工程师职位说明书

职位名称：电脑工程师　　　　　　　　　　　说明书编号No.：

职位编号		部门	电脑部	部门定员		组别	
直接上级	电脑经理	直接下属	无	工资级别		月薪标准	

序号	工作内容	工作标准
1	参加晨会、会议	准时参加，遵守会场纪律；敢于提出新建议或存在的问题；认真听取他人意见，接受上级的安排指导；做好会议记录，总结会议精神
2	打扫室内卫生	每天一次，下班前完成；保证地面、墙面、门窗、桌椅等的清洁卫生
3	擦拭维护设备（电脑等）	每天一次，按规定时间完成；保持设备干净，无污物；下班前按要求关闭相关设备
4	传数据入电子秤	早上上班前完成，每天一次；严格依操作规定执行，传输完后确认传输结果无误
5	打印NIGHTRUN报表	每天早上按规定时间完成；及时打印交给计算机操作人员
6	准备开业工作	及时下达POS、电子秤等数据；网络启动，保证网络畅通；营业前完成，每天一次
7	款台的后台处理	营业时完成；保证让每个款台进入工作状态
8	维修、保养POS机、电脑、电子秤及店内其他电子设备	及时处理，让设备能正常运转
9	巡场、检测各电子设备	随时对各电子设备予以巡检，保证得到及时保养修理
10	维修、保养各类打印机、服务器设备	及时维修、保养，让其能正常运转
11	提供特殊报表、信息查询	及时编辑打印有关报表、申请，并由经理签字；楼面只可以查询不带进价的商品信息；采购或采购助理只可以查询销售、库存商品、准确价格、商品属性不符的问题；联营商的商品信息
12	提供水单明细表	及时按要求提供
13	跟踪营业期间电脑系统运行、网络数据传输	随时观察专用界面情况，及时发现问题、解决问题

续表

序号	工作内容	工作标准
14	提供快讯邮寄用地址	及时按要求打印出资料交予对方；申请单有前台部经理签字
15	处理款台的误操作	及时协助收银人员解决问题
16	处理店面收银数据	随时予以处理；严格依操作规程办理
17	核实收银与总收存在的差异	随时进入电脑数据，予以仔细、认真重核，无误后由电脑部经理签字确认差异情况
18	调整价格、条码不符现象	及时在电脑系统中进行准确调整；认真核实准确价格
19	核对海报与电脑价格	在快讯期的头一天完成；认真、仔细核实每一项；有错及时上报、核实并调整
20	调整网络进程	及时依操作规程完成
21	处理各部门员工的错误操作	及时证实后在电脑上予以准确处理、修理
22	打印水票	随时按程序完成
23	协助盘点工作	按盘点规定、要求完成本职工作
24	处理紧急事务	及时通知收银，商定关闭部分款台；来电后，及时恢复原状态
25	用磁带机备份数据	及时进行数据备份，做好数据库维护工作
26	进行夜间数据传输	严格在规定时间内完成，准确执行每一操作流程
27	记录当天异常情况及解决办法	按实际情况清楚登录内容
知识	1.教育：大专以上学历，计算机或相关专业优先 2.培训：计算机信息管理系统、网络、POS机系统等岗前培训，财务知识 3.经验：有一定的计算机编程、网络维护经验 4.技能：熟悉计算机操作、PC、网络维护和修理、UNIX系统、ORACLE数据库、C语言、熟知商品专业知识	
能力	良好的观察、分析、总结、决策能力；理解、逻辑思维、记忆力；一定的谈判、沟通、协调能力；较好的开发、开拓能力；较好的接受新生事物的能力	
晋升途径	电脑部经理	

【他山之石36】计算机操作员职位说明书

计算机操作员职位说明书

职位名称：计算机操作员　　　　　　　　　　　　说明书编号No.：

职位编号		部门	电脑部	部门定员		组别	
直接上级	电脑经理	直接下属	无	工资级别		月薪标准	

序号	工作内容	工作标准
1	参加晨会、会议	准时参加，遵守会场纪律；做好记录，总结会议精神并向下传达、落实；详细汇报部门工作，敢于提出新建议及存在的问题；听取他人意见及建议，接受上级的布置安排
2	打扫室内卫生	每天一次，下班前完成；达到卫生标准
3	擦拭维护设备（电脑等）	每天一次，按规定时间完成；保持设备干净、无污物；下班前按要求关闭相关设备
4	检测、处理设备故障	及时报经理或技术人员，并登记设备异常现象；每日营业前检测一次
5	更改店内商品售价	认真、仔细核查各项数据；必须有楼面经理及店长签字；临时促销变价必须有店长、营运总监签字；售价更正有采购书面通知及采购经理签字
6	打印价签	及时打印价签，保证楼面需求；准确、无误打印价签
7	做好工作资料的保存、分类、归档、管理	没有丢失现象；取用方便；每周进行一次调整
8	进行各类信息的上传下达、各种文件资料的收发	准确、及时报告给相关人员；追踪、反馈信息；保密、不外泄
9	条码更改和补录	及时根据实物商品进行条码更正并及时通知采购、收货部做相应更正；保证条码无误
10	录入紧急订单	认真、仔细、正确录入各项数据；录入后及时打印出正式订单并加盖ALC公章
11	OPL订单分发	每天一次，及时将订单按规定分送至各部门
12	数据录入	认真、正确录入各项数据并复核一遍；当天完成数据录入工作

续表

序号	工作内容	工作标准
13	打印订单	及时打印当日紧急订单；当日打印前一日的OPL订单；打印内容清晰并加盖ALC公章
14	收发传真	及时将订单发出、通知供货；保证传真到位确认
15	催货	及时联络供应商、督促及时送货；及时通知收货部新的到货信息
16	库存更正	必须有部门经理及店长签字；核查更正原因是否属实后及时完成
17	查询商品资料	及时协助查询；准确得到有关信息，以帮助解决问题
18	检查上、下期快讯商品（DM校对）	要求快讯商品不得连期；仔细核查快讯商品价格；及时通知楼面取快讯商品价签
19	做盘点工作	密切配合其他工作人员；及时锁定及打开库存（电脑上）；规定时间内打印出盘存报表及库存更正报表；按规定做盘点差异修正
20	做好人工数据传输	及时准确完成
21	记录时段销售额	1小时登记一次；细心、准确记录信息
22	登记赠品	及时进行书面登记并通知采购；登记内容清晰、准确
23	报表分发	每天按规定时间完成来客数报表、销售报表、库存更正报表、班结/日结报表、退货报表、报表签收单、快讯价格差异报表、快讯价格修正报表的分发；收表人必须在报表签收单上签字；作废及无人领取的报表需集中存放，每3~6个月销毁一次
知识	1.教育：高中/中专以上学历，计算机或相关专业优先 2.培训：计算机信息管理系统、办公或文秘培训，财务知识 3.经验：有一年以上的文秘工作经验 4.技能：熟悉计算机操作，Windows、Office及办公设备使用，汉字输入速度80字/分钟以上	
能力	有一定的分析、判断、决策能力；快速的数字计算及反应、应变能力；良好的文字、语言表达、沟通、协调能力	
晋升途径	电脑工程师或其他部门主管	

【他山之石37】总务部经理职位说明书

总务部经理职位说明书

职位名称：总务部经理　　　　　　　　　　　　说明书编号No.：

职位编号		部门	总务部	部门定员		组别	
直接上级	副总经理	直接下属	本部门员工	工资级别		月薪标准	

序号	工作内容	工作标准
1	组织召开早会	传达上级的意见及公司精神；总结前日工作，布置当日工作及重点工作检查；按规定时间完成
2	参加例会、会议	准时参加，遵守纪律；敢于发言，提出合理建议及存在的问题；认真听取他人意见，接受上级的指示；做好会议记录，总结会议精神
3	检查员工出勤、礼仪、着装等纪律情况	随时进行；严格按照公司制度处理；及时纠正不良行为，不断提高员工自觉性
4	与保洁公司谈判、沟通日常卫生管理业务	维护门店利益，双方认真磋商；详细了解对方实际内情，告知我方要求；依实际情况与对方进行友好沟通
5	初审有关协议	认真、仔细从门店利益出发完成；了解协议双方的有关情况，确保对方的可靠度
6	落实有关协议的签订工作	呈报副总审核后，按上级指示完成
7	监督、检查保洁人员的日常工作及效果	每天至少两次巡场，卫生达到标准；及时纠正、指导其不足之处；重大问题及时与对方公司协商解决
8	车辆的调度及安排	合理调配车辆的使用；结合用车人的业务、距离等因素综合考虑，严格执行有关制度，不得私自占用
9	物品管理员采购任务单的签核及落实	认真、仔细完成，审核属实后在相应位置上签字确认；及时交于采购执行
10	采购物品的验收	认真、仔细核对数量（抽查物品的质量达到要求）；拒收不合格、手续不全的物品
11	组织库房盘点	每月一次，定期组织采购及物品管理员完成；监督下属工作进程，抽查盘点结果；及时追究责任，签核报损单据等
12	巡视工作区域卫生、设施设备的维护及操作安全	每天至少一次，积极认真对待；指出下属不足之处；严格执行有关规章制度规范

续表

序号	工作内容	工作标准
13	通知维修组对设施、设备的维修	证实后及时通知；详细说明故障情况
14	审核其他部门申领、申购、请印单据等	必须有对应部门经理的签字；结合对方过去的情况予以调整、签核领取数量等；保证不耽误对方工作
15	监督、检查采购人员行为	随时做好采购人员思想品德教育；发现违规行为，严格依条例处理
16	异常情况的处理	分析情况、准确判断，及时处理异常情况；及时与有关对象协调、协商，并告知上级
17	核对账务、账目	认真、仔细查找单据予以核对；分析财务报表，掌握财务现状
18	文件、资料的收集、整理、保管	每月整理一次，认真登记每一份资料；保密，不得泄露公司秘密
19	本组（库房、汽车）的账务管理	每日根据实际开支进行入账；当天登记当天的账目；清楚
20	做库房（汽车）本组的每月预算	每月一次，按时完成；预算符合实际、不浪费、足够各部门供应
21	接受咨询及投诉	耐心听取对方陈述；及时解决对方期望的问题；按规章制度及时办理
22	做好日、月工作总结并分析、思考新思路	如实总结当日、当月的异常工作情况及解决方案、办法；深入探究工作实施计划，创新思维
知识	1.教育：大专以上学历，商业、企业管理、行政管理专业或相关专业优先 2.培训：计算机操作，财务知识，营销知识 3.经验：三年以上本业态工作经验及两年以上主管管理工作经验 4.技能：熟悉计算机操作、Office软件的使用，熟知日常办公用品、本业态各种耗材商品的专业知识及印刷印务知识，熟悉采购业务流程技巧等	
能力	较强的观察、总结、分析、判断、决策能力；快速的计算及反应能力；一定的文字书写及语言表达能力；一定的人力资源、财务管理知识及工作指导、分配能力；良好的沟通、协调能力	
晋升途径	副店长或营运部门管理职位	

【他山之石38】库管员职位说明书

库管员职位说明书

职位名称：库管员　　　　　　　　　　　　　　　说明书编号No.：

职位编号		部门	总务部	部门定员		组别	
直接上级	总务经理	直接下属	无	工资级别		月薪标准	

序号	工作内容	工作标准
1	参加晨会、会议	准时参加，遵守会场纪律；汇报工作，敢于提出新建议及存在的问题；听取他人意见及上级的工作安排指导；做好会议记录，总结会议精神
2	打扫库房、办公区卫生	每天按规定时间完成；达到卫生标准及有关规定
3	接受申领、申购、请印物品	审查单价的有效性并有主管签字确认；留存I联单据；严格依程序、制度办理
4	发放物品	禁止人员进入库房；按单要求收集物品，并同时填写出库单；要求对方在出库单上签字并领取物品；解释短缺物品并给予处理答复
5	装订申领、申购、请印单与出库单成联	准确、及时装订成联，放于规定位置，并记录短缺物品品项
6	登记三级账	及时登记，保证账目与实物相对应
7	制定及调整各物品的仓存安全线	科学地结合物品日常消耗量设定、调整仓存安全线；耐用品及形成固定资产物品可不设安全线
8	制定采购任务单	及时制定；上报主管、经理审批后交采购实施
9	接收采购物品入库	及时将物品做分类入库处理，同时登记三级账；摆放整齐，严格依库房管理规定办理，及时清理垃圾
10	验收采购物品的质量、数量（重量）等	有主管、采购在场；仔细查验物品的各项指标；留存一联送货清单
11	短缺物品的处理	市场上没法买到的情况下及时通知领物人员，告诉原因，提议另行办法
12	定期库存盘点	每月定期进行一次；有主管在场、采购协助下进行；及时更正库存三级账
13	工服的发放	严格按规定、程序办理；必须有领取人的签字；告知工服使用管理规定细则

续表

序号	工作内容	工作标准
14	报废物品及处理	及时处理；准确填写报损单，找主管、经理、店长签核后更改三级账目、留存单据
15	员工更衣柜钥匙的管理	严格按规定、程序办理；必须有领取人签字；告知有关管理规定细则
16	整理库房	随时进行库房整理；物品存放整齐、有序
17	参加消防演习	保障库房安全；准时参加，通过考核
18	整理有关单、表等，装订成册	定期整理；装订整齐、分类科学
知识	1.教育：高中/中专以上学历 2.培训：计算机操作、财务知识、文秘知识 3.经验：一年以上工作经验，有仓库管理工作者优先 4.技能：熟悉三级账目操作	
能力	观察、分析、总结、判断能力；良好的数字计算及反应能力；手指灵活，眼、手、足配合协调；一定的规划、布局、设计能力；一定的独立处理问题及商品识别能力	
晋升途径	主管	

【他山之石39】维修主管职位说明书

维修主管职位说明书

职位名称：维修主管　　　　　　　　　　　　　　　　说明书编号No.：

职位编号		部门	总务部	部门定员		组别	
直接上级	总务经理	直接下属	维修工	工资级别		月薪标准	

序号	工作内容	工作标准
1	组织召开晨会	传达上级的意见及公司精神；总结前日工作，布置当日工作及重点工作检查；按规定时间完成
2	参加例会、会议	准时参加，遵守纪律；敢于发言、提出合理建议及存在的问题；认真听取他人意见、接受上级的指示；做好会议记录、总结会议精神

续表

序号	工作内容	工作标准
3	巡视、检查水、电、暖、空调等设备的运行状况	随时进行,每天至少一次;及时解决现场故障,解决不了的登记在故障登记本上,安排人员进行
4	检查员工日常设备保养、开、关机作业执行情况	随时检查,要求员工依规定标准积极、主动进行设备保养及开、关机作业
5	检查员工出勤、着装、纪律	随时检查;严格要求员工遵守各种规章制度;对屡教不改者予以处罚(按处罚规定)
6	监督、检查员工的日常工作及工作效果	观察员工工作状态及仔细验收其工作完成质量;及时指导、纠正不规范、不熟练的动作
7	制订商用设备的维护及保养计划	结合门店的实际,达到设备的最佳维护及保养效果;报上级、店长审核通过,并交经理备案
8	制定每日员工巡视路线	结合门店实际情况,让每一处均可得到有效检查且最好地利用时间;报经理审核通过
9	记录每天尚未处理的故障	如实登记,每天下班时完成
10	检查办公、工作区域卫生	每天至少一次;达到卫生标准
11	初审有关工程合同	仔细阅读合约细节并分析、提出不合理之处;审核预算、控制工程成本、维护门店利益
12	与相关政府职能部门沟通(水、电、暖部)	礼貌用语,与对方保持良好的关系
13	实施工程改造	按标准、在规定时间内完成
14	指导店内施工	积极协助其施工,提供必要帮助
15	工具、材料的管理	员工领取工具必须登记或以旧换新并签名;领取材料需报项目,并最好将旧材料冲核
16	工程、设备等文件、资料的归档、保存	分门别类、张贴档案号,保存在指定位置
17	联系厂商来店维修设备	及时与厂商联系,并通告设备故障现象情况,要求对方尽快来人解决
18	异常情况的处理	及时归位了解情况;处理下属未处理完的工作;联系有关职能部门了解情况,并汇报上级
19	做好日、月工作总结并分析、思考新思路	如实总结当日、当月的异常工作情况及解决方案、办法;深入探究工作实施计划,创新思维

续表

知识	1.教育：高中/中专以上学历，机械、水电专业或相关专业优先 2.培训：电工上岗培训，并持上岗证书（劳动部门） 3.经验：三年以上工程维修工作经验及本业态工作一年以上 4.技能：熟悉水、电、暖、空调设施的安装、调试、拆卸技术以及相关设备的日常维修、维护和安全使用、操作
能力	较强的观察、总结、分析、判断、决策能力；良好的独立处理问题能力；动作协调，眼、手、足配合协调；快速的应变能力；良好的沟通、协调能力
晋升途径	总务经理

【他山之石40】电工（空调）职位说明书

电工（空调）职位说明书

职位名称：电工（空调）　　　　　　　　　　　说明书编号No.：

职位编号		部门	总务部	部门定员		组别	
直接上级	维修主管	直接下属	无	工资级别		月薪标准	

序号	工作内容	工作标准
1	参加晨会、会议	准时参加，遵守会场纪律；汇报工作，敢于提出新建议及存在的问题；听取他人意见及上级的工作安排指导；做好会议记录，总结会议精神
2	打扫办公区及工作区卫生	每天按规定时间完成；保证达到卫生标准
3	拿取日常工具及维修配件	放进工具袋中；拿取东西尽可能齐全，并擦拭干净
4	巡视电、空调供应、使用区域	随时进行，每天至少一次；及时解决发现的问题或将发现的问题登记在故障记录本上
5	检修电源、电路开关、插座、照明设备等	认真、仔细检查、修复至正常状态；更换无法再用的配件、材料
6	安装、拆除电路、设备等	遵守施工标准予以施工；完成后报主管及使用单位验收
7	开、关效果灯饰，广告灯饰装置	按时完成开、关动作
8	检修效果灯饰、广告灯饰	认真、仔细检查并予以及时修复至正常状态；及时更换配件、材料
9	启、停电梯	按时完成启、停动作

续表

序号	工作内容	工作标准
10	检修与维护电梯	遵守流程、规范予以动作；达到手册要求结果，发现故障隐患及时通知主管
11	完成上级交办事务	按时、按标准完成
12	检修与维护发电机	及时检修与维护，发现故障隐患及时通知主管；遵守流程、规范，达到要求
13	紧急供电	2分钟内启动备用发电机并将电源送至楼面，保障生产
14	空调的开、关及调控	准时完成开、关动作；准确依温度变化情况调整适宜温度，使室内温度为25℃左右
15	检修空调管道，出风、排风系统	认真、仔细检查、修复至正常状态；更换已无法使用的配件、材料，将更换后旧件、旧材料交回主管处
16	检测与维护空调机	按要求进行日常检测、维护；发现故障及隐患及时同主管解决
17	接收各部门的故障报告	及时登记在故障登记本上，一天一新；及时了解现场情况及现场解决故障问题
18	接受各部门的咨询、投诉	礼貌用语、热情接待；耐心听取他人陈述，及时回复有关问题
19	检修商用设备	随时进行检修工作；无法修复故障报主管，并登记在故障登记本上
20	处理突发事件	2分钟内启动发电机并送电；联系供电部门、询问供应情况；报告主管做相应处理
21	指导店内员工使用方式方法及注意事项	耐心、认真予以讲解、示范指导；保证员工掌握内容
22	维护、保管自用工具、器材	用完的工具、器材予以及时擦拭、清洗等；妥善保管起来
23	申领、申购配件、材料、工具、用具等	及时办理；不浪费，保证供应工作之需；将退还的东西交回主管处
24	登记、删除故障记录本内容	对不能及时修复的故障登录；对已修复的故障予以打记号删除，并签名；每天下班时抄写一页未修复故障内容

续表

知识	1.教育：高中/中专以上学历，水电专业或相关专业优先 2.培训：电工上岗培训，并持上岗证书（劳动部门） 3.经验：两年以上工作经验（强电、弱电） 4.技能：熟悉强、弱电的设施拆装、调试以及相关设备的日常维修、维护和安全操作技术
能力	一定的观察、分析、判断能力；手指灵活，眼、手、足配合协调；一定的独立处理问题能力；快速的应变能力
晋升途径	主管

【他山之石41】促销经理职位说明书

促销经理职位说明书

职位名称：促销经理　　　　　　　　　　　　　　　说明书编号No.:

职位编号		部门	促销部	部门定员		组别	
直接上级	店长	直接下属	部门主管	工资级别		月薪标准	

序号	工作内容	工作标准
1	巡视、检查员工出勤、礼仪、早会、工作等情况	及时掌握员工纪律情况；严格按照公司制度处理；及时纠正不良行为，不断提高员工自觉性
2	组织召开例会	准确上传下达；总结前日工作，布置当日工作；及时纠正错误行为
3	参加店长组织的例会或其他会议	准时参加，遵守纪律，做好记录，总结会议精神并向下传达、落实；详细汇报部门工作，听取他人意见及上级的布置安排
4	巡场、检查各组的工作开展及工作效果	不定期进行，协助员工解决问题并指导员工工作；严格要求员工的工作程序化、规范化，同时按时、按要求、按规定完成各项工作；追究违规者的责任
5	与员工及其他部门沟通，听取各方意见	不定期、随时进行；耐心听取、做好记录；及时协调解决部门与部门之间的问题；及时掌握下属的行为、思想
6	监督、检查卖场的促销活动、计划	不定期抽查、观察，及时纠正错误操作
7	做好日、月工作总结并分析、思考新思路	如实总结当日、当月的异常工作情况及解决方案、办法；深入探究工作实施计划，创新思维

续表

序号	工作内容	工作标准
8	组织、指挥完成本部门的突发性、异常工作	合理安排人力,调整工作时间;密切配合其他部门工作,任务落实到个人
9	检查工作区域卫生	每天至少一次;保证地面、墙角、收银柜台等洁净;严格按照规章处理
10	审核部门的费用预算	认真审核预算项目、内容;按时完成审核,及时返还递交者予以修订
11	接受顾客的咨询、投诉	耐心、细心听取对方陈述;及时解决对方期望的问题;按规章制度及时办理
知识	1.教育:大专以上学历,管理、商业、营销、经济或相关专业优先 2.培训:计算机操作,财务知识、营销知识、礼仪服务知识 3.经验:三年以上本业态工作经验及一年以上管理工作经验 4.技能:熟悉计算机操作,熟知商品专业知识及标准的顾客服务工作方法,熟悉卖场动线、端架等规划、设计,熟悉人力资源管理常识、卖场促销创意知识	
能力	良好的谈判、沟通、协调能力;一定的文字书写及语言表达能力;出色的人际交往能力;敏锐的观察能力,总结、分析、判断、决策能力;一定的人力资源管理能力,优秀的领导、指挥能力及工作指导、分配能力;独立处理问题;强烈的促销创新能力	
晋升途径	副店长、店长	

【他山之石42】促销主管职位说明书

促销主管职位说明书

职位名称:促销主管　　　　　　　　　　　　　　　　　说明书编号No.:

职位编号		部门	促销部	部门定员		组别	
直接上级	促销经理	直接下属	本组员工	工资级别		月薪标准	
序号	工作内容			工作标准			
1	组织召开展会			传达上级的意见及公司精神;总结前日工作,布置当日工作及重点工作检查;按规定时间完成			
2	组织员工迎宾			准时在各自职位站好姿势,目迎顾客,面带微笑			

续表

序号	工作内容	工作标准
3	参加店内例会、会议	准时参加,遵守纪律;敢于发言,提出合理建议及存在的问题;认真听取他人意见,接受上级的指示;做好会议记录,总结会议精神
4	文件、资料的收集、整理、保管	每月整理一次,认真登记每一份资料并保密
5	巡场、监督、检查人员的日常工作及工作效果	及时协助员工解决问题,并指导员工工作,确保服务质量优质;提高员工的工作效率、效果;培养员工的业务能力及动作规范;不定时进行,并对检查结果进行评价
6	接受顾客的咨询、投诉,帮助顾客	耐心听取对方要求;及时解决对方期望的问题;职权范围内按规定处理
7	检查前一天促销工作	记载数据清楚
8	检查当日投诉,并把问题反映给各部门经理	职权范围内进行;当日反映
9	处理紧急事件	尽快了解实情,处理事件高效、无误;严格按规章制度处理
10	做好每日、每周工作分析、工作总结	每日下班前一次日结,每周一次周结;发现问题改进,安排后续工作
11	制订本组工作计划或总结	每周一次总结、计划书;报经理审阅
12	跟踪DM快讯的工作	按时发放,定期追踪
13	与收货部、采购、楼面协商促销工作	与各部门进行沟通,合理协调工作
14	对促销人员的管理	严格遵守各规章制度;树立本公司工作人员的统一形象
知识	1.教育:大专以上学历,管理、商业、营销、经济或相关专业优先 2.培训:计算机操作,财务知识,营销知识,公关礼仪服务知识 3.经验:两年以上本业态工作经验及一年以上管理工作经验 4.技能:熟悉计算机操作,熟知商品专业知识及标准的顾客服务工作方法,熟悉卖场动线、端架等规划、设计,熟悉人力资源管理常识,熟悉创意设计知识	
能力	快速的紧急应变能力;独立解决问题及促销创新能力;观察、总结、分析、判断能力;良好的分析、判断能力;一定的人力资源管理能力,工作指导、工作分配能力	
晋升途径	促销部经理或前台部经理	

【他山之石43】美工职位说明书

美工职位说明书

职位名称：美工　　　　　　　　　　　　　　说明书编号No.：

职位编号		部门	促销部	部门定员		组别	
直接上级	部门经理	直接下属	无	工资级别		月薪标准	

序号	工作内容	工作标准
1	设计、书写、制作场内POP牌、端架牌、说明栏、告示栏及指示牌等	及时书写，字迹清楚；符合卖场布局及美观要求；设计美观，内容明确，突出本业态风格
2	设计、制作店面各类装饰物	与店面的整体风格保持一致；制作精美、内容明确
3	完成公司及门店各项庆典活动的美工工作	积极、认真进行；设计、制作、书写等符合精神，重点突出、内容鲜明
4	巡视卖场及有关区域	随时进行，每天至少一次；及时解决发现的问题或将发现的问题登记在记录本上
5	处理日常未及时完成事务	认真、仔细逐项进行修复、制作、设计等；及时更换配件、材料
6	参加各类促销活动	积极、准时参加；热情接待顾客、礼貌规范用语
7	打扫室内、办公区卫生	每天随时，下班前完成；保证地面、桌面整洁；美工工具按要求保管
8	本组机器设备的正常维护及使用	正常操作、遵守操作规范；出现故障及时修复或报主管进行报修处理
9	参加晨会、会议	准时参加，遵守会场纪律；汇报工作，敢于创新，提出建议及存在问题；听取他人意见及上级的工作安排指导；做好会议记录，总结会议精神
10	接受各部门的咨询、投诉	礼貌用语、热情接待；耐心听取他人陈述，及时回答有关问题
11	申领、申购配件、材料、工具、用具等	及时办理；不浪费，保证供应工作之需；妥善保管，爱护公共财物
12	维护、保管自用工具、器材	用完的工具、器材予以及时擦拭、清洗、整理等；妥善保管或放置于固定位置

续表

知识	1.教育：高中/中专以上学历，广告设计、美术专业或相关专业 2.培训：计算机操作，美学专业培训 3.经验：一年以上美术设计工作经验者优先 4.技能：熟悉计算机操作，美工制作机器/设备/工具的使用及维护
能力	较强的创意、设计、规划能力；较强的颜色搭配、辨别能力；艺术字体设计、书写能力；较强的对方向、形状、大小的感觉能力；良好的独立处理问题能力；良好的沟通、协调能力
晋升途径	主管

【他山之石44】团购部经理职位说明书

团购部经理职位说明书

职位名称：团购部经理					说明书编号No.：	
职位编号		部门	团购部	部门定员	组别	
直接上级	副总经理	直接下属	本部门员工	工资级别	月薪标准	

序号	工作内容	工作标准
1	参加店内例会、会议	准时参加，遵守纪律；敢于发言，提出合理建议及存在的问题；认真听取他人意见，接受上级的指示；做好会议记录，总结会议精神
2	文件、资料的收集、整理、保管	每月整理一次，认真登记每一份资料并保密
3	负责开展日常团购工作、处理日常团购事务	及时配合、指导下属工作；按期完成各项工作，并指导员工正确的工作行为、思想；严格按规章处理
4	负责召集本组例会、会议	按时召开；传达上级精神、布置工作；解决紧急问题
5	制订本组工作计划或总结	每周一次总结、计划书；报经理审阅
6	指导送货工作，安排团购商品的提货、运输	24小时之内送货；商品无损坏；顾客满意
7	做本组费用预算	节约费用；月底上交
8	审核员工形成的文字资料	认真仔细审核文字内容；注意行为、用词与公司精神保持一致；圈定待修改的内容，修改无误后确定

续表

序号	工作内容	工作标准
9	联系业务，客户洽谈	建立良好的业务伙伴关系；遵守公司的团购洽谈规定
10	检查送货，协助解决提货过程中的问题	保证按时送货；遵守团购流程
11	与促销部、客服部沟通协调	商品的出库、周转
知识	1.教育：大专以上学历，管理、商业、营销、经济或相关专业优先 2.培训：计算机操作，财务知识，营销知识，公关礼仪服务知识 3.经验：三年以上本业态工作经验及一年以上管理工作经验 4.技能：熟知商品专业知识及标准的顾客服务工作方法，熟悉卖场动线、端架等规划、设计	
能力	快速的紧急应变能力；独立处理问题的能力；观察、总结、分析、判断能力；良好的分析、决策能力；一定的人力资源管理工作指导、工作分配能力	
晋升途径	营运部经理	

【他山之石45】业务员职位说明书

业务员职位说明书

职位名称：业务员　　　　　　　　　　　　　　说明书编号No.：

职位编号		部门	客户部	部门定员		组别	
直接上级	客户部经理	直接下属	无	工资级别		月薪标准	

序号	工作内容	工作标准
1	上门宣传、推销、传递信息，联系建立团购服务网	信息通道顺畅；树立"量贩"良好形象；形成足够大的服务网
2	参加例会、会议	准时参加，遵守纪律；敢于发言，提出合理建议及存在的问题；认真听取他人意见，接受上级的指示；做好会议记录，总结会议精神
3	走访客户，收集客户所需资料	定期或不定期进行；及时把客户所需的服务资料、信息收集起来；及时反馈给门店相关部门
4	回访团购客户	定期或不定期进行；维护良好形象；有重点地进行

续表

序号	工作内容	工作标准
5	督促、检查楼面备货，保证送货	货源充足，送货及时；按送货规定进行
6	将顾客订货变动情况通知内部接待业务员或直接通知楼面	及时通知；保证楼面能做到按时送货
7	外出送货押车	货物安全、不受损；准时送到
8	接客户订单，转交内部接待业务员	妥善保管；及时转交内部接待业务员
9	与内部接待业务员进行沟通，听取其意见或建议	每天至少一次；虚心听取对方提出的意见、建议；保证及时解决出现的问题
知识	1.教育：高中/中专以上学历，管理、商业、营销、经济或相关专业优先 2.培训：谈判技巧，计算机操作，公关、礼仪服务培训 3.经验：两年以上销售工作经验及一年以上本业态工作经验 4.技能：计算机操作，熟知本业态商品知识	
能力	较强的谈判、公关能力；较强的人际交往能力；较强的创新、创造能力；较强的忍耐力、记忆力；一定的独立处理问题的能力；较强的分析、判断、决策、总结能力	
晋升途径	采购或营运主管	

【他山之石46】接待员职位说明书

接待员职位说明书

职位名称：接待员　　　　　　　　　　　　　　　　　　　　说明书编号No.：

职位编号		部门	客户部	部门定员		组别	
直接上级	部门经理	直接下属	无	工资级别		月薪标准	

序号	工作内容	工作标准
1	参加例会、会议	准时参加，遵守有关纪律；汇报工作，敢于提出新建议及存在的问题；听取他人意见及上级的工作指示、安排；做好会议记录，总结会议精神
2	清扫大客户部接待处（室）卫生	地面干净、桌椅摆放整齐、水杯等用具卫生；创造良好的接待环境

续表

序号	工作内容	工作标准
3	在接待处（室）接待团购单位	礼貌用语，服务周到
4	通知相关部门陪同选货、配货，并详细填写购物明细单	立即通知楼面人员；必须有楼面陪同人员；字迹清晰，项目齐全
5	与团购单位协商结账、提货时间	将订货量、品项、送货时间清楚记录在团购记录本上；积极、认真协调供应商处理结款流程；严格遵守团购结账、提货流程
6	检查楼面备货情况	保证货源充足、及时提货
7	通知团购单位办理结账手续	及时通知，服务周到；认真登记账款额；严格按照团购结账流程办理
8	通知楼面送货，团购单位提货	备好货；提货渠道通畅；严格按照提货、送货流程进行
9	每日汇总当天账款登记本，报告给主管	日清日结；记录清晰；保证账目清楚
10	建立客户档案，定期整理，并向主管反映	每周一次；信息全面、分类整理；妥善保管，不得泄露；就客户开发，敢于向主管提出合理建议
11	经常与外联业务员进行沟通，听取其意见	每天至少一次；虚心听取对方提出的意见、建议；保证及时解决出现的问题
12	通知楼面送货、退货情况的任何变动	及时通知；保证楼面能做到按时送货
13	登记外联业务员转交的顾客订单	登记仔细；将订单集中
14	向总收室询问支票到账情况	每周三次，经确认后签字；及时通知客户
15	对文件通知及各种资料、报刊等的整理、归档	登记、分类整理；放于固定位置，取用方便；原件无遗失，保密
知识	1.教育：高中/中专以上学历，管理、商业、营销、经济或相关专业优先 2.培训：计算机操作，公关、礼仪服务培训 3.经验：有销售或接待工作经验 4.技能：计算机操作，熟知本业态商品知识	
能力	一定的应变能力；较强的人际交往能力；一定的文字写作能力；一定的独立处理问题的能力；较强的分析、判断能力	
晋升途径	主管	

【他山之石47】财务经理职位说明书

财务经理职位说明书

职位名称：财务经理　　　　　　　　　　　　　　　说明书编号No.：

职位编号		部门	财务部	部门定员		组别	
直接上级	副总经理	直接下属	财务主管	工资级别		月薪标准	

序号	工作内容	工作标准
1	查看电脑，分析报表	每天上班后到办公室的第一项工作；及时知道本部门员工的工作效果；准确判断本部门员工工作状况
2	联系金融与税务机构	推进财务经理工作；获得市场信息，为总经理提供参考意见；在公司内谈判，安排好时间
3	监督、检查采购部的合同（新品、快讯营业外收入）	工作进展顺畅；促进采购的平衡发展；库存合理
4	监督落实采购、店面相关财务工作	工作到位、准确及时
5	与店面交换意见	双方步调一致，意见统一；互相尊重，促进工作；耐心听取店面意见
6	审批、签批合同	及时处理；仔细检查，杜绝隐患
7	制订门店、采购年度工作计划、经济指标及措施	制度的内容切实可行；促进本部工作发展；内容具体细化，可操作
8	定期核算各项指标	每月定期一次；鼓励先进，鞭策后退；及时进行有效的战略调整
9	及时处理财务工作的相关数据	及时完成；保障盘点数据准确；为采购提供相关数据做参考
10	参加公司每周部门经理例会，或其他会议	准时参加，遵守会场纪律；做好记录，总结会议精神并向下传达、落实；详细汇报部门工作、提出建议及存在问题；听取他人意见及建议、接受上级的布置安排
11	做每周财务工作总结，向上级汇报	如实填写主要事情、异常情况，寻求问题的解决办法；双向沟通与交流，找出问题点
知识	1.教育：大专以上学历，会计、金融、财会、管理、经济类或相关专业优先 2.培训：会计电算化、营销知识、企业内部的财务结算流程 3.经验：五年以上本业态工作经验及三年以上财务经理工作经验 4.技能：熟悉计算机操作，熟知食品、百货、生鲜的商品专业知识	
能力	良好的语言、文字表达、协调、沟通能力；快速的数字计算及应变能力，记忆力强；良好的观察、分析、总结、判断、决策能力；独立处理问题的能力；一定的人力资源管理、工作指导、资源分配能力	
晋升途径	财务总监、店长、副店长、副总经理	

【他山之石48】财务主管职位说明书

财务主管职位说明书

职位名称：财务主管				说明书编号No.：	
职位编号		部门	财务部	部门定员		组别	
直接上级	财务经理	直接下属	会计/出纳	工资级别		月薪标准	

序号	工作内容	工作标准
1	财务核算，处理账务，对会计进行指导并具体操作	账面准确无误，数据有据可查
2	统筹兼顾，合理安排财务的核算工作及资料的整理归档	凭证、资料归档整齐，查询资料准确迅速
3	审核会计凭证、登记账簿、编制会计报表，进行财务分析	数字精确，迅速及时，分析有理有据，无错账坏账
4	清理核对旧账及与各门店往来账	汇报及时，对症下药；无错账、无混账
5	对门店账务存在的问题进行及时纠正，并定期向财务经理汇报	根据税务制度严格操作，监督落实到位
6	统计应纳税、已纳税、未纳税，制定表格，对税务工作提出建议，对已采纳的建议督促执行	根据税务制度严格操作，监督落实到位
7	每周末上午将本周费用支出情况和银行余额情况表交上级主管	数字准确、交办及时
8	准确制作会计凭证	根据财务制度，及时、完整、准确
9	对本月费用执行情况进行详细分析	专款专用
10	与总务部进行沟通，对固定资产低值易耗品的购置、领用进行管理	账物相符
11	与团购沟通，了解团购需求	及时了解信息变化，利用团购信息做采购参考，及时满足团购订单供应
12	每月账期的结算工作	结算准确及时、无误
13	合理调度、筹集资金	保证现金流畅通

知识	1.教育：大专以上学历，会计、财务、经济类或相关专业优先 2.培训：计算机操作，会计电算化、营销知识、商品知识、企业内部的结算流程 3.经验：三年以上本业态工作经验及两年以上财务主管工作经验 4.技能：熟悉计算机操作，熟知食品、百货、生鲜的商品专业知识
能力	良好的语言、文字表达、协调、沟通能力；快速的数字计算及应变能力，记忆力；良好的观察、分析、总结、判断能力；独立处理问题的能力
晋升途径	财务经理、财务副经理

【他山之石49】出纳职位说明书

出纳职位说明书

职位名称：出纳　　　　　　　　　　　　　　　说明书编号No.：

职位编号		部门	财务部	部门定员		组别	
直接上级	财务主管	直接下属	无	工资级别		月薪标准	

序号	工作内容	工作标准
1	检查收付款手续是否完备	按财务制度操作
2	核对现金及库存现金	日清月结，准确无差，账款相符
3	登记现金账	每天定期向会计传递，有交接记录
4	日常报销（每周二、五报销）	严格按报销制度操作
5	核对总账、明细账	数字准确无误，与总账、明细账相符
6	支票付款	及时、准确
7	与银行核对账目	核对银行调节表，保证双方一致
8	参加例会或其他会议	准时参加，遵守会场纪律；做好记录，总结会议精神并落实；详细汇报部门工作，提出建议及存在的问题；听取他人意见及建议，接受上级的布置安排
9	每月账期的结算工作	支票付款准确及时、无误
知识	1.教育：高中/中专以上学历，会计、财务专业优先 2.培训：计算机操作，会计电算化 3.经验：两年以上本业态工作经验 4.技能：熟悉计算机操作，熟悉点钞	
能力	良好的语言、文字表达、协调、沟通能力；快速的数字计算及应变能力，记忆力；良好的观察、分析、总结、判断能力；独立处理问题的能力	
晋升途径	会计	

第 5 章

图解精益管理之卖场礼仪礼节

服务礼仪，通常指的是礼仪在服务行业内的具体运用，泛指服务人员在自己的工作岗位上所应当严格遵守的行为规范。

5.1 接待礼仪

零售企业的接待礼仪有以下要求。

（1）说话口齿清晰、音量适中，最好用标准普通话，但若顾客讲方言，在可能的范围内应配合顾客的方便，以增进相互沟通的效果。

（2）要有先来后到的次序观念。先来的顾客应先给予服务，对晚到的顾客应亲切有礼地请他稍等片刻，不能置之不理，或本末倒置地先招呼后来的顾客，而怠慢先来的顾客。

（3）在卖场十分忙碌，人手又不够的情况下，记住：当接待等候多时的顾客时，应先向对方道歉，表示招待不周恳请谅解，不宜气急败坏地敷衍了事。

（4）亲切地招待顾客到店内参观，并让他随意自由地选择，最好不要刻意地左右顾客的意向，或在一旁唠叨不停。应有礼貌地告知顾客："若有需要服务的地方，请随时呼我。"

（5）如有必要应主动对顾客提供帮助，若顾客带着大包小包的东西时，可告知他寄物处或可以暂时放置的地方。下雨天可帮助顾客收伞并代为保管。

（6）顾客有疑问时，应以专业、愉悦的态度为顾客解答。不宜有不耐烦的表情或者一问三不知。细心的卖场工作人员可适时观察出顾客的心态及需要，提供好意见，且能对商品做简短而清楚的介绍，以方便有效率的方式说明商品特征、内容、成分及用途，以帮助顾客选择。

（7）不要忽略陪在顾客身旁的人，应一视同仁一起招呼，或许也能引起他们的购买欲望。

（8）与顾客交谈的用语宜用询问、商量的口吻，不应用强迫或威胁的口气要顾客非买不可，那会让人感觉不悦。当顾客试用或试穿完后，宜先询问顾客满意的程度，而非只一味称赞商品的优越性。

（9）卖场工作人员在商品成交后也应注意服务品质，不宜过于现实，以为拿了钱就了事，而要将商品包装好，双手捧给顾客，并且欢迎再次光临，最好能送顾客到门口或目送顾客离去，以示期待之意。

（10）即使顾客不买任何东西，也要保持一贯亲切、热诚的态度谢谢他来参观，才能留给对方良好的印象。也许下次顾客有需要时，就会先想到你并且再度光临，这就是"生意做一辈子"的道理！

（11）有时一些顾客可能由于不如意而发怒，这时卖场工作人员要立即向顾客解释并道歉，并将注意力集中在顾客身上，这样就能清除思想中的所有杂念，集中思想在顾客的需求上。当他们看到你已把全部注意力集中于他们的问题上，他们也就会冷静下来。当然，最好的方法是要克制自己的情绪，不要让顾客的逆耳言论影响你的态度和判断。

（12）要善于主动倾听意见，虚心地听取抱怨，不打断顾客发言，这样顾客被抑制的情绪也就缓解了，从而使难以对付的顾客不再苛求。

（13）当顾客提出意见时，要用自己的语言再重复一遍你所听到的要求，再一次让顾客觉得他的问题已被注意，而且使他感到他的困难会得到解决。

5.2 仪容、仪表

5.2.1 着装

（1）卖场工作人员的着装应整洁、大方，颜色力求稳重，不得有破洞；纽扣须扣好，不应有掉扣；不能挽起衣袖（施工、维修、搬运时可除外）。

（2）超市、职能部室驻店员工上班必须着工衣。工衣外不得着其他服装，工衣内衣服下摆不得露出；非因工作需要，不得在超市、办公场所以外着工衣。

（3）男员工上班时间应着衬衣、西裤，系领带；女员工应着有袖衬衫、西裤、西装裙或有袖套裙。

（4）上班时间不宜着短裤、短裙及无袖、露背、露胸装。

（5）总部职能部室员工在节假日前最后一个工作日或出差当天可着与工作场合相适应的轻便服装。

（6）上班时间必须佩戴工牌，工牌应端正佩戴在左胸适当位置，非因工作需要不能在超市、办公场所以外佩戴工牌。

（7）男员工上班时间应穿深色皮鞋。女员工应穿丝袜、皮鞋，丝袜不应有脱线，上端不要露出裙摆，鞋应保持干净，不能穿拖鞋、雨鞋或不着袜子上班（海鲜档、雨天场外值勤防损等特殊岗位人员因工作需要可以穿雨鞋）。

（8）快餐厅、面包房及生鲜熟食区员工上班时间必须戴帽，并将头发束入帽内。其他人员非因工作需要上班时间禁止戴帽。

5.2.2 仪容

（1）注意讲究个人卫生。

（2）头发应修剪、梳理整齐，保持干净，禁止梳奇异发型。男员工不能留长发（以发脚不盖过耳背及衣领为度），禁止剃光头、留胡须；女员工留长发应以发带或发卡夹住。

（3）女员工提倡上班化淡妆，不能浓妆艳抹；男员工不宜化妆。

（4）指甲修剪整齐，保持清洁，不得留长指甲，不准涂指甲油（化妆柜员工因工作需要可除外）。食品柜、生鲜熟食区、快餐厅员工不得涂指甲油，上班时间不得喷香水、戴首饰。

（5）上班前不吃葱、蒜等异味食物，不喝含酒精的饮料，保证口腔清洁。

（6）进入工作岗位之前应注意检查并及时整理个人仪表。

5.2.3 表情、言谈

（1）待人接物时应注意保持微笑。

（2）接待顾客及来访人员应主动打招呼，做到友好、真诚，给其留下良好的第一印象。

（3）与顾客、同事交谈时应全神贯注、用心倾听。

（4）提倡文明用语，"请"字、"谢"字不离口，不讲"服务禁语"。

（5）通常情况下员工应讲普通话。接待顾客时应使用相互都懂的语言。

（6）注意称呼顾客、来访客人为"先生""小姐""女士"或"您"，如果知道姓氏的，应注意称呼其姓氏；指第三者时不能讲"他"，应称为"那位先生"或"那位小姐（女士）"。

（7）应保持良好的仪态和精神面貌。

（8）坐姿应端正，不得跷二郎腿，不得坐在工作台上，不得将腿搭在工作台、座椅扶手上，不得盘腿。

（9）站立时应做到：收腹、挺胸、两眼平视前方，双手自然下垂或放在背后。身体不得东倒西歪，不得驼背、耸肩、插兜等，双手不得叉腰、交叉于胸前。

（10）不得搭肩、挽手、挽腰而行，与顾客相遇应靠边行走，不得从两人中间穿行，请人让路要讲"对不起"。非工作需要不得在工作场所奔跑。

（11）不得随地吐痰、乱丢杂物，不得当众挖耳、抠鼻、修剪指甲，不得敲打柜台、货架、商品，不得跺脚、脱鞋、伸懒腰。

（12）不得用手指、头部或物品指顾客或为他人指示方向。用手指示方向时，要求手臂伸直，四指并拢，大拇指自然弯曲，掌心自然内侧向上。

（13）上班时间不得说笑、闲聊，不得大声说话、喊叫，不得哼歌曲、吹口哨。

（14）接待顾客或在公众场合咳嗽、打喷嚏时应转向无人处，并在转回身时说"对不起"；打哈欠时应用手遮住嘴巴。

（15）注意自我控制，在任何情况下不得与顾客、客户或同事发生争吵。

（16）各级管理人员不宜在顾客或客户面前斥责员工。

（17）上班时间不能吃食物，不能看与工作无关的书报杂志。

5.2.4　电话礼仪

（1）应在电话铃响三声之内接听电话。

（2）接听电话应先说："您好，××超市（或××部门）。"

（3）通话过程中请对方等待时应主动致歉："对不起，请稍候。"

（4）邻座无人时，应主动协助接听电话。

（5）如接到的电话不在自己的业务范围之内，应尽快转相关业务人员接听，如无法联系，应做好书面记录，及时转告。

（6）接到打错的电话，同样应以礼相待。

（7）拨打电话前应有所准备，通话简单明了，不要在电话上聊天。

（8）通话结束时应待顾客或上级领导先挂断电话，自己方可挂断。

（9）不得模仿他人说话的语气、语调，不开过分的玩笑，不传播不利于团结的言论。

5.3　迎宾礼仪

（1）迎宾礼仪最重要的是态度亲切、以诚待人。

（2）眼睛一定要放亮，并注意眼、耳、口并用的礼貌。

（3）面带微笑，使进来的顾客感觉亲切且受到欢迎。

（4）当顾客进来时，坐在位子上的卖场工作人员要立刻起身迎接，并亲切地说"欢迎光临"，以示尊重顾客。此外，最重要的是用心，千万不能心口不一。

（5）作为引导，迎宾员应走在顾客的左或右前方，因为有些顾客尚不熟悉超市环境，切不可在顾客后方以声音指示方向及路线；走路速度也不要太慢或太快以致顾客无所适从，必须配合顾客的脚步，将顾客引导至正确位置。

（6）不论顾客是何种身份，都应视其为贵宾而诚挚相待，不要厚此薄彼，以怀疑的眼光看人或用外观穿着来打量别人，并作为是否隆重接待的依据。

5.4　饰物佩戴

饰物佩戴有以下要求，如表5-1所示。

表5-1 饰物佩戴的要求

序号	类别	具体说明
1	戒指	戒指，又称指环，实际上是一种戴在手指上的环状饰品。除个别特殊的部门，如医疗、餐饮、食品销售部门外，一般服务部门里的从业人员皆可佩戴戒指。对男性卖场工作人员来讲，戒指是在其工作岗位上唯一被允许佩戴在衣外的饰品
2	项链	项链，有时又叫颈链，指的是一种戴于脖颈之上的链状饰品。在其下端，往往还带有某种形状的挂件。在工作之中，一般允许女性佩戴项链，而且不管是将其戴于衣内，还是戴在衣外；男性通常不宜佩戴项链，即便佩戴的话，也只能将其戴在衣内，而不宜令其显露在外
3	耳环	耳环，一般指戴在耳垂之上的环状饰品。有时，它又名耳坠。通常，耳环被视为最能显示女性魅力的饰品，正因为如此，它只为女性专用。但是，女性在自己的工作岗位上，是不宜佩戴耳环的
4	耳钉	耳钉，指戴在耳垂上的钉状饰品，与耳环相比，耳钉小巧而含蓄。所以，在一般情况下，允许女性佩戴耳钉
5	手链	手链，一般指戴在手腕上的链状饰品。由于卖场工作人员在工作岗位上动手的机会较多，在手上佩戴手链，既可能使其受损，又可能妨碍自己的工作，所以，卖场工作人员上班时间佩戴手链不是太妥
6	手镯	手镯，又叫手环，指的通常是人们佩戴在手腕上的环状饰品。出于与手链佩戴相似的原因，卖场工作人员在其工作岗位上不宜佩戴手镯
7	胸针	胸针，往往又叫作胸花，一般指人们佩戴在上衣左侧胸前或衣领之上的一种饰品，男女皆可佩戴。对工作中的卖场工作人员来讲，佩戴胸针，大多都会被允许。但若被要求佩戴身份牌或本单位证章、徽章上岗的话，则一般不宜再同时佩戴胸针
8	发饰	发饰，多指女性在头发上所采用的兼具束发、别发功能的各种饰品，常见的有头花、发带、发箍、发卡等。女性在工作之时，选择发饰宜强调其实用性，而不宜偏重其装饰性。通常，头花以及色彩鲜艳、图案花哨的发带、发箍、发卡，都不宜在上班时间选用
9	脚链	脚链，又叫足链，指佩戴在脚腕之上的一种链状饰品，多受年轻女性的青睐，一般不提倡女性在工作之中佩戴脚链

5.5 工作用品佩戴

工作用品是卖场工作人员在从事服务之时，不可缺少的日常用品。它们的最大特点，就是可以替卖场工作人员在其服务过程中发挥各种各样的实际作用。因此，卖场工作人员平时必须对其认真对待,并且常备不懈。

在服务工作之中,卖场工作人员使用最广泛的工作用品主要有身份牌、书写笔、计算器、记事簿等。对其进行使用时,应注意其各自不同的具体要求。

5.5.1 身份牌

身份牌,又称姓名牌、姓名卡,简称名牌。它所指的是卖场工作人员在其工作岗位上佩戴在身,用以说明本人具体身份的,由单位统一制作、有着一定规格、专用的标志牌。在工作岗位上佩戴身份牌,有利于卖场工作人员表明自己的身份,进行自我监督,同时也方便服务对象更好地寻求帮助,或是对其进行监督。在使用身份牌时,主要有四点注意事项,如表5-2所示。

表5-2 身份牌的要求

序号	要求	具体说明
1	规格应当统一	卖场工作人员所佩戴的身份牌,应由其企业统一负责定制、下发,其尺寸不应过大或过小
2	内容应当标准	身份牌的具体内容,一般应包括部门、职务、姓名等三项。必要时,还可贴上本人照片,以供服务对象"验明正身"。有时,也可由部门、工号两项内容构成。在一般情况下,采用中文书写身份牌时,不应滥用繁体字或自造的简化字。字体要注意清晰易认,而且大小必须适度。若是涉外服务单位,在打印以上内容时通常应采用中英文
3	佩戴到位	凡单位有佩戴身份牌上岗要求的,卖场工作人员必须自觉遵守。佩戴身份牌的常规方法有: (1)将其别在左侧胸前 (2)将其挂在自己胸前 (3)将其挂在本人颈上,然后将它再夹在左侧上衣兜上。这是一种"双保险"的做法 除此三种做法外,若无特别的规定,卖场工作人员不宜将其乱戴于他处。另外,卖场工作人员随便换戴身份牌,或者将其戴得歪歪扭扭,也是不符合规定的
4	完整无缺	在工作岗位上,身份牌是卖场工作人员个人形象的重要组成部分之一,所以在对其进行佩戴时,应认真爱护,保证其完好无损。凡破损、污染、折断、掉角、掉字或涂改的身份牌,应及时更换

5.5.2 书写笔

在工作中,卖场工作人员往往需要借助笔具进行书写,因此,必须随身携带专用的书写笔。倘若在必须进行书写时,找不到笔具,或者赶忙去向他人借用,都是卖场工作人员失职的表现。

在工作中，卖场工作人员最好同时携带两支笔，并且应当一支是钢笔，另一支是圆珠笔。

钢笔，主要是为了便于书写正式的条据。在一般情况下，卖场工作人员随身携带的钢笔还须灌以蓝色或黑色的墨水。因为以此两种墨水书写的文本、条据，才显得最为正规。

圆珠笔，主要是为了便于自己在工作中填写正规的各类票据，使用圆珠笔复写票据，不仅容易，而且可以确保字迹清晰。

卖场工作人员在工作之中随身携带的笔具，最好别在上衣左侧衣袋上，或是别在上衣内侧衣袋上。有时，为方便使用，可将圆珠笔以绳、带缚住，挂在脖上，令其垂于胸前。

5.5.3 计算器

在进行必要的计算时，卖场工作人员若是能够取出随身携带的计算器计算，既能节省时间，又不必担心计算结果不够精确。

卖场工作人员携带于身的计算器，不必求其功能齐全，但其数字的位数却应当尽量多一些，以保证计算结果的精确。同时，还应力求小型化。

5.5.4 记事簿

在服务工作中，卖场工作人员如果需要自己记忆在心的重要信息，诸如资料、数据、人名、品名、地址、电话、传真、线索、思路、建议等，要是没有掌握正确的信息处理手段，有时极有可能耽误自己的正经事情。

卖场工作人员应当郑重其事地为自己准备上一本可以随身携带的小型记事簿，这种记事簿，可以自己动手制作，也可以去购买成品。它应当易于书写和保存，并且大小适度。

使用记事簿时，特别要注意书写清晰与妥善保存两大问题。不要乱记、乱丢；在进行记录时，最好分门别类，并且定期予以归纳、小结。

5.6 卖场工作人员的站姿

5.6.1 为顾客服务时的站姿

1.采用此种站姿的场合

为顾客服务时的站姿即"接待员的站姿"。站立之时，身前没有障碍物挡身、受到他人的注视、与他人进行短时间交谈、倾听他人的诉说等，卖场工作人员在自己的工作岗位上接待服务对象时，均可采用此种站姿。

2.采用此种站姿应注意的事项

（1）头部可以微微侧向自己的服务对象，但一定要保持面部微笑。手臂可以持物，也可以自然下垂。在手臂垂放时，从肩部至中指应当呈现出一条自然的垂线。

（2）小腹不宜凸出，臀部同时应当紧缩。它的最关键的地方在于：双脚一前一后站成"丁字步"，即一只脚的后跟靠在另一只脚的内侧。

（3）双膝在靠拢的同时，两腿的膝部前后略为重叠。

3.此种站姿的主要特点

（1）头正、肩平、身直。

（2）如从侧面看去，其主要轮廓线为含颌、挺胸、收腹、直腿。

（3）此种站姿可以帮助呼吸，改善血液循环，在一定程度上减缓身体的疲劳。

5.6.2 恭候顾客的站姿

1.恭候顾客的站姿

恭候顾客的站姿，又称"等人的站势"或"轻松的站势"。

当卖场工作人员在自己的工作岗位上尚无人接待，或者恭迎服务对象的来临时，大都可以采用这种站立的姿态。

2.采用恭候顾客的站姿时，需要注意的重点

（1）双脚可以适度地叉开，两脚可以相互交替放松，并且可以跷起一只脚的脚尖，即允许在一只脚完全着地的同时，抬起另外一只脚的后跟，而以其脚尖着地。

（2）双腿可以分开一些。

（3）肩、臂应自然放松，手部不宜随意摆动。

（4）上身应当伸直，并且目视前方。

（5）头部不要晃动，下巴避免向前伸出。

（6）采用此种站立姿势时，非常重要的一点是：叉开的双腿不要反复不停地换来换去，否则会给人以浮躁不安、极不耐烦的印象。

3.采用此种站姿的特点

可以使站立者感到比较轻松、舒适。不过，当服务对象已来到自己面前，尤其是在自己的下半身并无屏障挡身，或是对方是自己的重要顾客时，最好不要采用此种站姿。

5.6.3 柜台待客站姿

1.柜台待客的站姿

柜台待客的站姿也称"长时间站姿""障碍物挡身时的站姿"或稍息。当一个人长时间持续不断地采用基本站姿之后，他的身体再好，难免也会感到疲惫不堪。在柜台之后站立，经常就会碰上这一情况。在情况允许时，正确地采用柜台待客的站姿，便可以使卖场工作人员稍作休息。

2. 采用柜台待客站姿的技巧

（1）手脚可以适当地放松，不必始终保持高度紧张的状态。
（2）在以一条腿为重心的同时，将另外一条腿向外侧稍稍伸出一些，使双脚呈叉开状。
（3）双手指尖朝前轻轻地扶在身前的柜台上。
（4）双膝要尽量地伸直，不要令其出现弯曲。
（5）肩、臂自由放松，在敞开胸怀的同时，一定要伸直脊背。

3. 采取此种站姿的特点

可以使卖场工作人员不失仪态美，又可以减缓其疲劳。

5.7 卖场服务礼貌用语

5.7.1 一般用语

卖场服务的一般用语有：

- 早上好！
- 先生您好！
- 小姐您好！
- 阿婆您好！
- 阿伯您好！
- 小朋友您好！
- 欢迎光临！
- 请随意参观！

5.7.2 顾客进店招呼用语

当顾客进店后，其目光集中，直奔柜台，卖场工作人员应立即接待，主动打招呼：

- 您好！您要看些什么？
- 先生（小姐），您需要什么？我拿给您看。
- 欢迎光临，请随意参观选购。

5.7.3 介绍商品招呼用语

当顾客长时间凝视某一种商品时，卖场工作人员可上前去，说：

- 先生/小姐，您想看看××（他/她所凝视的商品）吗？我拿给您。
- 小姐，××（她所凝视的商品）是新产品，请您看看说明，适合您的。
- 先生，这商品是名牌货，得过金奖，您看看吧，不买没关系。

5.7.4 顾客挑选商品招呼用语

当顾客细摸细看或对比摸看某一种商品时，卖场工作人员自然地凑过去，说：

- 小姐，您想买××（她所摸比的商品）吗？我帮您选，好吗？
- 先生，这商品的性能、质地、规格、特点是……

5.7.5　随机向顾客介绍商品招呼用语

当顾客将视线从商品转向卖场工作人员时，卖场工作人员要及时打招呼：

- 先生，您看上什么商品啦？我帮您拿。
- 小姐，有什么事我能帮您吗？
- 需要我帮忙吗？
- 请问需要哪种商品？

5.7.6　指导顾客介绍用语

当顾客突然停住脚步仔细观察商品的时候，卖场工作人员应从顾客所观察的商品入手，带诱导性地说：

- 先生，这是××（地方或工厂）的新产品，它的优点是……
- 这是国内名牌产品，做工精细，价格便宜，一向很受顾客欢迎……
- 这种商品耐低温而不耐高温，使用时请注意。
- 对不起，您要买的商品已卖完了，这是相近似的商品，您看看是否合适？

5.7.7　顾客选购商品时

- 别着急，您慢慢挑选吧。
- 您仔细看看，不合适的话，我再给您拿。
- 我帮您选好吗？
- 这种商品价格虽然高了点，但质量很好，很多人都中意买它。
- 您还看看别的商品吗？
- 需要什么款式的，我给您拿？
- 这种颜色好吗？我再给您拿其他颜色的，您看怎样？
- 您回去使用前，请先看看使用说明。
- 如果您需要，我可以帮您挑选。
- 这种商品虽然美观、便宜，但不适合您，您看呢？
- 这种商品，本地的与外地的都差不多，您随便挑选吧。

- 这种商品有×个品种，您自己比较一下。我看这种很好。
- 托您买的那位顾客个头、年龄怎样，我帮您做下参谋好不？
- 这种商品现在很流行（或是新产品），您不妨试一试。
- 这种商品正在促销，价格很实惠。
- 这种商品削价是因为式样过时，质量没问题。
- 这种产品的特点（优点）是……
- 您使用前，请先看一下说明书。按照说明书上要求操作。
- 使用这种商品时，请注意……
- 您要的商品暂时无货，但这种商品款式、价格和功能与您要的商品差不多，要不要试一下？大件商品或购买其他商品数量比较多，市内我们负责免费送货。
- 请您保存好电脑小票。

5.7.8 当顾客犹豫不决时

- 这种货虽然价格偏高一些，但美观实用，很有地方特色，您买一个回去，一定会受欢迎。我再给您拿价格低一点的看看，好吗？
- 这种商品在质量上绝对没问题，我们实行三包。如果质量上出了问题，可以来换。您先买回去和家人商量商量，不合适时再退换。
- 您放心，我再做一次试验给您看，质量没问题。

5.7.9 当顾客需要诱导时

- 这种布料有点像毛料，颜色比较适合您。
- 这种衣服色彩淡雅，跟您的肤色很相配，您穿很合适。
- 您如不放心，可以去试穿一下。
- 您穿上这套服装更显得成熟、干练。
- 您先看看，不合意时再拿另一种。
- 我看您穿这件衣服很漂亮。
- 请您看这个商品，比较适合你。
- 这种商品很时兴，买回去肯定会受欢迎。

5.7.10 答询的语言

卖场工作人员回答顾客的询问应热情有礼，认真负责，诚心帮助顾客解决疑难问题。不同情境下的答询用语如图5-1所示。

询问商品方面的

（1）真不巧，您问的商品我们刚卖完，近期不会有，请您到其他超市看看
（2）您问的这种商品很少有货，请您有空常来看看
（3）这种货过两天会有，请您抽空来看看
（4）这种商品暂时缺货，请留下姓名及联系地址或电话，一有货马上通知您，好吗
（5）对不起，我们超市不经营这种商品。请您到××路××超市去看看
（6）您问的××（商品）请到×楼×柜去买
（7）这是您要的××商品，您看合适吗
（8）相比之下，这种（件）更适合您
（9）我建议您帮他（她）买这种

顾客要求兑换零钱时

好的，我给您换一下。收到您一张×元的钞票，换给你×元的×张（或×枚）

顾客交来拾遗物品或寻找失物时

（1）有的顾客在超市拾到其他顾客遗忘的物品交来时，卖场工作人员要代表超市表示感谢，说："谢谢您，请问贵姓？""单位……住址……"，如果顾客不愿说出姓名时，要表示敬佩，说："你这种不为名、不为利的精神，值得我们学习。"然后将物品交有关部门出榜招领
（2）对于在店内寻找失物的顾客，卖场工作人员要体贴顾客焦急的心情，耐心询问失物的数量和特征，然后说："您别着急，请稍等一下，我帮您查一查。"如果失物还在柜台上收管，可交给顾客当面认领。如已上交，可对顾客说："我们已交到总服务台，请您到那儿去认领吧！"如果没有发现顾客询问的失物，可对顾客说："对不起，您丢失的物品，我们没有见到，请到×楼总服务台询问一下。"

图 5-1　不同情境下的答询用语

5.7.11 解释的语言

卖场工作人员在向顾客做解释工作时，应当委婉、细心、用语恰当，以理服人，让顾客心悦诚服。不同情境下的解释用语如图5-2所示。

 日常解释语言

（1）先生/小姐，超市内不能吸烟，请您配合
（2）先生/小姐，超市内不能吃东西（喝饮料），请您配合
（3）对不起，同类商品不能带进超市，请您先把它寄存起来好吗
（4）对不起，不能带宠物进超市
（5）先生/小姐，请不要把包（手提电话）放在购物车上，以防被盗

 当顾客要求试穿（退换）一些不允许试穿（退换）的商品时

（1）对不起，内衣、内裤（或袜子）是不能退换的，请您选好了再买
（2）对不起，按有关规定，已出售的食品，若不属质量问题，是不能退换的
（3）实在对不起，这件商品已经使用（穿过、弄脏、走样……）过了，不好再卖给其他顾客，实在不好给您退换

 在收找钱款发生纠纷时

（1）您别着急，我记得刚才收您的是×张×元面额的人民币，找您××元钱，请您回忆一下
（2）今天较忙，双方都有疏忽的可能。请您将地址留下，我们结账时查一查，一定将结果通知您
（3）实在对不起，由于我们工作马虎，造成差错，这是多收您的××元钱，请原谅
（4）对不起，请您稍候，我们马上结账，尽快将结果告诉您
（5）对不起，让您久等了，经过核实，我们没有找您的钱，请原谅

 当有不明白需请教或请示时

（1）这样吧，请将商品留下，待我们请供应商鉴别残损的原因后，再将处理意见通知您
（2）对不起，这个问题我不大清楚，请稍等，我去请示××就来

图 5-2　不同情境下的解释用语

5.7.12 道歉的语言

卖场工作人员向顾客表示歉意时,应态度诚恳,语言温和,争取得到顾客的谅解。不同情境下的道歉用语如图5-3所示。

因繁忙服务不周致歉

(1)对不起,让您久等了
(2)对不起,今天人多,我一时忙不过来,不能及时接待您,您需要些什么

因失误需要道歉

(1)对不起,刚才是我工作大意,弄错了价钱(规格、型号……),请原谅
(2)对不起,刚才是我没有仔细帮您挑选好,给您添了麻烦(让您多跑了一趟),我这就给您重新挑选
(3)对不起,这是我的错
(4)对不起,我拿错了型号,您要看哪种型号
(5)对不起,我这就给您换
(6)是我们的工作不周之处,请多多指点
(7)对不起,我把票开错了,我给您重新开
(8)刚才的误会,请您能谅解
(9)由于我们工作上的失误,给您带来了麻烦,真是对不起
(10)实在对不起,这完全是我工作上的失误

因不懂而道歉

(1)对不起,这个问题,我确实不懂,请原谅
(2)对不起,我是刚调到这个柜组来的,不大熟悉这里的商品,介绍得不够清楚,请原谅

图5-3 不同情境下的道歉用语

5.7.13 接待繁忙时的语言

卖场工作人员在接待繁忙时,操作要快,勤答话,注意先后次序,忙而不乱;要保持冷静,态度热情,注意稳定顾客情绪,礼貌待客,语言谦虚。在不同情境下接待繁忙时的用语如图5-4所示。

需特殊接待时

（1）请大家谅解一下，这位先生/女士要赶时间，让他先买好吗
（2）请协助一下，今天人多请您就近挑选，别将商品拿得太远了，我们照看不过来

 需要稳定顾客情绪时

（1）请您别着急，我马上给您拿
（2）您别着急，请按顺序来，很快就能买到
（3）请大家谅解一下，今天人多，请按次序来，我动作加快些，大家很快都能买到
（4）今天人多，大家互相照顾一下，很快就能轮到了
（5）您选好的东西我给您包好放在这里，您交了钱后叫我一声
（6）您先别急，我先照顾一下这位外地顾客，马上就来，多谢合作
（7）敲柜台的那位顾客，我知道您急，马上来

 当顾客提出批评意见时

（1）谢谢您对我的帮助，今后一定改正
（2）我们服务欠周到，请原谅
（3）真是对不起，我一定将您的意见转告给主管
（4）谢谢您对我们的帮助，我会将您提的意见向主管反映，改进我们的工作

 有顾客故意为难或辱骂卖场工作人员时

（1）您这样说话就不大礼貌了，我们之间应当互相尊重
（2）您有意见可以提，骂人就不对了
（3）讲文明、讲礼貌是人人应自觉遵守的，随便骂人是不对的
（4）工作上我有哪些做得不够，欢迎您提出来，或者向我们主管反映，不要在超市喧闹（骂人），影响不好
（5）您看这件商品由于您不小心弄脏了（坏了），我们不能按原价出售了，您应当赔偿一部分损失

图 5-4　不同情境下接待繁忙时的用语

5.7.14 调解的语言

当卖场工作人员与顾客发生摩擦或顾客之间发生摩擦时,要及时进行调解,多检讨自己,促使矛盾解决。不同情境下的调解用语如图5-5所示。

 自己能调解的

（1）实在对不起,刚才我们的态度不好（工作没做好）,惹您生气了,我是×××（自我介绍身份）,您有什么意见请对我说好吗

（2）先生/女士,真对不起,这位卖场工作人员是新来的,业务不够熟练,接待服务不够周到,请原谅。您需要什么？我替您挑选好吗

（3）先生/女士,真对不起,我们的工作没有做好,给您添麻烦了。您有什么要求,请告诉我,我帮您解决好吗

（4）对不起,都是我们做得不好,请您原谅

（5）请您放心,我们一定解决好这件事

（6）如果您对我们的服务感到不满意,欢迎批评指正

（7）请原谅,耽误您的时间了,谢谢

（8）这件事是我们的责任,您别着急,我们一定会解决好

（9）两位顾客,请不要争吵,有话慢慢说

（10）公共场所人多,无意碰撞是难免的,要互相谅解才是

（11）两位顾客都不要生气,互相谦让一下就是了

 要请领导出面的

（1）先生/女士,请到办公室坐一坐,有什么宝贵意见具体谈谈,帮助我们搞好工作,行吗

（2）先生/女士,我们超市××楼有总服务台,有值班经理值班,有什么意见,请到那里谈谈好吗

（3）先生/女士,这件事属××（质量、物价……）问题,我们售货场解决不了,请到总服务台去反映好吗

（4）对不起,您先消消气,过一会我请主管来解释好吗

（5）先生/女士,这件事我们卖场工作人员解决不了,我请值班经理来帮忙解决,可以吗

图5-5 不同情境下的调解用语

5.7.15 柜台缺货时的接待语言

当柜台缺货,有顾客需要而无货供应时,卖场工作人员代表超市向顾客表示歉意,语言要诚恳,不能简单地说没有,而应委婉些。不同情境下柜台缺货的接待用语如图5-6所示。

可以肯定答复的

（1）这种货过两天才有，请您到时来看看
（2）真不巧，您问的商品我们刚刚卖完，近期不会有，请到××超市（或别处）去看看

 可用缺货登记处理的

（1）这种商品暂时缺货，方便的话，请留下您的姓名及联系地址或电话，一有货我们马上通知您好吗
（2）对不起，这种商品我们没有经营，如果确实需要，我可以建议采购部门进货，留下联系地址好吗

图5-6　不同情境下柜台缺货的接待用语

5.7.16　成交阶段的语言

卖场工作人员在成交阶段要耐心帮助顾客挑选商品，赞许顾客明智选择，包装好商品，有礼貌地交给顾客，语言要热情、礼貌。成交阶段不同情境下的用语具体如图5-7所示。

 包捆商品时

（1）请等一下，我帮您包装好
（2）这是您的东西，请拿好。您买的这个东西是自己用还是送人的？要不要包装讲究一些
（3）这东西易碎，请您小心拿好，注意不要碰撞了
（4）这东西容易弄脏（碰坏），不要跟其他东西放在一起
（5）您回去使用时，请记住经常上点润滑油
（6）这东西我替您看过了，请放心
（7）您买回去若不合适，请保存好，只要不损坏，可以拿回来退换

 赞许顾客

（1）您真会买东西，拿回去您的先生（太太）会很高兴的
（2）看得出，您是一位很会过日子的人，您真有眼力，把最好的商品挑选了回去
（3）您对子女的爱真是了不起
（4）难得您有一片孝心，父亲节为老爸买这么贵重的礼物

收银员用语

（1）您的货款是×元×角，请核对一下
（2）应收您×元×角，实收您×元
（3）对不起，让您久等了
（4）钱不够，请您数数。请给××零钱，谢谢
（5）还欠××元钱，请数一数
（6）对不起，因为您用信用卡付款，请稍等等一会
（7）谢谢，请收回信用卡和银行消费单及电脑小票
（8）收您××元钱
（9）您买的商品计×××元钱，收您×××元钱，找您×××元钱，请点一下
（10）您的钱正好
（11）您的钱不够，请您重看一下
（12）请您再点一下，看看是否对
（13）这是您的电脑小票，请您拿好

图 5-7　成交阶段不同情境下的用语

5.7.17　道别语言

卖场工作人员要有礼貌地向顾客道别，要求语言亲切自然，用语简洁、恰当，使顾客满意。道别用语具体如图 5-8 所示。

（1）这是您的东西，请拿好，多谢
（2）请拿好，慢走
（3）请慢走，欢迎您常来（再来）
（4）不用客气（没关系），慢走
（5）请拿好您的东西，再见
（6）您还想买××（商品），请往那边走
（7）不合适没有关系，请到其他超市看看，以后有机会再来
（8）您买的东西较多，我帮您送下楼去（或拿到车站）吧
（9）不用谢，这是我们应该做的
（10）我们的工作还做得很不够，请多提意见
（11）小朋友，路上小心，注意车辆，再见
（12）谢谢您对我们的鼓励
（13）欢迎您多批评
（14）欢迎您再次光临
（15）多谢您的惠顾，慢走
（16）多谢惠顾。请慢走，欢迎再次光临
（17）再见，欢迎您下次再来
（18）欢迎提出宝贵意见，以后请经常惠顾。谢谢

图 5-8　道别用语

5.7.18 其他用语

卖场工作人员的柜台用语要和气、文雅、谦逊,让顾客舒心,使企业吸引更多的顾客。其他情境下的用语具体如图 5-9 所示。

 退换商品时的用语

(1)好,我帮您换一下,您看换哪一个好呢
(2)没关系,我帮您换一下
(3)请原谅,按规定这是不能退换的
(4)这样吧,请将商品留下,待我们请生产厂家鉴别一下
(5)很对不起,由于我们工作的疏忽给您添了麻烦
(6)对不起,按国家有关规定,已售出的食品若不是质量问题,是不能退换的
(7)实在对不起,您这种商品已经使用过了,不属于质量问题,不好再卖给其他顾客了,实在不好给您退换
(8)您这件商品已买了较长时间,没有保持原质原样,要到有关部门鉴定一下,如属质量问题,包退包换
(9)您提出的问题很特殊,咱们商量一下好吗
(10)这双鞋已超过了包退包换期,按规定,我们只能为您维修,请原谅
(11)对不起,这是商品质量问题,我们可以负责退换

 快闭店时的接待语言

(1)别着急,还有点时间,请慢慢挑选
(2)欢迎您明天再来
(3)再见(明日见)

图 5-9 其他情境下的用语

5.7.19 接待外宾用语

外宾进店,卖场工作人员要大方得体地接待,不卑不亢,热情大方,要尽可能用外语接待。接待外宾用语见图 5-10。

(1)您好,为您服务我感到十分荣幸
(2)您好,我能为您服务些什么
(3)您好,好久不见了,很荣幸又见到了您。我能为您做些什么
(4)请随意参观

（5）先生，您好
（6）太太，您好
（7）小姐，您好
（8）这位女士，您好！您想看看中国的××商品吗
（9）这是您的商品，请拿好
（10）欢迎您再来中国
（11）祝您旅途愉快，再见

图 5-10　接待外宾用语

第 6 章

图解精益管理之卖场布局规划

卖场指的就是店铺内陈列商品供顾客选购的营业场所。超市卖场布局最终应达到两个效果：第一，顾客与店员行动路线的有机结合。对顾客来说，应使其感到商品非常齐全并容易选择。对店员来说，应充分考虑到工作效率的提高。第二，塑造即创造舒适的购物环境。

6.1 卖场出入口的布局

6.1.1 出入口布局的重要性

任何一种零售业态都是从请顾客进入店内开始的，因此，如何让顾客很容易地进入店内购物就成为卖场设计首先考虑的问题。一个超市在顾客心目中的形象首先取决于下面的一些因素。

（1）超市的选址及附近交通状况。

（2）停车场的大小及其位置。

（3）店面的色彩、标识及照明。

（4）出入口的位置、开入程度及有无障碍。

（5）店内的通透性。

（6）出入口处商品的布局及陈列方式。

（7）正门入口处的清洁及整理整顿。

6.1.2 卖场的入口与出口的布置要求

（1）超市卖场的入口与出口应分开，各设 1 处，并与主通道连接，这样可以保证没有死角，使顾客尽可能转遍整个商场。

图 6-1 表示入口与出口的关系（阴影部分表示死角）。

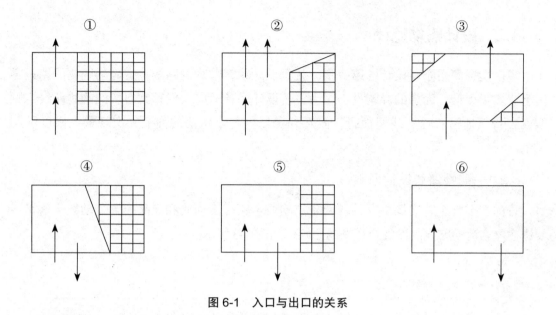

图 6-1 入口与出口的关系

（2）大型综合超市卖场的出入口设计。

国外跨国企业的大型综合超市在设计超市卖场时，将出入口完全分开，例如美国沃尔玛购物广场、法国家乐福超市。

沃尔玛购物广场的出入口设计。沃尔玛在设计卖场布局时，将卖场分为上下两层，设计为从二层卖场入口，将一层卖场设计为出口，具体如图6-2所示。

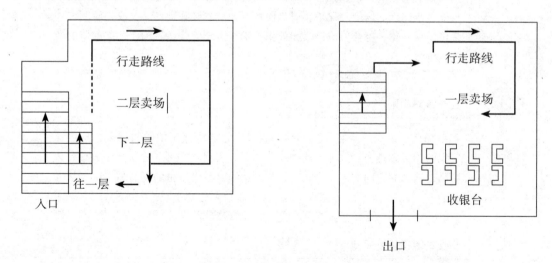

图 6-2 沃尔玛卖场出入口示意

法国家乐福超市出入口设计。家乐福的卖场出入口设计与沃尔玛恰恰相反，将入口处直接设计在一层，而将出口处设计在二层。

以上沃尔玛、家乐福虽然卖场设计出入口不同，但都有各自的风格与特点。

6.2 设计购物路线

零售卖场商品布局设计的第一步，就是设计顾客购物的路线。良好的购物线路是零售企业卖场无形、无声的导购员。因为，若设计一条适应人们日常习惯的购物路线，顾客就会自然地沿着这一线路而行，能看到卖场内各个角落的商品，实现最大限度的购买量。

6.2.1 购物路线设计原则

目前，零售企业卖场中存在着两条流动线：顾客流动线和商品配置流动线。这里主要讲述顾客流动路线的设计应遵循的原则，如图6-3所示。

收银台终点原则

顾客购物线路的设计，应当让顾客浏览各商品部和货架，最后的出口应为收银台。收银台应是顾客流动线的终点，这样，既可以为顾客最终交款提供方便，不走弯路，又可以刺激顾客步行一圈后再离开卖场

避免死角原则

所谓有死角，一是指顾客不易到达的地方，二是指不能通向其他地方而只能止步回折的区域。死角，或是使顾客无法看到陈列商品，或是使顾客多走了冤枉路，都会使流动线无效率，卖场也会无效益，因此，应避免出现死角

拉长线路原则

市场调查表明，顾客购物的线路越长，在店中停留的时间越多，从而实现的购买额越大。因为，购物线路的延长表明顾客可以看到更加丰富的商品，选择的空间加大。当然，拉长购物线路是以丰富的商品陈列作为基础的

适当的通道宽度原则

进入零售卖场的顾客，通常是提购物篮的或推购物车的，适当的通道宽度不仅便于顾客找到相应的商品货位，而且便于仔细挑选，也会形成一种宽松、舒适的购物气氛

图6-3 顾客流动线的设计原则

6.2.2 购物路线的基本模式

不同业态的卖场,其顾客的购物线路有所不同。对于超市卖场来说,出入口一般在一个方向,因此,顾客购物线路常是一个大环形轮廓,附以若干曲线。其基本模式如图6-4所示。

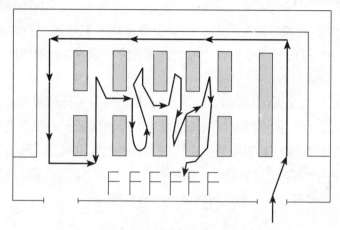

图6-4 顾客购物路线基本模式

顾客购物线路有大环形和小环形。

1. 大环形线路

大环形(如图6-5所示)是指顾客进入卖场,从一侧沿四周环行后再进入中间货架。这就要求进入一侧的货架一通到底,中间不留穿行的缺口。

这种大环形通道适合1600平方米以上的零售卖场。大型零售卖场采取此法,会让人感到别扭和不便。

2. 小环形线路

小环形线路(如图6-6所示),是指顾客进入卖场,从一侧前行,不必走到顶头,中间就有通道可进入中间货架,当然也会有顾客仍选择大环形线路。小环形线路是对入口一侧的货架采取非连体,即分开式。1600平方米以下的零售卖场通常用此种方式。

最佳的顾客购物线路是顾客进入后,沿周边绕行,再进入内侧货架区。顾客穿行货架越

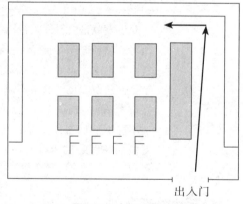

图6-5 大环形线路

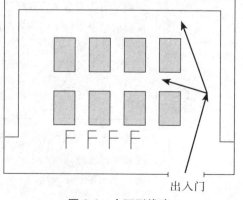

图6-6 小环形线路

多,购买额越大。当然,许多顾客不会将卖场转一个圈,但有意识地将周边通道加宽是必要的,因为人们总是习惯走较宽的通道。同时,在关键部位设置独特、鲜艳的商品会起到路标作用,可让顾客光顾更多的货架。

6.2.3 通道的设计

理想购物线路的形成不能靠强制,而应引导形成。引导包括两方面:一是通过商品陈列引导;二是通过通道设计引导。因此,通道设计是顾客购物线路形成的重要影响因素。

超市的通道划分为主通道与副通道。主通道是诱导顾客行动的主线,而副通道是指顾客在店内移动的支流。超市内主副通道的设置不是根据顾客的随意走动来设计的,而是根据超市内商品的配置位置与陈列来设计的。合理的通道设置,就是引导顾客按设计的自然走向,走向卖场的每一个角落,接触所有商品,使卖场空间得到最有效的利用。图6-7所示的各项是设置卖场内通道时所要遵循的原则。

足够宽

足够宽就是要保证顾客提着购物篮或推着购物车,能与同样的顾客并肩而行或顺利地擦肩而过。一般地说,超市卖场的主、副通道都大大宽于百货商场的主、副通道。百货商场的主通道在1.3米以下,副通道在1.2米以下,而超市卖场的通道不应低于这个数。一般来讲,500~1000平方米的超市卖场的主通道宽度为2.5~2.7米,副通道宽度应在1.5~1.7米。最小通道不能小于0.9米,要能让两个人并行或逆向通过。收银台前的通道要适当宽些,一般要在2米以上

笔直

要尽可能避免迷宫式通道,要尽可能地进行笔直的单向通道设计。在顾客购物过程中尽可能依货架排列方式,将商品以不重复、顾客不回头走的设计方式布局

平坦

通道地面应保持平坦。处于同一层面上,有些门店由两个建筑物改造连接起来,通道途中要上或下几个楼梯,有"中二层""加三层"之类的情况,令顾客眼花缭乱,不知何去何从,显然不利于门店的商品销售

4 通道上的照度比卖场明亮

通常通道上的照度起码要达到1000勒克斯；尤其是主通道，相对空间比较大，是客流量最大、利用率最高的地方。要充分考虑顾客走动的舒适性和非拥挤感

5 少拐角

事实上，一侧直线进入，沿同一直线从另一侧出来的店铺并不多见。这里的少拐角是指拐角尽可能少，即通道途中可拐弯的地方和拐的方向要少。有时需要借助于连续展开不间断的商品陈列线来调节。如美国连锁超市经营中20世纪80年代形成了标准长度为18～24米的商品陈列线，日本超市的商品陈列线相对较短，一般为12～13米。这种陈列线长短的差异，反映了不同规模面积的超市在布局上的要求

6 没有障碍物

通道是用来诱导顾客多走、多看、多买商品的。通道应避免死角。在通道内不能陈设、摆放一些与陈列商品或特别促销无关的器具或设备，以免阻断卖场的通道，损害购物环境的形象

图6-7 设置卖场内通道时应遵循的原则

6.3 确定陈列面积

根据卖场规模确定的方法，可计算出零售卖场为满足顾客需求的最有效与最经济的面积，但这些面积要如何分配到各商品呢？有以下两种方法。

6.3.1 根据国民消费支出比例，参照现有卖场的平均比例进行划分

假设不论什么商品，其每一平方米所能陈列的商品品种数都相同，那么为满足顾客的需求，卖场各种商品的面积配置比例应与国民消费支出的比例相同。但目前卖场的商品结构比与国民消费支出的结构比有很大的差异，更何况各种商品因陈列方法的不同，所需的面积也有很大的差异。但零售企业仍需以此数据为基准，在进行最简单的分配后，再做调整。现有零售卖场各商品部门面积分配的平均比例如表6-1所示。

表 6-1 商品部门面积分配表

部门	消费支出结构比/%	面积分配结构比/%
果菜	24	12～15
水产	11	6～9
畜产	19	12～16
日配	9	17～22
一般食品	7	15～20
糖果饼干	7	8～12
干货	10	10～15
特许品	6	3～5
其他	7	4～6

6.3.2 参考竞争对手的配置，发挥自己特色来分配面积

（1）在进行卖场商品的配置前，可以先找一家竞争对手或是某家经营得很好的、可以模仿的卖场，了解对方的卖场商品配置。

例如，某卖场是竞争店，它有100米的冷藏冷冻展示柜，其中蔬果20米、水产10米、畜产1.5米、日配品50米。

（2）接着就要考虑自己卖场的情况：如果我们的卖场比它大，当然就可以扩充上述设备，陈列更多的商品来吸引顾客；如果自己所在卖场面积较小，则应先考虑可否缩小其他干货的比例，以增加生鲜食品的陈列面积。

（3）在大型零售卖场经营中，生鲜食品是否经营成功往往也就决定了其成败。如果面积一样，那则可分析他们这样的配置是否理想；如果自己有直接的批发商，则可以在果菜方面发挥特色，增加果菜的配置面积，而对其他商品的陈列面积进行适度的缩小或要求得更高一点。对于其他干货类的一般食品、糖果、饼干、杂货等，也都可用此方法分析。

（4）各商品大类（部门）的面积分配好后，应再依中分类的商品结构比例，进行中分类商品的分配，最后再细分至各单品，这样就完成了陈列面积的配置工作。

6.4 进行商品配置

有了陈列面积的配置后，零售企业卖场在具体的商品配置上应依据顾客的购物线路，也就是购物商品的顺序进行商品配置。顾客到卖场购物的顺序一般如图6-8所示。

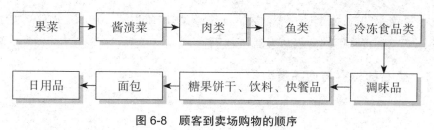

图 6-8　顾客到卖场购物的顺序

依据顾客的购物习惯，零售企业卖场便可决定商品的配置。目前我国许多零售企业卖场的商品配置如图 6-9 所示。

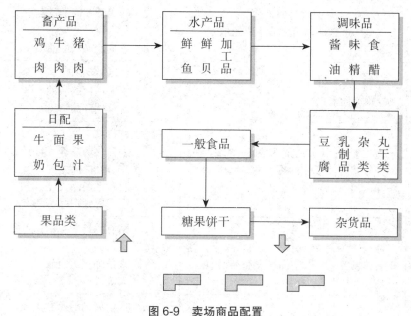

图 6-9　卖场商品配置

（1）新鲜的蔬果是顾客每日必购的物品，摆在进口处较容易吸引顾客；而果菜的颜色鲜艳，可以加深顾客的印象，较能表现季节感；同时，水果的大量陈列，可以给顾客丰富的感觉。所以绝大多数大型卖场都将果菜类摆在进口处，其销售额都较高。

（2）日配品中，牛奶与果汁由于购买频率高，销售单价又不高，并且已成为现代人们生活的必需品，所以许多零售卖场逐渐将它们放在主通道上。

注意：商品的配置也要注意关联性，落地式货架的两侧部分不得陈列关联性的商品，因为通常顾客是依货架的陈列方向行走，很少再回头选购的。

6.5　卖场的功能性布局

卖场功能性布局主要是依据磁石理论对商品的布局进行调整。所谓磁石，就是指卖场中吸引顾客注意力的商品。运用磁石理论调整商品布局就是在配置商品时，在各个吸引顾客注意力的地方陈列合适的商品，以诱导顾客逛完整个卖场，并刺激他们的购买欲望，扩大零售企业的商品销售。根据商品对顾客吸引力的大小，可以将其分为第一磁石、第二磁石、第三磁石和第四磁石以及第五磁石。

6.5.1 磁石的位置与商品类型

表6-2是磁石的位置与商品类型。

表6-2 磁石的位置与商品类型

磁石类型	位置	商品类型
第一磁石	位于卖场中主通道的两侧，是顾客必经之地，也是商品销售最主要的地方	（1）销售量大的商品 （2）购买频率高的商品 （3）主力商品 （4）进货能力强的商品
第二磁石	穿插在第一磁石点中间，一段一段地引导顾客向前走	（1）前沿品种 （2）引人注目的品种 （3）季节性商品
第三磁石	指的是超市中央货架两头的端架位置。端架是卖场中顾客接触频率最高的地方，其中一头的端架又对着入口	（1）特价品 （2）大众化的品牌、自有品牌商品 （3）季节性商品 （4）时令性商品 （5）厂商促销商品（新产品）
第四磁石	通常指的是卖场中副通道的两侧，是充实卖场各个有效空间摆设商品的地点	（1）贴有醒目的促销标志的商品 （2）廉价品 （3）大量陈列的商品 （4）大规模广告宣传的商品
第五磁石	位于收银处前的中间卖场	（1）低价展销的商品 （2）非主流商品

在卖场中，各磁石商品的陈列位置可用图6-10来表示。

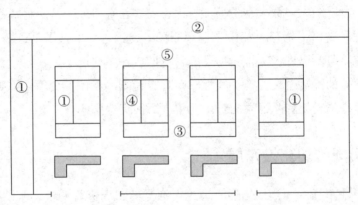

注：①为第一磁石；②为第二磁石；③为第三磁石；④为第四磁石；⑤为第五磁石

图6-10 磁石商品的陈列位置

6.5.2 各磁石的商品布置要点

各磁石的商品布置要点如下。

1.第一磁石

在零售企业的卖场中,人们普遍认为第一磁石商品大多是消费者随时需要,又时常要购买的。例如,蔬菜、肉类、日配品。牛奶、面包、豆制品等应放在第一磁石点内,增加销售量。

2.第二磁石

第二磁石商品应该是洗涤用品,这些商品具有华丽、清新的外观,能使顾客产生眼前一亮的感觉,外观效果明显。第二磁石点需要超乎一般的照度和陈列装饰,以最显眼的方式突出表现,让顾客一眼就能辨别出其与众不同的特点。同时,第二磁石点上的商品应根据需要隔一定时间便进行调整,以保持其基本特征。

3.第三磁石

第三磁石商品应该是个人卫生用品,它们常被陈列在超级市场出口对面的货架上,发挥刺激顾客、留住顾客的作用。这些商品也是高利润商品,顾客较高的购买频率保证了该类商品一定规模的销售量。第三磁石商品的作用在于吸引顾客的视线,使顾客看到配在第三磁石商品背后的辅助商品,如图6-11所示。

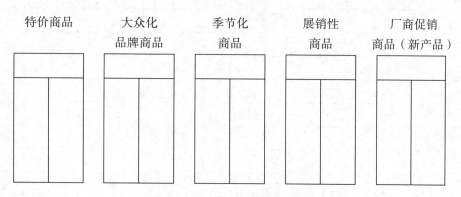

图6-11 第三磁石商品配置

4.第四磁石

第四磁石商品应该是其他日用小商品。它们一般被陈列在超级市场卖场的副通道两侧,以满足顾客求新求异的偏好。为了使这些单项商品能引起顾客的注意,应在商品的陈列方法和促销方法上对顾客做刻意表达诉求,尤其要突出POP效果,例如,大量的陈列筐式陈列、赠品促销等,以增加顾客随机购买的可能性。

5.第五磁石商品

在第五磁石位置,门店可根据各种节日组织大型展销、特卖活动的非固定卖场。其目的在于通过采取单独一处多品种大量陈列方式,造成一定程度的顾客集中,从而烘托门店气氛。同时，展销主题的不断变化，也给消费者带来新鲜感，从而达到促进销售的目的。

6.6 商品配置表的管理

零售卖场内的商品陈列是用商品配置表来进行管理的。商品配置表是为了把商品陈列的排面在货架上做最有效的分配，以书面表格规划出的一张表格，如表6-3所示。

表6-3 商品配置表

分类No.：									
姓名：					制作人：				
CODE	品名	规格	卖价	发注单位	位置	排面	最小库存	最大库存
180								
170								
160								
150								
140								
130								
120								
110								
100								
90								
80								
70								
60								
50								
40								
30								
20								
10								

商品配置表的制作，可分成新开店制表和已开店配置表修改两种情况来进行。

6.6.1 新开店商品配置表的制作

新开店商品配置表的制作，是一个新的超级市场卖场商品管理全新内容的开始，一般可按如图6-12所示程序进行。

商圈与消费者调查

商圈调查主要是弄清新店属地的市场容量、潜力和竞争者状况。消费者调查主要是掌握商圈内消费者的收入水平、家庭规模结构、购买习惯、对超市商品与服务的需求内容等。经过这两项调查，新店的经营者就可开始构思新店要经营什么样的商品

 商品经营类别的确定

在进行了对消费者的调查后，就要提出新开设的超级市场的商品经营类别，由采购部会同门店人员共同讨论决定每一个商品大类在超市门店卖场中所占的营业面积及配置位置，并制定出大类商品配置图，当商品经营的大类及配置完成后，采购人员就要将每一个中分类商品安置到各自归属的大类商品配置图中去

 单品项商品的决定

完成了商品大类和中分类的商品配置图之后，就进入制作商品配置表的实际工作阶段，就是要决定单品项商品如何导入卖场。此项工作分以下三个步骤进行

（1）收集每一个中分类可能出售的单品项商品资料，包括单品项商品的品名、规格、成分、尺寸、包装材料和价格

（2）对这些单品项商品进行选择，挑选出适合超市门店商圈消费需要的单品项商品，并列出商品台账

（3）把这些单品项商品做一个陈列面安排，并与门店周围的商店做出一个比较优势的分析，在分析的基础上对单品项商品做必要的调整，并最后决定下来

 商品配置表的制作

商品配置表是决定单品项商品在货架上的排面数，这一工作必须遵循有关商品陈列的原则，运用好商品陈列的技术。如商品配置在货架的上段、中段还是下段等，还须考虑到企业的采购能力、配送能力、供应厂商的合作等诸多因素，只有这样才能将商品配置好。在制作商品配置表时，采购人员应先做货架的实验配置，达到满意效果后，才最后制作商品配置表，所以采购部门要有自己的实验货架。由采购部门制作的商品配置表下发至新开设的超市门店后，门店将依据这些表格来订货、陈列，并只要在货架上贴好价目卡就可营业

图 6-12 新开店商品配置表的制作程序

6.6.2 商品配置表的修正

任何一家超级市场新开之后,商品的配置并不是永久不变的,必须根据市场和商品的变化做调整,这种调整就是对原来的商品配置表进行修正。商品配置表的修正一般是固定一定的时间来进行,可以是一个月、一个季度修正一次,但不宜随意进行修正,因为随意进行修正会出现商品配置凌乱和不易控制的现象。商品配置表的修正可按如图6-13所示步骤进行。

 销售情况统计

超级市场不管是单体店、附属店还是连锁店,必须每月对商品的销售情况进行统计分析。统计的目的是要找出哪些商品畅销,哪些商品滞销。配备POS系统的超市会很快统计出商品的销售情况;没有配备POS系统的超市则要从商品的进货量和库存量中去统计

 滞销商品的淘汰

经销售统计可确定出滞销商品,但商品滞销的原因很多,可能是商品质量问题,也可能是销售淡季的影响、商品价格不当、商品陈列不好,更有可能是供应商的促销配合得不好等。当商品滞销的原因弄清楚之后,要确定滞销的状况是否可能改善,如无法进行改善就必须坚决淘汰,不能让滞销品占住了货架而产生不出效益来

 畅销商品的调整和新商品的导入

对畅销商品的调整,一是增加其陈列的排面;二是调整其位置及在货架上的段位。对由于淘汰滞销商品而空出的货架排面,应导入新商品,以保证货架陈列的充实量

 商品配置表的最后修正

在确定了滞销商品的淘汰、畅销商品的调整和新商品的导入之后,这些修正必须以新的商品配置表的制定来完成。新的商品配置表的下发,就是超市门店进行商品调整的依据

图 6-13 商品配置表的修正步骤

6.6.3 商品配置表制作的技术要领

超级市场的经营与传统零售业不同,其技术含量较高,在商品配置表的制作上就充分体现了技术性要求。掌握了以下要领将会较容易地制作出商品配置表来,具体如图6-14所示。

决定每一个中分类商品的陈列排面

在规划整个大类商品的配置时，每一个中分类商品所占的营业面积和陈列排面数首先要决定下来，这样才能进行单品项的商品配置。例如：膨化食品要配置高165厘米、长90厘米、宽35厘米的单面货架三座，这样决定后，才能知道可配置多少单品项商品

 商品陈列货架的标准化

超级市场所使用的陈列货架应尽量标准化，这对连锁的超级市场尤为重要。使用标准统一的陈列货架，在对所有门店每一分类的商品进行配置规划时，只要1种至多2~3种商品配置表就可进行全部的商品配置与陈列管理，不至于出现一个门店一种配置或一种陈列的现象

 单品项商品的资料卡设立

每一个单品项商品都要设立资料卡，如商品的品名、规格、尺寸、重量、进价、售价、供货量等，这些资料对制作商品配置表是相当重要的

 设置商品配置实验架

商品配置表的制作必须要有一个实验阶段，即采购人员在制作商品配置表时，应先在实验货架上进行试验性的陈列，从排面上来观察商品的颜色、高低及容器的形状是否协调，是否具有对顾客的吸引力，缺乏吸引力可进行调整，直至协调和满意为止

 单品项商品的陈列量与订货单位的考虑

一般来说，由配送中心送配货的超级市场其卖场和内仓的商品量是日销售额的1.5倍，对每一个单品项商品来说也是如此，即一个商品平均日销量是12个，则商品量为30个。但每一个商品的陈列量还须与该商品的订货单位一起进行考虑，其目的是减少内仓的库存量，加速商品的周转，每个商品的陈列量最好是1.5倍的订货单位。如一个商品的最低订货单位是12个，则陈列量设定在18个，该商品第一次进货为2个单位计24个，18个上货架，6个进内仓。当全部商品最后只剩下货架6个时，再进一个订货单位12个，则商品可以全部上货架，而无须再放进内库，做到内仓的零库存。一个超市的商品需要量与日销售额的比例关系是该店销售的安全保有量。而单品项商品的陈列量与订货单位的比例关系，则是在保证每天能及时送货的条件下的一种零库存配置法。可以说，我国的超级市场由于受交通条件和配送中心配送能力制约，目前还做不到这一点。因此，内仓的商品量可适当增加

图 6-14

特殊商品采用特殊的陈列工具

对特殊陈列的商品不能强调货架的标准化而忽视特殊商品特定的展示效果，要使用特殊的陈列工具，这样才能展示特殊陈列商品的魅力。在超级市场的经营中，最近几年出现了这样的趋势，消费者对整齐划一和标准的陈列感到有些乏味，因此，用特殊陈列工具配置特殊商品，可以增强卖场的活性化，改变商品配置和陈列的单调感

 商品配置表的设计

商品配置表是以一座货架为制作的基础，一张配置表代表一座货架，货架的标准视每个超市的场地和经营者的理念而定。商品配置表格式的设计，只要确定货架的标准，再把商品的品名、规格、编码、排面数、售价表现在表格上即可。也有的把商品的形状画到表格上，但这些必须借助于电脑来设计，其投资就相对较大

图 6-14　商品配置表制作的技术要领

第 7 章

图解精益管理之商品标准化陈列

通过视觉来打动顾客的效果是非常显著的，商品陈列的优劣决定着顾客对门店的第一印象，而商品的标准化陈列也是公司标准化管理的重要内容。我们所说的商品标准化陈列是指根据一定的陈列原则和陈列方式制定商品标准化陈列配置表，门店据此将商品摆放到规定位置，从而达到各门店商品陈列的一致化，实现品类管理标准化、数据化、科学化，从而提高销售业绩，提升门店形象。

7.1 商品标准化陈列管理的重要意义

7.1.1 服务于销售

商品陈列最主要的功能就是通过商品的外在形式（如整齐、纵向、丰满及量感、颜色）、商品（品类）的集中陈列及关联陈列等为顾客提供便利性，促使顾客购买。

7.1.2 有效控制各门店的商品陈列调整

作为连锁零售门店，用商品标准化陈列配置表对各门店进行陈列管理，整个连锁系统内的陈列管理就比较易于开展，有利于包括商品陈列在内的统一经营风格的形成。同时，商品陈列的改进、调整和新品的增设及滞销品淘汰等管理工作，就会有计划、高效率地开展，避免各门店无序调整陈列的情况发生。

7.1.3 实现商品陈列排面管理和畅销商品的保护管理

商品标准化陈列管理使每一种商品在货架上的陈列位置及所占的排面数确定下来，加强陈列的规则性，防止胡乱陈列和盲目陈列。通过事前规划，给门店中的周转快的畅销商品和毛利高的重点商品留有较好的陈列位置、较多的排面数，提高卖场销售效率，防止形成滞销品驱逐畅销品的状况。同时，畅销品排面的空缺和不足也可成为检查和反映门店商品补货和商品陈列质量好坏的"重点"，成为发现和分析畅销商品断档原因并加以改进的"关注点"。

7.1.4 有助于实施品类管理

每个门店的卖场面积是有限的，所陈列的商品品类数目也有限，为此要有效地控制商品的品类数，使卖场效率得以正常发挥，实现对每个品类有计划的数据化、科学化管理。

7.1.5 有助于实现商品销售目标管理

通过销售任务制定实现商品的销售目标管理，有了商品标准陈列表，就可将商品的陈列位置随销售目标的不同而进行调整，以实现商品销售利润和市场占有率之间的协调，对实现商品销售目标管理起重要作用。

7.2 商品标准化陈列管理的实施要求

商品标准化陈列管理是一项全新的管理工作，是对连锁系统内各种管理因素在门店的综合体现。

商品标准化陈列管理也是一个长期的管理工作，为实现各门店的标准化陈列，在求同存异的思想下，将按照实事求是的原则并以制度形式保障此工作的开展和高效执行。

一定要摒弃单纯追求视觉效果而忽视销售达成率的情况，陈列最主要还是为了销售，提升销售业绩，为公司创造利润。

7.3 商品标准化陈列原则

商品标准化陈列应遵循七大原则，如图7-1所示。

图 7-1 商品标准化陈列七大原则

7.3.1 寻找方便

寻找方便就是将商品按品种、用途分类陈列，划出固定区域，方便顾客寻找。为顾客制造寻找方便有以下几个办法。

（1）在卖场入口处安置区域分布图。通常，大型的零售企业入口处都有本卖场区域的分布图，方便顾客找到自己想要的商品。

（2）在每一个区域挂上该区域的名称，比如，蔬菜区、日化区等，这样，顾客就能通过这些指示牌很容易找到自己所要选购的商品位置（图7-2）。

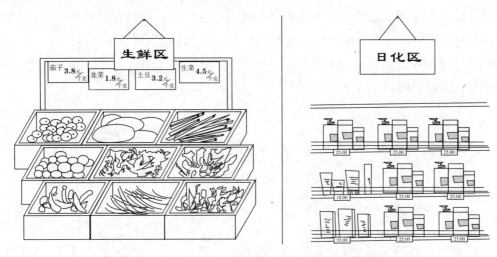

图7-2　顾客通过指示牌很容易找到自己所需的商品

（3）方便顾客选择、购买。门店要根据商品的特性来决定什么样的商品应该放在什么样的位置。

> **相关链接**
>
> 不同性质商品的陈列位置
>
> 1.日用品、食品等商品
>
> 顾客需求量大的日用消耗品、食品、热门商品等，销售频繁，回转速度快，顾客在选择时一般能很快做出决定，所以应该尽量大量陈列在顾客最容易接触的区域。
>
> 2.耐用品
>
> 类似家电等耐用品，回转速度较慢，顾客在选择上花费的时间更多，在考虑是否购买时不希望周围有太多干扰因素，所以应该陈列在比较僻静的位置，给顾客一个安静的环境慢慢选择、比较。
>
> 3.贵重商品
>
> 像珠宝、首饰等贵重商品，则应该陈列在装修华丽的位置；又因为顾客在购买的时候选择、考虑的时间更多，所以也应该放在一个相对独立、安静的位置。

7.3.2　显而易见

显而易见就是要使顾客很方便看见、看清商品。商品陈列是为了使商品的存在、款式、规格、价钱等在顾客眼里"显而易见"。使商品显而易见需做好以下几点。

（1）为了让顾客注意到商品，陈列商品首先要"正面朝外"。

（2）不能用一种商品挡住另外一种商品，即便热销商品挡住冷门商品也不行；否则，顾客连商品都无法看见，还何谈销售业绩？

（3）陈列在货架下层的商品不易被顾客看见，所以，营业员在陈列商品时，要把货架下层的商品倾斜陈列，这样一来方便顾客看到，二来方便顾客拿取。

（4）货架高度及商品陈列都不应高于1.7米（图7-3）；同时，货架与货架之间保持适当距离，以增加商品的可视度。

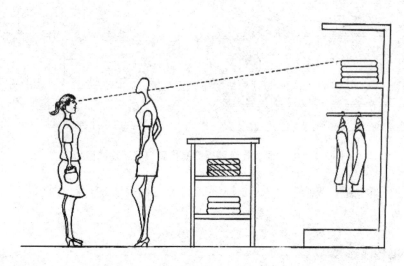

图7-3 货架的高度不应该超过1.7米，商品陈列也不应该高于1.7米

（5）让商品在顾客眼里"显而易见"首先要选择一个顾客能一眼看到的位置。

（6）在商品陈列中，色彩的和谐搭配能使商品焕发异样的光彩，使商品更醒目，吸引顾客购买。

（7）商品陈列时要讲求层次问题。所谓商品陈列的层次，就是在分类陈列时，不可能把商品的所有品种都陈列出来，这时应把适合本店消费层次和消费特点的主要商品品种陈列在卖场的主要位置，或者将有一定代表性的商品陈列出来，而其他的品种可陈列在卖场位置相对差一些的货架上。

○ **相关链接** ○

能够让顾客"显而易见"的陈列位置

1.卖场进门正对面

通常顾客在进入卖场时会在无意识情况下立即开始扫视卖场内的商品，所以，卖场进门正对面是顾客最容易看见的位置。通常卖场会在进门的地方大量陈列促销商品。

2.柜台后面与视线等高的货架位置

柜台后面与视线等高的位置是顾客最容易关注到的位置。通常顾客在选购商品时眼光第一时间扫视的就是柜台后面与视线等高的位置。所以，营业员一定要把利润高、受顾客欢迎、销路好的商品陈列在此位置。

3.与视线等高的货架

商场通常使用货架陈列商品，这样能增加陈列面积。货架上与人视线等高的位置最容易被顾客看见，所以也成为货架上的黄金陈列位置。一般在货架的黄金陈列位置（85~120厘米之间）陈列销路好、顾客喜欢购买、利润高的商品。

4.货架两端的上面

因为顾客在货架的一头很容易看见货架的另外一头，所以货架两端的上面也是容易被顾客看见的位置。

5.墙壁货架的转角处。

墙壁货架的转角处因为同时有更多商品进入顾客眼里，所以也是顾客容易关注的位置。

6.磅秤、收银机旁

顾客在排队等候称量、交款的时候会有闲暇时间四处张望，所以在磅秤、收银机旁的商品容易为顾客所关注和发现。

7.顾客出入集中处

顾客出入集中说明顾客流量大，人多必然被关注的机会多，所以顾客集中的地方的商品容易被顾客看到。

7.3.3 拿放方便

商品陈列不仅要使顾客方便"拿"，还要使顾客方便"放"。超市卖场在陈列商品时，要使顾客拿放方便则要做好以下几点。

（1）货架高度不能太高，最好不要超过170厘米。如果货架太高，顾客拿的时候很吃力，还要冒着摔坏商品的危险，最终肯定会选择放弃。

（2）通常，商品之间的距离一般为2~3厘米为宜；商品与上段货架隔板保持可放入一个手指的距离为最佳，这样方便顾客拿取和放回（图7-4）。

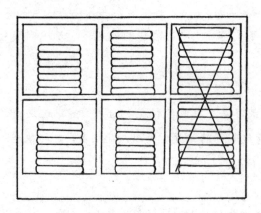 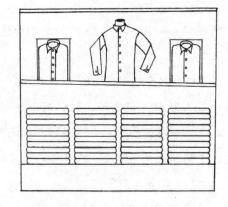

图 7-4 商品之间留下一定的空隙，以方便顾客拿取和放回

图 7-5 易碎商品的陈列高度最好
不要超过顾客的胸部

（3）货架层与层之间有足够的间隔，最好是保持层与层之间能够有容得下一只手轻易进出的空隙。太宽，会令顾客产生商品不够丰富的错觉。

（4）易碎商品的陈列高度不能超过顾客胸部（图7-5）。比如，瓷器、玻璃制品、玻璃瓶装商品的陈列高度应该以一般人身高的胸部以下为限度。陈列太高的话，顾客担心摔碎后要他赔偿，所以不放心去拿取观看，这样就阻碍了商品的销售。

（5）重量大的商品不能陈列在货架高处，顾客一来担心拿不动摔坏商品，二来担心伤到自己。所以，重量大的商品应该陈列在货架的较低处。

（6）鱼、肉等生、熟食制品要为顾客准备夹子、一次性手套等，以便让顾客放心挑选满意的商品，这样可在更大程度上促进销售。

7.3.4 货卖堆山

在大型卖场，顾客看到的永远是满满一货架的商品，打折的特价商品更是在一个独立的空间堆放如山，因为大量摆放、品种繁多的商品更能吸引顾客的注意。陈列时要想货卖堆山，必须做到以下几点。

（1）单品大量陈列给顾客视觉上造成商品丰富、丰满的形象，能激发顾客购买的欲望。

单品大量陈列在货架上时，首先要保证有大约90厘米的陈列宽度，陈列宽度太大不利于节省陈列空间，陈列宽度太小不利于顾客看到商品。同时，做促销活动的商品要比正常时候的陈列量大很多,以保证有足够的商品供顾客选择和购买。

(2)商品要做到随时补货,也就是顾客拿取之后要及时补上;如果不能及时补上,要把后面的商品往前移动,形成满架的状态(图7-6)。

(3)单品销完无库存时,首先要及时汇报上级有关部门,以及时向供应商要货。同时,挂上"暂时缺货"的标牌提醒顾客。

图7-6 对于货架的空档,要及时补上货品

7.3.5 先进先出

货品在进行先进先出原则陈列时,应按照以下几点操作。

(1)补货时把先进的、陈列在里面的商品摆放到外面来,并注意商品是否蒙上了灰尘,如果有,要立即擦净。

(2)注意商品的保质期,如果临近保质期仍然没有销售出去的,要上报给上级部门,及时做出处理方案。

7.3.6 左右相关

左右相关也叫关联陈列,就是把同类产品陈列在一起,但又不仅仅是如此简单。一般卖场会把整个卖场分成几个大的区域,相关商品会集中在同一区域进行销售,以方便顾客寻找和选择。具体操作时有些细节值得注意。

(1)首先要按照消费者的思考习惯来陈列。比如,婴儿用的纸尿布,是和婴儿用品陈列在一起还是和卫生纸、卫生巾陈列在一起?在卖场的分类里,它可以归到和卫生纸一类的卫生用品里,但是在顾客的眼里,它应该属于婴儿专用的商品,应该出现在婴儿专柜。

(2)顾客对食物的要求是卫生第一,所以一些化学商品和一些令人联想到脏污的商品要与食物远离。有时为了配合节日会设立一个主题区,比如情人节,会把巧克力、玫瑰陈列在一起;这样顾客在购买其中一种商品时会看到另外的相关的商品,由此引发新的购买冲动,促进销售(图7-7)。

7.3.7 清洁保值

(1)清洁是顾客对零售企业环境最基本的要

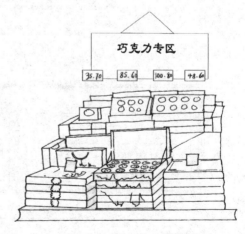

图7-7 配合节日设立的主题区可促进销售

求。对于卖场工作人员来说，保持商品、柜台、货架、地面、绿色植物、饰物的清洁是一项基本工作。

（2）在有些特殊时期，要特别做好清洁工作，比如"流感"时期，应做好消毒和清洁工作，使顾客有一个健康和安心的购物环境。

7.4 果蔬类的陈列

7.4.1 顾客动线与果蔬类的布局

果蔬类的陈列要注意顾客动线，具体展示如图7-8、图7-9所示。

1. 普通蔬菜的布局

普通蔬菜的布局如图7-8所示。

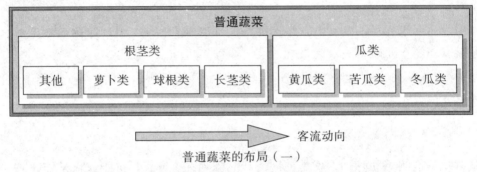

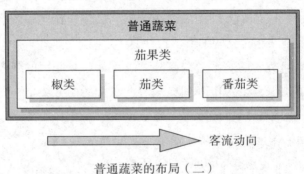

图 7-8 普通蔬菜的布局

2.水果的陈列布局

水果的陈列布局如图7-9所示。

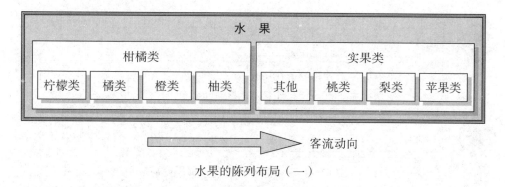

水果的陈列布局（一）

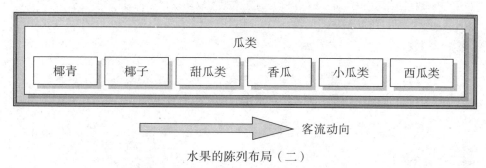

水果的陈列布局（二）

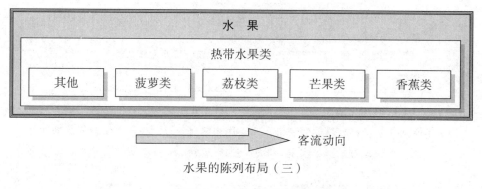

水果的陈列布局（三）

图7-9　水果的陈列布局

7.4.2　果蔬陈列要领

（1）一要新鲜，二要干净。

（2）在卖场平台上或冷藏柜中随其形态展现出美感、丰富感及价值感。

在水果、蔬菜摆放的过程中，最基本的操作原则是：不扔、不摔、不倒，同时，必须是蒂朝下，面朝上。因为水果都有"面""背"之分，这样让商品"面对"顾客，可以把最好的卖相展现给顾客，也可以起到让"商品自己推销自己"的作用，进而引起顾客的购买欲望。陈列顺序可以是：进口果→南方果→北方果，档次由高到低。

7.4.3 蔬果陈列的五项基本方式

蔬果陈列有五项基本方式，如图7-10所示。

1 排列
将果菜有顺序地并排放置在一起，称为排列。重点是将果菜的根茎分别对齐，使其根齐叶顺，给人留下美观整洁的印象

2 堆积
将商品自下而上放置在一起，称为堆积。顶层商品数量较少，底层商品数量最多，既稳妥，又有一定的立体感，以体现出商品纯正的自然色

3 置放
将商品散开放置在容器中称为置放。容器一般是敞口的；由于容器四个侧面和底部有隔板，商品不会散落，只要将上面一层的商品放置整齐就可以了

4 交叠
将大小不一、形状各异的商品进行交错排列，称为交叠。交叠的目的就是为了美观，使商品看起来整齐一些

5 装饰
将一些商品放在另外一些商品上，起陪衬的作用，称为装饰。例如用水草装饰水产品，用假叶装饰水果，用小树枝装饰荔枝等。装饰的目的就是为了产生良好的视觉效果，使商品显得更新鲜一点，更整齐一点，以达到促销的目的

图7-10　蔬果陈列的五项基本方式

7.4.4 果菜陈列形态

1. 圆积形陈列

圆积形陈列主要用来陈列圆形的水果和蔬菜，如苹果、柚子、葡萄等水果以及番茄、茄子等蔬菜。陈列的步骤如图7-11所示。

2. 圆排形陈列

圆排形陈列主要用来陈列体积较大一点的果菜，如冬瓜、椰子、甜瓜等。其陈列步骤如图7-12所示。

决定底面最下层的前面部分,接下来排边面,然后才排中央面第一层的部分

 将第二层排在第一层商品与商品的中心点

 再排第三层、第四层

图 7-11　圆积形陈列的步骤

 用挡板将商品的两侧固定起来,防止其松垮塌落

 放置底层商品,每层商品重心相对,层层向上;同时,商品与商品之间不要留有空隙,给人一种整齐有序的感觉

图 7-12　圆排形陈列的步骤

3.茎排形陈列

茎排形陈列是将长条形蔬菜朝一定方向排列的一种陈列形式,采用这种形式的有葱、茭白、芹菜等。该方式陈列时应注意图7-13所示的事项。

 首先决定果菜的根或叶子的排列方向,接下来就可以整整齐齐紧密地堆起来

 堆的时候要注意让商品互相重叠,数层对齐,这样商品就可以保持一定的高度

图 7-13　茎排形陈列的注意事项

4.交错形陈列

交错形陈列是用于陈列那种长度较长,但厚度不一的果菜,摆放时要根蔬相对,交错陈列。其陈列的方法如图7-14所示。

 一层根(较粗的部分)一层叶(较细的部分)地交互堆积

 如每一层中的两列都以相同的方向来排列,所陈列出来的效果将会相当完美

图 7-14　交错形陈列的方法

5.格子形

该方式适合于尖形蔬菜,彼此交错层叠成类似格子形状,采用这种形式的有白萝卜、胡萝卜等。其陈列方法如图7-15所示。

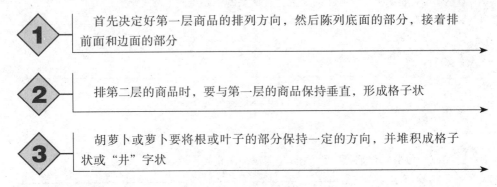

图7-15 格子形陈列的方法

可以悬挂新增商品的知识小贴士(如:新品的介绍)。摆放相关证明、温度标准表、保质期、水果蔬菜的妙用等,这样不但非常醒目,也起到了良好的宣传作用。

7.5 肉类的陈列

肉类的陈列要遵守系列化原则,体积大且重的肉类要置于下层,以使顾客易选、易拿、易看,并应按家禽、猪肉、牛羊肉三大类来陈列。同时,要将关联性的肉品陈列在相连接的位置中(如图7-16所示),方便顾客连带购买。

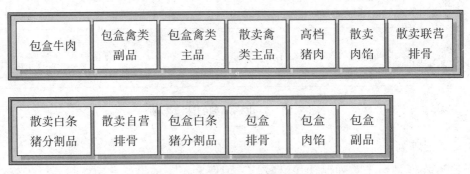

图7-16 关联性的肉品陈列衔接图

7.5.1 肉类陈列方式

1.家禽类的陈列

家禽类的单品超过36种,以下以3米展示柜为例进行说明,如图7-17所示。

2.猪肉的陈列

猪肉经商品化处理后的单品有四十二种之多,因此其陈列面须比家禽类宽。一般而言,以3.6米长的展示柜来陈列较能促进其销售。

最前排	第二排	第三排	最后排
陈列体积大、较重的全鸡及全鸭，比如半土鸡、全土鸡、全仿土鸡、半肉鸡、乌骨鸡、土生鸭等6种单品	陈列切块或切半的鸡、鸭。比如土鸡大腿、土鸡八块、肉鸡八块、肉鸡大腿、乌骨半鸡、乌骨八块、鸡腿排、1/4土生鸭及土生鸭八块等9种单品	陈列小部位肉品。比如棒棒腿、二节翅、三节翅、鸡胸肉、鸡胸骨、鸡里脊、鸡丁、鸡肉丝、火鸡腿、火鸡翅及鸭翅等12种单品	陈列包装量小的内脏。比如鸡肝、鸡肠、鸡肫、鸡脚、鸭掌、鸭肫、鸭心、鸭肠、鸭血等9种单品

图7-17 用展示柜陈列家禽类的说明

猪肉火锅片及梅花肉片属于火锅类，与牛肉火锅片及羊肉火锅片并排陈列较为合适，其他的单品则宜依陈列原则来摆设。猪肉的陈列示例如图7-18所示。

最前排	第二排	第三排	最后排
陈列猪内脏类，如猪肝、猪血、猪心、猪腰、猪肚、猪大肠、猪小肠、粉肠、猪尾、蹄筋、大肠头、猪舌等12种单品	陈列前腿肉、前腿赤肉、后腿肉、后腿赤肉、后腿猪排、后腿赤肉片、五花肉片、五花扣肉、五花肉、猪肉丁等10项单品	陈列猪脚、蹄髈、小里脊、小里脊切半、小里脊切块、里脊肉、里脊肉片、里脊猪排、猪耳等9项单品	陈列龙骨、大骨、小骨、猪肉丝、绞肉、猪小排、前腿红烧肉块、后腿红烧肉块等8项单品

图7-18 猪肉的陈列示例

3.牛、羊肉类的陈列

这里以1.8米长的展示柜为例进行陈列说明，如图7-19所示。

最前排	第二排	第三排	最后排
陈列牛腩、牛尾、毛肚、牛筋、牛腱肉、羊肉丝、牛肉丝等7种单品	陈列牛排类，如纽约牛排、沙朗牛排、丁骨牛排、腓力牛排、薄片牛排等5种单品	陈列红烧类的红烧牛腩块、红烧里脊、红烧牛肋块、长条牛腩、羊腱块、红烧羊腩块、带骨羊肉块等7种单品	可摆设火锅类的肉片，如猪肉火锅片、梅花肉片、牛肉火锅片、羊肉火锅片及鹿肉火锅片等5项单品

图7-19 牛、羊肉类的陈列示例

7.5.2 肉类陈列中的注意事项

对于肉类,在开店前、营业中、营业后都有许多特别要注意的事项,如图7-20所示。

 开店前

(1)认真检查陈列台及陈列柜中的肉品,要注意肉色是否发生变化?包装是否完好?是否有汁水(或血水)渗出?是否有标签?标签的内容是否完整、清楚等
(2)每种肉品的上货量要达到最低标准,并使其排列整齐,给人整洁之感
(3)陈列面不应超过最大装载线,以免影响冷柜冷气的对流
(4)冷柜的灯光以及货架上的灯光要正常工作,不能影响肉品的视觉效果
(5)冷柜、货架以及有关器具要擦拭一新,晾干消毒。做到盘中无水,台上无尘
(6)牛羊肉的消费有一定的民族习惯性,要将它们分柜陈列;清真标识要明确
(7)各类肉品应根据不同部位分割开来,按不同的价格进行销售,以满足顾客的不同要求
(8)关联性的肉品要陈列在相连接的位置中,方便顾客连带购买

 营业中

(1)及时上货,保证展台上肉品的供应
(2)定时检查冷柜的温度,以确保其制冷效果
(3)定时检查肉品的颜色,及时剔出变质的肉品
(4)检查商品的包装,如果发现包装脱落,要立即进行再包装
(5)检查卖场的卫生情况,有飞舞的蚊蝇要立即消灭
(6)检查肉品卖场的气味,有异味要立即根除
(7)肉品陈列都应该小块件,以适应消费者家庭消费的需要

 营业后

(1)卖台上和展柜中的肉品要放入冷柜中,以防变质
(2)清洗卖台、展柜以及有关器具,并对其进行消毒
(3)将敞开的冷柜关上
(4)将肉品卖场消毒

图7-20 肉类陈列中的注意事项

7.6 水产品的陈列

零售企业店铺中的水产品可以分为三大类：新鲜的水产品、冷冻的水产品以及盐干类水产品，不同类型的水产品其陈列方式各不相同。

7.6.1 整体布局

水产品各品类的整体布局如图7-21所示。

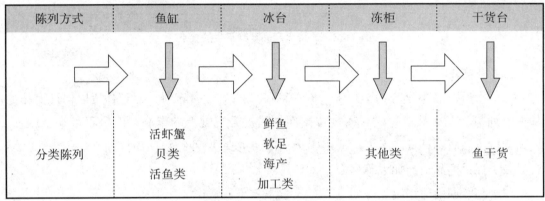

图 7-21 水产品的整体布局

7.6.2 水产品陈列的基本原则

1.新鲜卫生

要保持水产品的新鲜卫生，必须满足图7-22所示的工作要点。

 保证商品在正确的温度、正确的方式下陈列
（1）正确的温度：鲜活商品陈列于鱼缸内，水温控制在20℃以下，鱼缸内不能有翻肚的鱼、死虾、死蟹；冻鲜商品陈列于冰台（至少冰厚3～5厘米）或冰柜内，至少一半陈列面接触冰面
（2）正确的陈列方式：随时保持鱼池水循环和制氧充足；两栖类河鲜注水不超过3～5厘米；冰鲜商品需将商品的最大陈列面接触冰面，不重叠；带血商品须用托盘进行陈列，不直接陈列于冰面上，保持冰面洁净

 随时剔出不良商品。不良商品是指鲜度下降、变质商品；破肚、掉鳃和卖相差的商品；流血水、包装破损的打盒商品

图 7-22

先进先出：在保证商品品质的情况下先入库的商品靠前摆放，以减少商品损耗

 保持商品、陈列器具、陈列设备、陈列区的清洁卫生
（1）定期清洁鱼缸，随时保持鱼池水质清澈（淡水鱼每天2次，早晚各一次）；鱼缸清洁的标准：刚清洗完的鱼缸内壁不滑手、无水渍积垢
（2）每日营业完毕后须对操作台玻璃进行擦洗；操作台清洁标准：无鱼鳞、洁净
（3）随时打捞鱼缸内泡沫
（4）保持陈列器具及水产区域的清洁卫生；无卫生死角，保持台面的清洁、干爽

图 7-22　保持水产品新鲜卫生的要点

2.丰满整齐

（1）一般商品不重叠，不打堆，同一商品按同个方向陈列；随时补货以保证商品的基本陈列量，在单品量少时可通过拉排面方式提升视觉上的丰满；但决不可本末倒置，只强调拉排面而不补货。本方法适用于个别单品量少缺货时及高峰时段后。

（2）促销商品适当加大陈列面。

（3）高峰期前适当增加陈列量。

3.易挑易选

即挑选性大的商品陈列在顾客易选易拿、靠前的位置；挑选性小的商品可靠后陈列。

4.价签与商品相对应

正确使用价签及价签牌，保证顾客能方便、直观地了解价格，并保证字体美观、价签牌清洁无破损。包括以下两点。

（1）价格与商品相对应。

（2）价签与商品相对应。

7.6.3　区域布局原则

区域布局应遵守图7-23所示的原则。

 水产类与冻禽类分台（分开）陈列

 同一中分类商品相邻陈列，如鸡翅、鸭翅

各种活鲜必须按品类特性进行陈列；如咸淡水鱼分开；四大家鱼与鲈鱼、桂花鱼、河虾等分开；鲈鱼与河虾分开；活鱼与贝壳类分开；贝壳类分咸淡水；等等

 精品与一般分台陈列

图 7-23　水产品区域布局的原则

7.6.4　陈列器具及陈列道具使用规范

（1）做好每天4次的温度检查。

（2）营业结束时需放下冷柜的遮盖帘，将冷库锁门。

（3）做好冰台商品保冰过夜管理。

（4）半成品用挑选器具统一放于托盘右下角。

7.6.5　陈列方法

1.全鱼集中法

全鱼集中陈列的方向要考虑到当地的习惯及美观。以鱼头朝内，鱼尾朝外；鱼腹朝里、鱼背朝外的方向摆放（黄花鱼除外），此陈列法适用于中小型鱼。

2.生动化陈列法

将鱼体以倾斜方式植入碎冰中，其深度不得超过鱼体的1/2宽度，依序排列，显示活鲜鱼在水中游走的新鲜感及立体美感，且能让顾客容易看到、摸到任意选择。

生动化陈列的方法：头朝向左上，鱼体与冰台边缘呈30度，鱼体与冰面呈60度。

3.段、块鱼陈列法

鱼体较大的鱼无法以全鱼来进行商品化陈列，必须以段、块、片状加工处理后（以符合消费者一餐用完的肉量）来搭配增加美感。

4.色彩显示陈列法

根据水产品本身的表面颜色、鱼纹、形状组合陈列，可以提高顾客注意力，增加购买量。

7.6.6　不同水产品的陈列要求

不同水产品的陈列要求如表7-1所示。

表7-1 不同水产品的陈列要求

序号	类别	陈列要求	
1	鲜鱼	基本原则	同一种类，畅销品及利润较好品种，陈列于良好"热点"；本店想卖的品种及重点商品，陈列于有利地点；销售量好或顾客一见就想要的鱼类，则不必陈列在有利地点；色彩鲜艳的鱼类陈列在醒目的地点；大型鱼容易看到，不必陈列在好地点
		定型陈列	（1）倾斜平面陈列：包装好的鲜鱼在开放式冷藏柜陈列，温度保持在0~3℃，勿堆积过多，否则会遮断冷气，应特别注意。切身的切口和刺身鱼肉的颜色是鲜度的象征，重叠放置易损坏切角，如此则降低商品鲜度感，应以平面陈列 （2）色彩展示陈列：以鱼类本身的色彩组合陈列可提高顾客的注意力 （3）品种别陈列：可使顾客容易找到及选择，是容易购买的陈列方法
2	包装后鲜鱼		价格标签的位置与方向必须一致；以少量陈列为原则，经常补充货品，避免空柜现象发生；鲜度容易下降的物品，应只陈列一排较好；一定要使用生鲜托盘，使各单品的陈列整齐美观；失去新鲜度的商品应立即除去，以免影响其他商品在顾客心中的形象
3	活鱼		淡水鱼要区分为塘鱼和河鱼以及虾类分类陈列；水温控制在17~20℃之间即可；河鱼对水质的要求高，而且氧气要充足，密度不能高，在销售时要注意换水；虾类对水质和密度要求都很高，而且水温变化不能大，一般为2~3℃之间
4	冻品		（1）冻品陈列在卧柜或立柜里，要打包，要选用环保盒 （2）横向要由右至左，规格由大到小进行陈列

7.7 自制类食品的陈列

对于自制类食品，从开始营业到营业结束，都要保证商品的质量和陈列处于最佳状态。

7.7.1 分类陈列动线

自制类食品的分类陈列动线通常如图7-24所示。

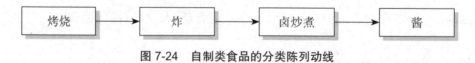

图7-24 自制类食品的分类陈列动线

7.7.2 自制商品子类陈列图

门店在进行陈列时，宜设计好陈列图，将热食和冷食柜分开，如图7-25所示。

烤制品				炸制品						卤制品						酱制品	
烤类促销品	烧烤家禽类	烧烤猪类	烧烤牛羊类	烧烤其他类	炸类促销类	炸制家禽类	炸制猪类	炸制水产类	炸制牛羊类	炸制蔬菜类	炸制其他	卤类促销品	卤煮猪类	卤煮牛羊类	卤煮家禽类	卤煮水产类	卤煮其他类	酱制畜类	酱制禽类
热柜陈列												常温柜陈列					

图 7-25 自制商品子类陈列图

7.7.3 自制类食品基本陈列量

自制类食品基本陈列量如表7-2所示。

表7-2 自制类食品基本陈列量

品名	单位	陈列盘尺寸	陈列量	陈列盘尺寸	陈列量
自制烤鸭	只	250毫米×300毫米	2	300毫米×800毫米	5
刷烤半边鸭	半只		3		6
自制巴黎烤鸡	只		3		5
自制炸马面鱼	千克		1.5		3
自制香酥花生	千克		3		5
自制椒盐海蟹	千克		1		2
自制干炸带鱼	千克		1.5		3
自制干炸小黄鱼	千克		1		2
自制干炸鲳鱼	千克		2		4
自制炸鱼块	千克		1		2.5
辣炸鸡	只		2		5
自制炸半边鸡	半只		3		6
自制香辣琵琶腿	只		8		15
自制香辣鸡翅根	只		10		20
自制香辣鸡中翅	只		10		20
自制山椒凤爪	千克		1		2.5
自制卤翅尖	千克		1.5		3
自制卤鸡肝	千克		1.5		3

续表

品名	单位	陈列盘尺寸	陈列量	陈列盘尺寸	陈列量
自制卤水鸡胗	千克		1.5		3
自制卤水猪肝	千克		2		4
自制东坡肉	千克		3		5
陈列重点	（1）开店前门店根据商品单品标准陈列量加工陈列（快讯商品除外） （2）门店根据生产日报表、时段补货量确定销售高峰生产量，以保持商品的新鲜度及品质 （3）营业中18:00前不得低于标准陈列量，20:00以后可以空缺排面（快讯商品除外） （4）此数据仅供参考，请各店结合门店实际设施进行陈列（必须满足覆盖陈列盘底部不漏底）					

7.7.4 自制食品类陈列的基本要求

自制食品类陈列的基本要求如下。

（1）价格牌标示或POP标示，散装食品标示卡书写正确放置明显位置，整齐、整洁、清晰。

（2）陈列冷柜的温度需要达到0～4℃，热柜需达到60℃以上。

（3）商品排放整齐，饱满有量感，保质保量。

（4）颜色搭配吸引顾客。

（5）在出炉时加强叫卖吸引顾客——"热卖"。

（6）试吃：烧烤、卤煮炒，试吃时间为10:00～14:00,15:00～20:00，试吃专人负责。

（7）商品保持先进先出原则。

（8）熟食二次开店时间为16:00，重点补货、装饰、陈列设备、清洁卫生。

7.7.5 不同类自制食品的正常陈列规范

不同类自制食品的正常陈列规范如表7-3所示。

表7-3 不同类自制食品的正常陈列规范

分类	陈列温度	销售期限	陈列要求
烧烤类	60℃	1天	陈列要求 （1）烤烧类商品出炉时间设为：开店前 （2）烤烧类商品不得挤压 （3）烤烧类商品保质期为一天，排面上不得有隔日商品 （4）烤烧类商品开店，加工基本陈列量 （5）烤烧类商品每日19:00以后可以缺货，20:00可以空排面（快讯商品除外）

续表

分类	陈列温度	销售期限	陈列要求
炸类	60℃	1天	（1）炸类商品出炉时间为：开店前10分钟 （2）炸类商品开店，加工基本陈列量 （3）海产类商品需装饰。（用青红辣椒过油后直接点缀） （4）炸类商品保质期为一天，排面上不得有隔日商品 （5）炸类商品每日19:00以后可以缺货，20:00可以空排面（快讯商品除外）
卤煮炒、酱类	0~4℃或常温	1天	（1）卤煮炒、酱类商品陈列需装饰（用红油、青红辣椒、姜片、葱段过油直接点缀） （2）卤煮炒、酱类商品每隔3小时需翻动商品一次，保持商品的色泽 （3）卤煮炒、酱类商品每日19:00以后可以缺货，20:00可以空排面（快讯商品除外）

7.7.6 促销商品陈列规范

（1）促销安排　每个商品分类至少有一个促销并有正确对应的促销牌。
（2）促销商品要集中陈列，以突出促销的气氛。

7.8 饮料、酒水的陈列

7.8.1 碳酸饮料的陈列

碳酸饮料按口味划分类别有可乐味、柠檬味、橙味及其他口味，可按可乐味、柠檬味、橙味及其他口味来分别陈列，在每个口味中品牌相对集中，即货架的上层为听装，中间为小塑料瓶装，下层为大塑料瓶装，最底层为整箱陈列。具体如图7-26所示。

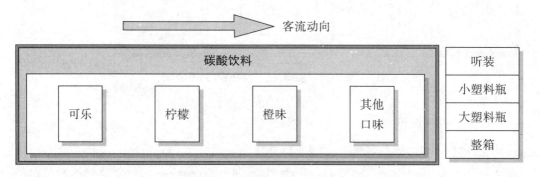

图7-26　碳酸饮料的陈列图示

7.8.2 果汁

果汁有不同的种类,如橙汁、苹果汁、桃汁、山楂汁、葡萄汁及其他口味果汁,每类果汁的含量也有分类。在陈列时,首先应按果汁含量在30%以下的为果汁饮料,含量在30%以上的为高浓度果汁饮料分别陈列,再按照橙汁、苹果汁、桃汁、山楂汁、葡萄汁及其他口味果汁陈列。同类同口味商品同品牌的要集中陈列,小规格在上,大规格在下,最下层可作为整箱陈列。具体如图7-27所示。

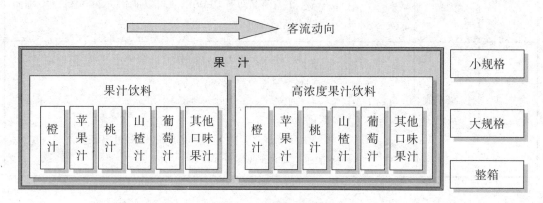

图 7-27 果汁的陈列图示

7.8.3 咖啡、乳饮料

该类商品首先应按照液体咖啡、乳饮料、奶茶及植物蛋白饮料来分别陈列,同时,同类商品品牌要集中陈列,陈列时,听装及利乐装饮料排在上层货架,瓶装在下层货架,最下层货架可作为整箱陈列。如图7-28所示。

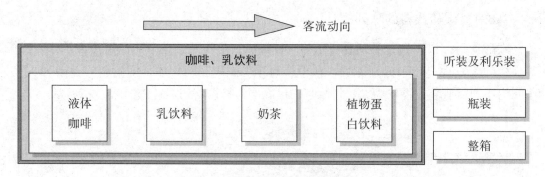

图 7-28 咖啡、乳饮料的陈列图示

7.8.4 功能性饮料

功能性饮料可分为醋饮料、健康饮料及运动饮料,陈列时可按醋饮料、健康饮料及运动饮料的顺序分别摆放,同时,要将同类商品的同品牌集中陈列,听装在上,瓶装在下,小规格在上,大规格在下,最下层可整箱陈列。具体如图7-29所示。

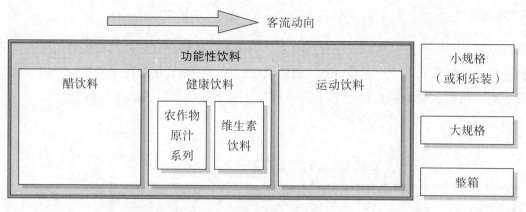

图 7-29 功能性饮料的陈列图示

7.8.5 茶饮料

茶饮料按口味分为红茶、绿茶及其他口味茶三类陈列,同口味商品品牌要集中陈列,小规格(或利乐装)在货架上层,大规格在货架下层,最下层货架可作为整箱陈列。具体如图 7-30 所示。

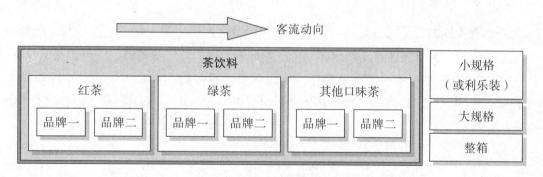

图 7-30 茶饮料的陈列图示

7.8.6 水

水的品牌有许多,在对水进行陈列时首先要按该水的品牌来分类,各品牌的水集中陈列,小规格在上,大规格在下,最下两层可作为整箱陈列。如图 7-31 所示。

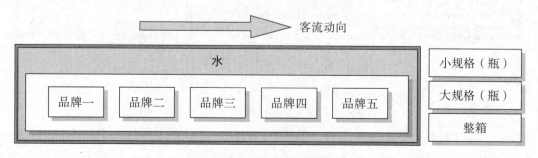

图 7-31 水的陈列图示

7.8.7 啤酒

啤酒有国产和进口之分,也有品牌之分,还有包装之分,陈列时首先要将国产啤酒和进口啤酒分开,再分别按照听装、瓶装及桶装陈列,小规格在上层货架,大规格在下层货架,相同包装商品的同品牌要集中陈列,最下层货架可作为整箱陈列。如图7-32所示。

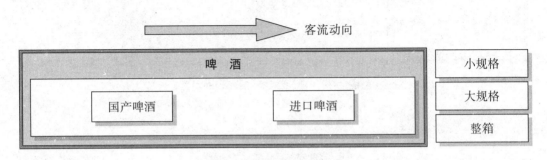

图 7-32　啤酒的陈列图示

7.8.8 果酒

果酒有不同的分类,在陈列时,可先将果酒分为国产果酒、国产气泡酒及国产果酒礼盒三类陈列,再将国产果酒按照国产干红葡萄酒、国产桃红葡萄酒、国产普通葡萄酒、国产干白葡萄酒及其他国产果酒顺序陈列。同类商品品牌相对集中陈列,小规格在上层货架,大规格在下层货架,部分畅销商品可在最下层货架做整箱陈列。具体如图7-33所示。

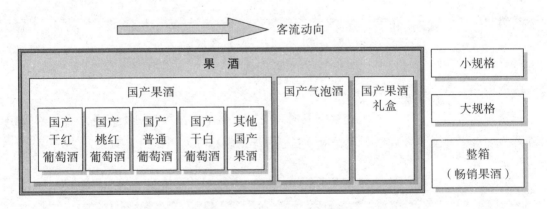

图 7-33　果酒的陈列图示

7.8.9 烈酒

烈酒可按精装、简装等来分类,在陈列烈酒时可先按照包装即普通国产烈酒和国产烈酒礼盒分别陈列，在普通国产烈酒中再按照米酒、药用补酒、简装国产烈酒和精装国产烈酒陈列，同类酒品牌要集中陈列，价格按由上至下、由左至右、由低到高的顺序陈列。国产名酒可在精品柜中陈列。如图7-34所示。

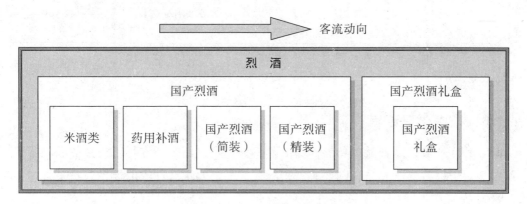

图 7-34　烈酒的陈列图示

7.8.10　进口酒

进口酒通常会陈列在烟酒精品柜内，如果精品柜面积不足，可安排在精品柜对面的货架上陈列。顺序主要按照进口烈酒、进口果酒、进口气泡酒及进口酒礼盒来分别陈列，在每类商品中再按照价格由低到高的顺序陈列。具体如图7-35所示。

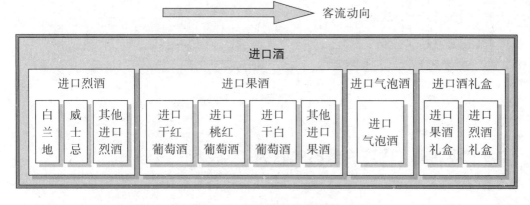

图 7-35　进口酒的陈列图示

7.8.11　香烟

香烟有产地之别，有进口国产之别，也有包装之别，在陈列时先按国产烟和进口烟分别陈列，后按产地再按照价格从低到高的次序陈列，有单盒售卖的商店，单盒在上，整条在下。具体如图7-36所示。

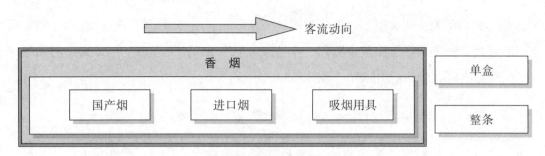

图 7-36　香烟的陈列图示

7.8.12　保健营养品

保健品有一般性滋补品、功能性保健品等，可按这两类设专柜，再按商品品牌来集中陈列。对于称重的营养品，则要有展柜陈列，最好要求有厂家的促销人员来管理。具体如图 7-37 所示。

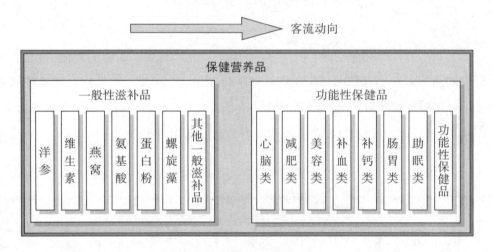

图 7-37　保健营养品的陈列图示

7.9　冲调品、冷冻冷藏品的陈列

7.9.1　酸乳

酸乳有包装之分，也有品牌之分。酸乳在陈列时首先按照包装不同，将陈列较整齐的包装放在风幕柜客流方向首位，即：上层 8 连杯，下层桶装或多袋大包装，后面上层再陈列四杯装、两杯装、单杯装，下层陈列单袋或单瓶装。在相同包装陈列时，按照品牌作集中陈列。最后是屋形奶的陈列，相同包装小规格在上，大规格在下。如果风幕柜的面积充裕，可以将乳酸饮料陈列在风幕柜中，陈列时可以按照排奶、瓶装奶、利乐砖奶的顺序摆放，同包装的酸乳要按照同品牌的集中陈列。具体如图7-38所示。

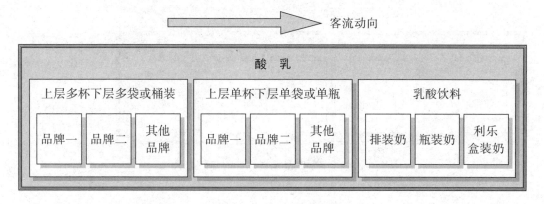

图 7-38 酸乳的陈列图示

7.9.2 鲜牛羊奶

鲜牛羊奶在包装方面有百利包、利乐枕、利乐砖之分，陈列时先按照百利包、利乐枕、利乐砖的顺序摆放，相同包装品牌要集中陈列。无论是在风幕柜还是在正常货架上陈列，百利包和利乐枕都要放在亚克力盒内。同时，为方便顾客整箱购买，在货架的最下层对应陈列整箱的鲜牛羊奶。具体如图7-39所示。

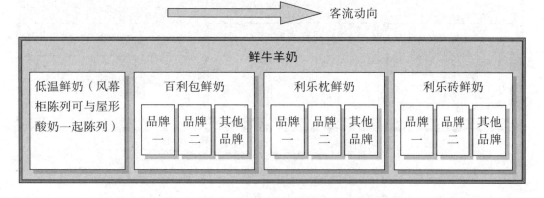

图 7-39 鲜牛羊奶的陈列图示

7.9.3 奶制品及鲜果汁

奶制品及鲜果汁的档次比较高，陈列须整齐美观，陈列时可安排在风幕柜客流方向的第一位置，按照奶酪、奶油、黄油、果泥、鲜果汁、龟苓膏的顺序摆放，同类商品同品牌的要集中陈列，小规格在上，大规格在下。由于该类商品的销量较低，应尽量降低库存，为使陈列展示丰满，可在风幕柜上四层采用梯形架。具体如图7-40所示。

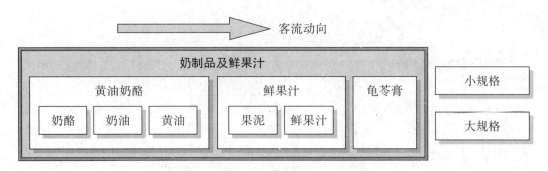

图 7-40 奶制品及鲜果汁的陈列图示

7.9.4 中式快餐火腿肠

中式快餐火腿肠有原料之别、包装之别，可先按照禽类、畜产类、水产类分别陈列，相同口味同品牌的要集中陈列，小规格在上，大规格在下。如果风幕柜面积小，则可在正常货架上陈列。对于特殊地区的门店，可将清真产品集中陈列，并用鸡肉肠将清真产品同猪肉产品分开陈列。具体如图 7-41 所示。

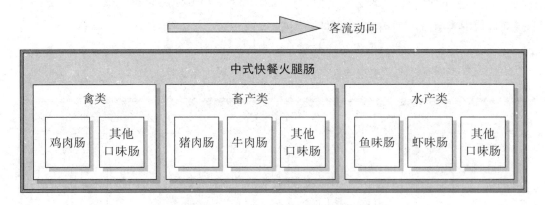

图 7-41 中式快餐火腿肠的陈列图示

7.9.5 火腿/西式香肠

火腿/西式香肠有低温火腿与西式肠之分，也有包装之别、规格之别，首先将低温火腿与西式肠分别陈列，低温火腿按照包装，即：圆棒装火腿、方火腿、片装火腿、其他包装火腿的顺序陈列，相同包装同品牌的要集中陈列，小规格在上层，大规格在下层。所有香肠顺向陈列在风幕柜最下层，规格由小到大排列。所有西式肠按照包装集中陈列。日配商品通常可每天送货，所以要尽量降低库存，但为了展示陈列丰满，最好是风幕柜上四层采用梯形架。具体如图 7-42 所示。

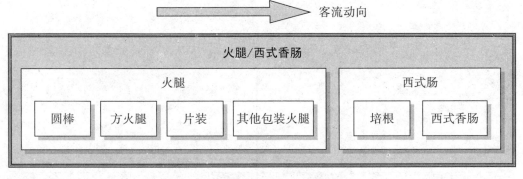

图 7-42 火腿/西式香肠的陈列图示

7.9.6 加工制品及酱菜

加工制品及酱菜多为彩袋不规则包装商品，陈列时应按照禽类、畜产类、海产品及其他（包括即食海蜇丝、海带丝及一些需低温储存的酱菜等）、冷藏面食、豆制品的顺序陈列，同类商品品牌应集中陈列，小规格在上，大规格在下。具体如图 7-43 所示。

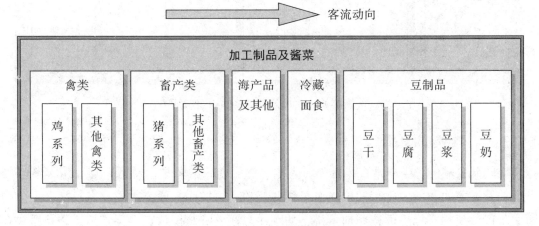

图 7-43 加工制品及酱菜的陈列图示

7.9.7 茶

茶有包装之分，也有产品之别，还有口味之别，排列时先按照茶包、保健茶、传统茶及茶礼盒的顺序摆放，在茶包和传统茶的陈列中再按照红茶、绿茶、花茶、其他口味茶陈列。小规格在上，大规格在下。具体如图 7-44 所示。

7.9.8 咖啡及伴侣

咖啡及伴侣有不同的分类，首先应按照咖啡、冰咖啡、咖啡豆、咖啡伴侣、方糖和咖啡礼盒的顺序陈列。每类咖啡再按照其包装将瓶装和盒装分别陈列，在瓶装和盒装商品中再按照同品牌的集中陈列，小规格在上，大规格在下。具体如图 7-45 所示。

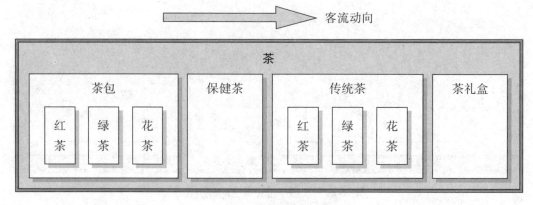

图 7-44 茶的陈列图示

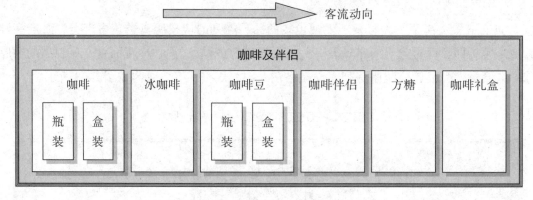

图 7-45 咖啡及伴侣的陈列图示

7.9.9 婴幼儿食品

婴幼儿食品的种类非常多,排列时先按照婴儿食品(果泥、果汁)、婴幼儿米粉、婴儿奶粉及儿童奶粉的顺序来摆放。对于婴儿奶粉,再按照一段、二段、三段来分别陈列每个阶段的奶粉,然后再按照销量排名的顺序来摆,听装摆放在上层货架,袋装摆放在下层货架。具体如图 7-46 所示。

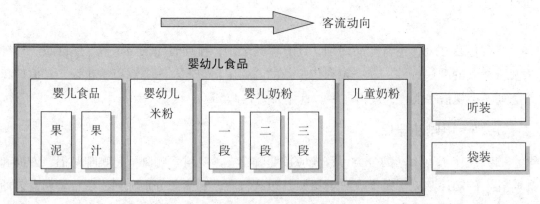

图 7-46 婴幼儿食品的陈列图示

7.9.10 成人奶粉

成人奶粉分为速溶奶粉和孕妇奶粉两类，陈列时先按类别来分类陈列，每类商品再按照同品牌的集中陈列，听装摆放在上层货架，袋装摆放在下层货架。具体如图7-47所示。

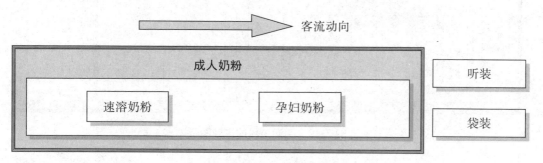

图7-47 成人奶粉的陈列图示

7.9.11 佐餐酱汁

佐餐酱汁可分为果酱、其他早餐酱及蜂蜜等，陈列时可按果酱、其他早餐酱及蜂蜜三类摆放。在果酱中再按品牌及销量的顺序来陈列。其他早餐酱可分为巧克力酱、花生酱及炼乳等分别陈列。蜂蜜可分为成人蜂蜜、儿童蜂蜜及秋梨膏来分别陈列。同品类再按照同品牌的集中陈列。具体如图7-48所示。

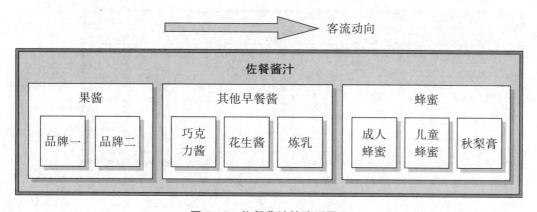

图7-48 佐餐酱汁的陈列图示

7.9.12 冲调粥粉

冲调粥粉的大类有麦片粥粉、速溶饮品及葡萄糖等，陈列时先按大类分类陈列，再按照子类，即：早餐麦片、芝麻糊、豆奶粉、藕粉、羹类、核桃粉、其他营养粉及礼盒等分别陈列，速溶饮品按照果味、巧克力、奶茶、冰茶等分别陈列，同类商品品牌应集中陈列。具体如图7-49所示。

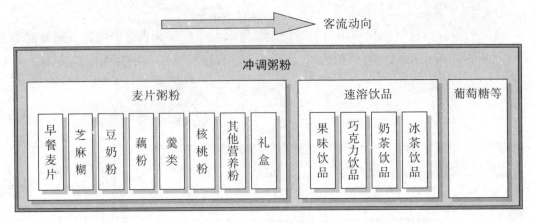

图 7-49 冲调粥粉的陈列图示

7.9.13 饼干

饼干的品牌非常多,品牌内又有不同类的产品,还有不同的包装,在陈列时,首先将知名品牌的饼干按照品牌的销量顺序来摆放,品牌内再分为薄片饼干、夹心饼干、曲奇饼干等分别陈列,单包装饼干摆放在上层货架,连包装饼干摆放在下层货架。后面再陈列杂牌饼干、儿童饼干及家庭盒装饼干等。具体如图7-50所示。

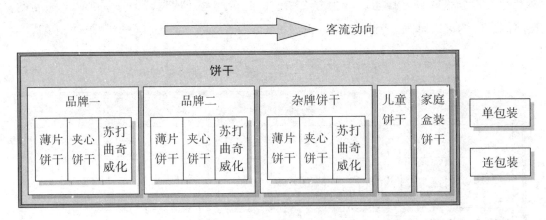

图 7-50 饼干的陈列图示

7.9.14 派、糕点及礼盒

派、糕点及礼盒的陈列首先应按类别分为派、糕点、蛋酥卷及礼盒类来摆放。在派的陈列方式中再按照不同包装,即盒装派、袋装派及蛋糕类等分别陈列。盒装派再按照不同口味即巧克力派、蛋黄派及其他口味派分别陈列,小规格摆放在上层货架,大规格摆放在下层货架(2P、6P、12P),同口味商品品牌相对集中陈列。其他品类则按照规格从上到下、从小到大分别陈列。具体如图7-51所示。

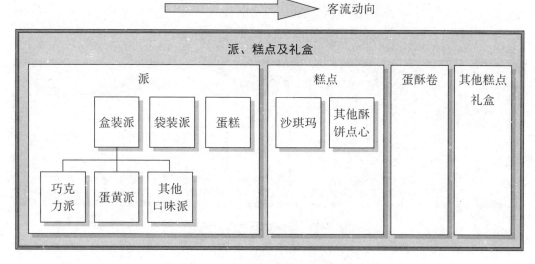

图 7-51 派、糕点及礼盒的陈列图示

7.9.15 冷冻水产品

冷冻水产品有种类之别,也有包装之别。陈列时先按鱼、虾、蟹、丸类、什锦及礼盒类分别陈列,然后再按照不同种类(例如鱼类即带鱼、平鱼、黄鱼、比目鱼等不同种类鱼)分别陈列。同类商品小规格陈列在前排,大规格陈列在后排。具体如图7-52所示。

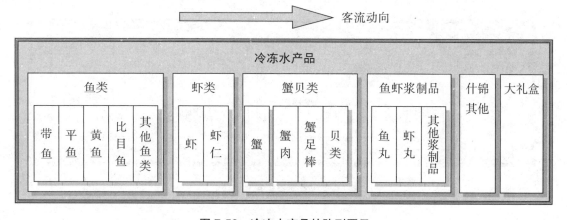

图 7-52 冷冻水产品的陈列图示

7.9.16 冷冻肉类

冷冻肉类包括猪肉、牛肉、羊肉、鸡肉等大类,大类之中又有小类,陈列时先按大类来分别陈列,然后再按小类陈列,如鸡系列再按照整鸡、鸡胸、鸡翅、鸡腿等分别陈列。具体如图7-53所示。

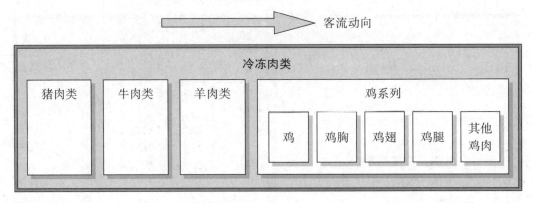

图 7-53 冷冻肉类的陈列图示

7.9.17 速冻食品

速冻食品种类繁多，同类品种还有不同的口味，陈列时先按照微波食品（汉堡等）、煎炸食品（春卷等）、蒸煮食品（粽子等）及蔬果食品（薯条、豆类、地瓜饼、南瓜饼、糯米枣、玉米粒等）等分别摆放，同类、同规格、不同口味（如肉串包括孜然、椒盐、麻辣，在春卷里有豆沙、枣泥等口味）的商品品牌应相对集中陈列。具体如图7-54所示。

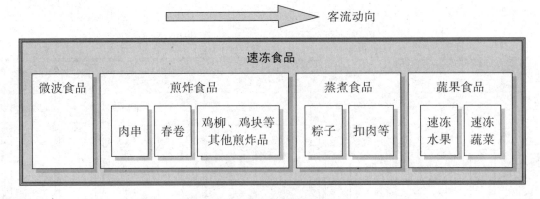

图 7-54 速冻食品的陈列图示

7.9.18 速冻面点

速冻面点也有很多种类，不同种类还有不同的口味，陈列时先按照不带馅面点和带馅面点类分别摆放，不带馅面点再按照口味即原味面点（花卷、馒头等）和加味面点（奶馒头、鸡蛋馒头等）等分别陈列。带馅面点按照口味即甜味面点（豆沙、枣泥馅等）和咸味面点（包子等）分别陈列。具体如图7-55所示。

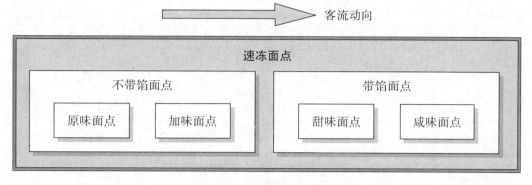

图 7-55 速冻面点的陈列图示

7.9.19 速冻水煮面食

速冻水煮面食有水饺、云吞、汤圆等大类，大类中又有口味之分。陈列时先按照水饺、云吞、汤圆等大类分别摆放，同类商品再按口味来陈列，如水饺按肉三鲜、肉菜、素馅及其他肉馅等分别陈列。同类、同规格、不同口味（如水饺按白菜、芹菜、韭菜等口味，汤圆里有芝麻、巧克力等口味）商品的品牌应相对集中陈列。具体如图7-56所示。

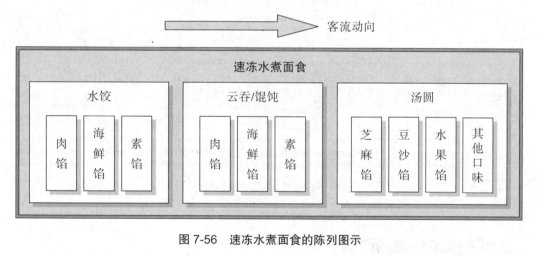

图 7-56 速冻水煮面食的陈列图示

7.9.20 冰品

冰品有冰淇淋和水冰之分，还有包装之别，陈列时先按冰淇淋和水冰两类分开摆放。在冰淇淋类中再按照包装［家庭多只装（袋）、家庭盒装、即食碗装和单只装］陈列。水冰同样按照包装［家庭多只装（袋）、家庭盒装和单只装］陈列。相同类别、相同规格、不同口味的商品品牌应集中陈列。具体如图7-57所示。

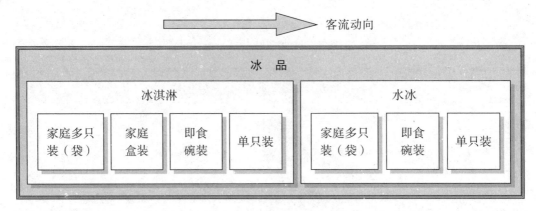

图 7-57 冰品的陈列图示

7.9.21 进口食品

进口食品的种类很多，陈列时可按类别（即：进口副食调料类、进口早餐小食品类、进口饮料类）集中陈列，小规格摆放在上层货架，大规格摆放在下层货架，相同类别、相同规格的品牌应集中陈列。具体如图 7-58 所示。

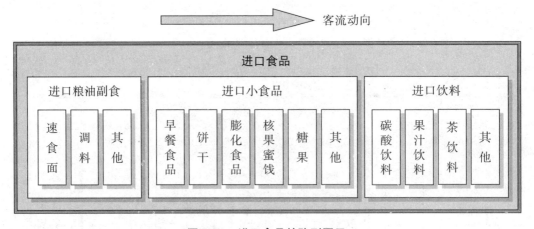

图 7-58 进口食品的陈列图示

7.10 休闲食品的陈列

7.10.1 膨化食品

膨化食品有品类之别、包装之别、品牌之别、规格之别，陈列时先将膨化食品分为薯片、膨化、米制品、礼包及海苔等五部分来分别摆放。在薯片类中将桶装和袋装分开陈列。其他所有类别全部按照同品牌的集中陈列，小规格的摆放在上层货架，大规格的摆放在下层货架。具体如图 7-59 所示。

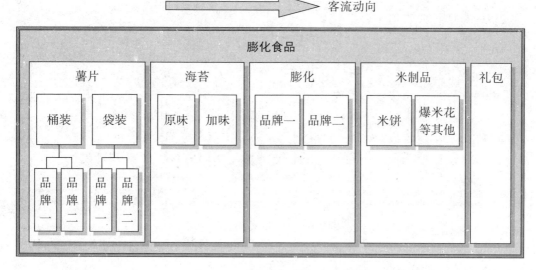

图 7-59　膨化食品的陈列图示

7.10.2　肉干肉松

肉干肉松有品类之别、包装之别、品牌之别，陈列时先按照肉松、肉干、鱼片、鱼丝、其他休闲小食品五个部分分别摆放。在肉干品类中按照包装（独立装和片装）分别陈列。每类商品中按照上述陈列后再按照品牌做集中陈列。具体如图 7-60 所示。

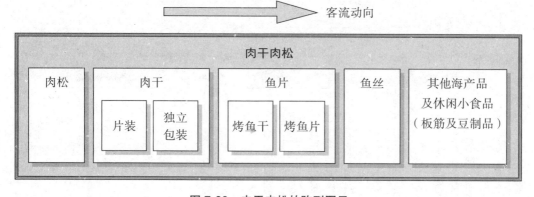

图 7-60　肉干肉松的陈列图示

7.10.3　蜜饯

蜜饯有品类之别、包装之别、规格之别，陈列时先按照山楂类、枣类、梅/果脯类及其他蜜饯分别摆放。在山楂品类中再按照山楂片、山楂卷及其他山楂制品陈列。枣类按照蜜枣和红枣分别陈列。梅类先将瓶装商品独立陈列，后再按照袋装梅类、葡萄干、果脯、脱水水果及薯干片分别陈列。每类商品按照上述陈列后再按照品牌做集中陈列，小规格的摆放在上层货架，大规格的摆放在下层货架。具体如图 7-61 所示。

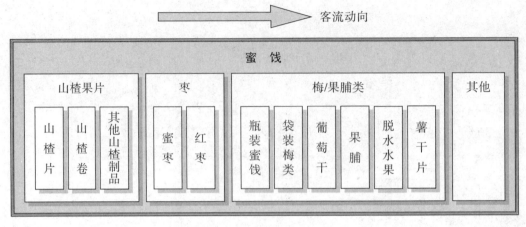

图 7-61　蜜饯的陈列图示

7.10.4　核果及其他

核果有很多大类，大类中又分许多细类，在陈列时，要先按照大类（瓜子、花生/豆类、腰果/杏仁、核桃/桃仁、松子/开心果及榛子等）分别陈列。接下来，在瓜子品类中按照葵花子、黑瓜子及白瓜子陈列；花生/豆类按照花生、花生仁和兰花豆、青豆等分别陈列。

每类商品按照上述陈列后，再按照品牌做集中陈列，小规格的摆放在上层货架，大规格的摆放在下层货架。具体如图7-62所示。

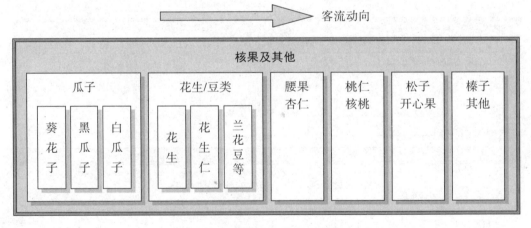

图 7-62　核果及其他的陈列图示

7.10.5　糖果

糖果有不同种类，不同种类中又有不同的品牌，还有不同的规格（包装），在陈列时，应先按照分类（即口香糖、特殊糖果、软糖、夹心糖、奶糖、硬糖及糖礼包礼盒等）分别陈列。在口香糖品类中按照同品牌的集中陈列，上面采用挂钩陈列条装口香糖，下面层板展示瓶装口香糖，小规格的摆放在上层货架，大规格的摆放在下层货架。软糖按橡皮糖和棉花糖分别陈列。每类商品按照上述陈列后，再按照品牌做集中陈列。具体如图7-63所示。

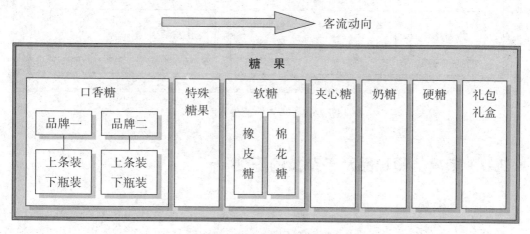

图7-63 糖果的陈列图示

7.10.6 果冻

果冻也有不同的包装、不同的规格、不同的品牌，陈列时可以先按包装分为吸吸果冻、杯碗装果冻、袋装果冻和果冻礼包四类陈列，每类包装再按照品牌做集中陈列，小规格的摆放在上层货架，大规格的摆放在下层货架。具体如图7-64所示。

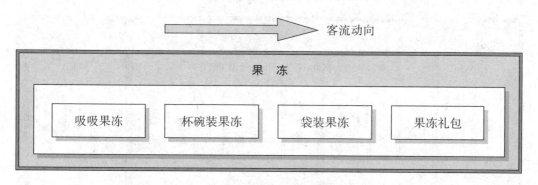

图7-64 果冻的陈列图示

7.10.7 巧克力

巧克力有不同的包装、不同的规格、不同的品牌，陈列时可以先按包装［即单片装、方便袋（纸盒）装、透明碗罐瓶装、礼盒装及巧克力威化五个部分］分别陈列。按照上述陈列后，再按照品牌做集中陈列，小规格的摆放在上层货架，大规格的摆放在下层货架。具体如图7-65所示。

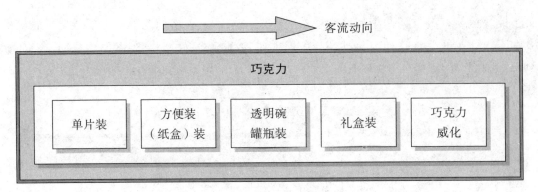

图 7-65　巧克力的陈列图示

7.11　粮食、调味品及干杂货的陈列

7.11.1　粮食

粮食的种类有许多，规格、包装也多样。陈列是先按分类（即米、面、挂面、杂粮）分别顺序陈列，米、面再按照规格（5千克、10千克等），特殊面粉需要先按饺子粉和自发粉分别出来，然后再按规格陈列。挂面按照口味（鸡蛋面、蔬菜面、杂粮面等）分别陈列，小规格的摆放在上层货架，大规格的摆放在下层货架。杂粮再按照豆类和其他杂粮等分别陈列。米、面地台陈列遵循货架粮食陈列的原则。具体如图7-66所示。

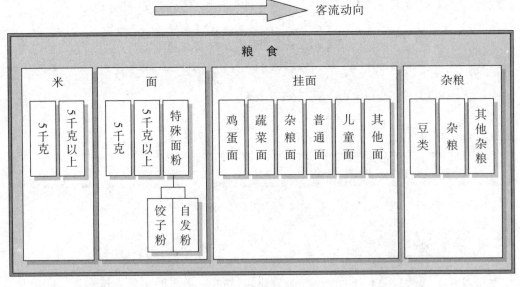

图 7-66　粮食的陈列图示

7.11.2　烹调油

烹调油种类繁多，规格也多样。烹调油应选择重型货架陈列，陈列时先按规格（4

升以下、4升以上）分别陈列，再按油的种类（即大豆油、菜籽油、调和油、葵花籽油、花生油、橄榄油、其他植物油）顺序陈列。在每类油种的陈列中品牌相对集中陈列。具体如图7-67所示。

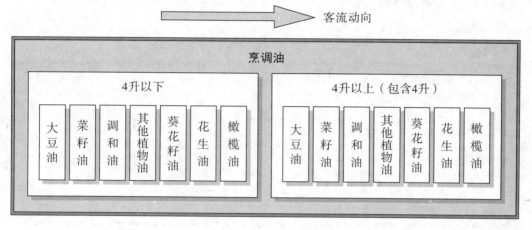

图7-67 烹调油的陈列图示

7.11.3 袋装快餐面

袋装快餐面种类繁多，包装分为连包、单包。在袋装方便面的陈列中，先将连包和单包分开陈列。在连包陈列中再按照同品牌的集中陈列的原则来摆放，每个品牌中再按照口味顺序（牛肉、海鲜、鸡肉及其他口味）摆放，在陈列时要兼顾色块差异。具体如图7-68所示。

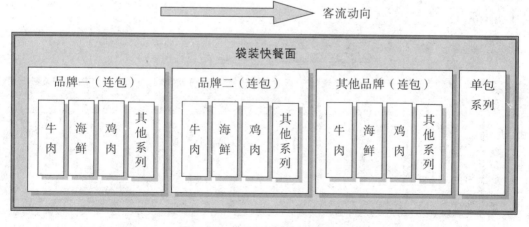

图7-68 袋装快餐面的陈列图示

7.11.4 杯碗快餐面

杯碗快餐面有品类之分（方便面、其他快餐面），也有口味（牛肉、海鲜、鸡肉及其他口味）和规格之分。

在杯碗快餐面的陈列中，先将方便面和其他快餐面分开陈列。在杯碗方便面中按照同品牌的集中陈列的原则摆放，每个品牌中再按照口味顺序陈列，小规格的摆放在上层货架，大规格的摆放在下层货架。其他快餐面则按照方便粉丝、速食粥、速食米饭及其他的方便食品的顺序陈列，同样每类商品中品牌相对集中陈列。具体如图7-69所示。

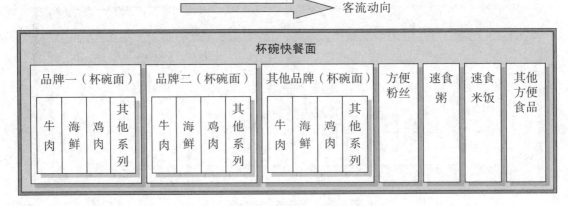

图7-69 杯碗快餐面的陈列图示

7.11.5 调味料

调味料的种类繁多，品牌多，规格也多样。陈列时，先按盐、糖、调理粉、味精、鸡精/粉、瓶装调料、袋装调料、烹饪调料、调味干货及汤料的顺序分类摆放，门店可按照货架资源对每类商品的陈列顺序做一些小的调整，尽量不要拆类陈列。在每类商品中再按照品牌集中的原则来陈列，小规格的摆放在上层货架，大规格的摆放在下层货架。具体如图7-70所示。

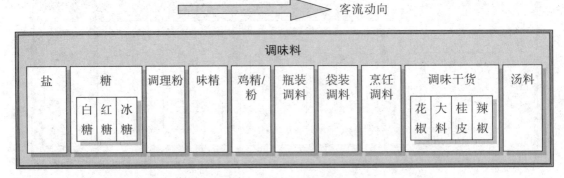

图7-70 调味料的陈列图示

7.11.6 酱油、醋

酱油、醋种类多、规格不一样，陈列时，先分别按照包装分为袋装、瓶装和桶装，依顺序陈列，袋装商品陈列在货架下两层，瓶装商品及桶装商品再按照普通酱油、生抽、老抽及功能性酱油陈列，醋按照陈醋、米醋、香醋、熏醋、白醋、保健醋、饺子醋及调味醋顺序陈列。同类商品中同品牌的要集中陈列。具体如图7-71所示。

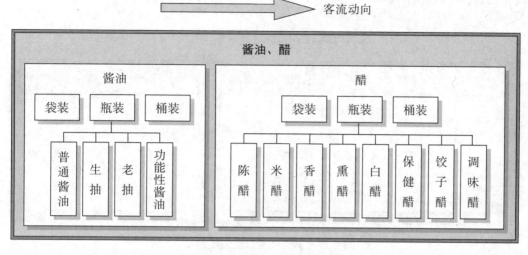

图 7-71　酱油、醋的陈列图示

7.11.7　调味酱/汁

调味酱/汁也是种类繁多，有的是瓶装，有的是袋装。陈列时先将调味酱、调味汁分别陈列，调味汁再按照调味酒、调味油（香油、花椒油、芥末油和虾油）及其他调味汁（鲍鱼汁、蚝油汁、卤水汁）的顺序陈列。调味酱按照麻酱、面酱/黄酱、辣酱、火锅调味酱、其他调味酱、色拉酱及沙司/番茄酱的顺序陈列。瓶装的摆放在上层货架，袋装的摆放在下层货架，同类商品中同品牌的要集中陈列。如图7-72所示。

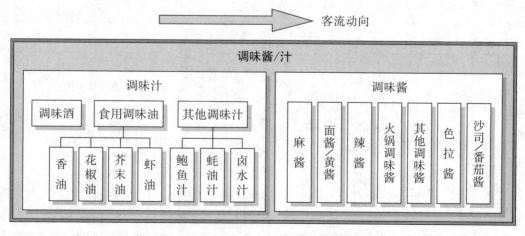

图 7-72　调味酱/汁的陈列图示

7.11.8 酱菜和豆腐乳

陈列酱菜时，先按照包装（瓶装和袋装）分别摆放，瓶装的摆放在上层货架，袋装的摆放在下层货架。榨菜集中陈列，其他什锦酱菜可集中陈列。腐乳按照红腐乳、辣腐乳、白腐乳及臭腐乳的顺序分别陈列。具体如图7-73所示。

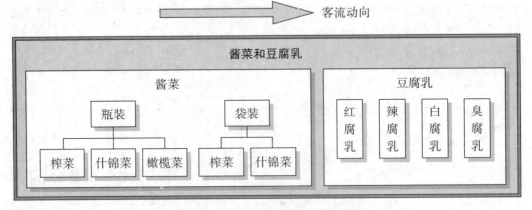

图7-73 酱菜和豆腐乳的陈列图示

7.11.9 罐头食品

罐头食品种类很多，规格也不一样。陈列时，先按照分类，依水果罐头、蔬菜罐头、水产罐头、肉罐头及甜豆罐头的顺序分别陈列，在每类罐头中再按照不同口味分别陈列，同类同口味商品中可按照同品牌的集中陈列，小规格的摆放在上层货架，大规格的摆放在下层货架。具体如图7-74所示。

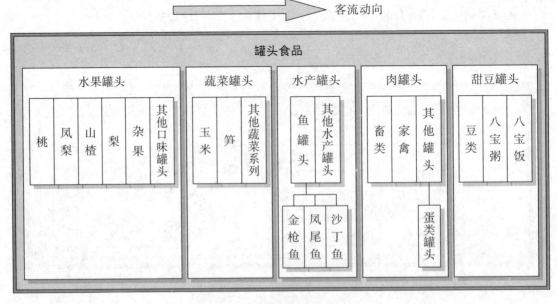

图7-74 罐头食品的陈列图示

7.11.10 干杂货

干杂货品类非常多,规格也不一样,在陈列时,首先要按商品分类,即分为香菇、木耳、银耳、腐竹、粉丝、其他副食干货、炖品补货及海干货,再按分类依次摆放。在炖品补货中再按照红枣、桂圆、枸杞、百合、莲子分类陈列,海干货再分为虾皮、虾干、紫菜、海带等分别陈列。在每类商品中,品牌相对集中陈列,小规格的摆放在上层货架,大规格的摆放在下层货架。如果有盒装的商品,则按照上盒下袋的原则来陈列,具体如图7-75所示。

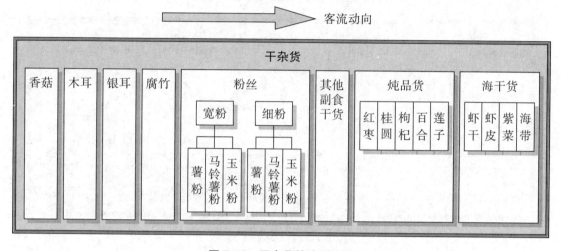

图 7-75 干杂货的陈列图示

7.11.11 宠物食品/用品

宠物食品与宠物用品应集中陈列,在宠物食品中可按照狗粮、猫粮及其他宠物食品的顺序陈列,小规格的摆放在上层货架,大规格的摆放在下层货架。宠物用品可以按照清洁用品、护理用品、饰物及笼舍的顺序分别陈列。具体如图7-76所示。

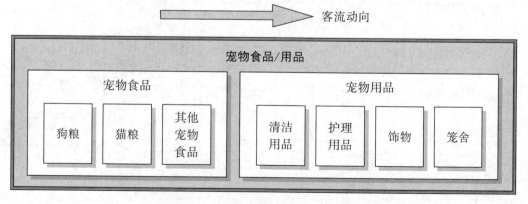

图 7-76 宠物食品/用品的陈列图示

7.12 家居用品的陈列

7.12.1 杯子

杯子有不同的材质，有不同的规格，价格也不一样。陈列时，应先按材质，后按功能，再按规格从小到大，以及价格从低到高的原则依次陈列。单只装产品放在上方，整箱装商品放在下方。另外，进口水杯和国产杯要分开陈列。具体如图7-77所示。

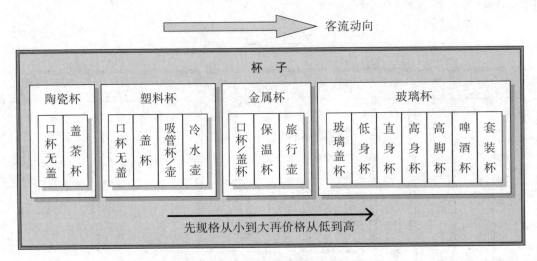

图 7-77　杯子的陈列图示

7.12.2 家居器皿

家居器皿有花瓶、果斗/果篮、冰桶等，其材质和规格也多样，陈列时，应先按家居器皿的功能，再按其材质，后按其款式、规格以及价格从低到高的原则依次陈列。具体如图7-78所示。

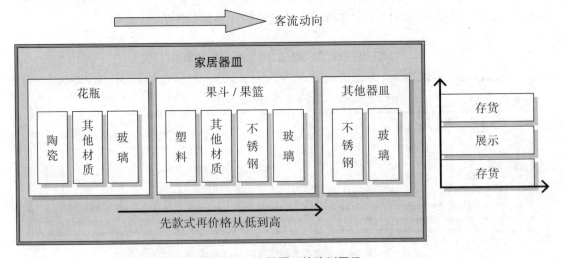

图 7-78　家居器皿的陈列图示

7.12.3 餐具类

1. 整体排列布局

餐具种类繁多，有碗、碟、小餐具等，材质不一样，规格不一样，价格也不一样。陈列时，应先按材质，再按花色，后按价格从低到高的次序陈列。单BAY（两个立柱片加上几层横梁组成的一个货架储存单元，英文叫BAY）陈列应依照上层展示碟、中间展示小餐具（勺、吃碟）、下层展示碗的基本原则。具体如图7-79所示。

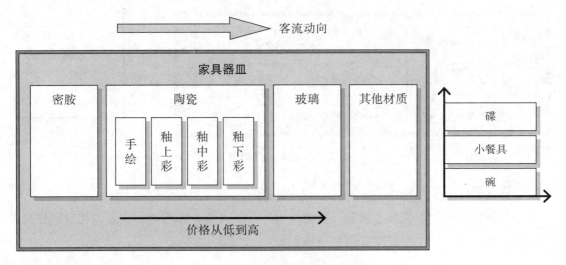

图 7-79　家具器皿的陈列图示

2. 小餐具

小餐具有筷子、刀、叉、勺等，陈列时先按小餐具的类别摆放，再按材质，后按价格从低到高的顺序依次陈列。具体如图7-80所示。

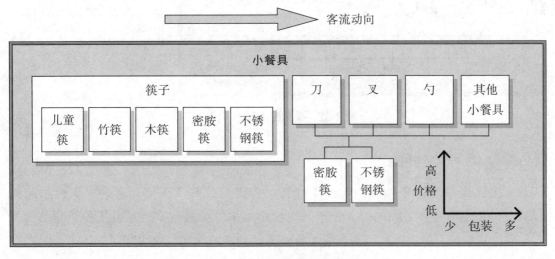

图 7-80　小餐具的陈列图示

3.套具

套具有餐具、茶具、咖啡具之分,陈列时先按大类别来分别陈列,然后按包装数量(从少到多)的次序,价格从低到高的顺序依次陈列。中间展示套具,上层下层按一一对应的原则摆放库存。具体如图7-81所示。

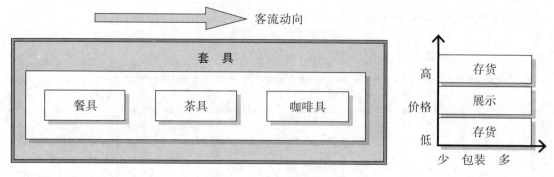

图 7-81　套具的陈列图示

4.餐具配件

餐具配件有锅垫、杯垫、餐垫、托盘、餐(果)盘等,陈列时,先按大类分别摆放,后按价格从低到高的次序依次陈列。具体如图7-82所示。

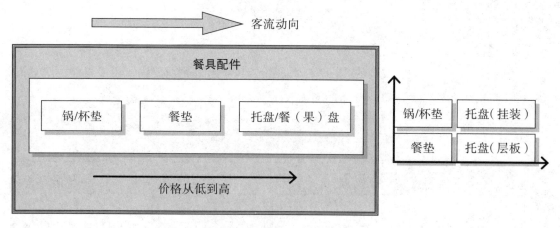

图 7-82　餐具配件的陈列图示

7.12.4　一次性用品

一次性用品有许多种类,如一次性杯、碗碟、台布及其他,这些一次性用品的材质与包装也有多种。陈列时,先按一次性用品来分类进行摆放,再按各类商品的材质,后按其颜色,最后按其包装规格及价格从低到高的次序,依次陈列。具体如图7-83所示。

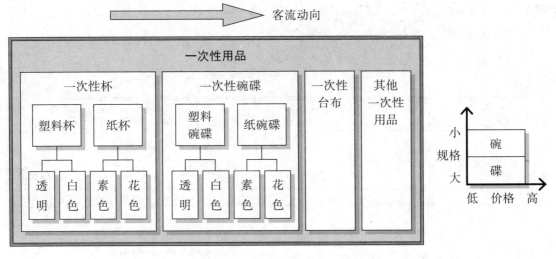

图 7-83 一次性用品的陈列图示

7.12.5 炒锅/煎锅

锅有带盖和不带盖之分,还有炒锅、煎锅之分,另外,规格、价格也不一样。陈列时,先按类别(带盖、不带盖),再按功能(炒锅、煎锅),后按规格(从大到小),依照价格从低到高的次序,依次陈列。中层货架展示商品,上层和下层则按一一对应的原则陈列库存。具体如图 7-84 所示。

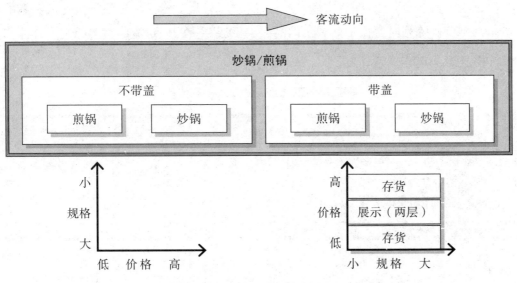

图 7-84 炒锅/煎锅的陈列图示

7.12.6 压力锅

压力锅的材质、规格、品牌、价格有多样,陈列时,先按其材质,再按其尺寸,后按品牌，最后按价格从低到高的次序，依次陈列。遵循中间展示、上下层存货一一对应的基本原则来陈列。具体如图7-85所示。

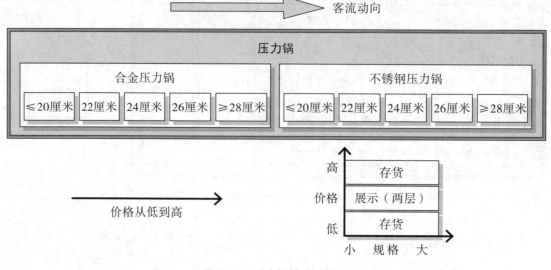

图7-85 压力锅的陈列图示

7.12.7 蒸煮锅

蒸煮锅的功能、材质、规格/尺寸、价格有多样。陈列时，先按功能（奶锅、炖/汤锅、蒸锅），再按材质（金属、陶瓷/砂），后按规格/尺寸，最后按照价格从低到高的次序，依次陈列。陈列时遵循中间展示商品、上下层存货一一对应的基本原则。具体如图7-86所示。

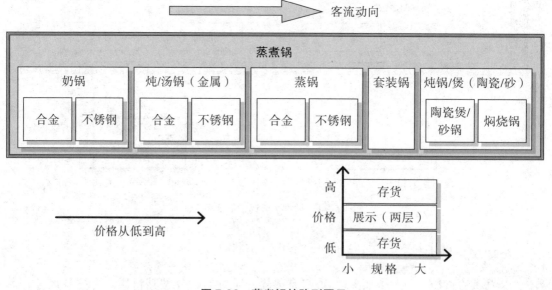

图7-86 蒸煮锅的陈列图示

7.12.8 水壶/保温瓶桶

水壶/保温瓶桶的功能、容积/规格、价格有多样。陈列时，应先按功能（水壶、暖水瓶），再按材质（铝壶、不锈钢壶、塑料等），再按容积/规格，最后按照价格从低到高的次序，在BAY或地台依次陈列。具体如图7-87所示。

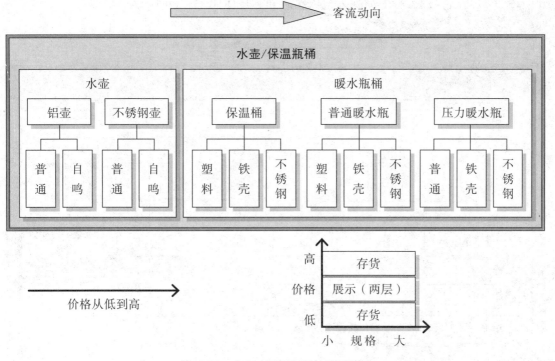

图 7-87　水壶/保温瓶桶的陈列图示

7.12.9 保鲜容器

保鲜容器陈列时应按功能分为微波炉用品、保鲜盒、饭盒、密气罐等，并依序摆放，再按材质（塑料、玻璃、金属等），最后依照价格从低到高的原则依次陈列。具体如图7-88所示。

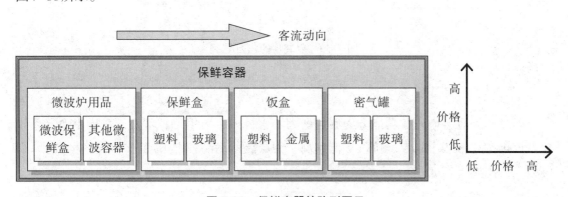

图 7-88　保鲜容器的陈列图示

7.12.10 包装物

包装物陈列时，应先按功能用途分为保鲜膜、铝箔/锡纸、保鲜袋、冷食保温袋、密食袋等几大类，再按各类商品的规格（20厘米、30厘米），后按包装数量（20米、30米、60米等）或规格，最后考虑品牌因素依次陈列。具体如图7-89所示。

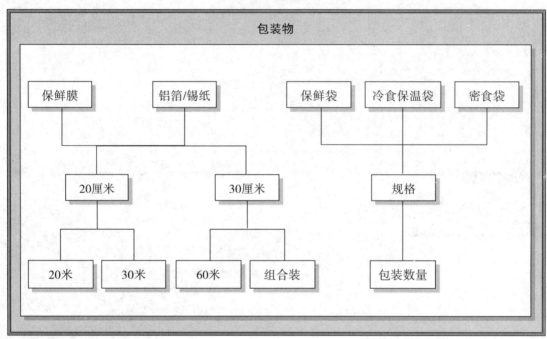

图7-89 包装物的陈列图示

7.12.11 刀具

刀具陈列时，应先按功能分为厨用剪刀、水果刀、厨用刀、套刀，并依序确定摆放位置，再按规格从小到大，价格从低到高，中层展示商品，上下层一一对应存货的原则陈列。具体如图7-90所示。

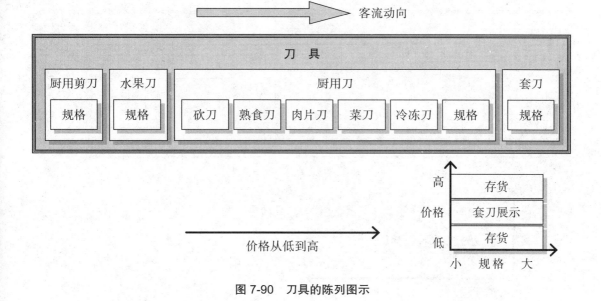

图 7-90 刀具的陈列图示

7.12.12 菜板

陈列菜板时,先按材质分为塑料、木质、竹质来确定摆放顺序,后按规格/外形从大到小,价格从低到高依次陈列。具体如图7-91所示。

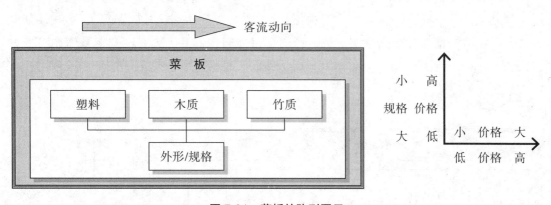

图 7-91 菜板的陈列图示

7.12.13 厨房器具

厨房器具种类繁多,陈列时先按类别(汤勺、铲、漏勺、搅拌器、刨刀/削皮器、漏斗、冰格、调味盒、筷笼、菜筛),后按规格及价格从低到高的原则,依次陈列。挂件部分应与厨房设备一起陈列,层板部分应尽量与保鲜容器一起陈列,调味盒按格数,由少到多从下到上陈列。具体如图7-92所示。

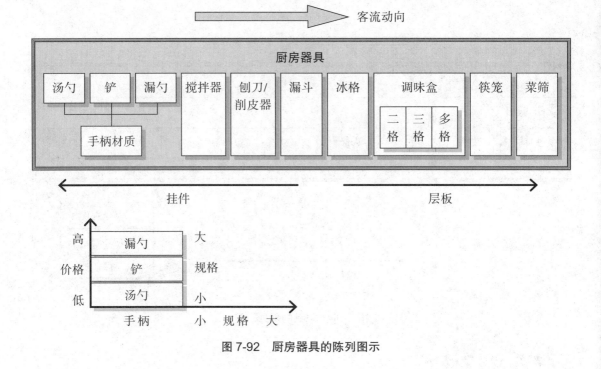

图 7-92　厨房器具的陈列图示

7.12.14　厨房设备/酒类收藏器具

厨房设备/酒类收藏器具有许多，在陈列时，可以先按类别（粘钩、水槽附件、温度计、量具、灶具、夹具、冰箱贴、置物架/酒类收藏架、酒塞、开瓶器等），再按功能及款式，最后按价格从低到高依次陈列。挂件尽量与厨房器具陈列在一起。具体如图7-93所示。

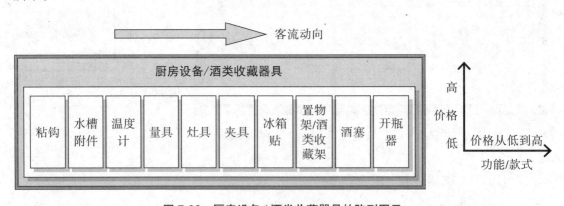

图 7-93　厨房设备/酒类收藏器具的陈列图示

7.12.15　垃圾袋/桶

陈列垃圾袋/桶时，应先按功能（垃圾袋、垃圾桶），后按类别（垃圾袋、台筒、纸篓、翻盖垃圾桶、脚踏式垃圾桶），再按照规格、外形，最后按价格从低到高的原则，依次陈列。具体如图7-94所示。

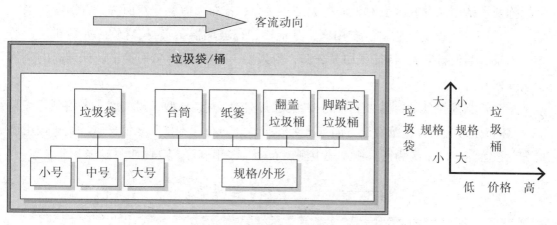

图 7-94　垃圾袋/桶的陈列图示

7.12.16　水桶/盆

陈列水桶/盆时，应先按功能（盆、水桶），后按材质（塑料、其他材质），再按外形（圆形、方形），依照规格及价格从低到高的原则依次陈列。脸盆和桶倒放，以口径面对顾客，按客流方向依次为透明盆、普通盆、豪华盆、防滑盆、无盖桶、有盖桶、拧干桶；最低价位的放在货架底部，其他单品按从小到大的顺序从上到下陈列。具体如图7-95所示。

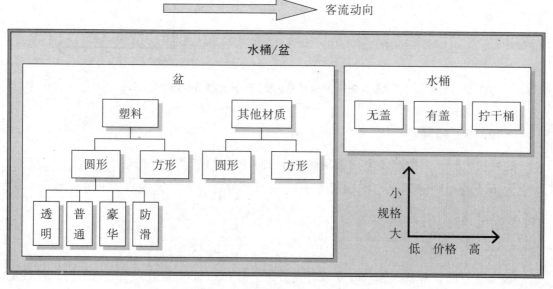

图 7-95　水桶/盆的陈列图示

7.12.17 清洁用品/刷/手套

陈列清洁用品/刷/手套时，先按类别（手套、抹布、海绵、双面洗、百洁布、钢丝球、餐具刷、地板刷、衣刷、多用刷、其他刷、擦玻璃器），后按材质（如纱布、无纺布、木浆、其他材质）、特征（如灵巧型、耐久型、多用型），依照价格从低到高的原则依次陈列。

手套按从高档到低档从上到下，按客流方向依次为灵巧型、耐久型、多用型（三只装）。抹布按材质区分，按客流方向依次为纱布、无纺布、木浆和其他材质。刷子按用途区分，按客流方向依次为餐具刷、地板刷、衣刷、多用刷等。具体如图7-96所示。

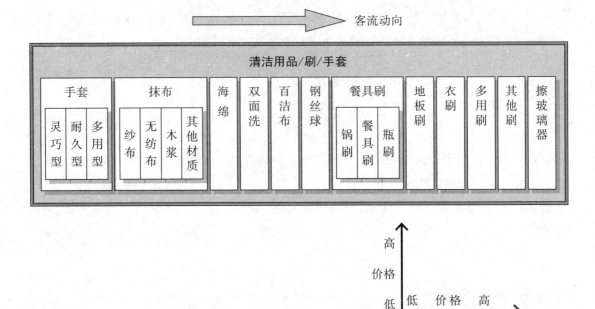

图7-96　清洁用品/刷/手套的陈列图示

7.12.18 扫帚

陈列扫帚时，应按客流方向依次陈列手刷连铲、扫把、套装扫把连垃圾铲。垃圾铲按上大下小的原则陈列，扫把摆放在上层货架，套装摆放在下层货架。具体如图7-97所示。

7.12.19 地拖

地拖种类也非常多，陈列时要按客流方向，依次按棉纱拖把、无纺布拖把、自拧干拖把、胶棉拖把、简装平地拖、盒装平地拖的顺序来陈列。具体如图7-98所示。

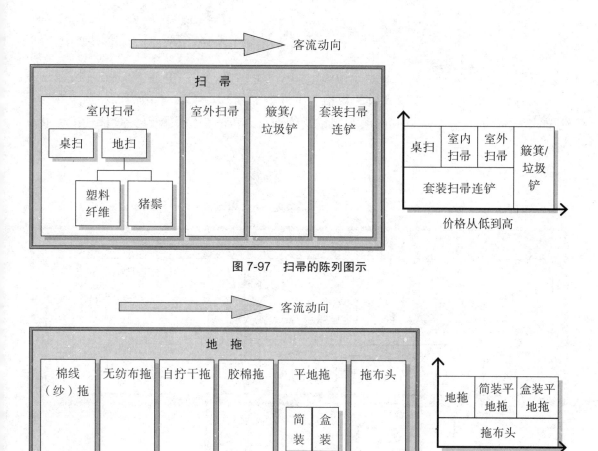

图 7-97 扫帚的陈列图示

图 7-98 地拖的陈列图示

7.12.20 衣架

陈列衣架时,应先按功能(衣架、晒架、夹子、晾衣竿、晾衣绳、大型晾衣架),再按材质(塑料、金属、木质及其他),后按规格或形状(如圆形、方形等),最后依照价格从低到高的原则依次陈列。单个在套装之上,木衣架棕色在白色之上。晒架按夹子数量,从多到少,从上到下的顺序陈列。具体如图7-99所示。

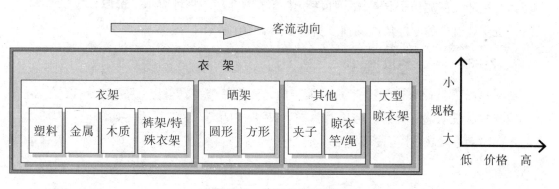

图 7-99 衣架的陈列图示

7.12.21 熨衣板

陈列熨衣板时，先按熨衣板的规格（小号、中号、大号），再按表面材质（花布、银布），最后依照价格从低到高的原则依次陈列后，再陈列熨衣配件。具体如图7-100所示。

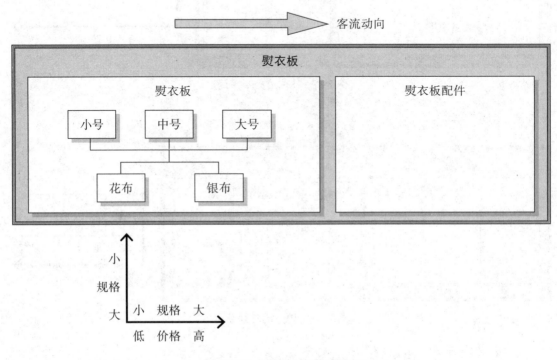

图7-100 熨衣板的陈列图示

7.12.22 整理箱/抽屉柜

整理箱应沿客流方向按从小到大的顺序进行陈列。在货架中部加层板来陈列样品，与样品对应的下层放盖子和箱体。抽屉柜沿客流方向按小型抽屉柜、单层、双层、三层、四层、五层抽屉柜的顺序依次陈列。具体如图7-101所示。

7.12.23 洗衣/置放用品

洗衣/置放用品种类繁多，应沿客流方向，先按品类（真空袋、整理袋、衣罩、洗衣篮、洗衣板、洗衣袋、樟脑、芳香片、防潮/除味用品），后按材质（如塑料、木质）或功能（如防潮、除味），再按规格从小到大，最后按价格从低到高的顺序陈列。具体如图7-102所示。

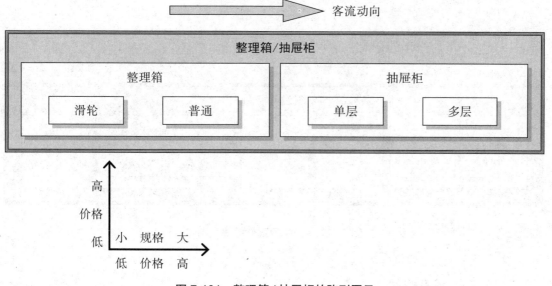

图 7-101　整理箱 / 抽屉柜的陈列图示

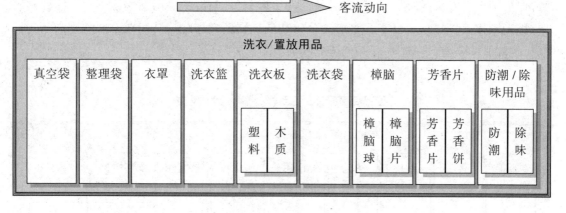

图 7-102　洗衣 / 置放用品的陈列图示

7.12.24　卫生间配件

卫生间配件有许多，在陈列时，应按客流方向依次陈列马桶盖、马桶座套、疏通工具、马桶刷、痰盂等，在各品类中再按材质（塑料、木质）或放置的方式（挂式、立式）依序陈列。具体如图 7-103 所示。

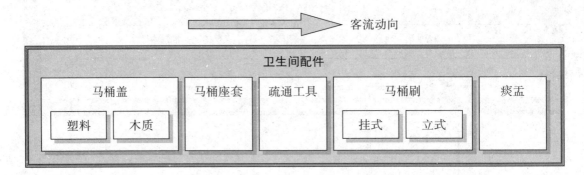

图 7-103　卫生间配件的陈列图示

7.12.25　浴室配件

浴室配件陈列时应与卫生间配件衔接，从客流方向，依次以卷纸架/纸巾盒、皂盒、浴帘/浴帘杆、龙头、花洒、沐浴用品及配件、浴室垫/防滑垫、浴室用镜子、人体秤和层架/柜为顺序，再按从大到小，最后按价格从低到高的顺序陈列。层架上部陈列商品的样品，下部一一对应放置库存品。具体如图7-104所示。

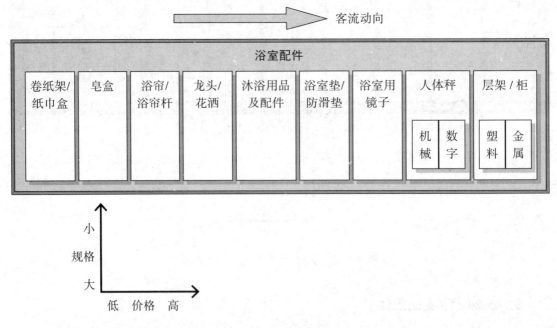

图 7-104　浴室配件的陈列图示

7.13 家庭用具商品的陈列

7.13.1 灯具

陈列灯具时，沿客流方向出发，依次按功能分为学习灯（夹子灯、桌灯、调光灯、护眼灯）、装饰灯（顶灯、工艺灯、落地灯），再按规格从小到大，价格从低到高的顺序依次陈列。落地灯尽量陈列在专用货架上，所有样品和库存最好用数字标出并做到一一对应。具体如图7-105所示。

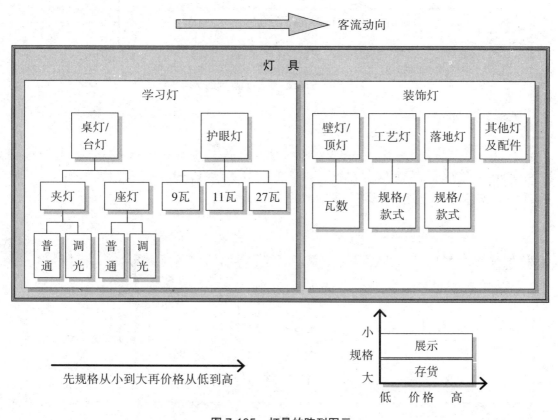

图 7-105 灯具的陈列图示

7.13.2 地毯/地垫

地毯/地垫应先按功能（室内垫、室外垫、挂毯、地毯），再按材质（化纤垫、棉垫、绒垫等），后按规格，最后按照价格从低到高的原则依次陈列。货架的上两层用挂装的形式展示商品的样品，下层的层板上置放存货。具体如图7-106所示。

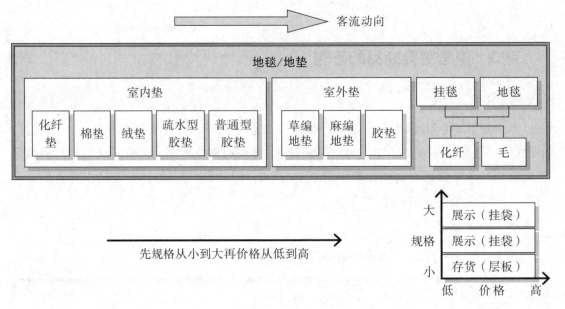

图 7-106　地毯/地垫的陈列图示

7.13.3　桌椅

桌椅先按固定、折叠，再按凳、椅的顺序，后按凳、椅的材质（如胶面、布面、塑面、木面）及颜色，最后按照价格从低到高的次序来陈列。单 BAY 陈列应在上层展示商品样品，下层一一对应摆放库存。具体如图 7–107 所示。

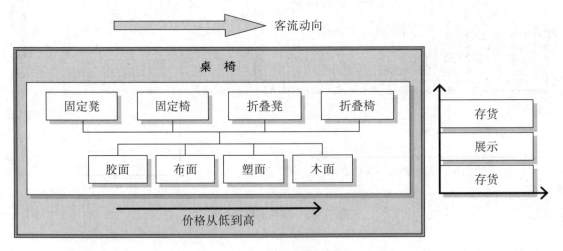

图 7-107　桌椅的陈列图示

7.13.4　桌椅地台

桌椅地台先按类别（办公椅、茶几、固定桌、折叠桌、桌椅组合等），再按材质（胶面、布面、皮面、木面等），后按规格，最后按照价格从低到高在地台上或 BAY 上依次陈列。具体如图 7–108 所示。

第7章 图解精益管理之商品标准化陈列

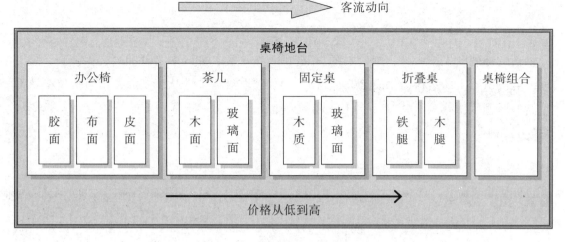

图 7-108　桌椅地台的陈列图示

7.13.5　储藏层架/小型家具

储藏层架/小型家具应先按功能（层架/角架、层架组件、书架、杂志架、组合储物架、床头柜、鞋柜、衣镜、衣帽规架），再按材质（塑料、铁质、木质等），后按规格从小到大，最后按价格从低到高的次序依次陈列。货架上层展示商品样品，下层一一对应地放置库存品。具体如图 7-109 所示。

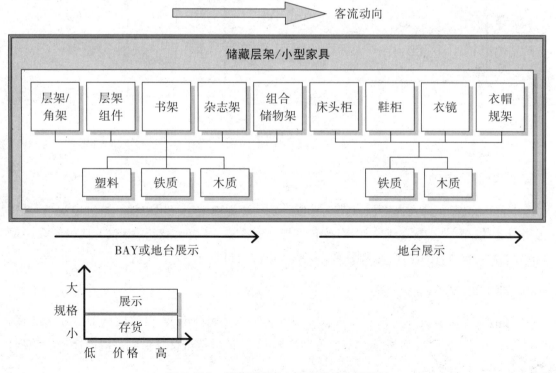

图 7-109　储藏层架/小型家具的陈列图示

7.13.6 画

画的陈列应先按大类（画、画框/相框）再按小类，如画中又分油画、工艺画、装饰画，再按材质（如塑料、木质、其他材质），后按照规格尺寸从小到大，最后按价格从低到高的原则依次排列。货架上层展示画或画框，中间展示相框，下层放置存货。具体如图7-110所示。

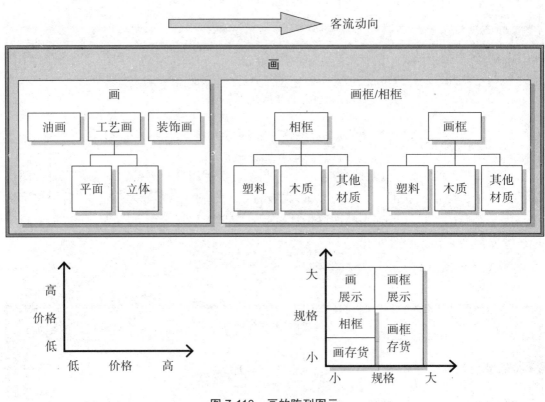

图 7-110 画的陈列图示

7.13.7 电池

陈列电池时，要遵循客流方向，先按类别（普通电池、充电电池、特殊电池），再按规格（7号、5号、2号、1号），后按包装数（如2粒、4粒、6粒、10粒）从少到多，最后按价格从低到高的次序/依次陈列。具体如图7-111所示。

7.13.8 灯泡

灯泡应遵循客流方向，先按功能（如节能灯、日光灯等），再按规格（15瓦、25瓦、40瓦、60瓦、100瓦），后按款式（如管型、异型），最后按价格从低到高的次序依次陈列。具体如图7-112所示。

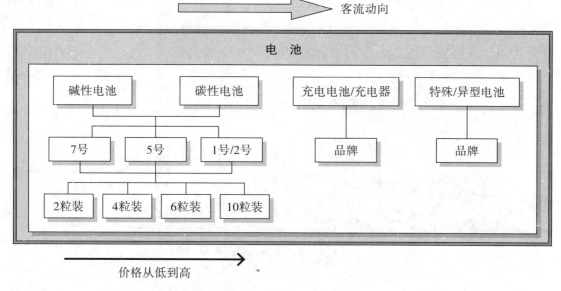

图 7-111　电池的陈列图示

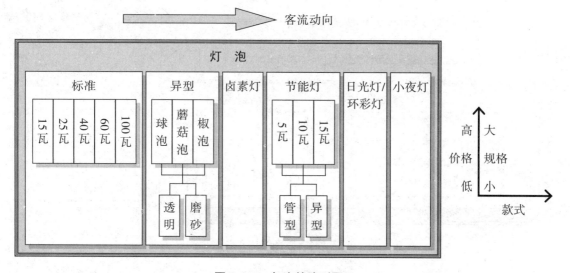

图 7-112　灯泡的陈列图示

7.13.9　电器配件

电器配件应先按功能（转换插座、其他电器配件、电线/缆）来分类，转换插座先按功能及类别（如转换插座头、三位及以下插座、四位插座、五位插座、六位及以上插座），再按电源线规格（如3米电源线、5米电源线），后按包装尺寸，最后按照价格从低到高的顺序依次陈列。具体如图7-113所示。

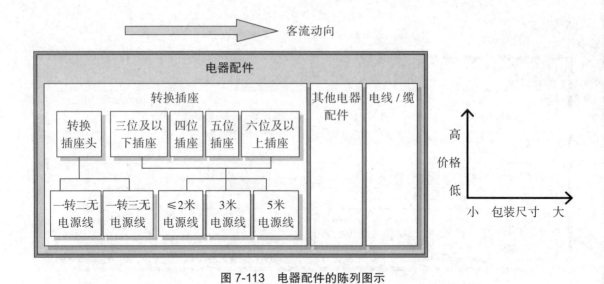

图 7-113　电器配件的陈列图示

7.13.10　钟表

钟表应先按类别（挂钟、手表、闹钟），再按材质（电子、石英、机械），最后按价格从低到高的次序依次陈列。具体如图 7-114 所示。

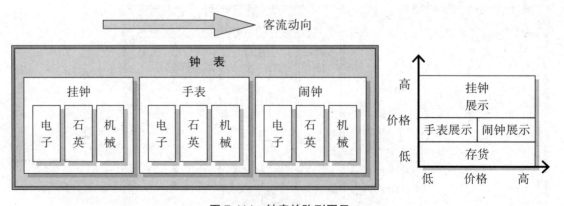

图 7-114　钟表的陈列图示

7.14　家庭日用品的陈列

7.14.1　卫生卷纸

卫生卷纸可分成有芯卷纸和无芯卷纸两个区域来陈列。在每个区域里，再按单卷/双卷、双排手提、单排卷纸进行分类，最后按价格从低到高的顺序依次陈列。在每个分类里，同品牌的要集中陈列。具体如图 7-115 所示。

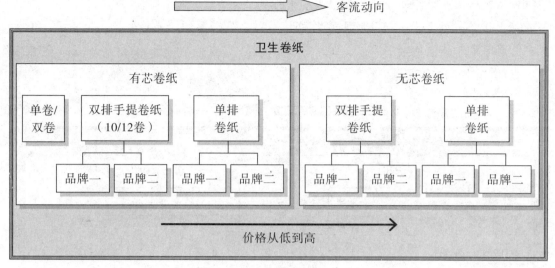

图 7-115　卫生卷纸的陈列图示

7.14.2　抽式纸

抽式纸要分成三部分（手帕纸、软抽/餐巾纸、盒巾）陈列。手帕纸再分为钱夹式和手帕式陈列，钱夹纸用挂钩陈列。在每一部分里，同品牌的要集中陈列，小规格的摆放在上层货架，大规格的摆放在下层货架。具体如图 7-116 所示。

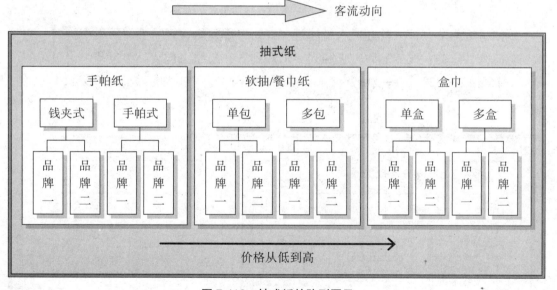

图 7-116　抽式纸的陈列图示

7.14.3　妇女卫生用品

沿客流方向，应先陈列卫生巾，再陈列卫生护垫。

（1）卫生巾陈列要求　按品牌垂直陈列；品牌内按网面类型（棉质和干爽网面）垂

直陈列；然后按照日用品、夜用品分类水平陈列。

（2）护垫陈列要求　按品牌垂直陈列；然后将高档系列产品陈列于上层货架，低档系列产品陈列于下层货架。

具体如图7-117所示。

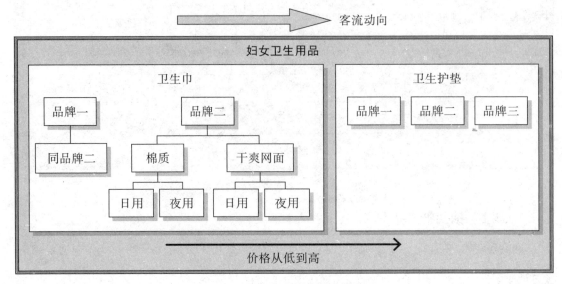

图7-117　妇女卫生用品的陈列图示

7.14.4　纸尿裤

纸尿裤分为婴儿纸尿裤和成人纸尿裤。在每一部分里，同品牌的要集中陈列。婴儿纸尿裤陈列要求为：按照品牌垂直陈列。从左到右，按照小包装→中包装→大包装的顺序；从上到下，按照小码→中码→大码→加大码的顺序。具体如图7-118所示。

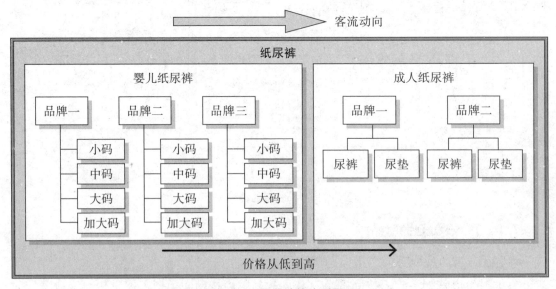

图7-118　纸尿裤的陈列图示

7.14.5 湿巾

湿巾分为袋装、桶装/盒装。袋装湿巾陈列在货架上方，桶装/盒装湿巾陈列在货架下方，同品牌的要集中陈列，以方便顾客比照价格。如果货架资源丰富，婴儿湿巾可以交叉陈列。具体如图7-119所示。

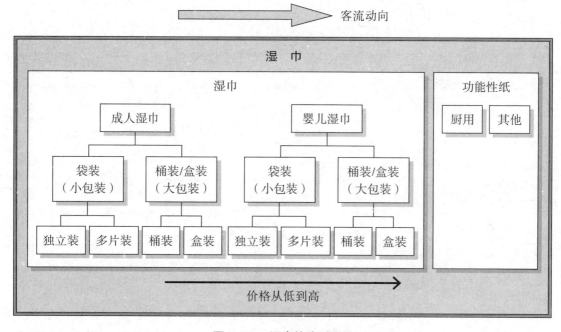

图 7-119 湿巾的陈列图示

7.14.6 洗衣粉

沿客流方向，洗衣粉按类别分为普通洗衣粉、浓缩粉、皂粉等三部分来陈列。在每一部分里，同品牌的要集中陈列，价格则依从低到高的顺序。小规格的陈列在货架的上端，大规格的陈列在货架的下方。具体如图7-120所示。

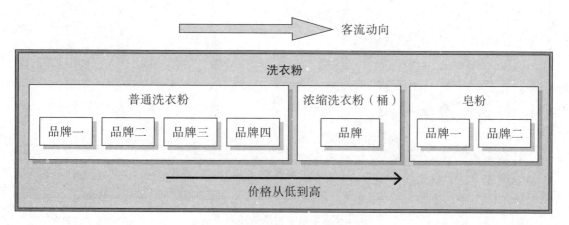

图 7-120 洗衣粉的陈列图示

7.14.7 洗衣皂

沿客流方向，洗衣皂依类别（即透明皂、增白皂/其他）顺序陈列。在每一类里，同品牌的要集中陈列。单块装的摆放在上层货架，多块装的摆放在下层货架，方便顾客进行价格比较。具体如图7-121所示。

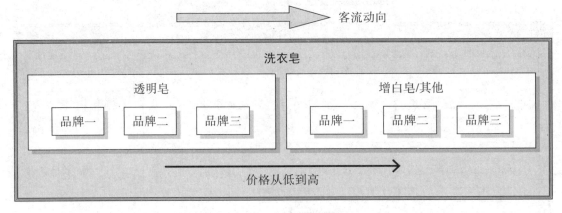

图 7-121　洗衣皂的陈列图示

7.14.8 洁衣用品

沿客流方向，洁衣用品分别依柔顺剂、洗衣液（含漂水/除菌液）、丝毛净、衣领净陈列。在每一部分里，同品牌的要集中陈列。小规格的陈列在货架上方，大规格的陈列在货架下方。具体如图7-122所示。

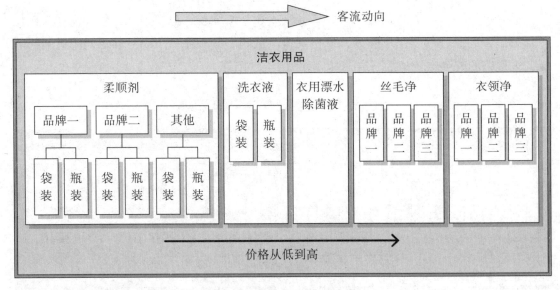

图 7-122　洁衣用品的陈列图示

7.14.9 清洁用品

沿客流方向，清洁用品依洁厨、家居清洁、洁厕顺序分为三部分来陈列。在每一部分里，同品牌的要集中陈列。小规格的陈列在货架上方，大规格的陈列在货架下方。具体如图7-123所示。

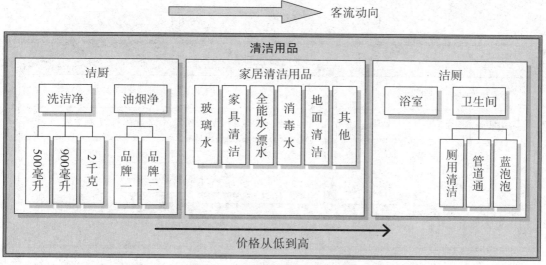

图 7-123　清洁用品的陈列图示

7.14.10 杀虫用品

沿客流方向，杀虫用品分为罐装杀虫剂、蚊香、电热驱蚊三部分依次陈列。在这些项目下，同品牌的要集中陈列。最后，应按规格上小下大、价格从低到高陈列。具体如图7-124所示。

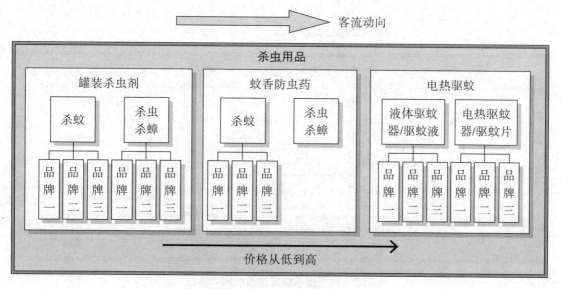

图 7-124　杀虫用品的陈列图示

7.14.11 空气清新剂

空气清新剂分为罐装空气清新剂和非罐装空气清新剂。陈列时，沿客流方向陈列罐装、非罐装商品，在每一类里，同品牌的要集中陈列，并且遵循价格从低到高的原则。具体如图7-125所示。

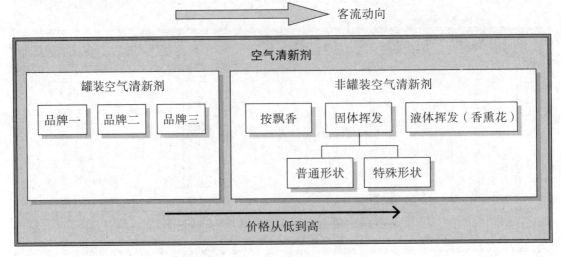

图 7-125　空气清新剂的陈列图示

7.14.12 皮革护理用品

皮革护理用品分为鞋油和皮衣护理剂。鞋油又分为液体、膏体/铁盒。陈列时，沿客流方向，先按类别（鞋油、皮衣护理剂），再按颜色（黑色、棕色、自然色），最后按价格从低到高依次陈列，同品牌的要集中陈列。具体如图7-126所示。

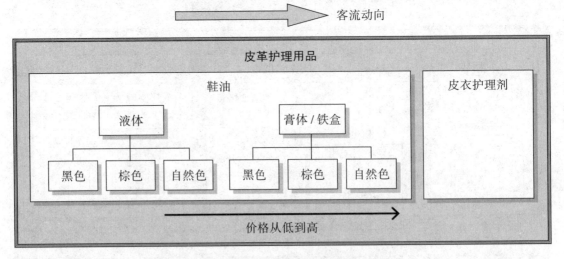

图 7-126　皮革护理用品的陈列图示

7.15 洗化用品的陈列

7.15.1 洗发水

可以沿客流方向,将洗发水分为两部分陈列:普通洗发水、功能性洗发水。在每一部分里,同品牌的要集中陈列(洗发水和护发素陈列在一起),小规格的摆放在上层货架,大规格的摆放在下层货架,并且要沿客流方向,将知名品牌的陈列于先,小品牌的陈列于后。具体如图7-127所示。

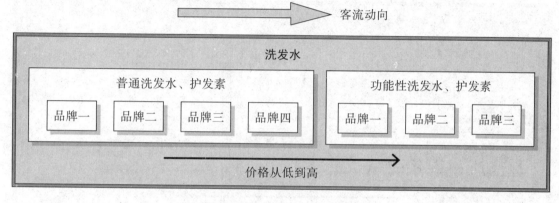

图 7-127 洗发水的陈列图示

7.15.2 美发用品

沿客流方向,将美发用品分四部分依次陈列:啫喱/摩丝/发胶、营养水、焗油、染黑/彩染。在每一部分里,同品牌的要集中陈列,并按价格从低到高的顺序。在每一品牌里,小规格的摆放在上层货架,大规格的摆放在下层货架。具体如图7-128所示。

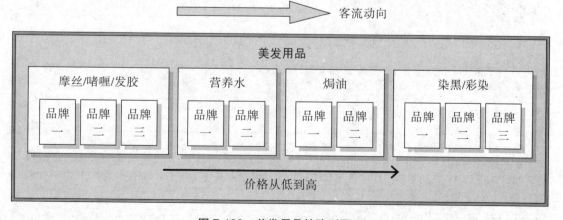

图 7-128 美发用品的陈列图示

7.15.3 口腔护理用品

口腔护理用品分为成人牙刷、儿童口腔护理用品、成人牙膏三类。在陈列口腔护理用品时，应沿客流方向按先牙刷、后牙膏的顺序陈列，牙膏和牙刷之间可陈列电动牙刷和美齿商品及儿童口腔护理用品。在每一大类中，同品牌的要集中陈列。单支装的牙刷要摆放在上层货架，多支装的牙刷要摆放在下层货架。在儿童口腔护理用品中，儿童牙刷要陈列摆放在上层货架，儿童牙膏应陈列摆放在下层货架。同一品牌的牙膏，货值高的要放在货架上方，货值低的放在货架下方。具体如图7-129所示。

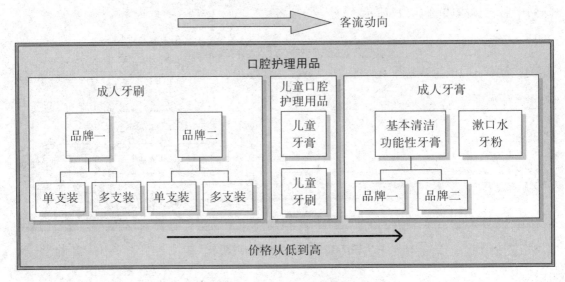

图 7-129 口腔护理用品的陈列图示

7.15.4 香皂

可沿客流方向，将香皂分为普通香皂、功能性香皂、洗手液三大类依次陈列。在每一大类中，同品牌的要集中陈列。小规格的放在货架上方，大规格的放在货架下方。同时应沿客流方向，将知名品牌的陈列于先，小品牌的陈列于后。具体如图7-130所示。

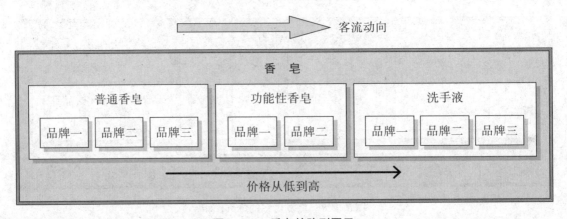

图 7-130 香皂的陈列图示

7.15.5 浴液

浴液可分为沐浴露、洗液两类依次陈列。如果货架资源丰富,强生婴儿沐浴露可做重复陈列。季节性花露水和香体露也陈列在这一区域里。在每一大类里,同品牌的要集中陈列。沿客流方向,将知名品牌的陈列于先,小品牌的陈列于后。小规格的放在货架上方,大规格的放在货架下方。具体如图7-131所示。

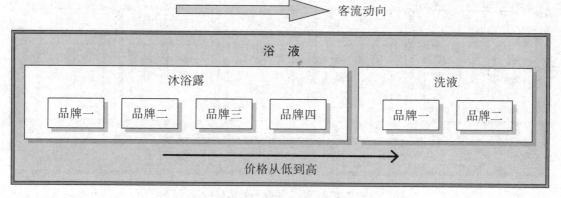

图 7-131 浴液的陈列图示

7.15.6 洁面用品

洁面用品可分为洗面奶、面膜两大类依次陈列。如果货架资源丰富,品牌洗面奶可以和品牌护肤品做重复陈列。在每一大类里,同品牌的要集中陈列,小规格的放在货架上方,大规格的放在货架下方。沿客流方向,将知名品牌的陈列于先,小品牌的陈列于后。具体如图7-132所示。

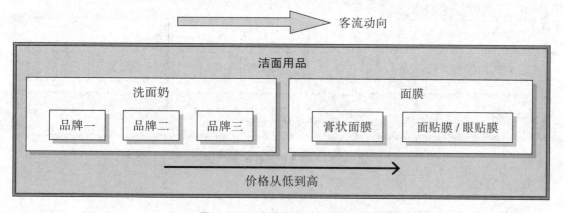

图 7-132 洁面用品的陈列图示

7.15.7 成人护肤品

成人护肤品可分为面部、男士、身体、手足、润唇膏五大类依次陈列。如果货架资源丰富，男士护肤品可以和品牌护肤品做重复陈列。在每一大类里，同品牌的要集中陈列。沿客流方向，将知名品牌的陈列于先，小品牌的陈列于后。小规格的放在货架上方，大规格的放在货架下方。润唇膏则使用挂钩进行陈列。具体如图7-133所示。

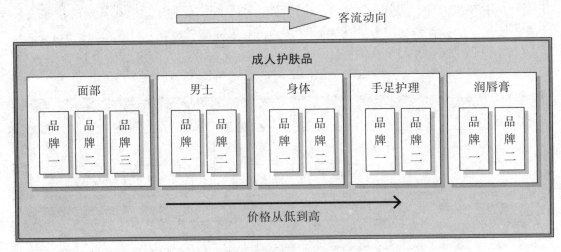

图 7-133　成人护肤品的陈列图示

7.15.8　婴儿护肤品

婴儿护肤品有不同的品牌，陈列时应将同品牌的集中。在每个品牌里，护肤品放在货架的上端，洗发水和沐浴露放在货架的下端。具体如图7-134所示。

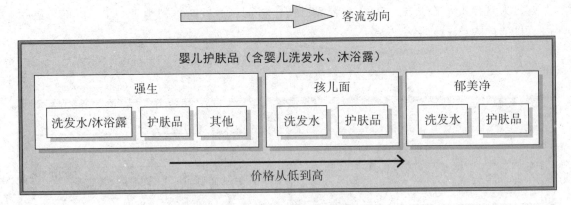

图 7-134　婴儿护肤品的陈列图示

7.16　纺织品的陈列

7.16.1　文胸

文胸的陈列要考虑尺寸、价格及颜色，并按以下要求进行陈列。具体如图7-135所示。

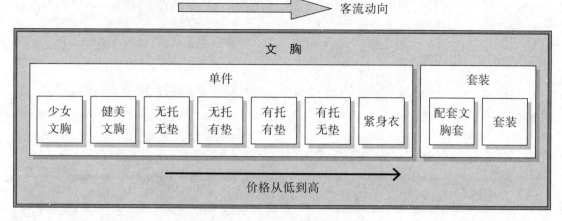

图 7-135 文胸的陈列图示

（1）尺寸　由上至下、由大到小（85/80/75/70）陈列。
（2）价格　沿客流方向，由低到高陈列。
（3）颜色　保持一根杆一个颜色，一列一个颜色或不多于两个颜色，深色的与浅色的应错开陈列，互相映衬。

7.16.2　女内衣

女内衣的陈列要考虑尺寸、价格及颜色，并按以下要求进行陈列。具体如图7-136所示。

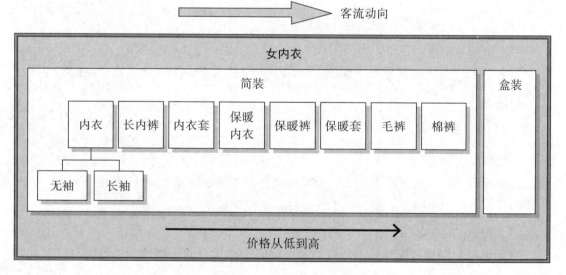

图 7-136　女内衣的陈列图示

（1）尺寸　由上至下、由大到小陈列。
（2）价格　沿客流方向，由低到高陈列。

（3）颜色　保持一根杆一个颜色，一列一个颜色或不多于两个颜色，深色的与浅色的应错开陈列，互相映衬。

7.16.3 男内衣

男内衣的陈列要考虑尺寸、价格及颜色，并按以下要求进行陈列。具体如图7-137所示。

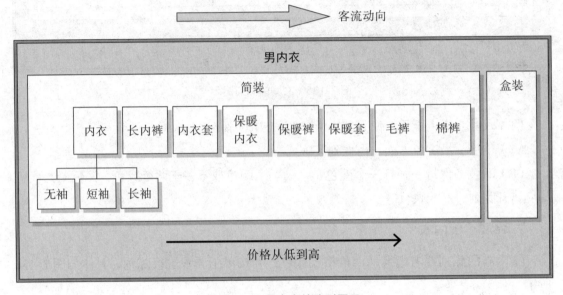

图7-137　男内衣的陈列图示

（1）尺寸　由上至下、由大到小陈列。

（2）价格　沿客流方向，由低到高陈列。

（3）颜色　保持一根杆一个颜色，一列一个颜色或不多于两个颜色，深色的与浅色的应错开陈列，互相映衬。

7.16.4 女内裤

1.挂装女内裤

挂装女内裤的陈列要考虑尺寸、价格及颜色，并按以下要求进行陈列。

（1）尺寸　由上至下、由大到小、一杆一个尺码陈列。

（2）价格　沿客流方向，由低到高。

（3）颜色　保持一根杆一个颜色，一个竖行最多保持两个颜色，深色的与浅色的应错开陈列，互相映衬。

2.盒装女内裤

盒装女内裤的陈列要考虑尺寸、价格及颜色，并按以下要求进行陈列。

（1）尺寸　由上至下、由大到小陈列。

（2）价格　沿客流方向，由低到高陈列。

（3）颜色　保持一根杆一个尺寸。

SKU要求：小店一个竖行最多保持两个SKU，大店一个竖行最多保持一个SKU（SKU是Stock Keeping Unit的缩写），即库存进出计量的单位，可以件、盒、托盘等为单位。

具体如图7-138所示。

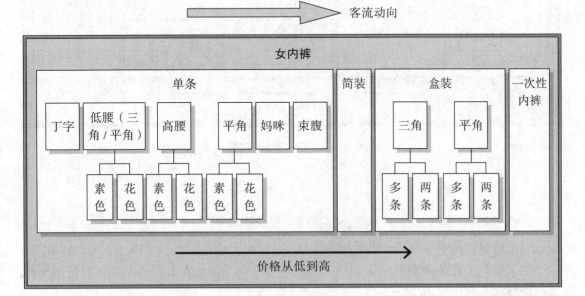

图7-138　女内裤的陈列图示

7.16.5　男内裤

1.挂装男内裤

挂装男内裤的陈列要考虑尺寸、价格及颜色，并按以下要求进行陈列。

（1）尺寸　由上至下、由大到小、一杆一个尺码陈列。

（2）价格　沿客流方向，由低到高陈列。

（3）颜色　保持一根杆一个颜色，一个竖行最多保持两个颜色，深色的与浅色的应错开陈列，互相映衬。

2.盒装男内裤

盒装男内裤的陈列要考虑尺寸、价格及颜色，并按以下要求进行陈列。

（1）尺寸　由上至下、由大到小陈列。

（2）价格　沿客流方向，由低到高陈列。

（3）颜色　保持一根杆一个尺寸。

SKU要求：小店一个竖行最多保持两个SKU，大店一个竖行最多保持一个SKU。

具体如图7-139所示。

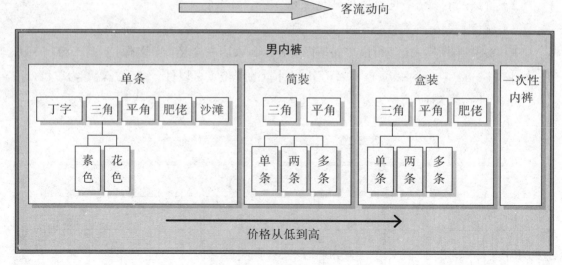

图 7-139　男内裤的陈列图示

7.16.6　女袜

女袜的陈列要考虑价格及颜色，并按以下要求进行陈列。

（1）价格　沿客流方向，由低到高陈列。

（2）颜色　保持一根杆一个颜色，一列不多于三个颜色（3∶3∶2），深色的与浅色的应错开陈列，互相映衬。

丝袜/连裤袜：沿客流方向，价格由低到高，颜色保持一根杆一个颜色陈列。丝袜/连裤袜一列不多于两个SKU，深色的与浅色的应错开陈列，互相映衬。

具体如图7-140所示。

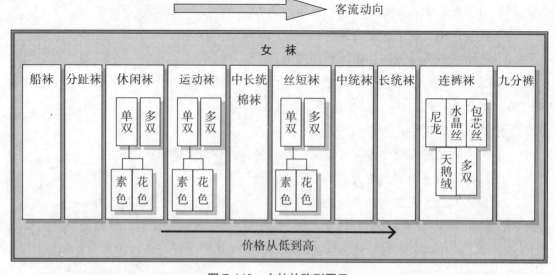

图 7-140　女袜的陈列图示

7.16.7 男袜

男袜的陈列要考虑价格及颜色,并按以下要求进行陈列。

(1)价格 沿客流方向,由低到高。

(2)颜色 保持一根杆一个颜色,一列不多于三个颜色(3∶3∶2),深色的与浅色的应错开陈列,互相映衬。

具体如图7-141所示。

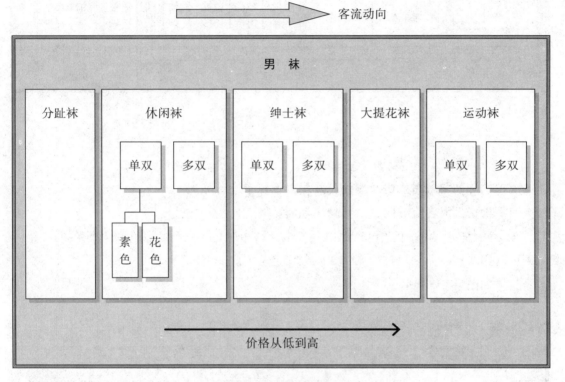

图 7-141 男袜的陈列图示

7.16.8 睡衣

睡衣的陈列要考虑尺寸及颜色,并按以下要求进行陈列。

(1)尺寸 保持一根杆尺寸齐全。

(2)价格 沿客流方向,由低到高地陈列。

(3)颜色 一列一个颜色或不多于两个颜色,深色的与浅色的应错开陈列,互相衬托,保持一根杆一个SKU。

具体如图7-142所示。

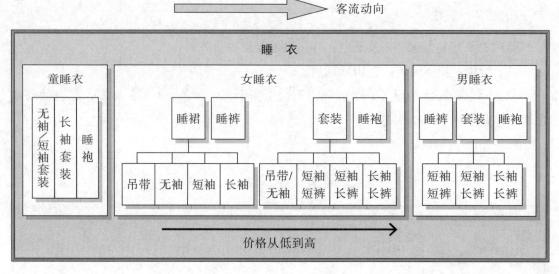

图 7-142 睡衣的陈列图示

7.16.9 毛巾

毛巾的陈列要考虑价格及颜色，并按以下要求进行陈列。

（1）价格　沿客流方向，由低到高陈列。

（2）颜色　一列一个颜色，面巾、方巾、浴巾颜色需一致，深色的与浅色的应错开陈列，互相映衬。

具体如图7-143所示。

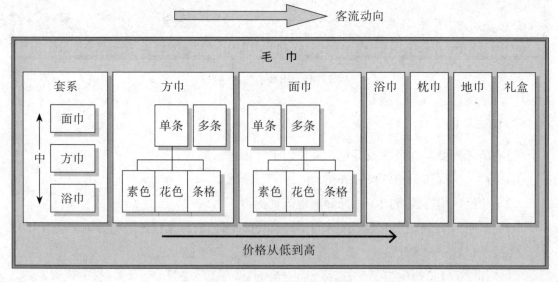

图 7-143 毛巾的陈列图示

7.16.10 床上用品

1.枕套/被罩/床单的陈列要求

（1）价格　沿客流方向，由低到高陈列。

（2）颜色　每层可陈列不同花型，每列不多于两个SKU。

2.件套（两件/三件/四件/多件套）的陈列要求

（1）价格　沿客流方向，由低到高陈列。

（2）颜色　每层可陈列不同花型，每列不多于两个SKU。

具体如图7-144所示。

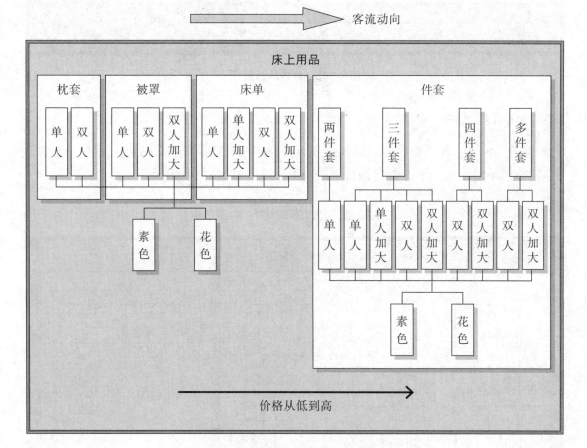

图7-144　床上用品的陈列图示

7.16.11　枕

枕的陈列要求为：先按类别分为单人、双人/长枕，再按价格沿客流方向，由低到高陈列，保持一个竖行不多于两个SKU，大店一个竖行保持一个SKU。具体如图7-145所示。

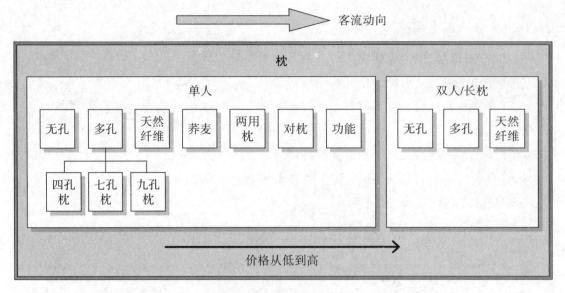

图 7-145　枕的陈列图示

7.16.12　被子、床垫

被子、床垫的陈列要求为：沿客流方向，价格按由低到高依次陈列，保持一个竖行不多于两个SKU，大店一个竖行保持一个SKU。具体如图7-146所示。

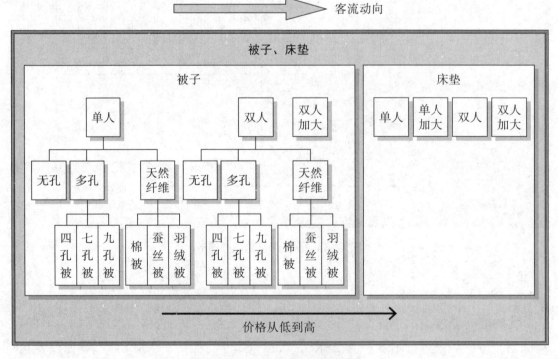

图 7-146　被子、床垫的陈列图示

7.16.13 靠垫

靠垫的陈列要求如下。

（1）价格　沿客流方向，价格由低到高陈列。

（2）颜色　每层可陈列一个颜色或花型，深色与浅色交错，互相映衬，保持一个竖行最多两个SKU。

具体如图7-147所示。

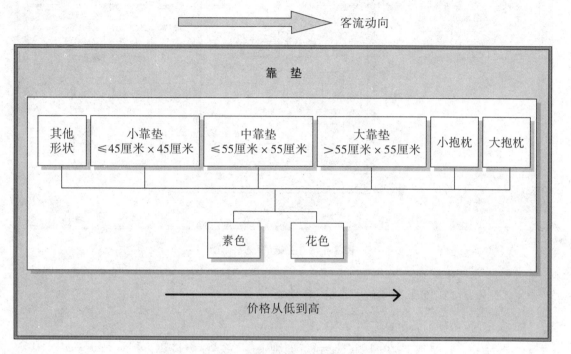

图7-147　靠垫的陈列图示

7.17　鞋类商品的陈列

7.17.1　童鞋

童鞋的陈列要求如下。

（1）尺寸　尺寸牌粘在同侧鞋跟和货架牌上，一层一个尺码，尺寸从大到小，从高到低。

（2）颜色　一个竖行最多保持一个颜色，深色的与浅色的应错开陈列，互相映衬。

（3）价格　沿客流方向，由低到高。

具体如图7-148所示。

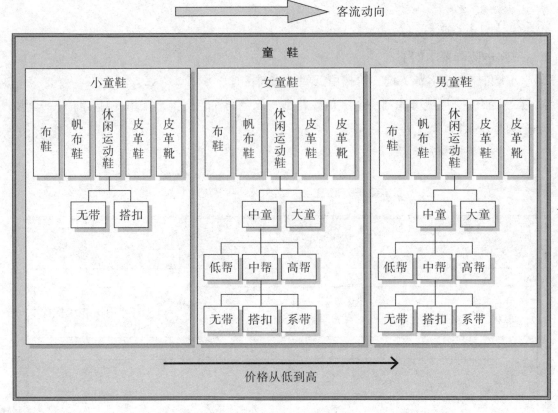

图 7-148 童鞋的陈列图示

7.17.2 女式皮革鞋/靴/凉鞋

女式皮革鞋/靴/凉鞋的陈列要求如下。

（1）尺寸 尺寸牌粘在同侧鞋跟和货架牌上，一层一个尺码，尺寸从大到小、从高到低。

（2）颜色 一个竖行最多保持一个颜色，深色的与浅色的应错开陈列，互相映衬。

（3）价格 沿客流方向，由低到高陈列。

具体如图7-149所示。

7.17.3 男式皮革鞋/靴/凉鞋

男式皮革鞋/靴/凉鞋的陈列要求如下。

（1）尺寸 尺寸牌粘在同侧鞋跟和货架牌上，一层一个尺码，尺寸从大到小、从高到低。

（2）颜色 一个竖行最多保持一个颜色，深色的与浅色的应错开陈列，互相映衬。

（3）价格 沿客流方向，由低到高陈列。

具体如图7-150所示。

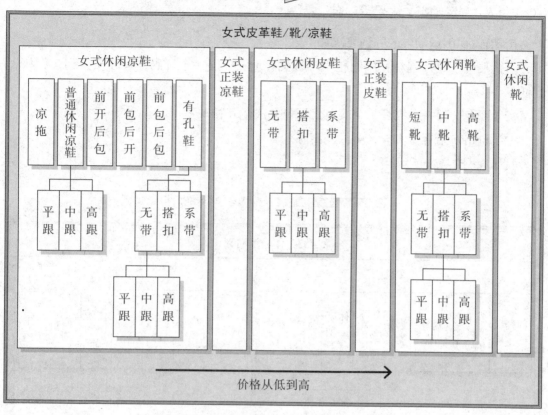

图 7-149　女式皮革鞋/靴/凉鞋的陈列图示

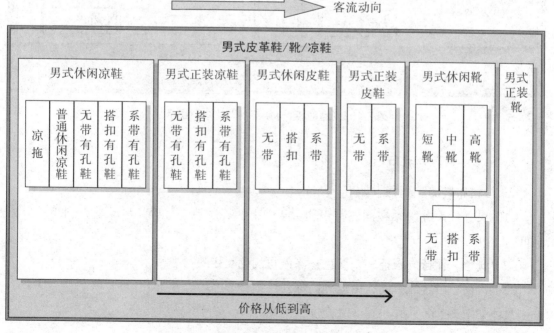

图 7-150　男式皮革鞋/靴/凉鞋的陈列图示

7.17.4 运动鞋/休闲运动鞋

运动鞋/休闲运动鞋的陈列要求如下。

（1）尺寸　尺寸牌粘在同侧鞋跟和货架牌上，一层一个尺码，尺寸从大到小、从高到低。

（2）颜色　保持一根杆一个颜色，深色与浅色互相映衬。

（3）价格　沿客流方向，由低到高陈列。

具体如图 7-151 所示。

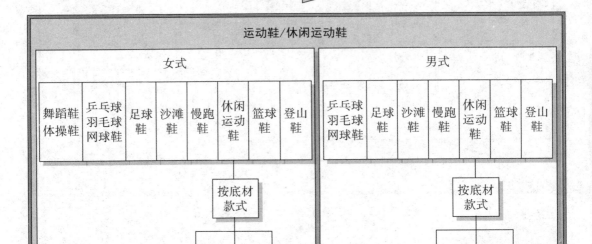

图 7-151　运动鞋/休闲运动鞋的陈列图示

7.17.5 布鞋/帆布鞋

布鞋/帆布鞋的陈列要求如下。

（1）尺寸　尺寸牌粘在同侧鞋跟和货架牌上，一层一个尺码，尺寸从大到小，从高到低。

（2）颜色　保持一根杆一个颜色，深色与浅色互相映衬。

（3）价格　沿客流方向，由低到高陈列。

具体如图 7-152 所示。

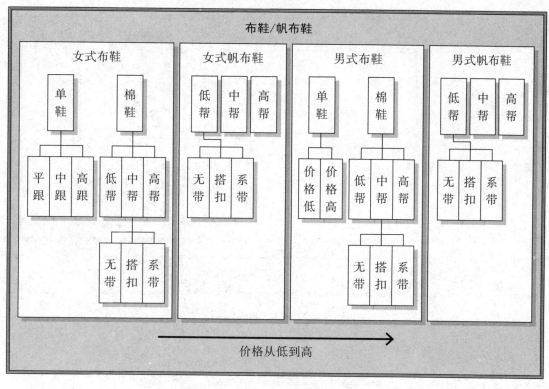

图 7-152 布鞋/帆布鞋的陈列图示

7.17.6 拖鞋

拖鞋的陈列要求如下。

（1）尺寸　尺寸粘在每双拖鞋底，一层一个尺码。

（2）颜色　保持一根杆一个颜色，一个竖行最多保持三个颜色，颜色比例为3∶2∶2或3∶3∶3，深色的与浅色的应错开陈列，互相映衬。

（3）价格　沿客流方向，由低到高陈列。

具体如图7-153所示。

7.17.7 雨鞋

雨鞋的陈列要求如下。

（1）尺寸　尺寸粘在每双雨鞋底，一层一个尺码。

（2）颜色　保持一根杆一个颜色，深色与浅色互相映衬。

（3）价格　沿客流方向，由低到高陈列。

具体如图7-154所示。

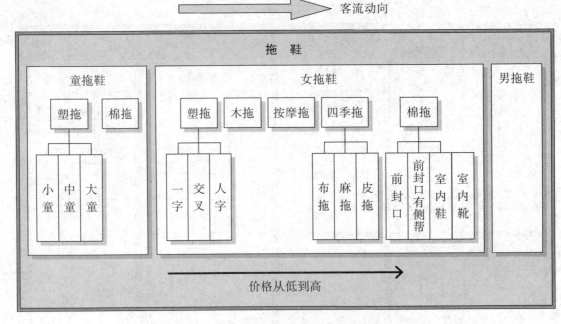

图 7-153 拖鞋的陈列图示

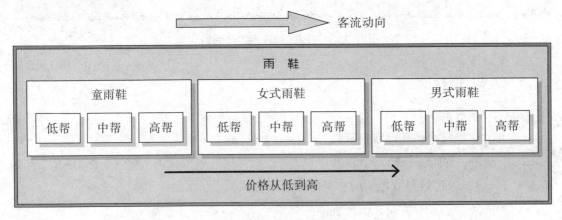

图 7-154 雨鞋的陈列图示

7.17.8 鞋附件

鞋附件的陈列要求如下。

（1）尺寸　一层一个尺码，尺寸从大到小，从高到低。

（2）价格　沿客流方向，由低到高陈列。

具体如图 7-155 所示。

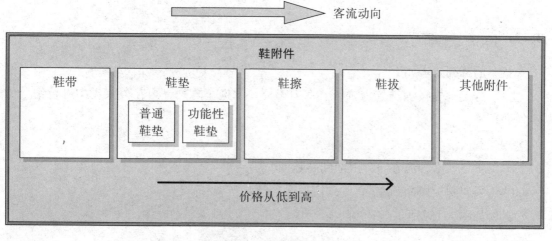

图 7-155 鞋附件的陈列图示

7.18 婴幼/儿童用品的陈列

7.18.1 婴幼用品

婴幼用品的陈列要求如下。

（1）分类　按喂育用品、卫浴用品、安全用品、婴儿配饰、床上用品、婴儿/童内衣、婴儿礼盒的顺序依次陈列。

（2）规格　各类商品中又按规格从大到小、从高到低来布局。

（3）价格　沿客流方向，由低到高陈列。

具体如图7-156所示。

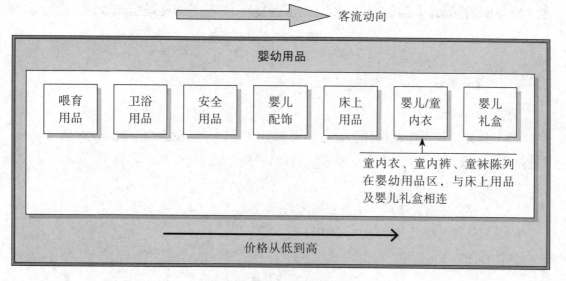

图 7-156 婴幼用品的陈列图示

7.18.2 童车

童车的陈列要求如下。

（1）分类　先按大类分为童床、室内车椅、手推车陈列，再在各大类中进行细分依次陈列。

（2）规格　从小到大。

（3）价格　沿客流方向，由低到高陈列。

（4）号码牌　样品和库存一一对应。

具体如图7-157所示。

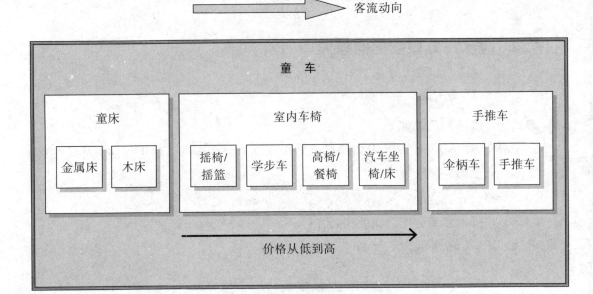

图7-157　童车的陈列图示

7.18.3 童装

童装的陈列要求如下。

（1）分类　首先按性别分为女童、男童分区陈列，再在大类中细分为T恤、衬衫、绒衫/毛衫、成衣、冬装、裙子、裤子、运动装等依次陈列。

（2）规格　从小到大。

（3）价格　沿客流方向，由低到高陈列。

（4）号码牌　样品和库存一一对应。

具体如图7-158所示。

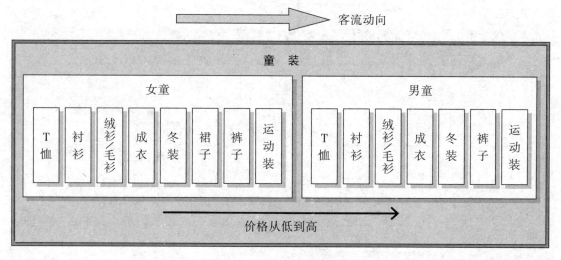

图 7-158　童装的陈列图示

1. 童装——T恤

童装——T恤的陈列要求具体如图 7-159 所示。

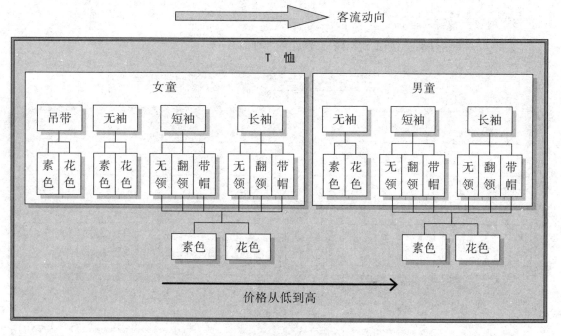

图 7-159　T恤的陈列图示

2. 童装——衬衫

童装——衬衫的陈列要求具体如图 7-160 所示。

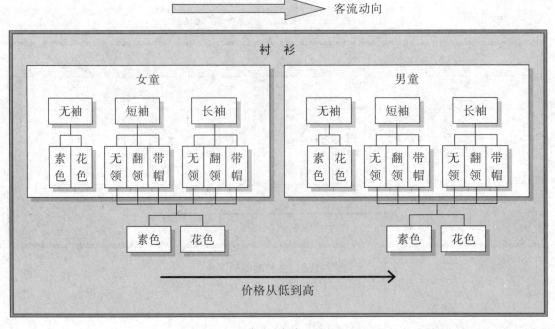

图 7-160　衬衫的陈列图示

3. 童装——绒衫/毛衫

童装——绒衫/毛衫的陈列要求具体如图7-161所示。

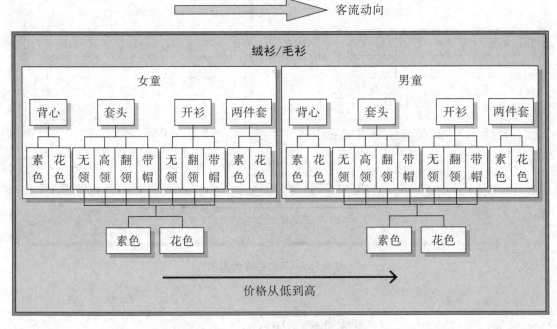

图 7-161　绒衫/毛衫的陈列图示

7.18.4 男/女童成衣

男/女童成衣的陈列要求如下。

（1）分类　首先将成衣按性别分为女童、男童分区陈列，再在大类中细分，如女装分为无袖夹克、夹克、休闲上装、风衣等依次陈列，男装分为无袖夹克、夹克、休闲上装、西服上装、西服套装、风衣等依次陈列。

（2）规格　按从小到大的顺序陈列。

（3）价格　沿客流方向，由低到高陈列。

（4）号码牌　样品和库存一一对应。

具体如图7-162所示。

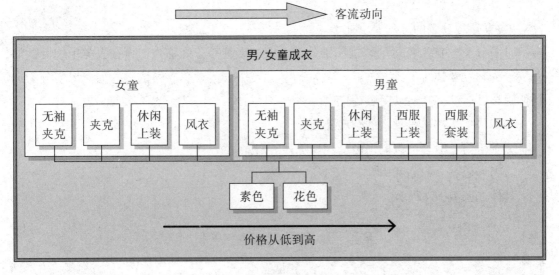

图 7-162　男/女童成衣的陈列图示

7.18.5 男/女童冬装

男/女童冬装的陈列要求如下。

（1）分类　首先将冬装分为背心、夹克、风衣、羽绒服、滑雪服等依次陈列，然后再细分类依次陈列。

（2）规格　按从小到大的顺序陈列。

（3）价格　沿客流方向，由低到高陈列。

（4）号码牌　样品和库存一一对应。

具体如图7-163所示。

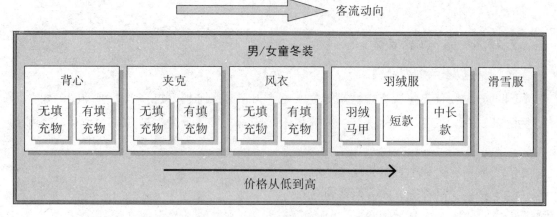

图 7-163　男/女童冬装的陈列图示

7.18.6　男/女童运动装

男/女童运动装的陈列要求如下。

（1）分类　首先将运动装按性别分为女童、男童并分区陈列，再在大类中细分，如女装分为运动休闲衫、运动短裙、运动裤、健美服、运动套装等依次陈列，男装分为运动休闲衫、运动裤、运动套装等依次陈列。

（2）规格　按从小到大的顺序陈列。

（3）价格　沿客流方向，由低到高陈列。

（4）号码牌　样品和库存一一对应。

具体如图7-164所示。

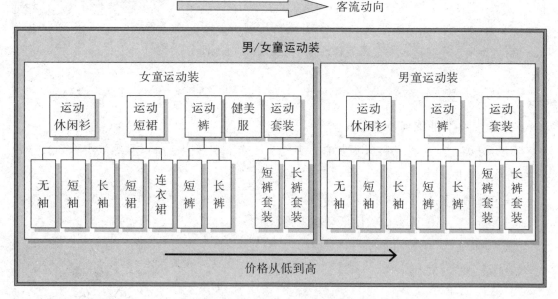

图 7-164　男/女童运动装的陈列图示

7.19 服装区的陈列

7.19.1 服装区的整体布局

服装区的整体布局具体如图7-165所示。

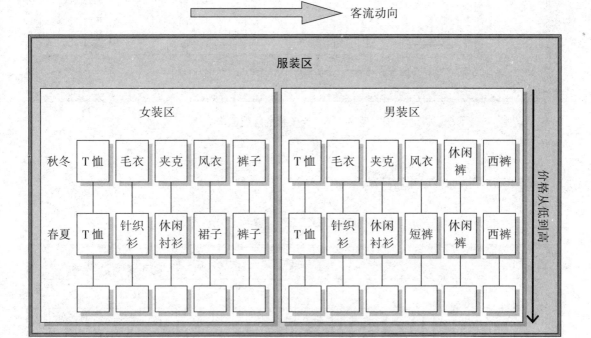

图 7-165 服装区的整体布局陈列图示

7.19.2 T恤

T恤的陈列要求如下。

（1）价格　沿客流方向，由低到高陈列。

（2）尺寸　每一杆每一色的尺寸由小到大陈列，商品与商品之间保持一个手指的距离。

（3）颜色　一杆不得多于两个颜色，深色与浅色错开陈列，互相映衬。

（4）SKU　一个置衣架不超过三个SKU。BAY陈列一个竖行保持一至两个SKU。

1. 女T恤

女T恤的陈列具体如图7-166所示。

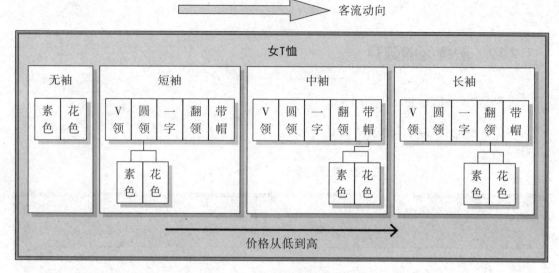

图 7-166　女 T 恤的陈列图示

2. 男 T 恤

男 T 恤的陈列具体如图 7-167 所示。

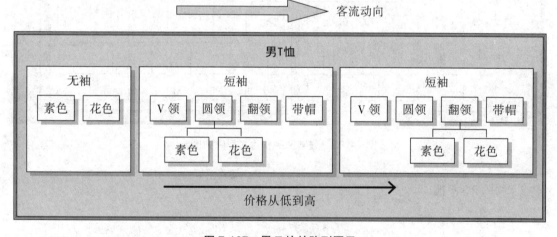

图 7-167　男 T 恤的陈列图示

7.19.3　针织衫

针织衫的陈列要求如下。

（1）价格　沿客流方向，由低到高陈列。

（2）尺寸　每一杆每一色的尺寸由小到大陈列，商品与商品之间保持一个手指的距离。

（3）颜色　一杆不得多于两个颜色，深色与浅色错开陈列，互相映衬。

（4）SKU　一个置衣架不超过三个 SKU。BAY 陈列一个竖行保持一至两个 SKU。

1.女针织衫

女针织衫的陈列要求如图7-168所示。

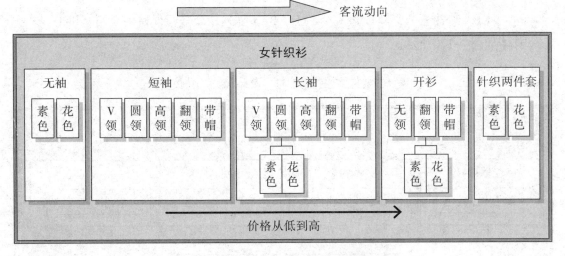

图7-168　女针织衫的陈列图示

2.男针织衫

男针织衫的陈列具体如图7-169所示。

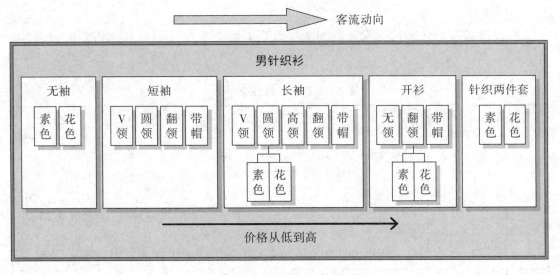

图7-169　男针织衫的陈列图示

7.19.4　衬衫

1.女式衬衫

女式衬衫的陈列要求如下。

（1）价格　沿客流方向，由低到高陈列。

（2）尺寸　每一杆每一色的尺寸由小到大陈列，商品与商品之间保持一个手指的距离。

（3）颜色　一杆不得多于两个颜色，深色与浅色错开陈列，互相映衬。

（4）SKU　一个置衣架不超过三个SKU。BAY陈列一个竖行保持一至两个SKU。

具体如图7-170所示。

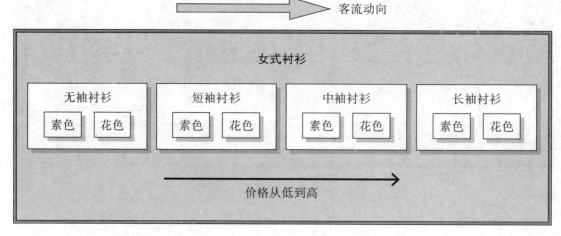

图7-170　女式衬衫的陈列图示

2.男式衬衫

男式衬衫分为休闲衬衫和正式衬衫，首先要将之分区陈列，其陈列要求如表7-4所示。

表7-4　男式衬衫的陈列要求

序号	分类	陈列要求
1	休闲衬衫	（1）价格　沿客流方向，由低到高陈列 （2）尺寸　每一杆每一色的尺寸由小到大陈列，商品与商品之间保持一个手指的距离 （3）颜色　一杆不得多于两个颜色，一列一至两个颜色，深色与浅色错开陈列，互相映衬 （4）SKU　一个置衣架不超过三个SKU。BAY陈列一个竖行保持一个SKU
2	正式衬衫	（1）价格　沿客流方向，由低到高陈列 （2）尺寸　从上到下由大到小，保持一层一个尺寸 （3）颜色　一列一至两个颜色一个SKU，深色与浅色错开陈列，互相映衬

男式衬衫的陈列具体如图7-171所示。

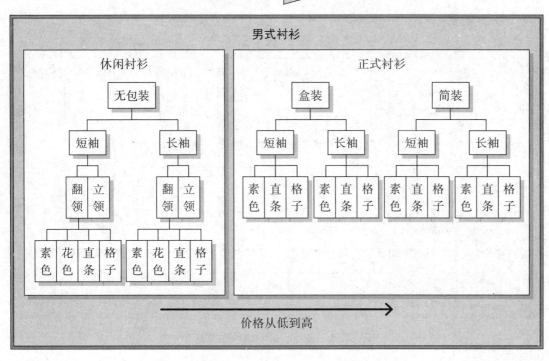

图 7-171　男式衬衫的陈列图示

7.19.5　裙子、连衣裙

裙子、连衣裙的陈列要求如下。

（1）价格　沿客流方向，由低到高陈列。

（2）尺寸　每一杆每一色的尺寸由小到大陈列，商品与商品之间保持一个手指的距离。

（3）颜色　一杆不得多于两个颜色，深色与浅色错开陈列，互相映衬。

（4）SKU　一个置衣架不超过三个SKU。BAY陈列一个竖行保持一至两个SKU。

具体如图7-172所示。

7.19.6　男/女裤子

男/女裤子的陈列要求如下。

（1）价格　沿客流方向，由低到高陈列。

（2）尺寸　每一杆每一色的尺寸由小到大陈列，商品与商品之间保持一个手指的距离。

（3）颜色　一杆一个颜色。

（4）SKU　一个圆架不得超过三个SKU，一个十字架不得超过两个SKU。

具体如图7-173所示。

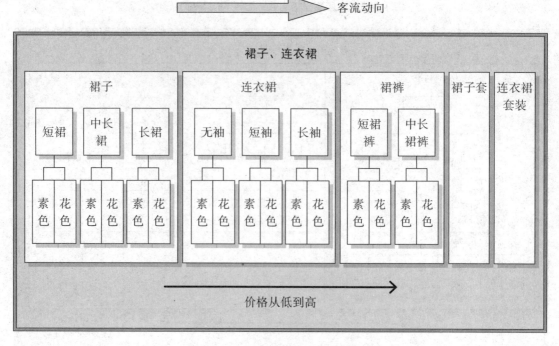

图 7-172 裙子、连衣裙的陈列图示

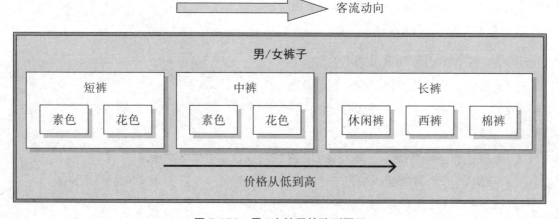

图 7-173 男/女裤子的陈列图示

7.19.7 男/女成衣

男/女成衣的陈列要求如下。

（1）分类　按男女性别分区陈列，再分细类，如女式成衣分为无袖夹克、夹克、休闲上装、皮衣、风衣等依次陈列，男式成衣分为无袖夹克、夹克、休闲上装、皮衣、风衣、西服上装、西服套装等依次陈列。

（2）价格　沿客流方向，由低到高陈列。

（3）尺寸　每一杆每一色的尺寸由小到大陈列，商品与商品之间保持一个手指的距离。

（4）颜色　一杆不得多于两个颜色。

（5）SKU　一个竖行保持一至两个SKU，一个置衣架不得超过四个SKU，深色与浅色错开陈列，互相映衬。

具体如图7-174所示。

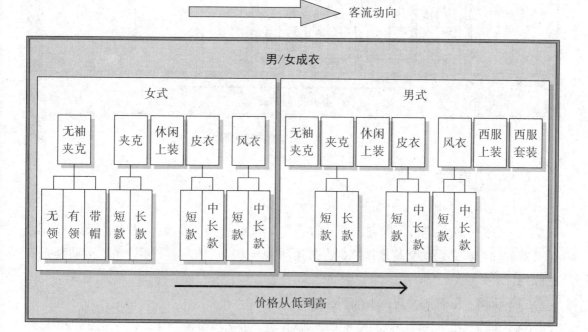

图7-174　男/女成衣的陈列图示

7.19.8　男/女冬装

男/女冬装的陈列要求如下。

（1）分类　将男/女冬装分为背心、夹克、风衣、大衣、羽绒服等依次陈列，在此基础上还可以将大类分为细类依次陈列。

（2）价格　沿客流方向，由低到高陈列。

（3）尺寸　每一杆每一色的尺寸由小到大陈列，商品与商品之间保持一个手指的距离。

（4）颜色　一杆不得多于两个颜色，深色与浅色错开陈列，互相映衬。

（5）SKU　一个置衣架不得超过三个SKU，BAY陈列一个竖行保持一个SKU。

具体如图7-175所示。

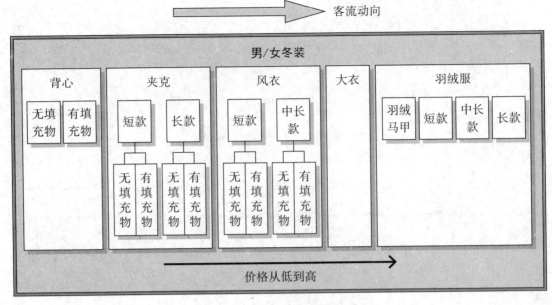

图 7-175　男/女冬装的陈列图示

7.19.9　男/女运动装

男/女运动装的陈列要求如下。

（1）分类　按性别分区陈列，再分为细类，如女运动装分为运动休闲衫、运动短裙、运动裤、健美服、运动套装依次陈列，男运动装分为运动休闲衫、运动裤、运动套装依次陈列。

（2）价格　沿客流方向，由低到高陈列。

（3）尺寸　每一杆每一色的尺寸由小到大陈列，商品与商品之间保持一个手指的距离。

（4）颜色　一杆不得多于两个颜色，深色与浅色错开陈列，互相映衬。

（5）SKU　一个置衣架不得超过三个SKU，BAY陈列一个竖行保持一个SKU。

具体如图7-176所示。

7.19.10　男/女牛仔装

男/女牛仔装的陈列要求如下。

（1）分类　按性别分为男、女区陈列，再分为细类，如女装分为牛仔衬衫、牛仔上装、牛仔裙、牛仔裤依次陈列，男装分为牛仔衬衫、牛仔上装、牛仔裤依次陈列。

（2）价格　沿客流方向，由低到高陈列。

（3）尺寸　每一杆每一色的尺寸由小到大陈列，商品与商品之间保持一个手指的距离。

（4）颜色　一杆不得多于两个颜色，深色与浅色错开陈列，互相映衬。

（5）SKU　一个置衣架不得超过三个SKU，BAY陈列一个竖行保持一至两个SKU。

具体如图7-177所示。

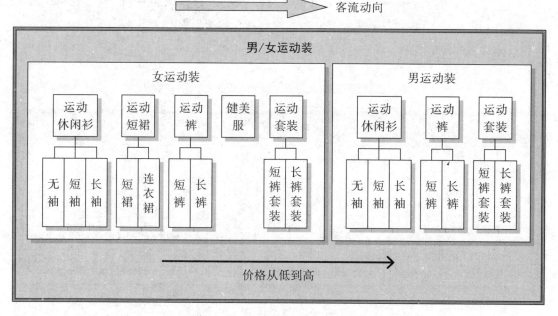

图 7-176 男/女运动装的陈列图示

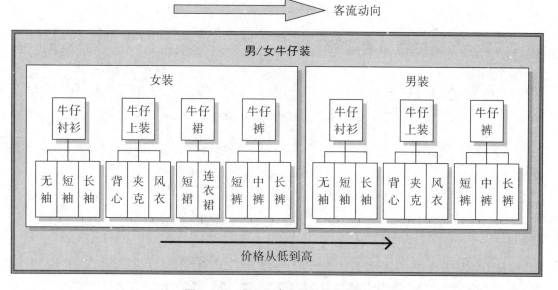

图 7-177 男/女牛仔装的陈列图示

7.19.11 帽子/围巾/手套

帽子/围巾/手套的陈列要求如下。

（1）分类 按帽子、围巾、手套分区陈列，再细分为儿童、女式、男式依次陈列。

（2）价格 沿客流方向，由低到高陈列。

(3)尺寸　每一杆每一色的尺寸由小到大陈列，商品与商品之间保持一个手指的距离。

(4)颜色　一杆不得多于两个颜色，深色与浅色错开陈列，互相映衬。

具体如图7-178所示。

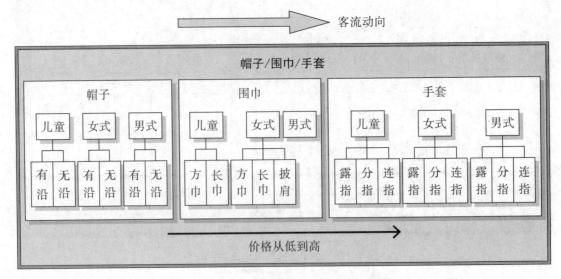

图7-178　帽子/围巾/手套的陈列图示

7.20　玩具类商品的陈列

7.20.1　婴幼儿玩具

婴幼儿玩具的陈列要求如下。

(1)分类　按吊件、响皮玩具、手握玩具、嬉水玩具、音乐玩具、套装玩具依次陈列。

(2)按价格　沿客流方向，纵向由低到高陈列。

具体如图7-179所示。

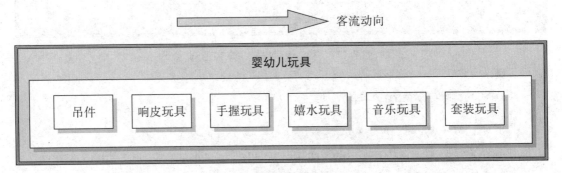

图7-179　婴幼儿玩具的陈列图示

7.20.2 布绒玩具

布绒玩具的陈列要求如下。

（1）分类　按挂件、布绒玩具、发声布绒玩具依次陈列，接着可以细分类，如布绒玩具可以细分为熊、狗、其他生肖动物、水族动物依次陈列。

（2）按规格　沿客流方向，依从小到大的顺序陈列，可以采用悬挂结合层板共同展示。具体如图7-180所示。

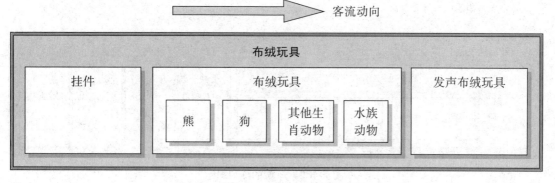

图7-180　布绒玩具的陈列图示

7.20.3 拼插玩具

拼插玩具的陈列要求如下。

（1）分类　按拼图、地垫、其他拼插玩具依次陈列，接着可以细分类，如地垫可以细分为小规格彩色、小规格素色、大规格彩色、大规格素色依次陈列。

（2）按规格　沿客流方向，依从小到大的次序陈列，拼图要考虑图案类型进行分类。具体如图7-181所示。

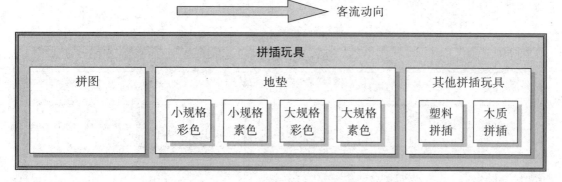

图7-181　拼插玩具的陈列图示

7.20.4 车城

车城的陈列要求如下。

（1）分类　按遥控车/船/飞机、惯性车/船/飞机、电动车/船/飞机、轨道车/船/飞机、线控车/船/飞机依次陈列，接着可以细分类，如遥控车/船/飞机可以细分为轿车、赛车、吉普车、摩托车、遥控飞机、遥控船等依次陈列。

（2）按规格　沿客流方向，依从小到大的顺序陈列。

（3）按价格　沿客流方向，依从低到高的顺序陈列。

（4）需加二次照明，展示样品要标出号码，并与库存商品一一对应。

具体如图7-182所示。

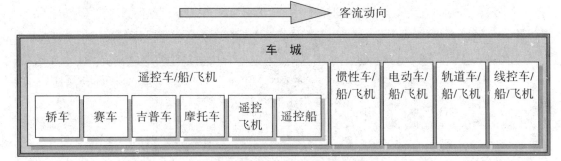

图7-182　车城的陈列图示

7.20.5　模型类与益智类玩具

模型类与益智类玩具的陈列要求如下。

（1）分类　按模型类与益智类分区陈列，接着可以细分类，如模型类玩具可以细分为航模、舰模、车模、卡通人物模型、其他模型依次陈列，益智类玩具可以细分为早期知识、手工制作、乐器、绘画类等依次陈列。

（2）按价格　沿客流方向，依从高到低的次序由上到下陈列。

（3）采用悬挂和层板相结合的方式陈列。

具体如图7-183所示。

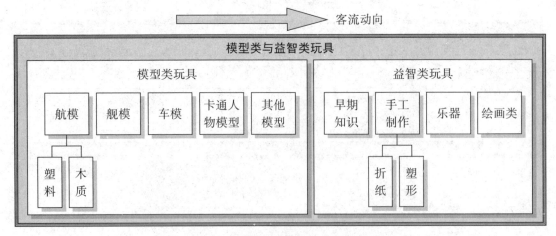

图7-183　模型类与益智类玩具的陈列图示

7.20.6 娃娃类和军事类玩具

娃娃类和军事类玩具的陈列要求如下。

（1）分类　先按娃娃类、军事类玩具分区陈列，接着可以细分类，如娃娃类玩具可以细分为娃娃、发声娃娃、娃娃配件依次陈列，如军事类玩具可以细分为机械类、兵器类依次陈列。

（2）按规格　沿客流方向，依从大到小的次序由上到下陈列，拼图要考虑图案类型进行分类。

（3）采用悬挂和层板相结合的方式陈列。

具体如图7-184所示。

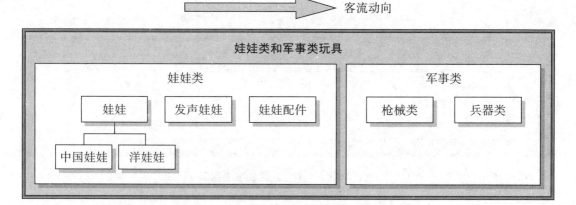

图7-184　娃娃类和军事类玩具的陈列图示

7.20.7 简单玩具

简单玩具的陈列要求如下。

（1）分类　按上弦玩具、线控玩具、电动玩具、塑料套装玩具依次陈列，接着可以细分类，如线控玩具可以细分为动物、机械、船和飞机等依次陈列。

（2）按规格　沿客流方向，依从大到小的次序陈列。

（3）采用悬挂和层板相结合的方式陈列。

具体如图7-185所示。

7.20.8 季节性玩具

季节性玩具的陈列要求如下。

（1）分类　按水枪/玩具风扇、充气玩具、沙滩玩具依次陈列。

（2）按规格　沿客流方向，依从大到小的次序由上到下陈列。

（3）采用悬挂和层板相结合的方式陈列。

具体如图7-186所示。

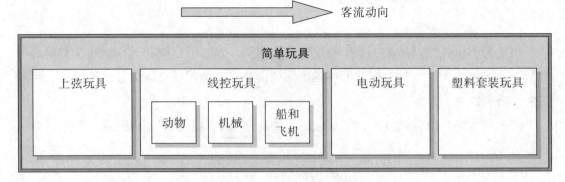

图 7-185　简单玩具的陈列图示

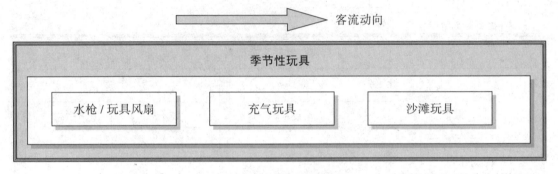

图 7-186　季节性玩具的陈列图示

7.20.9　文娱用品

文娱用品的陈列要求如下。

（1）分类　按普通乐器、电声乐器、棋牌依次陈列，接着可以细分类，如普通乐器可以细分为打击乐器、弦乐器、吹奏乐器依次陈列。

（2）按价格　沿客流方向，依从高到低的次序由上到下陈列。

具体如图 7-187 所示。

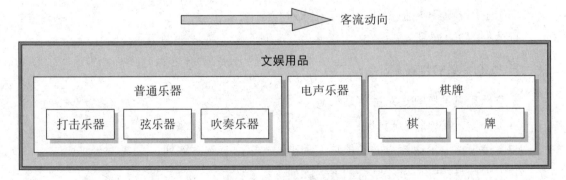

图 7-187　文娱用品的陈列图示

7.20.10 大球类

大球类的陈列要求如下。

（1）分类　按足球、排球、篮球、其他大球、配件等顺序依次陈列，接着可以按材质细分类，如可以细分为胶球、PU、皮质依次陈列。

（2）按价格　沿客流方向，依从高到低的次序由上到下陈列。

具体如图7-188所示。

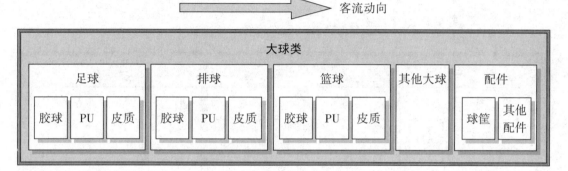

图7-188　大球类的陈列图示

7.20.11 小球类

小球类的陈列要求如下。

（1）分类　按球、球拍、配件依次陈列，接着可以细分类，如球可以细分为乒乓球、羽毛球、网球依次陈列。

（2）按价格　沿客流方向，依从高到低的次序由上到下陈列。

（3）采用悬挂和层板相结合的方式陈列。

具体如图7-189所示。

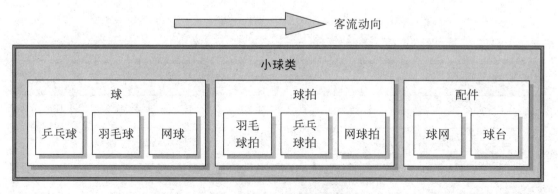

图7-189　小球类的陈列图示

7.20.12 轮滑类

轮滑类的陈列要求如下。

（1）分类　按溜冰鞋、滑板、滑板车、护具、飞速鞋及配件、轮滑配件依次陈列，接着可以细分类，如溜冰鞋可以细分为儿童四轮、直排、半软依次陈列。

（2）按价格　沿客流方向，依从高到低的次序由上到下陈列。

（3）同一轮滑应标明尺码，并按其大小依次排列。

（4）采用悬挂和层板相结合的方式陈列。

具体如图7-190所示。

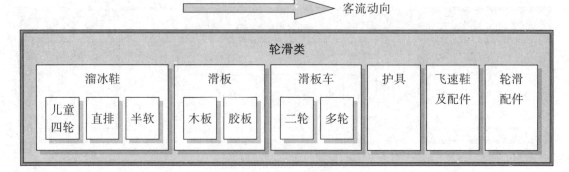

图 7-190　轮滑类的陈列图示

7.20.13 游泳用具

游泳用具的陈列要求如下。

（1）分类　按泳衣、泳裤、救生衣/泳圈、泳镜/泳帽、其他游泳用品依次陈列，接着可以细分类，如泳衣可以细分为连体、分体依次陈列。

（2）按规格　沿客流方向，依从大到小的次序由上到下陈列。

（3）采用悬挂和层板相结合的方式陈列。

具体如图7-191所示。

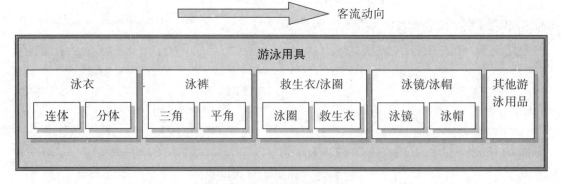

图 7-191　游泳用具的陈列图示

7.20.14 其他运动类

其他运动类的陈列要求如下。

（1）分类　按飞镖/盘、拳击用品、射箭用品、风筝及配件、飞碟、毽子、跳绳、扭腰盘、钓鱼用品、其他运动用品依次陈列，接着可以细分类，如飞镖/盘可以细分为镖盘、飞镖针依次陈列。

（2）按规格　沿客流方向，依从大到小的次序由上到下陈列。

（3）采用悬挂和层板相结合的方式陈列。

具体如图7-192所示。

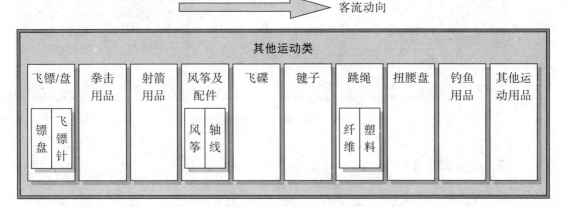

图7-192　其他运动类的陈列图示

7.20.15 大型健身器材

大型健身器材的陈列要求如下。

（1）分类　按跑步机、健骑机/骑马机、组合式健身器材依次陈列，接着可以细分类，如跑步机可以细分为机械、电子依次陈列。

（2）按功能　沿客流方向，依从低到高的顺序依次陈列。

（3）采用地台陈列。

具体如图7-193所示。

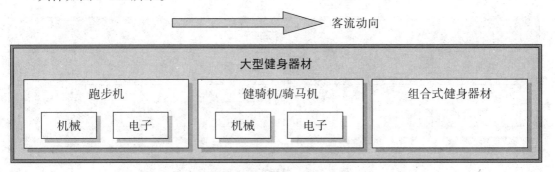

图7-193　大型健身器材的陈列图示

7.20.16 小型健身器材

小型健身器材的陈列要求如下。

（1）分类　按哑铃、拉力器、举重器材、臂力器、握力器/腕力器、其他小型健身器材依次陈列，接着可以细分类，如拉力器可以细分为机械、电子依次陈列。

（2）按规格　沿客流方向，依从大到小的次序依次陈列。

具体如图7-194所示。

图 7-194　小型健身器材的陈列图示

7.20.17 自行车

自行车的陈列要求如下。

（1）依品牌集中陈列。

（2）分类　将同品牌中的自行车按电动车、城市车、山地车、童车、自行车配件等依次陈列。

（3）按功能　沿客流方向，同品牌功能依由低到高的次序陈列。

（4）山地车和城市车先按类别然后按品牌陈列。

（5）采用自行车专用货架和地台相结合的方式陈列。

具体如图7-195所示。

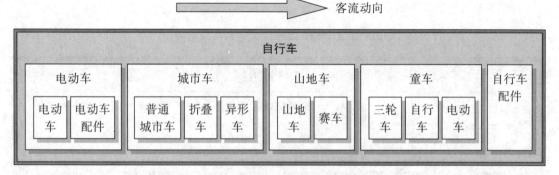

图 7-195　自行车的陈列图示

7.20.18 旅游包

旅游包的陈列要求如下。

（1）分类　按单肩背、腰包、挎包、双肩背、登山包分类依次陈列，接着可以按材质细分类，如尼龙、革、皮质依次陈列。

（2）按价格　沿客流方向，依从高到低的次序由上到下陈列。

（3）采用悬挂方式陈列。

具体如图7-196所示。

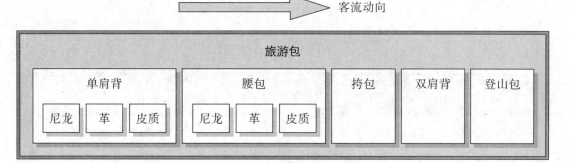

图7-196　旅游包的陈列图示

7.20.19 旅行箱

旅行箱的陈列要求如下。

（1）分类　按软箱、硬箱、手提箱、拖轮袋、行李车/配件依次陈列，接着按规格可以细分类，如硬箱可以细分为18寸、20寸、22寸、其他大尺寸依次陈列。

（2）按价格　沿客流方向，依从高到低的次序由上到下陈列。

（3）采用层板或地台的方式陈列。

具体如图7-197所示。

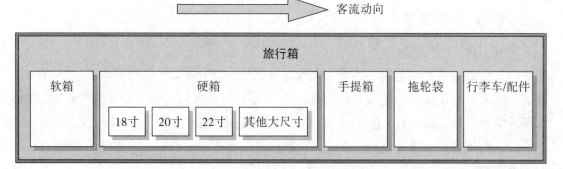

图7-197　旅行箱的陈列图示

7.20.20 公文包和休闲包

公文包和休闲包的陈列要求如下。

（1）分类 先按公文包、休闲包分区，接着可以细分类，如公文包可以细分为手包、背包、公事包、电脑包依次陈列，休闲包可以细分为手提袋、斜挎包、背囊、购物提袋依次陈列。

（2）按价格 沿客流方向，依从高到低的次序由上到下陈列。

（3）采用悬挂方式陈列。

具体如图7-198所示。

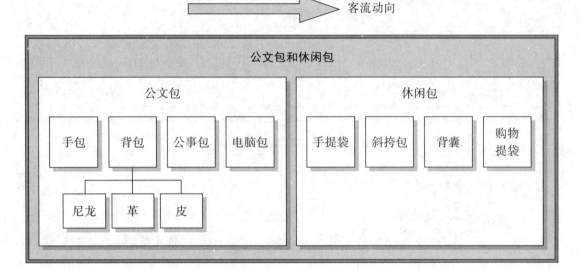

图 7-198 公文包和休闲包的陈列图示

7.21 学习/办公类商品的陈列

7.21.1 书写工具

书写工具的陈列要求如下。

（1）分类 按圆珠笔和芯、签字笔和芯、钢笔/水笔/墨水、铅笔和笔芯、毛笔/墨/砚、荧光笔、修正配件、笔用工具、套装笔/礼品笔依次陈列，接着可以按包装细分类，如圆珠笔和芯可以细分为单包装、多包装、圆珠笔芯依次陈列。

（2）每类商品须考虑包装、品牌及价格因素，按从单支到多支的次序，价格纵向由高到低陈列。

具体如图7-199所示。

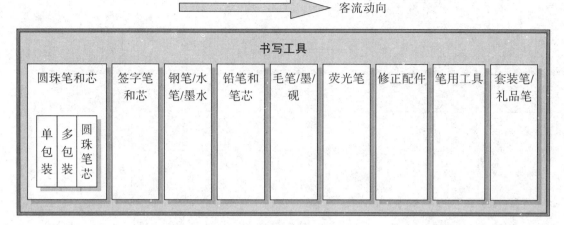

图 7-199　书写工具的陈列图示

7.21.2　绘画材料

绘画材料的陈列要求如下。

（1）分类　按彩色铅笔、水彩笔、油画棒/蜡笔、绘画配件依次陈列。

（2）按包装及品牌　在大类中可以按包装细分类，如可以细分为 12 色装，24 色装及以上依次陈列，同品牌的集中陈列。

（3）采用悬挂结合层板共同展示的方式陈列。

具体如图 7-200 所示。

图 7-200　绘画材料的陈列图示

7.21.3　本册

本册的陈列要求如下。

（1）分类　按本册、相册、邮票册分类依次陈列，接着可以细分类，如本册可以细分为软面本、硬面本、螺旋本、皮面本依次陈列。

（2）按规格　沿客流方向，依从大到小的次序由上到下陈列。

具体如图7-201所示。

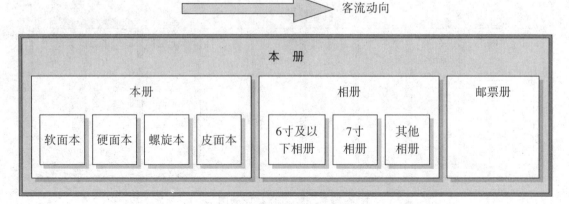

图7-201　本册的陈列图示

7.21.4　学生用品

学生用品的陈列要求如下。

（1）分类　按学生用品工具、文具盒/袋、学生用具依次陈列，接着可以细分类，如学生用具可以细分为笔筒、垫板、文具套、包书纸、作业纸、地球仪及其他教学仪器依次陈列。

（2）按包装及品牌　按从大到小的次序由上到下陈列。

（3）采用悬挂结合层板共同展示的方式陈列。

具体如图7-202和图7-203所示。

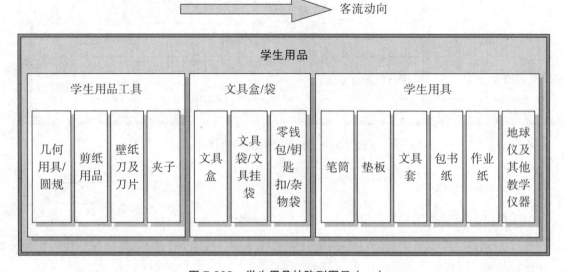

图7-202　学生用品的陈列图示（一）

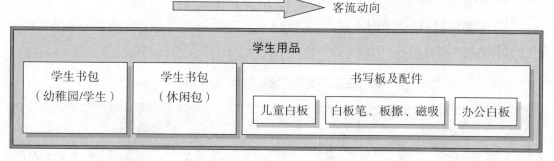

图 7-203 学生用品的陈列图示（二）

7.21.5 办公用纸

办公用纸的陈列要求如下。

（1）分类 按复印纸、传真纸、复写纸、电脑打印纸、信封/信纸、票据、票夹/封皮、账本等依次陈列。

（2）按价格 沿客流方向，从大到小的次序由上到下陈列。

（3）采用层板和网筐相结合的方式陈列。

具体如图7-204所示。

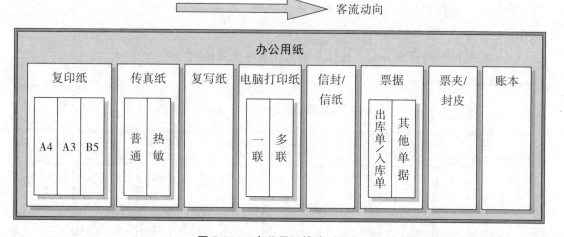

图 7-204 办公用纸的陈列图示

7.21.6 文件包/夹

文件包/夹的陈列要求如下。

（1）分类 按透明文件夹、资料册、硬文件夹、板夹、纸制文件夹、公文包/风琴包依次陈列，接着可以细分类，如透明文件夹可以细分为扣袋、文件封套、拉边袋、档案袋依次陈列。

（2）按规格　沿客流方向，依从小到大的次序依次陈列。

（3）采用层板和网筐相结合的方式陈列。

具体如图7-205所示。

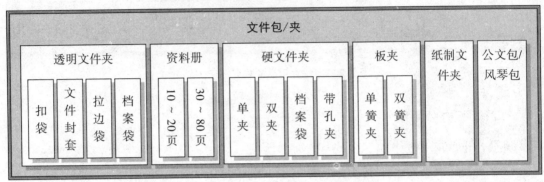

图7-205　文件包/夹的陈列图示

7.21.7　办公摆设用品

办公摆设用品的陈列要求如下。

（1）分类　按名片册/盒/夹、证件卡/皮、书立、考勤卡、台历/台历架、文件架/篮、文件柜、保险柜/箱、报纸/杂志架依次陈列，接着可以细分类，如书立可以细分为卡通书立、办公书立依次陈列。

（2）按规格　沿客流方向，按从小到大的次序依次陈列。

具体如图7-206所示。

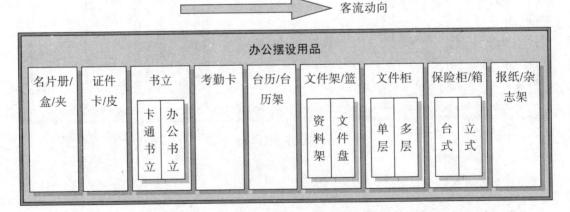

图7-206　办公摆设用品的陈列图示

7.21.8　办公配件

办公配件的陈列要求如下。

（1）分类　按印章/台及配件、打孔机、订书机/订书钉、夹子、标识/铭牌、财务用品、别针、图钉/软木板钉、胶水/胶棒、文具胶带、双面胶带/隐形胶带、标签、报事贴、胶带座等依次陈列。

（2）按规格（包装）　沿客流方向，依从大到小的次序由上到下陈列。

（3）根据商品包装的不同，采用悬挂和层板相结合的方式陈列。

具体如图7-207所示。

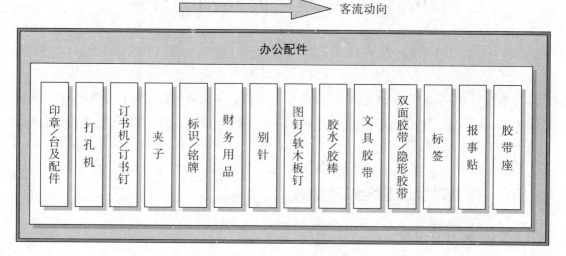

图7-207　办公配件的陈列图示

7.21.9　计算器

计算器的陈列要求如下。

（1）分类　按卡通计算器、8位计算器、12位计算器、科学计算器、财务用计算器依次陈列。

（2）按计算位数从少到多的次序依次陈列。

（3）采用悬挂和层板相结合的方式陈列。

具体如图7-208所示。

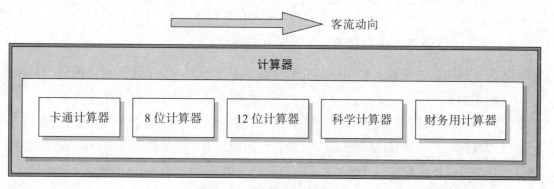

图7-208　计算器的陈列图示

第8章

图解精益管理之商品损耗控制

零售企业的商品损耗无时无刻不在产生,防损必须无处不在。防损工作的目标就是全员和全过程。防损不仅仅是防损部门的工作,只有全员全过程的参与、支持、监控,企业才能真正有效地做好防损。

8.1 什么是全员和全过程防损

8.1.1 全员防损

全员防损即公司所有员工均积极配合并遵守防损管理规定,积极参与防损监督和举报,及时为防损部门提供损耗线索。员工将防损视为自己的本职工作,并确信每一分钱损耗都关系到自己的切身利益。

8.1.2 全过程防损

任何一项工作流程中的错误都会导致损耗。因此,公司将对每一个可能出现损耗的环节进行有效监控。它的关键是:流程合理高效;员工都能按质按量地完成自己的工作。

8.2 全员和全过程防损要点

8.2.1 加强全员的防窃意识

零售业门店防盗管理,首先要避开防损是专业部门或相关人员的事,而与己无关,这一认识上的误区。上至经理下至普通员工,防损人人有责,群防群治才能事半功倍。因此,门店要将"培训、通报、检查"六字方针贯穿到整个防盗过程中,所有在职员工(包括厂家信息员、促销员)都要参加防损部门的商品安全保卫知识培训,重点理解商品被盗、丢失、损坏的危害性,熟悉并掌握盗窃分子偷盗心理与动机,摸清其活动的规律,明确各自的防盗重点部位,全面提升员工防范意识。

防损部门要定期将超市发生的偷盗事件适时地通报给全体员工，让大家都能随时了解超市防盗管理的动态，对有突出贡献者予以及时奖励兑现。门店管理层要定期或不定期地对化妆品以及体积小、价值高的易丢商品进行检查，及时发现防盗漏洞，防患于未然；也可组织班组进行突击互检，常常能对内盗起到威慑作用。

8.2.2 防损工作要隐蔽

一般而言，大、中型门店都设有保卫部或防损部，其功能有内保与外保之分，外保一般都请专业的保安公司人员担当，内保则由工作人员便衣组成。卖场的问题是，一些门店的内保在防盗中保密性不强，如距离嫌疑人太近，目光过于直视，隐蔽性较差，因此要求内保人员在卖场内要注意以下三点。

（1）不要随意与工作人员打招呼（包括工作人员也不要与内保打招呼），以免惊醒嫌疑人。

（2）要隐蔽张贴防盗扣、磁卡等。

（3）要熟练使用各种电子商品防盗系统。

此外，专业人员应积极主动与当地公安机关密切配合，加大卖场的防损力度，并将思想过硬、业务精通、事业心强的高素质人员充实到防损第一线。

8.2.3 配置先进的防盗设备

当前市场上的超市防盗设备较多，选择适合本门店的防盗设备至关重要，较大的门店大都选择性能优良的电子商品防盗系统。当然，在选用设备前超市要对设备性能进行考察、反复比较、论证，从适应性、效果、质量、价格、售后服务等多方面权衡利弊的基础上做出选择。

8.2.4 制定全面的防范制度

防损工作是动态的，各个案例的差异性非常大，所以门店要在常规制度的基础上，适时地、有针对性地根据新情况及薄弱环节不断地进行完善，充分体现"制度面前人人平等，制度大于老板"，凡事做到有法可依、执法必严，从而使防盗管理逐步达到规范化。

8.2.5 运用自助防盗手段

自助行为手段不得违反法律和公共道德，超市经营者虽然有权进行自助行为，但并不意味着可以滥用权利。合理的自助行为必须符合法律规定与公共道德。

在我国现行法律框架内，商家合理的自助行为仅限于暂时滞留盗窃嫌疑者，而无搜查、拘禁和罚款的权利。合理的自助行为发生后，必须提交警方处理，对于暂时滞留的盗窃嫌疑者切忌擅自处理，因为无论该人员是否有盗窃行为，均构成侵权要素。由于商家自身的过失误认为消费者偷窃而采取的自助行为，必须承担法律责任。

尽管目前对规范商家防盗缺乏有效的法规，但是商家只要在法律与公共道德范围内合理行使自助行为，依然可以有效地保护自身权益和避免侵权行为的发生。

8.3 门店员工防损职责

8.3.1 门店管理人员对商品损耗管控的权责

1.门店店长

门店商品损耗控制的第一责任人为门店店长，对门店商品损耗的管理结果负直接责任。其职责如下。

（1）负责门店全面执行公司各项商品损耗管控的政策、制度和流程。

（2）负责门店全员防损、全过程防损要求的宣传、推广和管理。

（3）负责门店的盘点管理，保证经营数据的真实、准确，保证商品资产安全。

（4）对本门店各级员工的不良行为负责。

2.门店防损负责人

门店防损负责人为门店日常商品损耗管理的责任人。其职责如下。

（1）负责门店全面执行公司各项商品损耗管控的政策、制度和流程的监督管理。

（2）负责门店全员防损、全过程防损理念的宣传、推广。

（3）负责门店的盘点执行情况的监督管理，对盘点结果结合管控需要进行重点盈亏数据的稽核，减少盘点损耗。

（4）负责门店日常反扒管理，动员全员做好商品资产的防火、防盗管理。

（5）对本单位不良行为的管控负责。

3.门店商品处长、组长

门店商品处长、组长为所管理的商品大类的第一负责人，对所管理大类的商品损耗负直接责任。其责任如下。

（1）对本处、组员工执行公司全员防损、全过程防损的管理要求要负辅导和管理的责任。

（2）对制度流程的正确执行负管理责任。

（3）对合理订货、优化库存管理、商品保质期、陈列管理负责。

（4）对商品外借、调拨、报损等营运环节中的损耗负责。

（5）对本处、组商品的进、销、存安全和准确管理负责。

（6）对本处、组员工的不良行为负责。

8.3.2 防损部的职责

防损部在商品营销过程中，负责保障商场营运的安全，制止商品营运过程中各类违规行为，控制和预防各种损耗的发生，并做好防火、防盗、防扒的"三防"工作。保障各销售部门在正常的工作秩序下运作，使公司经济效益持续稳定地向前发展。

不同的零售企业因规模或经营性质的不同，其防损部组织架构也不一样。但防损部作为一个相对独立的部门，对防损部各人员按照岗位基本可以分为管理人员、稽核监察人员、岗位人员、夜班人员、监控人员等。这里以某知名零售企业的门店为例，就防损部的基本架构进行说明。如图8-1所示。

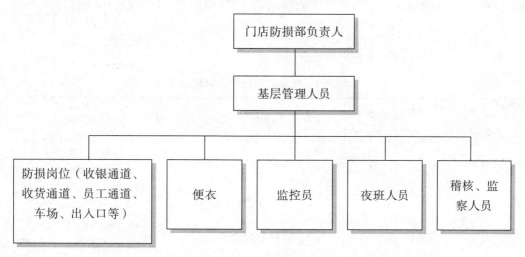

图 8-1　门店防损部组织架构

8.4　卖场商品损耗类别

在零售企业里，商品的损耗主要来自于两个方面，也就分为两类，具体如图8-2所示。

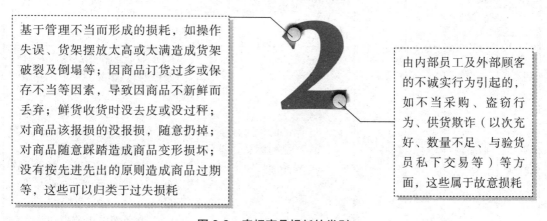

图 8-2　卖场商品损耗的类别

8.5 非生鲜商品大类的控损措施

8.5.1 非生鲜商品大类控损的三个方面

零售企业商品的损耗可从商品流程、岗位、商品大类三个方面来进行控制。门店防损部通过对盘点、日盘点的数据进行仔细分析，找到造成商品大类损耗最关键的问题所在，确定问题到底是出在内外盗控制，还是收货、收银或者商品管理、盘点等环节上面，抓住这些主要问题然后参照以下提供的控制措施有针对性地进行整改和防范。

1. 商品流程损耗

商品流程损耗控制措施如表8-1所示。

表8-1 商品流程损耗控制措施

控损项目	责任部门	责任人	协同部门	控损点	控损措施
收货流程	收货部	收货部长	防损部 商品部	（1）收货时的验货人员是否到位 （2）验货单据是否符合规范 （3）验收合格的商品是否及时入库存放 （4）收货区的商品管理、人员管理 （5）收货区的安全风险控制	（1）检查磅秤是否正常 （2）收货员严格按照收货流程操作，防损部加强对收货过程的监督检查 （3）收货区严格分区管理 （4）防损部加强对收货时单据的检查和核对，确保单据的准确无误 （5）各商品部安排专人负责本部的收货工作 （6）收货商品必须从收货口进入卖场
退货流程	收货部	收货部长	防损部 商品部	（1）退换货单据是否齐备 （2）退换货商品的数量是否准确 （3）已办理退还手续的商品是否及时封箱退供应商	（1）防损部加强对退换货单据的核对 （2）退换货商品应及时拿出卖场，一律在收货口集中存放退换货
赠品管理流程	收货部	收货部长	防损部 商品部	（1）赠品的入库管理 （2）赠品的标签管理 （3）赠品的排面管理	（1）收货部在赠品的收货过程中应仔细清点赠品的数量，并做好登记 （2）赠品条必须在收货部粘贴好，经防损部检查后方可进入卖场，严禁促销员私存赠品条 （3）理货员、促销员要妥善保管好赠品，赠品原则上与商品进行捆绑销售 （4）商品部应提前告知收银部发放商品的名称和数量

续表

控损项目	责任部门	责任人	协同部门	控损点	控损措施
出库流程	收货部	收货部长	防损部商品部	（1）出库单据流程管理 （2）出库商品的管理	（1）大宗业务的出库商品应根据出库商品的编码、数量、规格确认后经防损员核验后方可出门 （2）防损员在办理出库时应严格监控核对出库商品和随行单据的编码、数量、品名、规格正确填写无误后留存一联方可放行 （3）出库商品办理出库手续后应立即出门，不得寄存在卖场内
收银流程	收银部	收银部长	防损部	（1）顾客忘记埋单的商品 （2）赠品的核对 （3）不能扫条码的商品 （4）埋单商品的检查	（1）收银员发现顾客手上有商品未交扫描时应礼貌询问顾客是否埋单 （2）对有赠品的商品应认真核对赠品的数量、规格是否相符 （3）对不能扫码的商品应及时通知课长与店面联系，立即处理并耐心地为顾客解释 （4）对商品进行例行防盗检查
盘点流程	商品部室	商品部长	防损部信息部收银部	（1）员工不熟悉商品导致的混盘、漏盘、错盘，造成盘盈或盘亏。 （2）人为原因虚增库存	（1）盘点前将仓库、非排面商品按要求分类整理好，对新员工进行培训和商品熟悉 （2）对收银员的输单和信息员的录入过程进行监督。对调整较大的单品重点稽核

2.岗位损耗控制

岗位损耗控制措施如表8-2所示。

表8-2 岗位损耗控制措施

岗位	负责部门	控损点	控损措施
收货口	防损部	入库、出库、退换货商品的进出管理	（1）在收货口张贴明显的标识，防止顾客从收货口进出 （2）岗位防损员加强对进出供应商携带物品的检查 （3）岗位防损员加强对收货部验收商品情况和收货单据流程的检查监督 （4）岗位防损员加强对入库、出库、退货、换货商品的核对

续表

岗位	负责部门	控损点	控损措施
收货口	防损部	入库、出库、退换货商品的进出管理	（5）收货口防损员应加强对进出收货区的员工进行监控，防止场外交易的发生 （6）收货区防损员应对外借商品严格监控，并严格按照公司的外借促销商品规定操作 （7）收货区防损员应对报损商品严格监督检查，防损员依据"商品报损单"对实物进行核对，并对报损商品集中保管 （8）收货区防损员协同门店授权人员做好纸皮称重工作，规范纸皮的定点放置，并对每次的纸皮称重进行专项记录
入口	防损部	（1）人员的控制 （2）物品的控制 （3）顾客的寄存和异常情况的处理	（1）入口防损员应严格监控，防止公司的购物车篮和商品从入口被顾客带离卖场 （2）对携带包或卖场同类商品进入卖场的顾客，入口防损员应礼貌提醒顾客进行寄存，并对人流进行疏导，对老、弱、病、残、孕妇顾客应特别关注
员工通道	防损部	（1）人员控制 （2）物品的控制	（1）员工通道防损员应对当班时间进出的员工、供应商的身份进行确认，禁止非当班时间的员工和身份不明的人员进出 （2）员工通道防损员对进出员工通道的人员严格进行例行检查，对没有单据的商品从员工通道出卖场均视为内盗嫌疑
终检口	防损部	（1）商品归位管理 （2）购物车篮管理 （3）现金安全管理 （4）小票稽核 （5）人员控制管理	（1）收银区防损员对顾客遗留在收银区的商品进行集中放置，门店必须分食品、非食品、生鲜安排专门人员对收银台遗留商品进行及时归位 （2）门店应对购物篮安排专人进行收集和定点放置，保证购物篮的正常周转 （3）门店应安排专人负责收银员的临时缴款及换零工作。缴款和换零时应有3人以上的人员一起，以确保现金的安全 （4）终检口防损员应严格按照公司的要求执行小票稽核工作，核对购物时间、商品数量、商品规格、高价商品的价格，核对无误划票放行，对顾客遗留的电脑小票应做撕毁处理 （5）收银区防损员应严禁顾客从收银区进入卖场，并密切关注收银区的人员状况，发现可疑人员应主动检查、询问

续表

岗位	负责部门	控损点	控损措施
非购物通道	防损部	（1）人员控制管理 （2）商品进出管理	（1）非购物通道防损员严禁顾客从非购物通道进入卖场，非购物通道防损员要主动疏导未购物的顾客从非购物通道离开卖场 （2）非购物通道防损员应严禁商品从非购物通道进出，防损员要密切关注人员状况，发现可疑人员应主动礼貌询问
服务台	客服部	（1）换货流程管理 （2）退现流程管理 （3）TH广播	（1）服务台在组织顾客退、换货时，应严格按照公司的换货流程操作，名烟名酒、保健品、内衣裤概不退、换货，如有质量问题需值班经理签字 （2）服务台在为顾客换货、退现的操作中必须核对电脑小票与商品的编码、品名、数量、金额，无误后开出退换货单，并与顾客说明换货单金额等价现金金额 （3）门店必须安排专门的人员对服务台的退换货商品进行及时归位并做好登记 （4）服务台所有的退货必须经值班经理签字认可的退货单进行退货处理 （5）客服部应加强TH广播的学习
精品柜	收银部	（1）顾客的各种欺诈行为防范 （2）精品柜的日常管理	（1）商品未付款前必须做到对商品100%视线控制 （2）顾客看完商品马上将商品收回柜台再做顾客所要求的其他事情 （3）精品柜商品必须严格遵循先收钱后发货的原则 （4）不要同时为两位顾客拿取商品 （5）在员工就餐、换班时，杜绝出现管理的空当时间
各商品部排面	商品部	（1）易破损商品的陈列 （2）顾客遗留商品的归位 （3）不良顾客的防范	（1）商品部要注意，易破损商品不要放置在易被顾客碰到的排面 （2）排面的理货员要及时清理顾客遗弃在自己负责排面或地上不属于自己排面的商品，并交给负责归位的同事 （3）所有员工应密切注意自己的商品，如发现顾客的不良行为，应及时通知在卖场内巡视的防损员提请注意
仓库	收货部	（1）仓库的人员管理 （2）仓库的商品进出管理 （3）仓库的安全管理	（1）建立仓库人员进出登记本，严禁员工无故在仓库内长时间逗留 （2）建立商品进出登记本 （3）按照要求进行商品的分类码放，防火、防盗、防鼠、防虫、防潮

3.商品损耗控制

商品损耗控制措施如表8-3所示。

表8-3　商品损耗控制措施

工作要求	执行部门	督导部门	责任人	内容
商品部按照日盘点工作的流程要求，执行到位	各商品部	防损部	防损部长	（1）选取的单品以29、27、23、17、24、21、25大类重点易窃商品为主，价格高、体积小 （2）原则上月盘点损耗金额在100元以上，数量在10以上的都必须列入日盘点范围
商品陈列	各商品部	防损部	防损部长	（1）对重点易窃商品适当减少排面的陈列量 （2）对易盗商品装上防盗硬标或软标 （3）尽量陈列在主通道显眼位置 （4）部分零散食品可打包销售 （5）散装腊制品，售中需刷油，停止营业后必须加盖油布，防止风干
重点区域、排面划分责任人	各商品部	商品部 防损部	商品部长 防损部长	（1）将各重点排面进行区域划分，责任到人 （2）对责任人所划分的区域进行定点定岗 （3）在划分的区域张贴责任人的姓名及电话 （4）月度盘点损耗由责任人承担一定的管理责任
安全销售	各商品部	商品部 收银部 防损部	商品部长 收银部长 防损部长	（1）商品部对重点贵重商品进行跟踪销售 （2）在重点区域设立专柜收银台 （3）防损部对商品部投放防盗标签的情况进行督导和检查

8.5.2　日化大类产生损耗的主要因素以及常用的控损措施

日化大类产生损耗的主要因素以及常用的控损措施如图8-3所示。

主要因素

偷盗、盘点错误等

控损措施

（1）在日化区设立专柜收银台
（2）商品部对重点易盗商品进行跟踪销售，要求员工养成主动带顾客到专柜收银台埋单的习惯
（3）将重点盘面进行区域划分，定人定岗，责任到人，防损部对责任人的在岗情况进行监督
（4）商品部按照日盘点工作的流程要求，执行到位
（5）在节假日、作案的高发时间段，防损部可安排便衣反扒人员重点巡视
（6）经常组织日化区员工学习各种偷盗案例，提高员工的防盗意识和防盗技巧
（7）合理投放防盗标签，要求商品部室对重点易盗商品必须100%投放到位，限量陈列
（8）在仓库入口建立员工出入登记，防损部在仓库内建立重点区域巡视记录表，不定时进行巡查
（9）仓库内商品必须整件封箱存放，取走商品必须在库存管理卡上注明数量、姓名，再封箱
（10）盘点前将仓库、非排面商品按要求分类整理好
（11）做好员工盘点前的培训工作
（12）对盘点中库存调整较大的单品进行重点稽核

图 8-3　日化大类产生损耗的主要因素以及常用的控损措施

8.5.3　日配大类产生损耗的主要因素以及常用的控损措施

日配大类产生损耗的主要因素以及常用的控损措施如图 8-4 所示。

主要因素

偷盗、风干、串码销售等

控损措施

（1）对重点易盗包装腊制品100%防盗标签投放，软标粘在产品标识的里侧
（2）对价格高、易丢失的包装腊制品限量陈列，可使用纸箱垫底的方法以保持排面的丰满
（3）将重点盘面进行区域划分，定人定岗，责任到人，防损部对责任人的在岗情况进行监督

图 8-4

控损措施

（4）在节假日、作案的高发时间段，防损部可安排便衣反扒人员重点巡视
（5）合理订货，避免散装腊制品大库存积压，防止过度风干
（6）散装腊制品在销售过程中需刷油，停止营业后必须加盖油布，防止风干
（7）散装腊制品排面上适量陈列，不要陈列在空调风口下，或者风可以直接吹到的地方
（8）不同价格的相同产品（如不同价格的散装香肠）不要陈列在一起，避免顾客选混
（9）司称员多熟悉卖场商品，提高分辨商品的能力

图 8-4　日配大类产生损耗的主要因素以及常用的控损措施

8.5.4　休闲食品大类产生损耗的主要因素以及常用的控损措施

休闲食品大类产生损耗的主要因素以及常用的控损措施如图 8-5 所示。

 主要因素

偷盗、串码销售、盘点错误、过期报损

 控损措施

（1）对易盗的高价散装食品（散装开心果、牛肉干）打包销售
（2）对价格高、易丢失的包装腊制品限量陈列，可使用纸箱垫底的方法以保持排面的丰满
（3）将重点盘面进行区域划分，定人定岗，责任到人，防损部对责任人的在岗情况进行监督
（4）在节假日、作案的高发时间段，防损部可安排便衣反扒人员重点巡视
（5）不同价格的相同产品（如不同价格散装果冻）不要陈列在一起，避免顾客选混
（6）收货时按照要求对散货一定是称净重
（7）关注食品的保质期，临到期商品及时提醒门店处理，避免报损

图 8-5　休闲食品大类产生损耗的主要因素以及常用的控损措施

8.6 生鲜商品损耗控制

8.6.1 生鲜损耗的控制环节

生鲜损耗主要是从订货、采购、收货、搬运、库存、加工、陈列、变价、单据、盘点十个环节进行控制。具体如图8-6所示。

 订货损耗的控制

（1）科学合理地制订要货计划。订货原则是以销量来制订，也就是预估明天销多少，就订多少，再加上安全库存减去当日库存即可
（2）非加工类商品全面推行订货周表，要求门店严格按上周销量制订本周的订货；同时对类别单品库存进行严格规定，不同的类别库存单品只允许制订几天的要货计划，控制不合理的要货计划带来的商品损耗
（3）加工类商品全面推行生产计划表，要求由处组长根据上周同期的销量计划本周的生产单品及数量

 采购损耗的控制

（1）建立自采商品反馈机制，对自采商品的质量、含冰量进行控制
（2）建立类别采购损耗标准，严格考核采购损耗
（3）提升采购的专业技能与谈判技巧，确保商品质量与价格

 收货损耗的控制

（1）建立类别生鲜收货标准
（2）验收者必须具备专业验收经验，强化验收人员验收水平
（3）按商品特性进行先后次序验收（例如鲜鱼、冻品等）
（4）对直送商品、配送商品严格进行净重量验收

 搬运损耗的控制

（1）关键：轻拿轻放
（2）在搬运过程中要更加留意，避免堆叠太高或方式不对，造成外箱支撑不住的压损或粗暴的搬运引起商品掉下的损耗

 库存损耗的控制

（1）最有效的办法：推行使用库存管理卡
（2）商品入库要标明日期，无论用书写方式或以颜色区分，外箱都必须标示入库日期

图 8-6

库存损耗的控制

（3）取货必须遵守先进先出原则，也就是日期久的要先使用
（4）生鲜商品堆放要分类，便于货物寻找

 加工损耗的控制

（1）加工作业必须遵守加工作业标准（生产计划表+食谱卡+工艺流程+边角料的处理）
（2）在蔬果部分，如：进行水果拼盘和制作果酱等作业
（3）在精肉部分，如：注重分割下刀部位、切割形状、切割厚度等作业
（4）在熟食部分，如：按食谱卡进行标准作业，注重原料的使用量和烹调的时间等作业，及时将变色商品进行切制与制作盒饭作业等
（5）在面包部分，如：按食谱卡进行标准作业，将质量不佳的商品制作多士片、馅料

 陈列损耗的控制

（1）整体原则：陈列标准化
（2）陈列标准数量的确定，排面陈列标准
（3）上货流程化，规定上货次数及要点
（4）易损耗商品的防护
（5）排面陈列色彩搭配
（6）次品的及时出清

 变价损耗的控制

（1）填写变价跟踪表；所有折价商品都必须填写手工折价表，通过手工记录特价码是由哪些单品组成，其销售量和销售单价分别是多少，通过手工折价表了解真实的变价损耗
（2）规范变价权限
（3）变价后的商品跟踪

 单据损耗的控制

（1）关键：规范填写各项单据
（2）注意千克/克的价格
（3）注意入库的供应商代码、税率、部门、收货数量、单位的填写等
（4）注意在盘点前及时处理好各种单据（入库单、配送单、返厂单、返仓单、调拨单、报损单等）
（5）注意调拨的数量、调拨的部门与商品编码等

盘点损耗的控制

（1）关键：做好盘点前的培训，提高员工责任心。加强对盘点结果的稽核
（2）盘点前仓库分类整理到位，避免甲、乙商品混盘
（3）核对盘点单位与电脑单位是否一致
（4）数字或输单的错误
（5）加强对盘点结果的稽核，防止虚盘

图 8-6　生鲜损耗的控制环节及控制措施

8.6.2　熟食大类损耗环节及控制点

熟食大类损耗环节及控制点如图8-7所示。

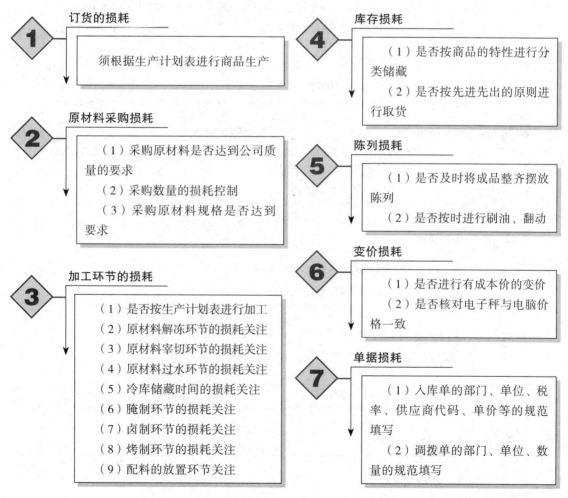

图 8-7　熟食大类损耗环节及控制点

8.6.3 水产大类损耗环节及控制点

水产大类损耗环节及控制点如图8-8所示。

 订货损耗

须根据订货周表进行商品订货

 收货损耗

（1）淡水鱼主要控制点包括鱼的规格和成活率以及鱼体是否有病变与鳞片是否完整
（2）水发类主要控制点在于是否水发过度，称重时注意去水
（3）火锅丸类主要控制点在于如何补偿该类产品的试吃及陈列损耗
（4）鲜活类主要控制点在于鉴别冰鲜商品的鲜度和爬行类商品是否有注水
（5）冻品的主要控制点在于测试出各单品合理的含冰率以及各批次商品是否一致
（6）干货的主要控制点在于商品的干度和盐度是否合理，同一批次单品规格是否一致，是否含有色素

 加工损耗

（1）剖鱼的技术掌握，避免破胆导致商品损耗
（2）下刀部位的多少导致损耗

 库存损耗

（1）掌握鲜活的养殖方法避免损耗
（2）掌握冰鲜的储藏方法避免损耗

 陈列损耗

（1）讲究分类陈列
（2）冰鲜讲究覆盖冰陈列

 变价损耗

是否有无成本价的变价

7 单据损耗

（1）入库单的部门、单位、税率、供应商代码、单价等的规范填写
（2）调拨单的部门、单位、数量的规范填写

图 8-8　水产大类损耗环节及控制点

8.6.4　干杂大类损耗环节及控制点

干杂大类损耗环节及控制点如图 8-9 所示。

1 订货损耗

根据订货周表进行商品订货

2 收货损耗

严格按照各类干货的要求收货，不能腐败、变味、变色，无破包、虫咬、鼠咬

3 库存损耗

（1）是否按商品的特性进行分类储藏
（2）是否按先进先出的原则进行取货
（3）储存时是否根据干货的特性进行防潮处理

4 陈列损耗

是否及时将成品整齐摆放陈列

5 变价损耗

（1）是否进行有成本价的变价
（2）是否核对电子秤与电脑价格一致

6 单据损耗

（1）入库单的部门、单位、税率、供应商代码、单价等的规范填写
（2）调拨单的部门、单位、数量的规范填写

图 8-9　干杂大类损耗环节及控制点

8.6.5 面包大类损耗环节及控制点

面包大类损耗环节及控制点如图8-10所示。

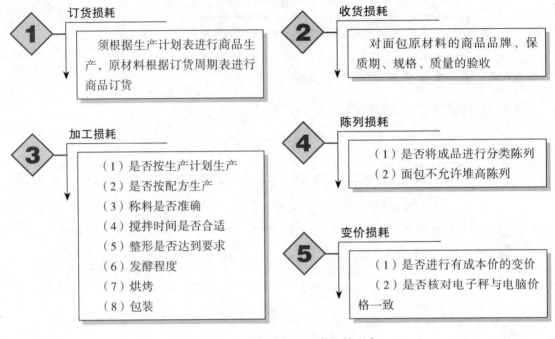

图 8-10 面包大类损耗环节及控制点

8.6.6 肉食大类损耗环节及控制点

肉食大类损耗环节及控制点如图8-11所示。

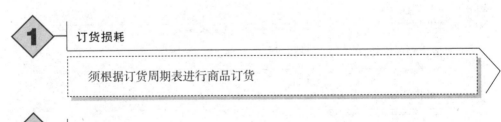

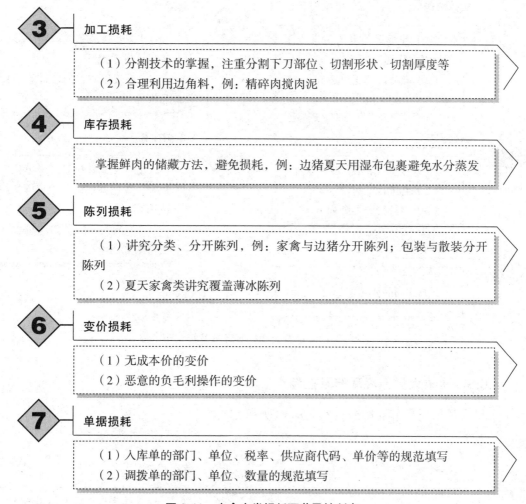

图 8-11 肉食大类损耗环节及控制点

8.6.7 蔬菜大类损耗环节及控制点

蔬菜大类损耗环节及控制点如图8-12所示。

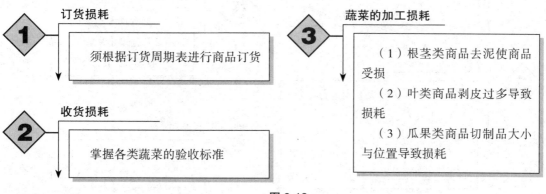

图 8-12

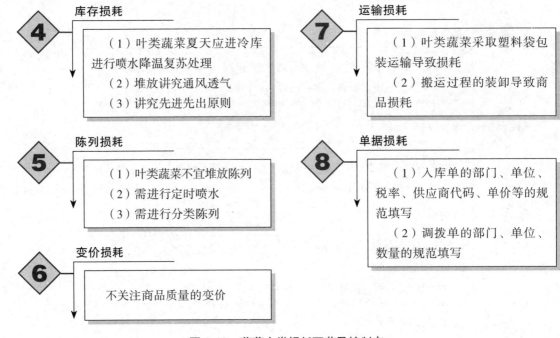

图 8-12　蔬菜大类损耗环节及控制点

8.6.8　水果大类损耗环节及控制点

水果大类损耗环节及控制点如图 8-13 所示。

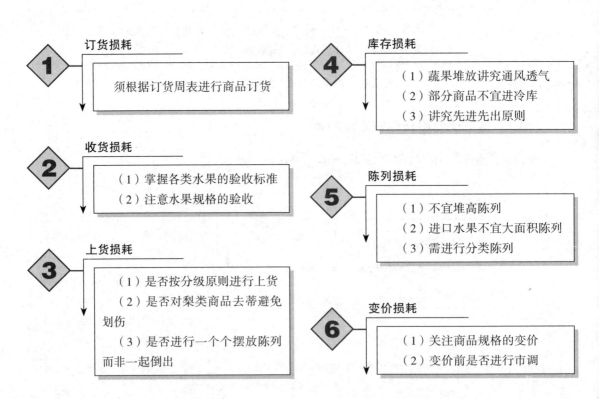

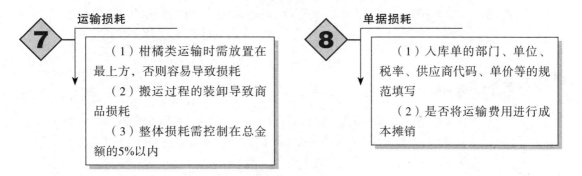

图 8-13 水果大类损耗环节及控制点

8.6.9 米蛋大类损耗环节及控制点

米蛋大类损耗环节及控制点如图8-14所示。

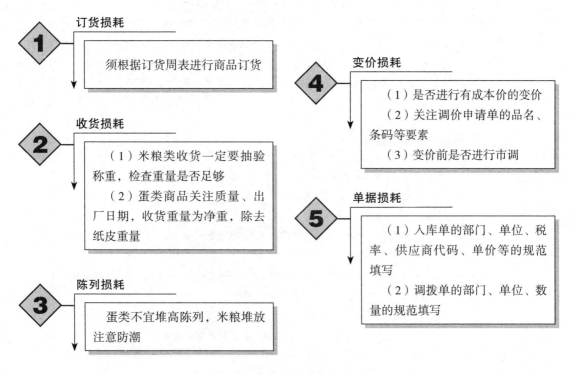

图 8-14 米蛋大类损耗环节及控制点

8.7 开业期间的商品损耗控制

在开业期间，顾客通常相当多，顾客为抢购各种促销商品引起的损耗较大、各种偷盗行为非常猖獗，对门店的损耗控制提出了更高的要求。以下从收货、陈列、仓库管理、防盗反扒、拾零护银、员工管理几个方面讲述损耗控制的管理要求，具体如图8-15所示。

开业期间收货管理

（1）根据门店收货情况，安排3~4名责任心较强的防损员作为专职的收货防损员，任何人员不得调动安排其他工作任务，开业损耗控制在标准范围给予适当的奖励
（2）收货开箱率必须按照公司的要求进行验收，贵重物品100%开箱验收
（3）负责人员及商品出入的监督，无异常情况下，坚持"只进不出"的原则，防止重复验收
（4）对于散装食品收货，严格按照制度予以验收及扣称
（5）每日对收货单据进行日清，对所有收货单据进行仔细核对
（6）门店开业当天不收货（生鲜除外），规定收货的时间
（7）所有贵重商品放置在指定区域并做好台账登记
（8）收货部应对赠品的收货仔细清点其数量，并做好入库登记。根据数量发放赠品条，并粘贴好方可进入卖场，严禁商品部私存赠品条
（9）商品部理货员、导购员要妥善保管赠品，并与商品进行捆绑销售，各商品部应提前通知收银部，有赠品发放商品的名称和数量

开业期间商品陈列

（1）重点易盗商品100%的防盗标签投放后再做陈列
（2）不适合投放防盗标签的重点易盗商品（口香糖、巧克力）限量陈列，甚至推迟3天陈列
（3）注意高档瓶装商品（高档酒、橄榄油）陈列安全，防止顾客拥挤导致摔碎
（4）散装食品（开心果、牛肉干）打包后粘贴软标再陈列，并尽量陈列在主通道顾客较多的地方或者监控摄像头下面
（5）炒作商品陈列的位置要有利于顾客秩序的维护，不要陈列在主通道上
（6）散装的炒作商品打包陈列并做好称重等前期准备工作

开业期间仓库管理

（1）在仓库门口粘贴显眼的标识，防止顾客进入仓库
（2）在仓库建立人员进出登记表、商品进出登记表，对进出的人员、商品进行严格的控制
（3）安排专人进行仓库管理，对仓库内人员的行为进行监督、控制

开业期间防盗反扒措施

（1）防损部对重点易盗商品（日化、奶粉、休闲食品、腊制品等）安排专人盯守
（2）商品部室将各重点排面进行区域划分，责任到人；对责任人所划分的区域进行定点定岗
（3）重点商品区域的员工对顾客的异常购物行为，必须100%进行跟踪销售，或通知负责该区域的专职巡视人员
（4）加大防盗标签的投放量，对重点易盗的商品、床上用品、针棉服饰、鞋类进行100%的防盗标签投放
（5）门店在开业期间在重点区域（日化区、奶粉区、腊制品等）增设临时收银台

　开业期间拾零护银

（1）开业当天收银区防损员对顾客遗留在收银区的商品进行集中放置，门店必须分食品、非食品、生鲜安排专门人员对收银台遗留商品进行及时的归位
（2）门店在开业当天应停止购物车的使用，对购物篮安排专人进行收集和定点放置，保证购物篮的正常周转
（3）开业当天，门店应安排专人负责收银员的临时缴款及换零工作。缴款和换零时应有3人以上的人员一起，以确保现金的安全

　开业期间的员工管理

（1）开业前门店必须确定全体员工的上下班路线，排面值班制度、分批就餐制度
（2）所有特价商品门店员工不得预留，一经查实，一律辞退
（3）所有员工包裹一律放置在自用品柜，不得进入卖场

图 8-15　开业期间的商品损耗控制要点

8.8　员工内盗行为的防范

员工内盗一直是防范重点，也是最敏感、最棘手的问题。员工内盗的机会多于顾客偷盗。员工偷窃与其说是偷窃行为，不如说是典型的周密计划行窃。一个员工偷窃成功，可能会引发其他员工效仿。员工内盗行为产生的原因、表现及防范措施如图8-16所示。

员工偷窃的主要原因

（1）店面管理不到位，有令不行，有禁不止，使员工处于一种无约束的状态
（2）生活支出超出收入，家庭较困难
（3）结交不可靠朋友
（4）发现被抓的风险很小，或者没有监督的工作
（5）店面缺乏明确的处置内盗的规定
（6）对于出现的有内盗行为的员工没有按规定处理或者通报结果
（7）一个员工偷盗成功引发其他员工仿效
（8）其他引起员工内盗的原因

 员工内盗的几种表现

（1）给亲朋好友结账时不扫或少扫，或者取消扫描过的商品
（2）利用工作之便把贵重商品调到价格低的商品包装内
（3）收银员、防损员、服务员利用顾客未取走的收银条，自己或者交给其他人进卖场重复拿出以上商品
（4）收货人员和供应商串通收不合格商品或少收商品，以及在重量上做文章
（5）生鲜区和散货商品区域的工作人员利用职务之便，少打商品价格、重量给亲朋好友
（6）滥用公司商品作原材料或直接用于办公，而不作账面记录
（7）偷拿商品、赠品、设备原料供自己使用
（8）偷吃商品不付账或者没经公司同意用卖场商品供顾客和自己试用、试吃
（9）发现员工、顾客偷盗行为而不及时报告
（10）勾结亲朋好友将其他部门的商品放在自己的工作场地和仓库附近，以便偷吃或隐藏

 防止内盗的措施

（1）定期对长短款前几名的收银员进行调查，并在平时的工作中进行检查
（2）经常性对店面的购物情况进行检查，对收银员的操作进行暗中测试
（3）对配送中心和厂家直送商品的接收数量进行核对
（4）加强对夜间值班人员及送货人员的检查
（5）经常召开店员会议，共同讨论店面的管理制度和流程，使员工有机会发表他们对超市防盗防损经营方面的观点和建议，以便我们不断修改完善各种制度和流程
（6）建立举报信箱和电话，受理顾客、员工关于偷窃方面的信息
（7）对顾客退换货、商品退换货工作流程进行监督、检查

防止内盗的措施

　　（8）对员工购物制度严格规定，建立员工购物通道，并加强对员工购物行为的检查
　　（9）加强对员工进出的管理以及现场的管理
　　（10）对已出现的有内盗行为的员工，要从严从快处理，并及时通报
　　（11）加强对员工入司前的背景调查和入司后的培训工作
　　（12）建立严密的防损制度，并加强锁和钥匙的管理
　　（13）对内盗行为查处一起，处理通报一起，绝不姑息
　　（14）加大"防损光荣、内盗可耻"的培训宣传力度。帮助员工牢固树立正确的荣辱观和是非观

图 8-16　员工内盗行为产生的原因、表现及防范措施

8.9　顾客偷窃行为的防范

8.9.1　顾客偷窃行为的认知

对顾客偷窃行为的认知可以透过图8-17所示的几个方面来了解。

 顾客偷窃的几种常用方法

　　随身夹带、皮包（购物袋）夹带、高价低标（换标签）、偷吃、换穿、换包装

 易发生偷窃的场所

　　卖场的死角看不见的场所、现场无工作人员的地方、上下电梯的地方、照明较暗的场所、通道狭小的场所、管理较乱及商品陈列较乱的场所、试衣间

 易被偷窃的物品（举例）

　　（1）食品类（以休闲食品为主）：巧克力、口香糖、奶粉、散装牛肉干、开心果等
　　（2）非食品类（以日用品为主）：洗发水、霜膏、高档牙膏牙刷、内衣、袜子、卫生巾等
　　（3）生鲜类：鲜肉、墨鱼干、各种包装、散装腊制品

图 8-17

易发生偷窃的时间和季节

（1）中午、下午工作人员就餐的时间及现场无管理人员的时间
（2）节假日购物顾客较多的时间
（3）晚上营业结束前的一段时间
（4）收银台等候结账人员较多的一段时间
（5）天气变冷进入冬季的月份
（6）学校放假的时间

 根据经验总结出的小偷迹象

（1）衣着宽大不合适的人
（2）走路不自然，略显臃肿的人
（3）拿着商品相互比较的人
（4）折叠商品、压缩商品体积的人
（5）东张西望，观察周围环境比挑选商品还细致的人
（6）在卖场内逛了几圈又回到原来位置的人
（7）从商品盒下面打开包装的人（探囊取物，直接将包装盒内物品取走）
（8）短时间内多次出入卖场的人
（9）拿了商品不加详看就走的人
（10）不买商品故意叫走工作人员的人
（11）扮成孕妇
（12）同时进入卖场又分开者
（13）购买与自己身份和消费层次不相匹配的人
（14）将体积较小商品用钱包或报纸覆盖的人
（15）不将小商品放进购物篮（或购物车）内的人
（16）将随身携带的包裹打开的人
（17）称完散货后将封口撕掉的人

图 8-17　顾客偷窃行为的认知

8.9.2　偷窃的防范

实践证明：加强内部员工管理以及出色的顾客服务是防止内、外盗的最好措施，具体如图 8-18 所示。

 商品陈列

（1）卖场前部的陈列不应挡住收银员投向卖场及顾客流动区域的视线
（2）口香糖、巧克力及其他体积小、价值高且吸引人的商品，必须放在收银员看得到或者偷窃者不便于隐藏的地方

商品陈列

（3）由于季节的变化而易失窃的商品，应该将这些商品的摆放位置进行调整，这些商品通常应陈列在商店货架的端头附近，也可考虑放在收银台和入口位置

人员的教育培训

（1）每天应不定时进行防损安全广播，特别是高峰期。提醒顾客应注意的购物安全和规定，以及公开防损部的调动信息，以此在卖场营造一种气氛，培养顾客控损文化，无形之中可扼制一些有不良行为的人的偷窃意识

（2）在店面组织的工作会议上，防损部门负责人应将平时工作发现的一些防损方面的新情况、新问题提出来进行讨论，并达成共识，以此提高广大员工的防损意识，做到全员防损

巡视检查

（1）加强对卖场各部门包括联营柜组、仓库的巡视检查与管理，不允许非工作人员进入。特别是营业高峰期收银台的巡视，有相当一部分顾客就是利用在收银台等候结账时将商品偷吃隐藏，以及将商品不放在收银台蒙混过关

（2）不定时对垃圾箱、卫生间以及盲点区域进行检查，建立卖场盲区巡视检查表，看是否有丢弃的空包装、价格标签

对有条件的商品进行防盗处理

对有条件的商品进行防盗处理，合理投放防盗标签。如针织品、包装盒食品，为防止因顾客拆开包装损坏商品，可用胶带进行加固，并提示"请勿拆开包装"

加强各通道的管理

加强各通道的管理，特别是员工通道和收货口，要求当班防损员敢于坚持原则，对进出的人员和商品包括废弃物实施严格的检查。凡禁止顾客进出的地方应有明显的标志

图 8-18　防范偷窃的措施

8.9.3　卖场员工如何协助防范偷窃行为

防损部门应将每个店员作为商场防盗的一员，并通过训练教育使员工掌握在防止偷

窃方面所应采取的措施,每个员工知道自己应该检查什么,应该做什么。具体如图8-19所示。

 最重要的是要对顾客友好,在顾客经过时说声"你好",微笑或者以目示意、点头,尽可能以此建立与顾客的联系

 工作中要不断扫视货架排面,如果有顾客在一个地方长时间徘徊和短时间多次出现,应上前询问他是否需要帮助

 注意那些手推车中放着敞口手提包的顾客,如果你还没有发现顾客偷窃,至少让你部门的其他同事提高警惕,这类顾客可能趁无人注意时将商品丢进手提包

 留心用购物袋选购商品的顾客,不论购物袋是本店或者外单位的,应提醒顾客使用购物篮

 注意那些天气暖和却穿着厚衣服夹克及穿着奇装异服的顾客

 注意顾客携带的物品,尤其是当这些物品显得"反常"时,例如:晴朗天气的雨伞

 在卖场发生混乱,包括吵架、打架斗殴时,要格外留心。这种情形可能是为了引开你的注意力,以协助同伙在附近作案

 如果你发现某人将一件物品藏在手提包、口袋、包袋或衣服里面,不要让这个人从你的视线中溜走。尽力记住其隐藏物品的种类,让另一个员工把你看到的情况告诉你的主管或防损员,你继续观察这个偷窃者

 站在货架的端头,可扫视排面的位置,在卖场内来回巡视

 注意那些手拿报纸、杂志的顾客以及折叠商品、压缩商品体积或者故意把商品弄旧,写上自己名字的顾客

 顾客在卖场损坏商品应督促其到收银台交款。如顾客不配合,应立即通知本部门主管或防损部门

 如发现顾客在营业现场偷吃偷喝本公司的商品(一般是饮料),或者有明显的以上现象,应上前主动询问:"请问您手上拿的商品是否埋单?"得到证实之后应当督促其到收银台交款

如发现那些顾客有明显的暴力倾向,或明显的酒精和毒品影响,或以前曾有偷窃行为,要特别注意。必要的话,可派一名防损员紧随其后

如发现团体顾客进店又分散的现象,应通知防损部派人在卖场内进行监视,且应注意短时间内及一天之中多次进出卖场的人

图 8-19　卖场员工协助防范偷窃行为要点

8.9.4　发现偷盗嫌疑人的处理流程和方法

1. 发现偷盗嫌疑人的处理流程

(1) 发现偷盗嫌疑人的处理流程　如图 8-20 所示。

礼貌对待

　　捉拿时必须有两人一起,抓获小偷要有一人作证,也避免反抗。可礼貌地问:"我们是本商场的防损员,请问您是不是有什么东西忘记了付款?"或者"我们是……有些事我们需要澄清一下,请您配合。"如对方不配合,可继续讲:"您身上的×××商品是否忘记了付款?"

合理强制

　　如小偷拒绝合作,可采取合理的强制手段,但一定要通知其他防损员配合,提防小偷行凶逃跑

带离现场

　　迅速将小偷带到办公室,防止顾客围观,并做到前引后随,看住双手,迅速通知部长领班负责处理。现场需要有两人以上负责在场看守且遇有女性时,需要有女员工在场

认定事件性质

　　注意礼貌询问,动员小偷主动拿出赃物,切勿搜身。确实没有作案的,要对其做到认错快、道歉快,并做好备忘录。赃物已转移或隐蔽较深的要多方了解,仔细分析

图 8-20

首先做好调查记录,让顾客填写"异常购物情况记录"并签名,愿意接受赔偿的可按公司规定自己处理。不要对未成年人直接处罚,应通知其家长或监护人再作处理。如不愿接受赔偿或态度比较恶劣且有暴力倾向的嫌疑人,一律移交公安机关处理

图 8-20 发现偷盗嫌疑人的处理流程

(2)注意事项 商场处理偷盗嫌疑人时要注意图8-21所示的三大事项。

只有证实我们捉拿了不该捉拿的人,我们才口头道歉:"对不起,我们很抱歉发生这样的事,谢谢您的配合。"并让其自由离开,如对方不愿意离开,应上报领导

处理顾客偷窃应尽量减少处理时间,一般在30分钟以内

未经防损部领导书面同意和授权,任何人不得对其他部门和外界发布信息和接受采访,当有人向你提问时,你只能说:"请与我们上级联系。"

图 8-21 处理偷盗嫌疑人时的注意事项

(3)被盗物品的管理 因处理偷窃事件所产生的暂扣物品,必须在"异常购物情况记录"上进行登记,并将暂扣物品交部长保管。

顾客偷窃的商品,按以上程序进行登记,并在事发当日由部门领导负责返还卖场各部门,且由接收部门负责人签收。

原则上不允许暂扣顾客的物品。

2.询问嫌疑人的方法

询问通常是在顾客出了收银台或出了终检处之后。询问应礼貌,态度要诚恳;要避免跟顾客在出口发生争吵;要善于察言观色;千万不要出现"我亲眼看见你"字眼。具体询问方法如表8-4所示。

表8-4　询问嫌疑人的方法

序号	情形	判断并询问的方法
1	你确认顾客将商品藏入身体的某一部位	询问："先生（小姐），我是这里的工作人员，请问您还有什么东西忘记付款没有？"（在问的同时，我们可以装着不经意的样子拍打该顾客藏入商品的部位）
2	你确认顾客在选购了某种商品后一直没有放回原处，但在出收银台时该商品不见了，你没有亲眼看到顾客将商品放入身体某一部位	（1）分析可能的三种情况：顾客将商品放到其他柜台上；顾客将商品隐藏了；转移了商品 （2）分析顾客的穿着能否隐藏商品 （3）询问："先生（小姐），我是这里的工作人员，请问您刚才选购的××商品是否放回了原处？"然后，看其反应 反应一：顾客说放回了原处（可以判断该顾客有偷窃嫌疑） 反应二：顾客说放到了卖场内的其他地方，但神色极为紧张，且其在卖场内寻了较长时间未找回该商品（可以判断该顾客有偷窃嫌疑） 反应三：顾客不配合工作或者大发脾气（我们可视情况并做好解释工作）
3	不能肯定顾客有偷窃行为，只是知道顾客在选购了某种商品后出了收银台时不见了	（1）分析：分析顾客的着装是否能藏商品；观察顾客的口袋是否有凸起的部位；观察顾客在收银台付款时是否经常向出口或后面张望；故意从其身边走过碰某部位 （2）询问："先生（小姐），我是这里的工作人员，有件事想问您一下，刚才有一位员工（顾客）说您选购了××商品，但您没有到收银台付款，他要我问您一下您将那商品放到什么地方去了？"然后，看其反应 反应一：顾客顿时显得很不自然，说话支支吾吾，在寻找的过程中没有找到该商品（可以判断顾客有偷窃嫌疑） 反应二：顾客不配合工作或者发脾气（如果确定是误抓，我们可视情况放行并做好解释道歉工作） （注意：当确认顾客有偷窃行为，在带往防损办公室时，要注意顾客的双手，防止顾客将商品扔掉而不承认偷窃行为。）

3.对"特殊"过失行为人的处理

以下重点讲述对"特殊"过失行为人及团伙盗窃的处理措施。

对"特殊"过失行为人的处理要领如表8-5所示。

表8-5 对"特殊"过失行为人的处理要领

分类	特征	处理要领
老人	老人的偷盗行为，一般来说占小便宜的心理较多，偷盗的商品多为小商品，价格不高，用途以围绕生计来考虑，比如味精、盐、胡椒粉、蔬果、肉类以及其他体积小的商品。行窃的手法多为换包装或在原有基础上再增加，比如，将两袋合并为一袋等	对于老人的偷盗行为，处理时方法一定要妥当、周全，要根据过失行为人的特殊性进行处理。比如，首先要考虑到其年纪大、身体状况不好；同时，切忌在言语上给其制造刺激，以免造成精神伤害。所以，处理时可参照以下要领 （1）及时提醒，没必要进一步处理 （2）婉言制止，在其即将得逞前，制止其过失的行为 （3）通过卖场工作人员，如卖场理货员、收银员等来实施
孕妇	孕妇偷盗分两种情况：一种是惯例，假装孕妇身份，趁店员不注意把用衣服裹着的东西拿出来放到隐蔽地方，然后将超市内的商品装入"肚子"中，之后慢慢走出超市；一种是真孕妇，这些孕妇抓住人们同情弱者的心理而盗窃	对孕妇的偷盗行为，首先要确定其是否为孕妇，是正常顾客还是团伙惯偷，要区别对待。现在社会上一些不法分子，为了达到行窃的目的，逃避卖场防损部门的打击，利用孕妇身份的特殊性，来引开大家的注意力，从而大肆窃取商品。对于真正孕妇且不属于惯偷、团伙类型的，采取措施要谨慎，不能以平常过失行为人来衡量处理。其具体处理方法为 （1）对于团伙、惯偷应立即上报，采取统一措施，打击盗窃行为 （2）如是顾客有占便宜心理，应以制止、提醒、教育为主
小孩	小孩偷盗有下列类型 （1）被不法分子操纵前来行窃的 （2）直接利用小孩前来偷盗（不法分子不出现） （3）小孩自身贪吃贪玩进行偷盗，一般以收银台前小商品及文具为主 （4）有一些小孩在卖场内吃、拿商品，家长发现后为了维护自己的声誉，不但不教育孩子，反而找理由，极力为孩子辩护，纵容小孩的不良行为	（1）对于未成年人，有不良行为或违法行为时，就及时制止并进行批评教育 （2）对于惯偷、团伙决不手软，发现后立即上报相关管理人员

处理身份"特殊"的行为人偷盗时，一定要得当；否则，会造成很大的负面影响。鉴于此，防损员在处理"特殊"行为人时要注意下列事项，具体如图8-22所示。

所发现的事件必须证据确凿，同时以制止、提醒及批评教育为主

在处理的过程中不得使用"偷""贼"等侮辱性的语言，更不能使用暴力

对易引起投诉或纠纷方面的问题进行全面分析。随着法制的健全，顾客的法制观念越来越强，在工作过程中若不能正确处理，必将引起顾客的投诉，甚至引起更大的纠纷，给企业的形象造成损害

规避消费权益保护问题。比如，非法搜查本身是司法机关依据法律所赋予的权力，在履行职权过程中，依照法律程序进行的搜查才是合法的行为。商场防损员在工作中，会碰到有些顾客为了证明自身的清白，主动打开包或者翻口袋、解开衣服等行为，这些行为在法律上也视同对其进行了非法搜查。所以，当顾客一旦出现上述行为时，要立即予以制止

对于此种类型的团伙、惯偷则决不姑息，发现后应即上报，并在相关管理人员的指挥下严厉打击

图 8-22　处理"特殊"行为人时要注意的事项

8.10　团伙偷盗行为的防范

偷盗团伙通常每次5～6人共同作案，手法专业、分工明确，有专门负责引开理货员的、专门把风的和专门作案的，每次偷盗的金额特别巨大。团伙的主要目标商品是：日化霜膏、口香糖、高档听装奶粉、巧克力系列。

8.10.1　团伙偷盗行为的防范

团伙偷盗行为的防范措施如图8-23所示。

每月必须给商品部进行一次全员防损意识和防损技能培训，特别是TH广播（TH广播：团伙偷盗人员已进入卖场，提醒全店员工注意防范的内部服务广播）

结合门店销售情况，对重点易窃商品适当减少排面的陈列量（奶粉、巧克力系列、宝洁系列、东江鱼系列及武鸭系列），最多不超过两天的销售量，部分零散商品可进行垫高，同时打包销售，而且尽量陈列在主通道显眼位置。易盗商品在开业期间推迟三天陈列。存放在非排面的重点商品，必须进行封箱管理

图 8-23

所有口香糖系列可将包装盒用双面胶粘在货架上,单层陈列。避免整锅端

 将重点排面进行责任划分,落实到人,做到定人定岗,确保重点排面不空岗,对月度盘点的损耗,责任人应承担一定管理责任。公司规定一次性偷盗500元以上,将由商品部和防损部共同承担责任,对被盗商品进行全额赔偿

 对能够投放防盗标签的重点商品,必须100%投放到位。每周至少检查两次重点易窃商品的防盗扣、软标等是否有松动或脱落,并对商品部投放防盗硬标(软标)的情况进行督导(防盗扣的投放,如奶粉、日化、小瓶酒、食用油、腊制品综合投放)

 要求商品部对重点商品进行跟踪销售,重点商品区域需设立专柜收银台。要求员工养成顾客购物后主动带顾客离开卖场的习惯

 防损部对商品部日盘点完成情况进行抽查和督导,对异常损耗情况必须查找差异原因,及时掌握损耗情况

 门店必须加强现场管理,对员工在卖场内聚众聊天、打电话、做与工作无关的事情,必须加大督管力度。门店防损部要加强对排面员工在岗情况的重点检查,特别是在案发的高峰时段(就餐时间杜绝空岗现象)

 合理安排员工的就餐时间,让员工分三批就餐(第一批:11:00,第二批:11:30,第三批:12:00),确保排面上随时有人在管理

图 8-23 团伙偷盗行为的防范措施

8.10.2 对团伙盗窃的预防布控与打击

团伙盗窃的盗窃伎俩与应对措施如表8-6所示。

表8-6 团伙盗窃的盗窃伎俩与应对措施

序号	盗窃商品类别	盗窃伎俩	应对措施
1	高档烟、酒类	盗窃分子常采用调包的方法窃取此类商品,常见手法主要表现为:一般情况下会有三四个人协同作案。他们会带着相似的假商品,事先用黑塑料袋将假商品装好(也有体积小的酒就直接藏于	

续表

序号	盗窃商品类别	盗窃伎俩	应对措施
1	高档烟、酒类	身上），到了柜台后假装购买商品，让员工拿这拿那，引开员工的视线，使员工以为遇上大买主而在无形中放松警惕。此时，另外的行为人则将假酒迅速调包，其他人员则用身体遮住外围工作人员的视线，掩护其偷盗行为。得手之后，行为人假装接听电话离开柜台或取出少量的现钞说钱未带够等借口离开柜台并迅速撤出卖场	首先要保持镇定，然后迅速联络其他便衣到现场协助拦截或组织抓获。若联络不到其他队员时，则采取以防为主的原则，及时走进正在交易的柜组，协助营业员防范商品流失
2	奶粉、补品等商品	此类情形的行为人一般是3~5人来到卖场，他们首先会观察营业员站位、便衣人员的防范警觉性及人数，而后选取较隐蔽的盗窃地点实施盗窃。此类行为人通常背着大挎包，或穿着较宽松的衣服、裤子、长裙，或抱着小婴孩做掩护。穿长裙的裙里面一般装有特制的紧身大口袋，能装2~3罐奶粉或燕窝；抱婴孩的则会把奶粉、燕窝放在腹部，利用孩子遮掩带出商品。此外，他们还可能将贵重商品事先选定好放在购物车（篮）内，然后用一些面积大且较薄的商品遮住，之后，将购物车（篮）推到或提到事先选好的较为隐蔽的地点把商品塞入已准备好的特制裤袋内；甚至直接夹在裆部，实现偷盗目的 在整个偷盗实施过程中，均有人为其把风，一旦察觉卖场人员已发现，则即刻用手机告知其他行为人终止偷盗；若把风人未发出警报，偷盗者则会大胆走出卖场。此时，外围偏僻处也有人接应，偷盗人将战利品交给对方后再返回卖场进行第二次偷盗	当防损员发现此类可疑团伙时，同样是要首先保持镇定，迅速上报便衣相关管理人员，并联络其他便衣到现场协助盯人及组织抓获。便衣人员在盯人时，应注意隐蔽自身，动作不能过大，以免打草惊蛇。便衣人员较少的情况下，也可采取以防为主的策略，出面提醒并警告，使其尽早离开。对于一些大型盗窃团伙，则要严厉打击并摧毁，这样才能较大程度避免其组织再次偷盗的发生

续表

序号	盗窃商品类别	盗窃伎俩	应对措施
3	高档日用品类	情景一：行为人一般是将挑选好的商品放在购物篮内，行走至拐角的地方，就往包里或口袋里装；或商品较小，上面用其他商品遮住，手则在底部拆开包装，将商品取走，空盒还是放到篮内，转到适当的位置，将空盒随手扔进商品堆内或塞到柜台的角落 情景二：以换条码来占差价便宜，一般换包装相似，但价格差额较大的商品条码。其手法常表现为把商品夹在衣服中，趁换衣服的同时将商品放到包内、口袋内，藏到腰间或把液体类商品挤到事先准备好的瓶子里，而后将包装转移；还有的将体积较小的商品放在雨伞内，夹带出场，抓到后其会谎称不知怎么商品会掉进伞里，装出一副很无辜的样子	（1）对于用其他物品装取卖场商品和私换条码的行为，应及时制止，不要在其已经得手后再去抓获，否则会给处理带来较大的难度 （2）对于扔了包装的行为人，要将包装找到作为证据 （3）收银员在扫描商品时，对商品做好相关检查
4	服装类商品	团伙盗窃服装一般表现为多人合伙作案，事先进行踩点、分工，较难防范。具体作案手法如下 （1）3～5个人结伙，时而聚集在一起低声说话，时而分散在各服装柜台游走 （2）穿着打扮档次较低，在卖场内翻弄高档服装而无心购买 （3）行为人多次要求营业员去仓库拿货或在地柜取货 （4）利用未成年人进行偷盗服装，因为营业员对小孩的防范相对较松懈	对这类盗窃分子，应采取如下措施 （1）在易盗商品区域设定岗位，每班做好数量方面的交接，即设专人防范 （2）一经发现团伙盗窃立即上报，由相关管理人员统一组织行动，严密布控，采取只跟商品不跟人的原则，各岗位不能缺岗，防止"调虎离山" （3）发现团伙盗窃分子后，即使有确凿证据也不宜打草惊蛇，应通过电话联系各楼层便衣互换跟踪，在场外由管理层统一指挥将其一网打尽 （4）对团伙、惯盗的防范和抓获，除要掌握一些抓获技巧外，要求每一个便衣具备良好的敬业精神和精湛的业务技能

8.11 收银作业损耗及控制

收银损耗主要指收银不当造成的损耗，这是商品损耗的一个重要方面。导致收银损耗的原因有两方面，具体如图8-24所示。

收银机系统出现技术故障，造成商品高价低卖而收银人员未发现

人为因素，即收银员的过失行为、不当行为造成商品流失或高价低卖等

图 8-24　导致收银损耗的两大原因

从收银实践的具体情况分析，图 8-25 显示造成收银损耗的不当行为表现及具体的防范措施。

 具体表现

（1）敲错了货号部门的按键
（2）敲错了商品的金额
（3）收银员与顾客是亲友关系，发生不正当行为
（4）由于价格无法确定而错输金额、看错商品价格
（5）对于未贴标签、未标价的商品，收银员以自己推测的价格销售
（6）收银员误输商品价格后，在改正的过程中操作不当
（7）收银员虚构退货而私吞现金等
（8）收银员漏输商品（故意或过失）
（9）按错设定的快速键：收银员追求速度把外观包装类似的商品视为同一商品结账
（10）收银员利用"退货键""立即更正键"消除登打金额，乘机抽取金钱
（11）特价期间的特卖品予以原售价退回
（12）货币换算错误
（13）挂单商品保管不善或丢失

 防范措施

（1）制作规范的收银员作业规范及绩效考评制度
（2）规范收银员结账收银的基本程序
（3）收银员每天换不同收银台，避免滋生不良行为
（4）收银监察随时利用监控系统，监督各个时段收银金额状况，若有异常，立即检查
（5）加强收银员吃饭、交接班时间的监察
（6）避免收银员利用"退货键""立即更正键"消除已登录的商品

图 8-25　收银损耗的不当行为表现及具体的应对措施

8.12 防损稽核

为充分控制门店执行流程、制度中存在的各种漏洞，达到规范门店商品管理，控制门店商品损耗率的目的，防损部应针对门店日工作流程制定防损稽核表。

8.12.1 防损稽核的实施要求

防损稽核必须按照防损部的频次要求执行到位，其中收银稽核和收货稽核必须为门店防损（主管）科长本人组织实施。

8.12.2 防损稽核的结果运用

稽核员在稽核完成的当日应将稽核结果向门店防损负责人报告，门店防损负责人在第二个工作日应形成处理意见，且将其递交给门店店长，并跟踪在3个工作日内处理到位。

8.12.3 防损稽核工作的具体实施

防损稽核工作的具体实施要点如图8-26所示。

日盘点稽核报表

（1）按照要求，每天都要进行日盘点稽核
（2）稽核商品部室员工日盘点完成情况，是否按要求开展了日盘点，核对数据是否真实、准确
（3）有针对性地进行日盘点稽核，重点关注日化膏霜、高档牙膏、奶粉、巧克力、口香糖、包装腊制品等损耗较高的商品
（4）发现异常损耗情况一定要查明原因并及时报告防损主管进行整改、防范

收银稽核报表

（1）按照要求，每周至少完成两次以上收银稽核，每周的稽核对象应在6人以上，稽核对象应侧重于新入司员工和近期长短款异常的员工
（2）对收银员的稽核是采用实验性购物的方法。分为实物稽核和现金稽核两部分
（3）有针对性地进行收银稽核，对那些长短款次数较多、金额较大的收银员重点稽核
（4）实验性购物由收银员不认识的人员操作，防损员在旁观察收银员是否按照标准收银。采用顾客经常使用的偷盗手段（身体夹带、高价低标、加重、商品夹带、换包装等）
（5）实验性购物之后，对收银员没有发现的手段要一一指出来，再讲解如何防范、发现，提出整改意见
（6）在现金稽核时发现实收金额和后台电脑的应收金额的差异超过2元，要求立即向防损部长报告并进行调查

盘点稽核表

（1）按照要求，每次盘点完成后应完成盘点稽核工作
（2）盘点前仓库、非排面商品是否分类整理到位，各种单据是否处理完毕（特别是外借商品），信息部是否关闭系统中查询商品库存的权限，是否制定盘点区域布局图、人员安排表
（3）盘点中，是否按公司规定的方法盘点，盘点卡填写是否正确，是否一物一卡。手工盘点表是否按要求填写。收银员输单方法是否正确
（4）盘点后，是否有商品部人员到信息部查询了解初盘盈亏单品电脑库存数量、金额的现象；商品部室是否对初盘盈亏单品进行差异查找；商品部提供给信息部需要进行原库存更新的单品是否有人为调整虚盘增加库存的现象

 收货稽核报表

（1）按照要求，每周应至少完成3次以上收货稽核工作
（2）重点对收货区秩序维护、收货人员到位情况、收货时单据是否齐全进行稽核
（3）对收货时的违规行为进行监督、稽核
（4）对收货、退/换货、报损等流程的执行情况进行稽核
（5）对收货部单据分类保管、签字到位、是否有代签冒签的情况进行稽核

 自用品稽核报表

（1）按照要求，每周应至少完成1次以上自用品稽核工作
（2）重点检查位置：员工自用品、生鲜加工间的加工原料、联营柜组的自用品
（3）检查自用品标签是否粘贴到位、标签上签字是否到位、是否在自用品登记本上找到相对应记录
（4）自用品登记本上品名、签字是否到位

 精品柜商品稽核表

（1）按照要求，每周应至少完成1次以上精品柜稽核工作
（2）精品仓库管理，是否双人双锁，是否在仓库内建立商品进出台账，台账登记是否符合要求，商品存放是否符合要求，仓库是否存在安全隐患
（3）精品柜排面管理，精品柜柜锁能否正常使用，钥匙交接手续是否完整
（4）精品柜日盘点本记录是否及时准确

图 8-26

更衣柜稽核表

（1）按照要求，每周应至少完成1次以上更衣柜稽核工作
（2）由稽核防损员、门店行政、员工代表一起对员工的更衣柜进行检查、稽核
（3）每次稽核的更衣柜数量不能低于总数的5%
（4）更衣柜内严禁存放商品、赠品，有明确购物手续的女性卫生用品除外

 内部调拨、移库稽核表

（1）按照要求，每周至少完成1次以上内部调拨、移库稽核工作
（2）核对手工调拨单、电脑单上的品名、条码、数量是否一致，签名是否到位
（3）生鲜商品调拨是否建立专门的登记本，记录是否及时准确

 调价稽核表

（1）按照要求，每周至少完成1次以上调价稽核工作
（2）商品部调价申请原始单据填写是否完整，存档是否到位
（3）售价调整或小时促销商品恢复原价后是否及时下发到收银台、电子秤
（4）是否有无成本的核算的调价，发现异常情况，及时上报防损部长

 赠品稽核表

（1）按照要求，每周至少完成1次以上赠品稽核工作
（2）重点稽核赠品仓库的管理、赠品标签粘贴到位情况
（3）赠品的入库、领用登记的台账是否完善。签名是否到位、核对数目是否准确

 大家电稽核表

（1）按照要求，每周至少完成1次以上大家电稽核工作
（2）家电仓库内商品的进出是否建立了台账，是否符合公司流程手续。仓库内家电分类排放整齐
（3）家电销售单填写是否完整，单据流转是否准确无误
（4）家电赠品管理是否按照要求
（5）退/换货审批是否按公司规定执行（单品价值在2000元以上的报家电售后主管和各品类主管审批；手机不满意退/换货、小家电换货及商品价值在2000元以下的由店长审批）

百货稽核表

（1）按照要求，每周至少完成1次以上百货稽核工作
（2）高档商品、黄金珠宝柜的人员在位情况，锁具能否正常使用，钥匙管理严谨
（3）重点关注百货柜组的私自收银、场外交易等违规现象
（4）稽核各柜台每月的缴费情况，跟踪临时租赁柜的签约、缴费情况

 防盗设备使用情况稽核表

（1）按照要求，每周至少完成1次以上防盗设备使用情况稽核工作
（2）重点稽核检查防盗设备的使用、保养情况，看其对防盗标签的反应是否灵敏

图 8-26　防损稽核工作的具体实施要点

图解精益管理之消防安全

零售企业有义务给顾客提供安全的购物环境,所以门店的消防管理工作显得尤为重要,这是门店正常营运的前提之一。消防管理是指防止火灾、水灾,灭火及其他灾情处理的专门工作。零售企业的消防安全管理方针应是"预防为主,防消结合""以防为主,以消为辅",重点抓好防火及灭火工作。

9.1 完善卖场的门店消防系统

门店消防系统主要有五大部分,如图9-1所示。

 消防标识

一般为国家统一标识,如"禁止吸烟""危险品""紧急出口"等。这些标识必须让员工熟记

② 消防通道

建筑物在设计时留出的供消防、逃生用的通道。通道应保证通畅、干净、不堆放杂物,同时要让员工熟悉离自己最近的通道

 紧急出口

紧急出口是指门店发生火灾或意外事故时,需要紧急疏散人员以最快时间离开商场而使用的出口。紧急出口同样必须保持通畅,不能锁死,平时也不能使用

 消防设施

消防设施是用于防火排烟、灭火及火灾报警的所有设备。门店主要的消防设施有：火灾报警器、烟感/温感系统、喷淋系统、消火栓、灭火器、防火卷闸门、内部火警电话、监控中心、紧急照明、火警广播

 疏散指引图

疏散指引图是表示门店各个楼层紧急通道、紧急出口和疏散方向的标识图。它提供给顾客及员工逃生的方向，必须悬挂在商场明显的位置

图 9-1　消防系统的组成

9.2　建立消防组织

根据《机关、团体、企业、事业单位消防安全管理规定》的相关规定，企业应当落实逐级消防安全责任制和岗位消防安全责任制，明确逐级和岗位消防安全职责，确定各级、各岗位的消防安全责任人。

建立消防安全管理组织是实施消防安全管理的必要条件，消防安全管理的任务和职能必须由一定形式的组织机构来完成。一般零售企业的消防安全领导机构，是防火安全委员会或防火安全领导小组。企业的法人代表或主要负责人应对企业的消防安全工作负完全责任。规模较大的大中型零售企业可设置防火安全委员会（如图9-2所示），规模较小的零售企业可设置防火领导小组。

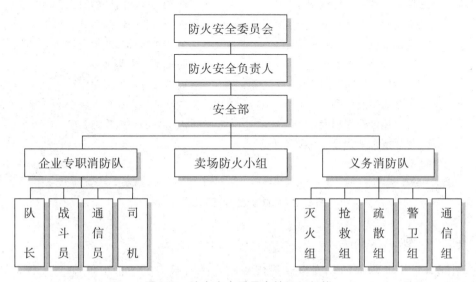

图 9-2　防火安全委员会的组织架构

卖场也可设置防火安全领导小组或安全员（如图9-3所示）。班组应设兼职安全员，协助班组长履行防火安全职责。

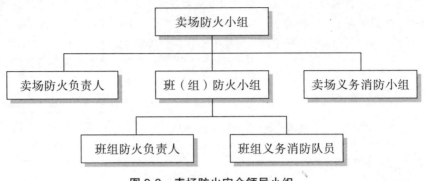

图9-3　卖场防火安全领导小组

9.3　制定消防安全管理制度

根据《机关、团体、企业、事业单位消防安全管理规定》的相关规定，中小企业消防安全管理规章制度大体上包括总则、组织领导体系、防火安全责任制度、各项消防安全管理制度等几部分内容，具体如图9-4所示。

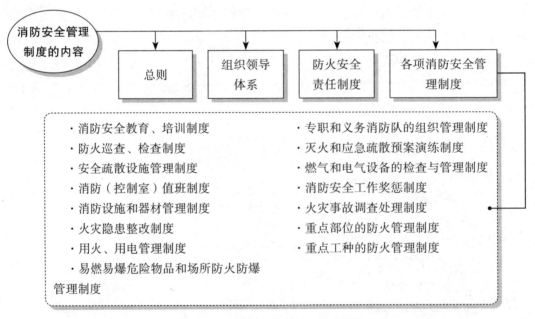

图9-4　消防安全管理制度的内容

9.3.1　总则

总则部分是企业内部消防安全管理规章制度的大政方针方面的制度。总则部分的主要内容包括以下方面。

（1）规定本企业内部的消防工作方针。

（2）明确指出本规章制度的制定依据、制定目的以及适用范围。

（3）制定实行防火安全责任制的全面落实措施，明确指出在本企业实行逐级防火责任制的重要意义和作用。

（4）明确规定消防安全工作是本企业生产、经营、管理工作一项不可缺少的重要内容，确立消防安全管理工作与生产经营管理工作，"五同时"管理规定的地位、作用以及具体运作程序和方法等。

9.3.2　组织领导体系

组织领导体系部分是企业内部消防安全管理规章制度中有关人事安排方面的制度。组织领导体系部分的主要内容包括以下方面。

（1）确定本企业消防安全责任人和防火安全委员会（或防火安全领导小组）主任（或组长）以及成员的名单。

（2）确定本企业消防保卫部门（或安全技术部门）和负责人以及专兼职消防安全保卫人员的名单。

（3）确定本企业下属部门消防安全责任人以及防火安全员的名单。

（4）确定企业下属班组或岗位消防安全责任人以及防火安全员的名单。

（5）确定义务消防队以及专职消防队的领导和成员的名单等。

9.3.3　防火安全责任制度

防火安全责任制度部分是企业内部消防安全管理规章制度中对各级领导、各级组织和全体职工规定消防安全职责方面的制度。防火安全责任制度应当包括各级领导和各级组织的逐级消防安全责任制度，还应当包括全体职工的岗位防火安全责任制度。防火安全责任制度的主要内容包括以下方面。

（1）规定防火安全委员会（或防火安全领导小组）领导机构及其责任人的消防安全职责。

（2）规定消防保卫部门或安全技术部门领导以及消防安全管理人员的消防安全职责。

（3）规定企业下属部门和岗位消防安全责任人以及防火安全员的职责。

（4）规定企业义务消防队和专职消防队的领导以及成员的职责。

（5）规定全体职工在各自工作岗位上的消防安全职责。

防火责任制度还应当同本企业的经济承包制度以及奖惩制度结合起来，使各级领导和全体职工的消防安全工作优劣状况同经济利益及政治荣誉直接挂钩，把本企业每个人承担的消防安全工作职权、工作义务和工作责任落到实处。

9.3.4 各项消防安全管理制度

零售企业应当根据自身的实际情况制定符合本企业特点的各种消防安全管理制度，通常应当包括表9-1所示的一些制度和内容。

表9-1 各项消防安全管理制度的内容

序号	制度名称	基本内容
1	消防安全教育、培训制度	（1）要充分利用壁报、黑板报、有线广播、标语、安全标志牌、举办培训班等方式方法进行消防安全宣传普及教育 （2）对新进入企业的员工（包括临时工、外包工等），通常要进行企业、各部门和班组三级消防安全知识教育，经考核合格后才能上岗，对特殊工种还应当进行专门的消防安全培训，考核合格后持证上岗 （3）消防安全教育、培训制度应当制度化，企业每月可以确定1~2天作为消防安全活动日，分析消防安全情况，学习有关规定和消防安全知识，分析和整改火灾隐患 （4）义务消防队应当在年初、年中或开业、使用前进行必要的消防演习活动，每年对全体员工进行一次消防安全知识考核 （5）应当向外来人员宣传消防安全知识和本企业的消防安全制度，应当主动同邻近企业和当地居民组织搞好消防安全联防工作 （6）发生火灾后，应当适时组织召开火灾现场会，进行现场的消防安全教育等
2	防火巡查、检查制度	（1）实行逐级防火责任制，通常应当规定企业领导每月检查、部门领导每周检查、班组领导每日巡查、岗位员工每日自查 （2）检查之前应当预先编制相应的防火检查表，规定检查内容要点、检查依据和检查合格标准 （3）检查结果应当有记录，对于查出的火灾隐患应当及时整改等
3	安全疏散设施管理制度	（1）门店必须按规定配备应急照明和疏散指示标志 （2）按规定配备防火门和其他应急疏散设施 （3）疏散通道和安全出口必须保障畅通，不得堵塞 （4）应急照明灯和疏散指示标志必须按规定进行检修，保证完整、好用 （5）常闭式防火门不得处于开启状态，闭门器必须完整
4	消防（控制室）值班制度	（1）消防（控制室）应当配备专门操作人员，并实行时值班制度 （2）消防系统的操作维护人员在上岗前应经过专门培训，熟练掌握系统的工作原理和操作规程、常见故障排除方法，并持证上岗 （3）控制室操作人员值班时，必须坚守岗位，密切注意各设备的动态 （4）消防控制室操作维护人员对本建筑物内的各种消防设备进行监视和应用，做好日常的技术管理

续表

序号	制度名称	基本内容
4	消防（控制室）值班制度	（5）门店做好各种情况记录，及时提供有关信息，给企业领导当好参谋，协助有关领导做好防火、灭火工作 （6）根据当地消防工作的需要，完成上级领导和消防机构布置的工作任务，接受公安消防机构的检查
5	消防设施和器材管理制度	（1）消防设施和器材不得随意挪作他用 （2）消防设施和器材应当定期进行检测，发现损坏应当及时维修或更换 （3）灭火药剂失效以后应当及时更换新药剂 （4）消火栓不得埋压，道路应当畅通无阻 （5）消防器材的配置种类、数量及配置地点应当由专人负责，配置地点应当有明显标志等
6	火灾隐患整改制度	（1）认真研究本企业存在的火灾隐患，根据本企业实际，制订出一整套切实可行的整改方案 （2）按要求对存在的火灾隐患进行彻底整改，对整改内容不清楚的，应及时向公安消防机构汇报 （3）对历史遗留的火灾隐患，无法按时整改的，应及时向当地政府和公安消防机构汇报，并拿出切实可行的防范措施，防止发生火灾事故 （4）实行责任制，落实"四定"，整改完毕后，应及时向公安消防机构送达整改回执
7	用火、用电管理制度	（1）确定卖场内的用火管理区域范围 （2）对于储存或处理可燃气体、液体、粉尘的设备，动火检修前应当进行清洗、置换等安全处理 （3）划分动火作业级别，规定动火作业审批权限和手续，实行"四不动火"制度，也即：预防措施不落实不动火、没有经过批准的动火证不动火、现场没有消防安全监护人员不动火、大风天不在户外动火
8	易燃易爆危险物品和场所防火防爆管理制度	（1）规定本企业易燃易爆危险物品的类别、品种和防火防爆场所 （2）规定收发易燃易爆危险物品和进入防火防爆场所的手续 （3）制定各类易燃易爆危险物品的防火、防爆和灭火措施 （4）规定专人负责保管易燃易爆危险物品和对防火防爆场所的看管等
9	专职和义务消防队的组织管理制度	（1）零售企业应根据消防法律的规定建立专职消防队或义务消防队 （2）专职和义务消防队由企业的消防安全管理人组织领导，业务上接受当地公安消防机构的指导。专职消防队的建立或撤销必须经当地公安消防机构会同企业的主管部门商定 （3）门店专职消防队的消防人员列入卖场人员，享受本企业职工的保险、工资、奖励和福利待遇

续表

序号	制度名称	基本内容
9	专职和义务消防队的组织管理制度	（4）义务消防队的人数根据企业的具体情况确定。可以分为灭火行动组、疏散引导组、通信联络组、安全防护救护组等 （5）门店应定期组织培训班，对队员进行防火、灭火常识和基本技能的教育
10	灭火和应急疏散预案演练制度	（1）门店应当建立健全灭火和应急疏散预案组织机构。组织机构包括：灭火行动组、通信联络组、疏散引导组、安全防护救护组 （2）各组成员应当分工明确，熟练掌握消防业务基本技能，能够相互协调，及时有效地扑救初起火灾 （3）门店应当经常组织消防知识和业务技能的培训与教育 （4）门店应当对配置的消防设施和器材及时进行维修保养，确保完好有效 （5）重点卖场至少每半年进行一次演练，其他卖场根据实际情况，制订相应的应急方案，至少每年组织一次演练
11	燃气和电气设备的检查与管理制度	（1）敷设燃气管线、电气线路，安装和维修燃气、电气设备，必须由正式参加特殊工种培训人员承担 （2）电加热设备必须有专人负责使用和监管，离开时通常要求切断电源 （3）能够产生静电易引起火灾爆炸的场所，必须安装消除静电的装置和采取消除静电的措施 （4）遭雷击容易引起火灾爆炸的场所，应当安装避雷装置，并应在雷雨季节来临前，进行接地电阻检测 （5）爆炸危险场所应当遵照国家的有关规定安装相应的防爆电气设备 （6）对于燃气管线、电气线路和设备应当有专人负责监管，定期检查等
12	消防安全工作奖惩制度	（1）对于消防工作制定具体的奖惩条件和标准 （2）对于消防工作成绩突出的下属企业和个人应当给予表彰和奖励，规定具体的评奖标准和方法 （3）对于违反消防安全管理规章制度的下属企业和个人，除由司法机关、公安机关依法进行刑事处罚、行政处罚之外，企业应当规定具体的内部行政处分标准和方法
13	火灾事故调查处理制度	（1）积极协助公安消防机构保护火灾现场，调查火灾原因 （2）对于火灾事故责任者提出处理意见，提出具体的防范措施和改进措施 （3）实行火灾事故处理的"三不放过"原则：没有查清起火原因不放过、门店领导和火灾事故责任者没有受到处理以及门店职工没有受到教育不放过、没有防范措施和改进措施不放过
14	重点部位的防火管理制度	门店内的消防安全重点部位大致包括：卖场、停车场、变配电室、锅炉房、仓库以及涉及易燃易爆危险物品的岗位等。对这些重点部位应当结合实际情况制定具体可行的防火管理制度

续表

序号	制度名称	基本内容
15	重点工种的防火管理制度	企业内的重点工种大致包括：保安值班员、仓库保管员以及涉及易燃易爆危险物品岗位上的操作工等。这些重点工种及其所在岗位也应当结合实际情况制定具体可行的防火工作职责和防火管理制度

9.4 加强明火管理

门店的顾客流量大，其中不乏吸烟者，随意乱扔烟头往往会造成火灾。因此，门店应加强明火管理，具体措施有三项，如图9-5所示。

禁止吸烟。在门店入口处就应该设置一块禁止吸烟的标志牌

门店在设备安装、检修、柜台改造过程中，营业区与装修区之间应进行防火分隔

动用电气焊割作业时，应在动火作业前，履行用火审批手续，且现场必须有人监管，预先准备好灭火器，随时做好灭火的准备

图9-5 加强明火管理的措施

9.5 加强易燃品管理

门店经营的商品，有部分是属于易燃易爆品，对这些商品要加强管理，要求如图9-6所示。

指甲油、打字纸以及护发品摩丝等易燃危险品，应控制在两日的销售量以内，同时要防止日光直射，与其他高温电热器具隔开，妥善进行保管

地下门店严禁经营销售烟花爆竹、发令枪纸、汽油、煤油、酒精、油漆等易燃商品

钟表、照相机修理等作业使用酒精、汽油等易燃液体清洗零件时，现场禁止明火

对日用少量易燃液体，要放至封闭容器内，随用随开，未用完的送回专用库房，现场不得储存

图9-6 加强易燃品管理的要求

9.6 加强全员消防教育

防火工作人人有责，零售门店是人员众多的公共场所，要做好防火工作，必须依靠全体员工，因此要不断增强员工的消防意识，提高员工的消防知识。分析大量的火灾资料使人们明白，火灾的发生都是由于违反规定，不懂灭火知识所导致的，因此大型门店每年都必须结合业务特点、季节变化，把防火教育作为重点，同时教会员工学会报警，使用灭火器、室内消火栓，扑灭初期火灾的本领。有条件的可讲解燃烧原理、燃烧三要素，与业务工作相关的防火知识和发生火灾后的处置方法等，使全体员工懂得防火、灭火的常识。

门店还可以利用广播、标语等媒介向每位员工和门店内顾客宣传消防知识及防火基本常识。

9.7 加强消防设施、器材的管理

消防设施与器材是门店员工和顾客人身安全的重要保证，其管理目的是必须保证性能灵敏可靠，运行良好。管理要点如图9-7所示。

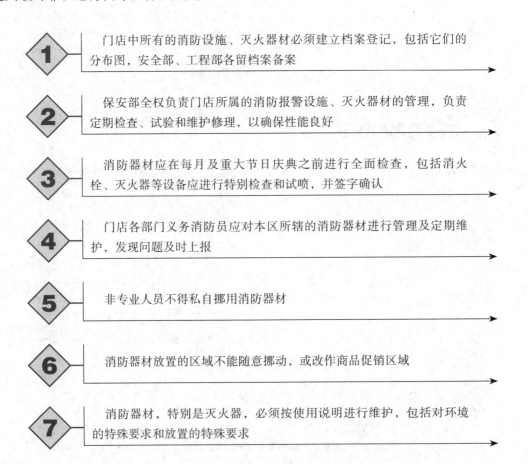

做好消防设备的检查

检查内容为：
- 室外消火栓试放水压是合乎标准
- 消火栓开关是否维护良好
- 水带箱内装备是否齐全
- 消防水带是否保持干净正常
- 消防设备是否有明显标示，并容易取用
- 消防器材室是否不易被火灾波及
- 消防器材室是否离可能的失火场所太远
- 火警报警器是否正常
- 车辆是否按规定备有消防器材
- 消防器材是否失效
- 灭火器检查卡检查记录是否保持良好
- 灭火器是否坚持在指定地点挂置
- 消防器材周围是否有阻碍物堵塞

图 9-7　消防设施、器材的管理要点

9.8　制定灭火和应急疏散预案并组织演习

零售企业应结合门店自身的实际情况制定切实可行的灭火疏散预案，再安排专门时间，有计划、有步骤地按预案要求开展训练，使所有员工会使用消防器材，会扑救初期火灾，会引导、组织人员疏散。

灭火和应急疏散预案的基本内容包括应急组织机构、单位基本情况、灭火和应急疏散行动方案、灭火和应急疏散计划图等。

9.8.1　制定灭火和应急疏散预案的依据

制定灭火和应急疏散预案的依据如图9-8所示。

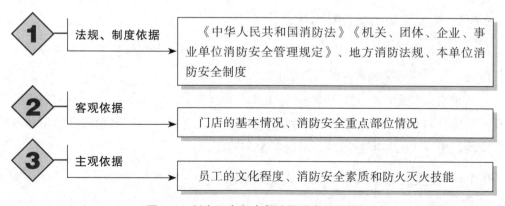

图 9-8　制定灭火和应急疏散预案的依据

9.8.2 预案制定、演练和实施的职责

零售企业应当明确各门店的消防安全责任人、消防安全管理人、消防安全归口管理职能部门和专（兼）职消防安全管理人员及其他相关人员在预案制定、演练和实施等工作环节上的职责，具体如图9-9所示。

消防安全责任人

应牵头成立预案编制小组，组织制定符合本单位实际的灭火和应急疏散预案，建立和保持应急准备状态，至少每年组织一次演练，根据演练情况及时对预案进行审查和修订

消防安全管理人

应组织员工学习掌握灭火和应急疏散预案，组织预案的实施和演练，以确保具有充足的应急反应能力

值班领导、义务消防队员

应熟悉灭火和应急疏散预案的基本内容和应急程序，并能够熟练运用

所有员工

都有执行本预案中明确的相关职责的义务。单位的每一名员工都应当熟悉预案中的相关内容，清楚在单位发生火灾时应履行的职责，知道自身在单位整体应急预案体系中所处的环节、应采取的行动及应发挥的作用

图9-9 预案制定、演练和实施人员的职责

9.8.3 需要掌握的单位基本情况

单位基本情况应当包括：单位基本概况和消防安全重点部位情况，消防设施、灭火器材情况，义务消防队人员及装备配备情况。

公司重点防护部位为配电控制室、仓库，一旦发生火灾可能危及人身和财产安全以及对消防安全有重大影响的部位确定为消防安全重点部位。通过明确重点部位并分析其火灾危险，指导灭火和应急疏散预案的制定和演练。

9.8.4 设置应急组织机构，明确相关职责

组织机构是为完成救援任务、实现事故应急救援目标而设置的，它是使各种职能得

到落实的工具。组织机构的设置应结合单位的实际情况,遵循归口管理、统一指挥、讲究效率、责权对等和灵活机动的原则。设置机构,如表9-2所示。

表9-2 火灾应急组织机构

组织名称	成员		职责
应急指挥领导小组	组长		指挥协调各职能小组和义务消防队开展工作,迅速引导人员疏散,及时控制和扑救初起火灾;协调配合公安消防队开展灭火救援行动
	副组长		
义务消防队（灭火行动组）	组长		现场灭火、抢救被困人员。义务消防队可进一步细分为灭火器灭火小组、水枪灭火小组、防火卷帘控制小组、物资疏散小组、抢险堵漏小组等
	成员		
疏散引导组	组长		引导人员疏散自救,确保人员安全快速疏散。在安全出口以及容易走错的地点安排专人值守,其余人员分片搜索未及时疏散的人员,并将其疏散至安全区域
	成员		
安全防护救护组	组长		对受伤人员进行紧急救护,并视情况转送医疗机构
	成员		
火灾现场警戒组	组长		控制各出口,无关人员只许出不许进,火灾扑灭后,保护现场
	成员		
后勤保障组	组长		负责通信联络、车辆调配、道路畅通、供电控制、水源保障
	成员		

9.8.5 制定灭火和应急疏散行动方案

1.火情预想

火情预想即对单位可能发生火灾做出的有根据、符合实际的设想,是制定灭火和应急疏散行动方案的重要依据。其内容如图9-10所示。

 重点部位,主要起火点。同一重点部位,可假设多个起火点

 起火物品及蔓延条件,燃烧面积（范围）和主要蔓延的方向

图9-10

可能造成的危害和影响（如可燃液体的燃烧、压力容器的爆炸、结构的倒塌，人员伤亡、被困情况等），以及火情发展变化趋势，可能造成的严重后果等

区分白天和夜间

图 9-10　火情预想的内容

火情预想要在调查研究、科学计划的基础上，从实际出发，根据火灾特点，参考类似案例，使之切合实际，有较强的针对性，防止主观臆断。火情预想还要通盘考虑，各种情况要互相联系，使之形成一个有机的整体。

2.火灾处置一般程序

火灾处置一般程序是灭火和应急疏散行动方案的形式要件。如图9-11所示。

报警

以快捷方便为原则，确定发现火灾后的报警方式。如口头报警、有线报警、无线报警等，报警的对象为"119"火警台（"三台合一"的地区为"110"指挥中心）、单位值班领导、消控中心等

接警

值班领导、消控中心接警后，立即通知指挥部、各职能小组和义务消防队，启动应急预案

处置

指挥部、各行动小组和义务消防队迅速集结，按照职责分工，进入相应位置开展灭火救援行动

图 9-11　火灾处置一般程序

9.8.6　灭火和应急疏散计划图

计划图有助于指挥部在救援过程中对各小组的指挥和对事故的控制，应当力求详细准确、直观明了。如图9-12所示。

灭火进攻图
标明义务消防队人员部署情况，进攻和撤退的路线，扑救假定火情可利用的消防设施、器材

疏散路线图
以防火分区为基本单位，标明疏散引导组人员（现场工作人员）部署情况、搜索区域分片情况和各部位人员疏散路线

图 9-12　灭火和应急疏散计划图

9.8.7　预案的检验

预案编制后必须经过实地演练的检验方可确定。基本的检验标准是能否实现制定预案要达到的目的，即统一指挥，紧张有序，措施到位，效果良好。

零售企业检验预案要纳入安全疏散时间的概念。安全疏散时间即建筑物发生火灾时，人员离开着火建筑物到达安全区域的时间。一般而言，暴露在火灾环境下的人员必须在 90 秒内疏散到安全区。

在此，提供几份不同的预案，仅供读者参考。

【他山之石01】商场消防安全事故应急预案

商场消防安全事故应急预案

1. 编制目的

为加强消防安全管理工作，预防和杜绝火灾事故的发生，保障商场及购物群众的安全，根据国家有关法律、法规，本着"预防为主，防消结合"的原则，结合本商场的实际情况，特制定本预案。

2. 危险性分析

2.1　企业概况

本商场位于××××× ，是一家拥有建筑面积××××平方米×××名职工的大型综合性零售企业（其他内容略）。

2.2　危险性分析

本商场是一家大型的综合性商业零售企业，其内部结构比较复杂，营业面积大，经营的商品范围广，收银台及贵重商品柜台多，并且设置有大量的照明、用电设备，防火安全是商场工作重中之重。

另外，商场也是人员密集的公共场所，一旦发生各种突发事件，人员的疏散工作十分重要，建立快速人员应急疏散程序非常必要。

3.应急组织机构与职责

3.1 应急指挥部

应急指挥部的成员组成与职责如下表所示。

应急指挥部的成员组成与职责

岗位	成员组成	职责	备注
总指挥	由商场总经理担任（法定代表人）	全面负责组织、指挥、协调灭火、应急疏散预案的具体实施，确保灭火、应急疏散行动能够按照预案顺利进行	总指挥部：设在监控室
副总指挥	由商场主管安全副总经理和安保部部长担任		
组员	由各部门主要负责人及安保部工作人员组成		

3.2 应急各组的人员组成及职责

应急各组的人员组成及职责如下表所示。

应急各组的人员组成及职责

组名	人员组成	职责
通信联络组	由商场办公室和消防中控室人员组成	做到报警及时，保持通信联络畅通；保证各种指令、信息能够迅速及时、准确地传达
楼层指挥组	由商场各楼层主要负责人及其办公室人员组成	负责本楼层组织、指挥、协调灭火、应急疏散预案的具体实施；掌握情况，准确分析局势，果断做出正确判断；及时上报有关信息，并认真贯彻执行指挥部命令
灭火行动组	由各部门的义务消防队员组成	负责按照预案或现场指挥员的指令及时扑救初期火源，控制并消灭火灾；配合专业消防人员进行灭火抢险工作
疏散引导组	由保安部门人员和各楼层有关人员组成	在楼层指挥组指挥下，坚守岗位，依据预案措施及疏散路线，有秩序地疏散引导本楼层顾客，疏散完毕后有秩序撤离
防护救护组	由保安部门人员、商场医务室人员和各楼层经过医务培训的人员组成	负责配合专职消防人员及医护人员救护，抢险火场被困伤员及物资；负责现场警戒，维持现场秩序，看守抢救出来的物资，保证灭火工作顺利进行
后勤保障组	由保安部门人员、后勤部门人员、设备部门人员及指挥部指定人员组成	负责保障灭火用水供应和其他灭火物资设施供应；负责灭火后的水、电、现场抢修、恢复等工作

4.应急响应

4.1 报警和接警

值班人员或现场工作人员发现火情后,应立即采取应急措施,切断与火灾相关的电源,大声呼救,并按下手动报警按钮,发出火灾声响警报。消防中控室接到声响报警后,通过对讲机立即通知义务消防队员赶赴现场,同时拨打"119"火警电话。报警时要讲清详细地址、起火部位、着火物品、火势大小、报警人姓名及电话、行走路线,并派人到约定地点接引消防车进入火灾现场,同时向门店领导和保安部报告。

4.2 应急疏散

消防中控室接到声响报警后,立即开启火灾应急广播,说明起火部位、疏散路线。疏散组成员立即组织处于着火层等受火灾威胁的楼层人员沿火灾蔓延的相反方向,向疏散走道、安全出口部位有序疏散。

4.3 扑救初期火灾

灭火行动组接到报警后,应立即赶赴着火现场,根据预案或现场指挥员的指令迅速检查是否切断现场电源,利用灭火器材迅速扑救。如火势较大,暂时不能扑灭,应立即根据现场情况及时采取隔离等措施,防止火势进一步蔓延,并积极配合专业消防人员完成灭火任务。

4.4 通信联络、安全防护及救护

通信联络组应立即按照预案或指挥员的指令,及时通知相关人员,同时注意保持通信联络畅通,及时准确地将各种指令、情况及信息上传下达。

防护救护组应立即按照预案或指挥员的指令,对现场实行警戒,保证消防车辆的畅通无阻,维护好现场秩序,防止无关人员进入现场,配合好专业消防员及医务人员抢救火场内被困伤员及重要物资。

后勤保障组应立即按照预案或指挥部的指令,迅速调集灭火所需物资、设备,为完成灭火、疏散救护提供必要的支持和保障。

5.应急结束

灭火工作结束后,总指挥部应派人对着火现场实施警戒保护,严禁在场无关人员进入现场,确保现场的原始状态,并配合调查人员做好事故现场的调查工作,后勤保障组在总指挥的安排下做好抢修、恢复工作。

6.工作要求

(1)各部门及全体员工要在总指挥部的统一领导下,迅速按照预案或指挥员的指令,完成各项工作任务。

(2)各部门值班人员接到报警后,要立即组织力量赶赴现场进行扑救,掌握情况,同时向单位领导报告。

（3）各部门及全体员工要本着遇事冷静、互相协调、通力配合、不慌不乱的原则，尽快完成报警、扑救、疏散顾客、抢救伤员、保护现场等各项工作。

（4）灭火工作结束后，由总指挥部下达各组人员撤离现场的命令，随后进入善后工作处理阶段。

【他山之石02】超市消防演习方案

超市消防演习方案

一、演习目的

通过本次演习可以让商场/超市员工掌握基本的消防技能，包括报警救助、疏散客户、逃生自救等，提高员工预防和处理突发事故的能力，保证事故发生时各项防范与抢险救灾工作能有条不紊地进行，使商场的财产与员工、顾客的生命财产损失降至最小。

二、演习时间

_____年_____月_____日

三、演习地点

_____

四、火情假设

_____

五、参加演习人员

全体员工及导购员（包括休息人员）

六、演习各部门主要职责

（1）演习指挥总指挥：万××。负责演习的整体策划、组织、指挥、监督与协调工作。

（2）副总指挥：刘××。协助总指挥工作，主要负责演练方案的制定与全体人员的培训工作。

（3）演习协调组组长：吕××。负责演习时协调楼层与楼层、部门与部门之间工作。

组员：刘××、李××、张××。负责演习应急协调工作，同时做好本部门的各项应急工作。

（4）演习报警组组长：林××。

组员：赵××、关××、向××。

职责：发现火情，接到指令后立即拨打演习模拟电话报警。

电话号码：（消防控制中心电话）向模拟消防部门（现场指挥部）求救。

报警方法：首先报警人员拨通火警电话（指定电话），接下来要讲清楚发生火灾的地点（什么路、什么巷、门牌号）、火灾的性质（什么物质发生火灾）、火势的大小、报警人姓名、联系方式，并派人到路口接车。

要求：报警组人员轮流报警，每个人要在1分钟完成报警工作（此为锻炼员工的报警能力，实际发生火灾时一人报警即可）。

（5）演习灭火组组长：严××。

职责：发现火情后组织、指挥灭火组人员扑救初期火灾。

组员：马××、王××、苏××。

职责：发现火情后要听从组长指挥，及时赶到起火地点，扑救初期火灾，在消防单位未赶来之前，起火区域的义务消防队员先自行灭火。

灭火要求：在消防单位没到之前，所有灭火组人员听到火警铃声后，在组长的指挥下，立即携带干粉灭火器材与消防水带进行灭火（假设发生电器火灾，要由一人先关掉电源）。

道具：s-3500消防演习烟幕弹、灭火器若干支、消防水带两卷、防烟罩两个。

（6）演习疏散组组长：李××。

组员：庞××、卢××、杨××。

职责：发现火情马上打开备用电源，将在本责任区域的顾客（由员工扮演）疏散到安全地带（大门外），确保顾客的人身及财产安全。

疏散方法：当商场发生火灾时，疏散组成员及时引导顾客走最近的走火通道逃生，并用相对平和的语调要求逃生人员不要慌乱，一个跟一个地逃离火灾现场。

规范广播语言内容：各位尊敬的顾客，您好。现本商场服装区发生火灾事故，目前火势还小，我们正在组织人员扑救，请大家不要惊慌，不要拥挤，听从我们工作人员的指挥，有秩序地离开商场，请注意老人与小孩的安全。本商场有安全出口，请大家选择最近的安全出口撤离。由此给您带来的不便，本商场深表歉意，敬请原谅！

道具：喊话器2~4个，手电若干支。

（7）财物抢救组组长：车××。

组员：毛××、俞××、文××。

职责：对商场贵重财物、重要文件及有效票据和财物转移到安全地带并安排人员进行看管，防止财物丢失。

注意：只可在火势较小、没有人身伤害威胁的情况下才抢救财物。

道具：保险柜1个，贵重物品、重要文件2箱。

（8）演习医疗组组长：许××。

组员：陈××、冯××、李××。

职责：对演习中或火灾中的受伤人员及时、有效、简单地进行救护与包扎。

急救方法：在火场，对于烧伤创面一般可不做特殊处理，尽量不要弄破水疱，不能涂龙胆紫一类有色的外用药，以免影响烧伤面深度的判断。为防止创面继续污染，避免加重感染和加深创面，对创面应立即用三角巾、大纱布块、清洁的衣服和被单等，给予简单包扎。手足被烧伤时，应将各个指、趾分开包扎，以防粘连。

道具：药箱、其他药用物品。

（9）演习警戒组组长：周××。

组员：孔××、孙××、蒋××。

职责：严防火灾时不法分子趁火打劫、趁机搞事，现场采取"准出不准入"管理。

注：以上各组人员可由商场根据实际情况决定。

七、演练流程

（1）商场要事先确定应急疏散的组织架构与人员名单，并由商场总经理与防损主管对人员进行培训，确保各人员明白自身的职责与岗位技能。

（2）演习前要先由总经理召开各组组长会议，细化各组长演练时负责的工作，再召开全体员工会议，强调相关事项。

（3）防损主管在演练前要准备好所有演练的道具，并对道具进行检测，确保各道具能正常使用。

（4）演习时先拉开s-3500消防演习烟幕弹，再拉响警铃，然后总指挥宣布演习开始，各级按报警、灭火、疏散、财物抢救、医疗、警戒依次展开，当其中一组在演练时，其他组人员要在一边观看学习，防损主管在一旁指挥与讲解，另指派一人摄影（注：真的发生火灾时各组须同时开展工作）。

（5）演习后要召开全体员工总结大会，总结经验，指出不足，并向防损部交一份总结汇报。

八、演习注意事项

（1）演习时疏散逃生路线要提前确定好并公布。

（2）演习道具要准备好。

（3）必要时可按照各组职责组织一次综合演习，各组同时开展工作。

【他山之石03】商场灭火、应急疏散演练（超市地下库房）

商场灭火、应急疏散演练（超市地下库房）

一、时间

_____年____月____日 08:40

二、地点

超市地下库房食品库。

三、参加人员

超市库房当班工作人员、超市卖区义务消防队、防损部、工程技工当班人员和消防值班员。

四、内容

（1）初期火灾的扑救。

（2）人员的疏散撤离。

五、目的

检验超市库房工作人员扑救初期火灾的能力和疏散演练程序，检查消防设备的可靠性、防火分区的基本情况，检验防损部和工程人员之间相互配合的能力。

六、超市地下库房简介

该库为超市货品库，面积1000平方米，跨高4.70米。其具体分为收货办公室、非食小库、非食大库、食品大库和精品酒库等。

七、火灾危险性

火险等级为AA级。该库存放的商品较多，货品种类繁多。包装物和可燃物较多；非食库有纸张、塑料制品、针织纤化、洗化类等易燃商品；食品库有粮食、膨化类商品；精品酒库的酒类储存较多。

超市地下库房固定消防设施如下。

灭火器：3箱（货梯1箱、收货办公室1箱、食品库1箱）。

灭火车：1台。

消火栓：4个（1F—5#、1F—6#、1F—7#、1F—8#）。

疏散指示：4个。

排烟口：5个。

电源开关：2处，非食小库前1处，食品大库1处。

安全出口：4个，即东坡道、财务口、4号、5号。

八、部署

(1) 08:35为火灾演练现场以声光讯响作为火场标示。

(2) 08:35演练前消控中心利用消防广播向卖场广播：全体员工请注意！超市地下库房食品库于08:40进行消防演习，其他卖区正常工作。(重复2遍)

(3) 08:40由指挥员下达演练开始命令，库房工作人员利用电话(或通知防损员用对讲机)向消控中心报告：超市地下食品库发生火灾。报警后，收货部人员进行初级火灾的扑救。

(4) 08:40消控中心接到报警后，一名消防员立即使用对讲机、电话等通信工具通知防损部、工程技工、部门经理奔赴火灾现场灭火，同时报告公司主管领导；有关人员到达现场进行初期火灾的扑救。对讲机口令是：工程技工速到超市地下食品库进行灭火(重复2遍)，并通知防损部把对讲机调至一频，听从防灾小组的调遣。

(5) 08:46火势蔓延，难以控制。指挥员向消控中心下达口令：发出火灾警报，宣布"红色代码"，启动消防设备(卷帘除外)，执行紧急疏散部署。消控中心口令是：超市地下库房员工请注意，地下食品库发生"红色代码"，执行紧急疏散部署。并启动相关消防设备。

(6) 超市库房人员分成四组：一组通信联络，负责拨打报警电话，并联络人员；二组灭火，利用附近灭火器、消火栓进行火灾扑救；三组疏散，利用4号、5号、东坡道、财务口等疏散通道有顺序撤离库房；四组救护，抢救伤员和贵重物品迅速撤离现场。

(7) 8:48指挥员宣布演练结束，设备复位，消火栓、灭火器归位，清理现场。

九、注意事项

(1) 演练前由消控人员对现场消防设备进行认真检查。

(2) 在演练过程中要注意人身安全、设备安全。

(3) 严格执行操作规程，防止事故发生。

(4) 严禁消防设施及商品的损坏、丢失。

(5) 演练前将演练内容通报相关部门，利用广播通知各卖区：超市地下库房消防演练，其他部门正常工作。

【他山之石04】关于确定企业消防安全管理组织机构的通知

关于确定企业消防安全管理组织机构的通知

单位各班组：

为了更好地落实消防安全管理制度，确保单位人员生命和财产安全，保障正常的工作秩序,现确定本单位消防安全管理组织机构如下。

消防安全责任人:(本单位法人代表)

消防安全管理人:(主要的管理人员)

消防工作归口管理职能部门负责人:(主要指保安部门负责人)

各区域或班组组长——区域一:齐××

区域二:王××

灭火行动组或义务消防队——组长:李××

成员:刘××

紧急疏散组——组长:严××

成员:(必须包括各区域主要负责人及相关人员)

通信联络组——组长:吴××

成员:(主要为消防控制室或值班室人员)

紧急救护组——组长:朱××

成员:(懂得基本救护知识的人员)

××有限公司(加盖公章)

时间:_____年___月___日

【他山之石05】关于确定消防安全责任人的通知

关于确定消防安全责任人的通知

本公司确定_____为消防安全责任人,履行以下消防安全职责:

(一)贯彻执行消防法规,保障单位消防安全符合规定,掌握本单位的消防安全情况。

(二)将消防工作与本单位的经营、管理等活动统筹安排,批准实施年度消防工作计划。

(三)为本单位的消防安全提供必要的经费和组织保障。

(四)确定逐级消防安全责任,批准实施消防安全制度和保障消防安全的操作规程。

(五)组织防火检查,督促落实火灾隐患整改,及时处理涉及消防安全的重大问题。

(六)根据消防法规的规定建立专职消防队、义务消防队。

(七)组织制定符合本单位实际的灭火和应急疏散预案,并实施演练。

××有限公司(加盖公章)

时间:_____年___月___日

【他山之石06】关于确定消防安全管理人的通知

关于确定消防安全管理人的通知

本公司确定_____为消防安全管理人,履行以下消防安全职责:

(一)拟订年度消防工作计划,组织实施日常消防安全管理工作。

(二)组织制定消防安全制度和保障消防安全的操作规程,并检查督促其落实。

(三)拟定消防安全工作的资金投入和组织保障方案。

(四)组织实施防火检查和火灾隐患整改工作。

(五)组织实施对本单位消防设施、灭火器材和消防安全标志的维护保养,确保其完好有效,确保疏散通道和安全出口畅通。

(六)组织管理专职消防队和义务消防队。

(七)在员工中组织开展消防知识、技能的宣传教育和培训,组织灭火和应急疏散预案的实施和演练。

××有限公司(加盖公章)

时间:_____年____月____日

【他山之石07】消防安全工作责任书

消防安全工作责任书

为了有效地预防火灾,提高全体员工消防安全责任意识,贯彻《中华人民共和国消防法》的"预防为主,防消结合"的方针,全面落实"政府统一管理,部门依法监管,单位全面负责,公民积极参与"的消防原则,实行消防安全责任制,建立健全单位内部的消防工作网络,特制定本责任书。

一、消防安全管理人必须督导员工遵守企业的各项消防安全管理规定,严禁私自动火、乱拉电线、违章使用电器。属工作需要的动火作业需到工程部办理动火审批手续,在实施电、气焊作业时,必须做到持证上岗。

二、消防安全管理人必须督导下属员工爱护本部辖区内配置的消防器材、设备,如发现有遗失、损坏等情况,应及时向消防安全经理汇报。

三、消防安全管理人必须组织下属员工定期对本部辖区进行消防安全检查,严格落实收市联合例检制度,并有责任、有义务接受、配合有关主管部门进行消防检查。

四、消防安全管理人必须组织下属员工定期参加消防培训及训练。

五、及时、主动发现、汇报企业内出现的各类消防安全隐患。

六、督导员工遵守各类防火制度。

七、重点防火部位的值班人员必须坚守岗位,并按行业的要求标准作业,避免出现安全事故。

八、熟悉企业的消防通道走向和消防器材的摆放位置。

九、熟练掌握消防工作中的"一畅四知四会",即:必须畅通消防疏散安全通道和安全出口;知道火灾的危险性、知道必要的消防安全知识、知道火场逃生的基本方法、知道火灾预防措施;会报警、会扑救初期火灾、会使用灭火器材、会组织疏散逃生。

十、熟悉企业的火灾应急疏散预案,并融入实际的工作中去。

十一、企业的消防负责实行分层责任制,企业消防安全管理人向企业消防安全责任人负责,此书文字内容均为合同范围之内,必须遵守。

十二、如有违反消防安全法律、法规或本条款之规定的内容,将受到企业的严肃处理,并承担相应的法律责任。

如有未尽的事宜、条款,可日后再行补充。

本责任书一式两份,企业消防安全管理人、消防安全责任人各执一份,自签署之日起生效。

消防安全责任人(签字): _____年___月___日

消防安全管理人(签字): _____年___月___日

【他山之石08】员工消防安全工作承诺书

员工消防安全工作承诺书

一、认真学习和执行《机关、团体、企业、事业单位消防安全管理规定》《中华人民共和国消防法》和本单位有关消防工作有关规定,提高自己的消防安全意识,严格照章规范操作和行事。

二、工作期间做到不吸烟、不喝酒,没有酒气,文明上岗、优质服务。

三、熟悉现场安全通道,自觉维护安全通道畅通。

四、掌握灭火器材的分布情况,熟练使用灭火器材,知晓火警电话"119",把握现场应急事项(使用灭火器材、引导群众疏散等)有序进行。

五、上班前对工作区域的检查,保证设备和设施正常运行。

六、下班前对工作区域的检查,保证关闭切断各设备电源,以及应急灯是否正常。

七、不得私自乱拉乱接电线,不得擅自动用明火。

八、遇有火情或隐患，即在第一时间向消防管理人员反映，并合理使用防火灭火逃生器具、拨打火警电话"119"。

承诺人：

_____年_____月_____日

（注：每位员工各签1份）

【他山之石09】门店每日防火巡查（夜查）情况记录表

门店每日防火巡查（夜查）情况记录表

巡查时间： 　　　　　　　　　　　　　　　　　　　巡查区域：

序号	巡查内容	情况记录	发现问题处置情况
一	电气管理措施落实情况	巡查部位： （1）未发现异常情况 （2）开关、插座安装在可燃材料上 （3）采取铜线、铝线代替保险丝 （4）私接电气线路，增加用电负荷未办理审核、审批手续 （5）在营业期间违章进行设备检修和电气焊作业 （6）违章使用具有火灾危险性的电热器具 （7）存在其他问题：_____	（1）立即整改 （2）落实防范措施 （3）停业整改 （4）逐级报告 （5）已做记录 （6）未采取整改措施 （7）其他情况说明：
二	可燃物、火源管理情况	检查部位： （1）未发现异常情况 （2）地下商场违章经营，储存甲、乙类商品，违章使用液化石油气及闪点<60℃的液体燃料 （3）商场营业厅违章使用甲、乙类可燃液体、气体做燃料的明火取暖炉具 （4）商场营业厅违章使用甲、乙类清洗剂 （5）商场营业厅存放商品超过两日销售量 （6）盛装可燃液体、气体的密闭容器未采取避免日光照射的措施 （7）商场营业厅存在违章吸烟现象，营业期间违章进行明火维修和油漆粉刷作业 （8）配电设备等电气设备周围堆放可燃物 （9）装修施工现场动用电气设备等明火不符合有关安全要求 （10）存在其他问题：_____	（1）立即整改 （2）落实防范措施 （3）停业整改 （4）逐级报告 （5）已做记录 （6）未采取整改措施 （7）其他情况说明：

续表

序号	巡查内容	情况记录	发现问题处置情况
三	安全疏散、防火分隔措施落实情况	巡查部位： （1）未发现异常情况 （2）防火卷帘下方堆放物品 （3）安全疏散指示标志、应急照明灯损坏、遮挡 （4）疏散通道被占用、封堵 （5）安全出口上锁 （6）常闭式防火门关闭不严 （7）在安全出口、疏散通道上安装栅栏等影响疏散的障碍物，公共区域的外窗上安装金属护栏 （8）在疏散走道、楼梯间悬挂、摆放可燃物品，物品摆放妨碍人员安全疏散 （9）商场非营业期间未将共享空间的防火卷帘降至距地1.8米 （10）存在其他问题：_____	（1）立即整改 （2）落实防范措施 （3）停业整改 （4）逐级报告 （5）已做记录 （6）未采取整改措施 （7）其他情况说明：
四	消防设施、器材管理情况	巡查部位： （1）未发现异常情况 （2）违章关闭消防设施 （3）消火栓被遮挡、挤占、埋压 （4）灭火器被挪作他用、埋压，未按指定位置摆放 （5）自动喷水灭火系统洒水喷头被遮挡、改动位置或拆除 （6）火灾自动报警系统探测器被遮挡、改动位置或拆除 （7）消火栓箱、灭火器箱上锁 （8）防火卷帘控制按钮上锁 （9）存在其他问题：_____	（1）立即整改 （2）落实防范措施 （3）停业整改 （4）逐级报告 （5）已做记录 （6）未采取整改措施 （7）其他情况说明：
五	值班情况	巡查部位： 值班人员： （1）未发现异常情况 （2）值班人员脱岗 （3）值班人员违反消防值班制度 （4）未填写值班记录 （5）存在其他问题：_____	
其他需巡查的内容			
巡查人员签字：			

【他山之石10】门店每周防火检查情况记录表

门店每周防火检查情况记录表

检查时间：　　　　　　　　　　　　　　　　　检查区域：

部门（班组）名称			
序号	检查内容	情况记录	备注
一	电气防火管理措施落实情况	检查部位： （1）未发现异常情况 （2）开关、插座安装在可燃材料上 （3）采取铜线、铝线代替保险丝 （4）私接电气线路、增加用电负荷未办理审核、审批手续 （5）照明、电热器具的高温部位未采取不燃材料隔热措施 （6）在营业期间违章进行设备检修和电气焊作业 （7）违章使用具有火灾危险性的电热器具 （8）电器设备安装、维修人员不具备电工资格 （9）存在其他问题：_____	
二	可燃物、火源管理情况	检查部位： （1）未发现异常情况 （2）地下商场违章经营，储存甲、乙类商品，违章使用液化石油气及闪点＜60℃的液体燃料 （3）商场营业厅违章使用甲、乙类可燃液体、气体做燃料的明火取暖炉具 （4）商场营业厅违章使用甲、乙类清洗剂 （5）商场营业厅存放商品超过两日销售量 （6）盛装可燃液体、气体的密闭容器未采取避免日光照射的措施 （7）商场营业厅存在违章吸烟现象，营业期间违章进行明火维修和油漆粉刷作业 （8）配电设备等电气设备周围堆放可燃物 （9）装修施工现场动用电气设备等明火不符合有关安全要求 （10）存在其他问题：_____	
三	安全疏散防火分隔管理措施落实情况	检查部位： （1）未发现异常情况 （2）疏散指示标志等安全疏散设施被遮挡 （3）疏散通道被占用、封堵 （4）安全出口上锁 （5）物品摆放妨碍人员安全疏散	

续表

序号	检查内容	情况记录	备注
三	安全疏散防火分隔管理措施落实情况	（6）在疏散走道、楼梯间悬挂、摆放可燃物品 （7）防火卷帘下方堆放物品 （8）防火门损坏或缺少，常闭防火门无闭门装置、关闭不严、未开向疏散方向 （9）商场非营业期间未将共享空间的防火卷帘降至距地1.8米 （10）存在其他问题：_____	
四	消防设施器材管理措施落实情况	巡查部位： （1）未发现异常情况 （2）消火栓被遮挡、挤占、埋压 （3）灭火器被挪作他用、埋压，未按指定位置摆放 （4）消火栓箱、灭火器箱上锁 （5）防火卷帘控制按钮上锁 （6）自动喷水灭火系统洒水喷头被遮挡、改动位置或拆除 （7）火灾自动报警系统探测器被遮挡、改动位置或拆除 （8）存在其他问题：_____	
五	防火巡查开展情况	（1）未发现异常情况 （2）巡查频次不够 （3）巡查部位、内容不全 （4）未填写巡查记录 （5）发现问题未及时报告 （6）发现问题未采取相应防范措施 （7）存在其他问题：_____	
六	火灾隐患整改措施落实情况	检查部位、责任人员： （1）未发现异常情况 （2）火灾隐患底数不清、责任不明、超过时限 （3）应立即整改的火灾隐患没有立即整改 （4）未及时报告隐患整改进展情况 （5）未落实整改期间的防范措施 （6）对危险部位未落实停业整改要求 （7）存在其他问题：_____	
七	其他要检查的内容		

检查人员签字：

【他山之石11】门店每月防火检查情况记录表

门店每月防火检查情况记录表

检查时间:

检查项目	检查内容	情况记录	备注
电气防火措施落实情况	电气线路设备状况	检查部位: (1) 未发现异常情况 (2) 开关安装在可燃材料上 (3) 插座安装在可燃材料上 (4) 配电箱安装在可燃材料上、壳体未采用A级材料 (5) 照明、电热器具的高温部位未采取不燃材料隔热措施 (6) 采取铜线、铝线代替保险丝 (7) 电气线路敷设未采取防火保护措施 (8) 防爆、防潮、防尘场所电气设备不符合安全要求 (9) 存在其他问题:_____	
	电气防火管理情况	检查部位: (1) 未发现异常情况 (2) 电器设备安装、维修人员不具备电工资格 (3) 私接电气线路、增加用电负荷未办理审核、审批手续 (4) 在营业期间违章进行设备检修和电气焊作业 (5) 违章使用具有火灾危险性的电热器具 (6) 存在其他问题:_____	
可燃物、火源管理情况	可燃物火源管理	检查部位: (1) 未发现异常情况 (2) 地下商场违章经营,储存甲、乙类商品,违章使用液化石油气及闪点<60℃的液体燃料 (3) 商场营业厅违章使用甲、乙类可燃液体、气体做燃料的明火取暖炉具 (4) 商场营业厅违章使用甲、乙类清洗剂 (5) 商场营业厅存放商品超过两日销售量 (6) 盛装可燃液体、气体的密闭容器未采取避免日光照射的措施 (7) 商场营业厅存在违章吸烟现象,营业期间违章进行明火维修和油漆粉刷作业 (8) 配电设备等电气设备周围堆放可燃物 (9) 装修施工现场动用电气设备等明火不符合有关安全要求 (10) 存在其他问题:_____	

续表

检查项目	检查内容	情况记录	备注
防火分隔、安全疏散管理措施落实情况	防火分隔、安全疏散设施状况	检查部位： （1）未发现异常情况 （2）防火门损坏或缺少，常闭防火门无闭装置、关闭不严、未开向疏散方向 （3）防火卷帘损坏或缺少，未采取防火保护措施，升、降、停功能不完备，无机械手动装置 （4）防火卷帘下方堆放物品 （5）疏散指示标志损坏或缺少、指示方向错误、无保护罩、布线未采取保护措施、无备用电源 （6）火灾应急照明损坏或缺少、指示方向错误、无保护罩、布线未采取保护措施、无备用电源 （7）火灾应急广播扬声器损坏、缺少、声压不够 （8）商场非营业期间未将共享空间的防火卷帘降至距地1.8米 （9）存在其他问题：_____	
	安全疏散设施管理情况	检查部位： （1）未发现异常情况 （2）疏散指示标志等安全疏散设施被遮挡 （3）安全疏散图示缺少、常闭防火门无保持关闭状态的提示 （4）疏散通道被占用、封堵 （5）安全出口上锁 （6）在安全出口、疏散通道上安装栅栏等影响疏散的障碍物 （7）公共区域的外窗上安装金属护栏 （8）物品摆放妨碍人员安全疏散 （9）在疏散走道、楼梯间悬挂、摆放可燃物品 （10）存在其他问题：_____	
消防水源和消防设施、器材管理情况	自动喷水灭火系统	（1）系统处于正常工作状态 （2）喷淋水泵故障 （3）洒水喷头被遮挡、改动位置或拆除 （4）报警阀、末端试水装置没有明显标志 （5）末端试水装置压力显示不正常 （6）自动控制功能异常 （7）消防电源不能保证 （8）系统被违章关闭 （9）存在其他问题：_____	

续表

检查项目	检查内容	情况记录	备注
消防水源和消防设施、器材管理情况	火灾自动报警系统	（1）系统处于正常工作状态 （2）控制器或联动控制装置故障 （3）探测器被遮挡、改动位置或拆除 （4）手动报警按钮损坏、遮挡、无标志 （5）火灾警报装置损坏、遮挡 （6）控制中心联动控制设备功能异常 （7）消防电源不能保证 （8）系统被违章关闭 （9）存在其他问题：_____	
	机械防烟排烟系统	（1）系统处于正常工作状态 （2）防、排烟风机故障 （3）送风口、排烟口被遮挡、改动位置或损坏 （4）自动控制功能异常 （5）消防电源不能保证 （6）系统被违章关闭 （7）存在其他问题：_____	
	灭火器	检查部位： （1）未发现异常情况 （2）灭火器选型不当 （3）灭火器被挪作他用、埋压 （4）灭火器箱上锁 （5）未按指定位置摆放 （6）灭火器失效 （7）存在其他问题：_____	
消防值班情况	消防控制中心	（1）未发现异常情况 （2）自动消防系统操作人员无岗位资格证 （3）值班人员脱岗 （4）值班人员违反消防值班制度 （5）未填写值班记录 （6）存在其他问题：_____	
	其他值班人员（根据单位实际确定）	（1）未发现异常情况 （2）值班人员脱岗 （3）值班人员违反消防值班制度 （4）未填写值班记录 （5）存在其他问题：_____	

续表

检查项目	检查内容	情况记录	备注
防火巡查和火灾隐患整改情况	防火巡查	检查部门、巡查人员： （1）未发现异常情况 （2）巡查频次不够 （3）巡查部位、内容不全 （4）未填写巡查记录 （5）发现问题未及时报告 （6）发现问题未采取相应防范措施 （7）存在其他问题：_____	
	火灾隐患整改	检查部位、责任人员： （1）未发现异常情况 （2）火灾隐患底数不清、责任不明、超过时限 （3）应立即整改的火灾隐患没有立即整改 （4）限期改正的火灾隐患，未按时向公安消防部门报送整改情况复函 （5）对危险部位未落实停业整改要求 （6）未及时报告隐患整改进展情况 （7）未落实整改期间的防范措施 （8）存在其他问题：_____	
消防安全培训教育情况	新员工	（1）已进行岗前消防安全培训 （2）未进行岗前消防安全培训 （3）无培训记录	
	其他人员（根据单位实际确定）	（1）已进行（或参加）消防安全培训 （2）未进行（或参加）消防安全培训 （3）无培训记录	
	消防宣传教育活动	（1）按计划开展 （2）未按计划开展 （3）未记录消防宣传、教育活动情况	
其他			

检查人员签字：

第3部分
图解零售企业之过程控制

阅读索引：
➪ 过程控制解析
➪ 与信息系统相关的业务流程
➪ 门店运营管理流程
➪ 门店业务管理流程
➪ 采购业务管理流程
➪ 卖场作业管理流程
➪ 生鲜管理流程

第 10 章

过程控制解析

10.1 什么是过程

过程是指通过使用资源和管理,将输入转化为输出的活动,如图10-1所示。一个过程的输入通常是其他过程的输出,企业中的过程只有在受控条件下策划和执行,才具有价值。

图 10-1 过程图示

(1)资源　资源主要是指活动运行中所需要的人员、设施、设备、材料、作业方法、环境等。

(2)管理　管理是指对活动中所使用的资源实施计划(Plan)、实施(Do)、检查(Check)、分析改进(Action)的循环控制。

(3)输入　输入是指活动运行前应该收到的活动指令、要求。

(4)输出　输出是指活动实施后的结果、收获等。

10.2 过程的分类

过程主要分为管理过程、顾客导向过程、支持性过程,如图10-2所示。

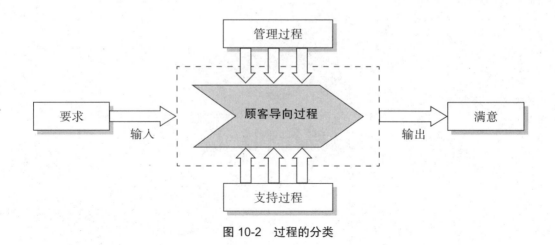

图 10-2 过程的分类

10.2.1 客户导向过程

1.客户导向过程包括的内容

客户导向过程包括以下几个方面。

（1）任何与公司及其顾客的接口直接相关的过程，如业务行销、售后/客户反馈。

（2）实现顾客满意的过程，如交付、保证服务。

（3）以顾客要求作为输入至以满足顾客要求作为输出的过程，如市场调查、商品采购、商品陈列、验证/确认等。

顾客导向过程的基本模式，如图10-3、图10-4所示。

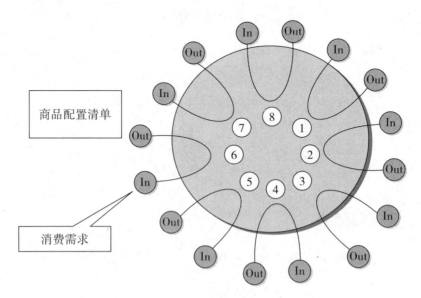

图 10-3 顾客导向过程模式

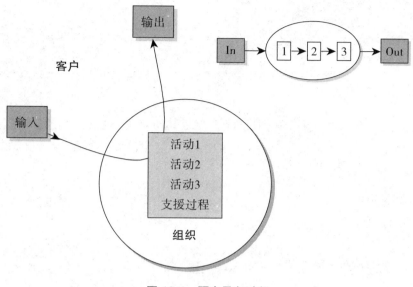

图 10-4 顾客导向过程

2.顾客导向过程清单

IATF（国际汽车工作组）建议的顾客导向过程清单如下。

（1）市场调查。

（2）生产制造。

（3）投标。

（4）交付。

（5）业务行销。

（6）付款。

（7）设计开发。

（8）保证/服务。

（9）验证/确认。

（10）售后/客户反馈。

（11）其他。

10.2.2 支持过程

每个关键过程都会有一个或多个支持过程来补充，支持过程一般都有内部顾客和供方。支持过程一般有以下内容。

（1）培训过程。

（2）文件控制过程。

（3）记录控制过程。

（4）顾客满意度控制过程。

（5）内部审核过程。
（6）设备管理过程。
（7）采购过程。

10.2.3 管理过程

管理过程可以是支持过程，一般是对组织或其质量体系进行管理的过程。管理过程一般有以下几方面。

（1）业务计划过程。
（2）质量策划过程。
（3）管理评审过程。

10.3 过程分析的工具——龟形图

对各单一过程的分析，IATF推荐的"龟形图"是最佳的分析工具，见图10-5。

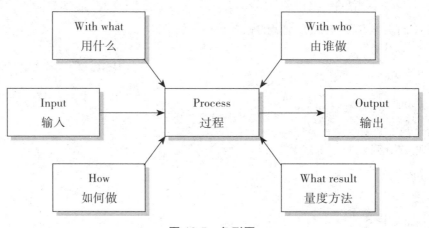

图10-5 龟形图

龟形图填写要求如下。

（1）过程（Process） 填写过程的名字及主要活动。

（2）输入（Input） 填写过程前将收到的信息、指令，如计划、文件、通知单、要求。

（3）输出（Output） 填写过程实施后将获得的结果，如产品、报告、记录、信息等。

（4）由谁进行（With who） 填写活动的责任人，以及其能力、技能、培训要求。

（5）用什么（With what） 填写活动所需要的设备、材料、工装、设施、资金等。

（6）如何做（How） 填写活动所需要的方法，如过程及有关过程的程序文件、指引。

（7）量度方法（What result） 评价过程有效性的方法，如KPI指标、内审等。

在进行业务流程调查、确定及审核的工作中，可预先制定表格来进行，如表10-1所示。

表10-1 过程确定表

部门/区域：	日期：
制定人员：	审核：
简述过程，过程的活动或作业是什么？（过程的顺序） 过程： 主要活动：	流程图
过程的输入要求和内容（什么时候开始？资源、信息、材料等）：	
过程的支持性活动是什么？	
·使用什么方式？（材料、设备）	·如何做？（方法/程序/技术）
·谁进行？（能力/技能/培训）	·使用关键准则是什么？（测量/评估）
过程的输出要求是什么？（信息、产品、可交付的产品等）什么时候完成或结束？改进时机？	

10.4 过程识别的结果——流程图

对企业的各项业务过程识别的结果通常是以流程图的形式呈现。

流程图是用几何图形将一个过程的各步骤的逻辑关系展示出来的一种图示技术。只要有过程，就有流程。过程是将一组输入转化为输出的相互关联的活动，流程图就是描述这个活动的图解。

10.5 过程控制的方法——PDCA循环

过程控制是指：使用一组实践方法、技术和工具来策划、控制和改进过程的效果、效率和适应性，包括过程策划、过程实施、过程监测（检查）和过程改进（处置）四个部分，即PDCA循环四阶段。PDCA（Plan-Do-Check-Action）循环又称为戴明循环，是质量管理大师戴明在休·哈特统计过程控制思想基础上提出的。如图10-6所示。

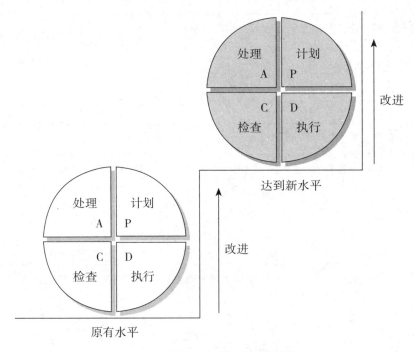

图 10-6　PDCA 循环图

10.5.1 过程策划（P）

（1）从过程类别出发，识别企业的价值创造过程和支持过程，从中确定主要价值创造过程和关键支持过程，并明确过程输出的对象，即过程的顾客和其他相关方。

（2）确定过程顾客和其他相关方的要求，建立可测量的过程绩效目标（即过程质量要求）。

（3）基于过程要求，融合新技术和所获得的信息，进行过程设计或重新设计。

10.5.2 过程实施（D）

（1）使过程人员熟悉过程设计，并严格遵循设计要求实施。

（2）根据内外部环境、因素的变化和来自顾客、供方等的信息，在过程设计的柔性范围内对过程进行及时调整。

（3）根据过程监测所得到的信息，对过程进行控制，例如：应用SPC（统计过程控制）控制过程输出（服务）的关键特性，使过程稳定受控并具有足够的过程能力。

（4）根据过程改进的成果，实施改进后的过程。

10.5.3 过程监测（C）

过程监测包括过程实施中和实施后的监测，目的在于检查过程实施是否遵循过程设计，达成过程的绩效目标。

10.5.4 过程改进（A）

过程改进分为两大类："突破性改进"是对现有过程的重大变更或用全新的过程来取代现有过程（即创新）；而"渐进性改进"是对现有过程进行的持续性改进，是集腋成裘式的改进。

第11章 与信息系统相关的业务流程

11.1 新建合同流程

新建合同流程如图11-1所示。

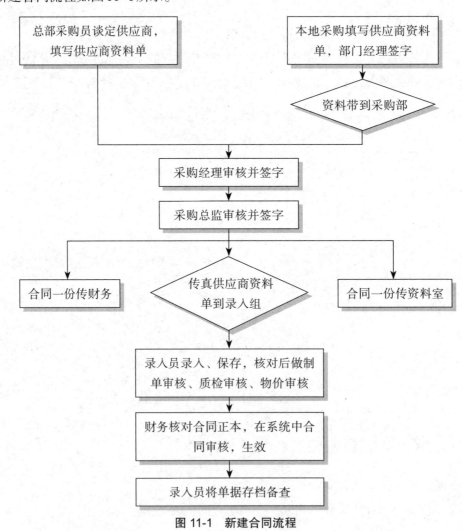

图 11-1 新建合同流程

11.2 新建商品流程

新建商品流程如图11-2所示。

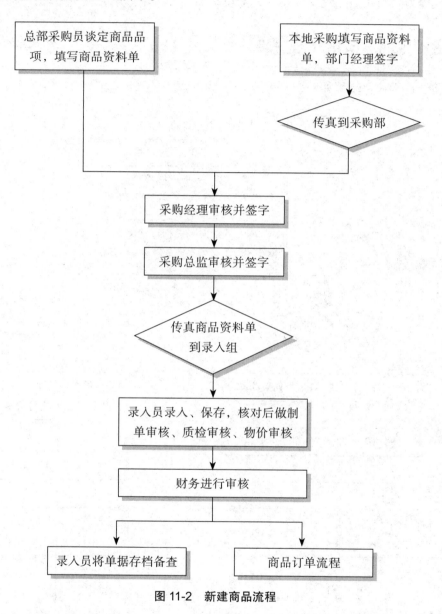

图 11-2 新建商品流程

11.3 供应商资料变更流程

此流程适用于供应商合同资料内容的变更工作。

此流程与"新建合同流程"相同,需填写合同资料。

11.4 商品资料变更流程

此流程适用于商品资料内容的变更工作。

此流程与"新建商品流程"相同，需填写商品资料单。

11.5 食品、百货补货流程

食品、百货补货流程如图11-3所示。

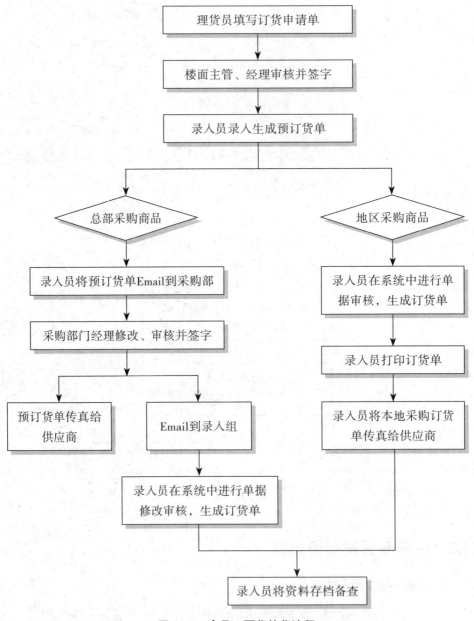

图 11-3 食品、百货补货流程

11.6 生鲜补货流程

此流程适用于永续订单(无订单)形式的补货工作。如图11-4所示。

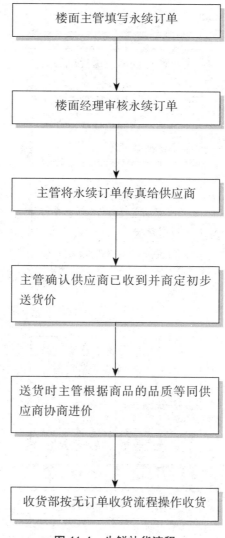

图 11-4　生鲜补货流程

11.7 赠品订货流程

赠品订货流程与商品订货流程相同。

11.8 特殊进价商品流程

此流程与食品、百货补货流程相同(在特价商品中录入)。

11.9 常规收货流程

常规收货流程如图11-5所示。

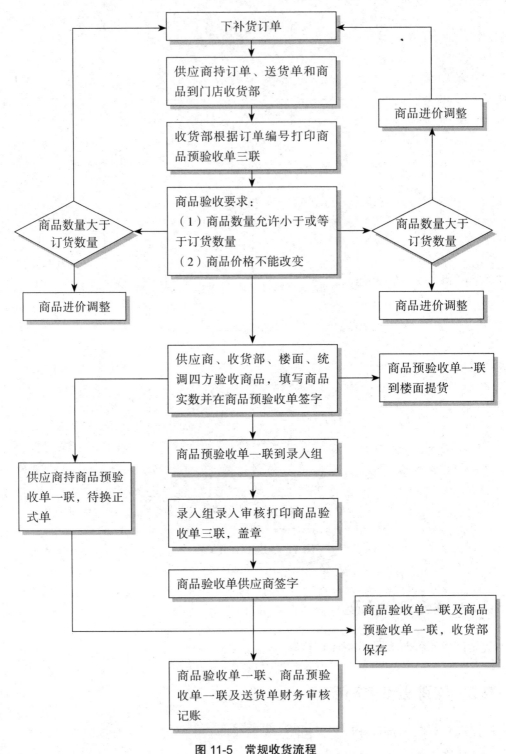

图 11-5 常规收货流程

11.10 永续订单收货（无订单收货）流程

永续订单收货（无订单收货）流程如图11-6所示。

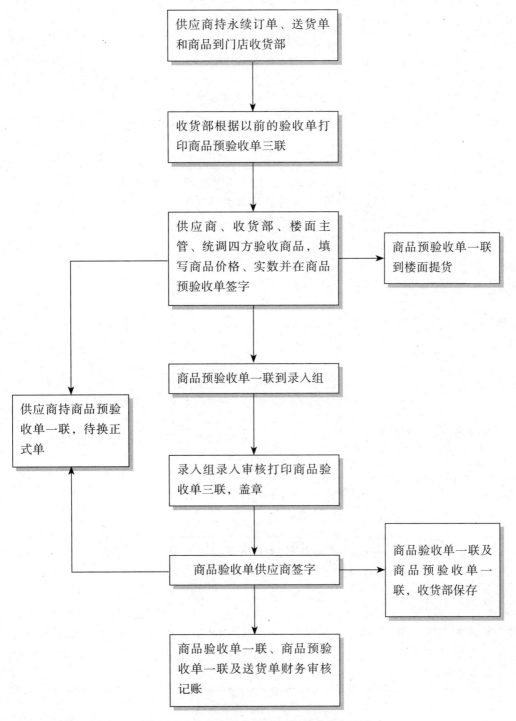

图 11-6 永续订单收货（无订单收货）流程

11.11 紧急收货流程

紧急收货流程如图11-7所示。

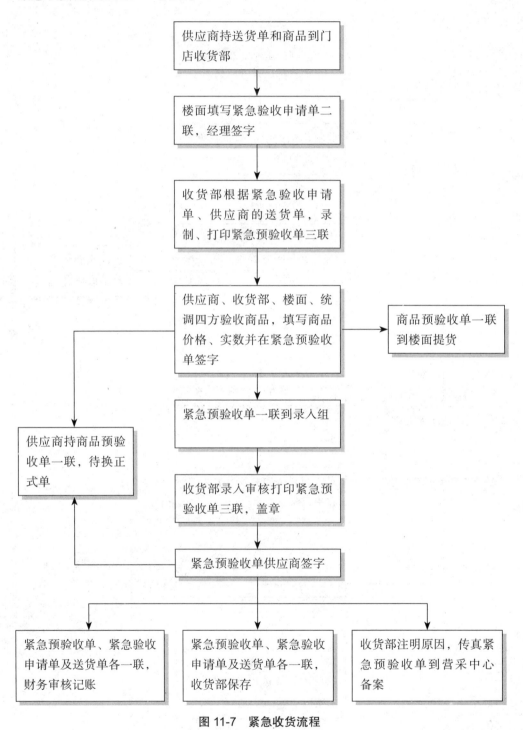

图 11-7 紧急收货流程

11.12 赠品收货流程

赠品收货流程见图11-8。

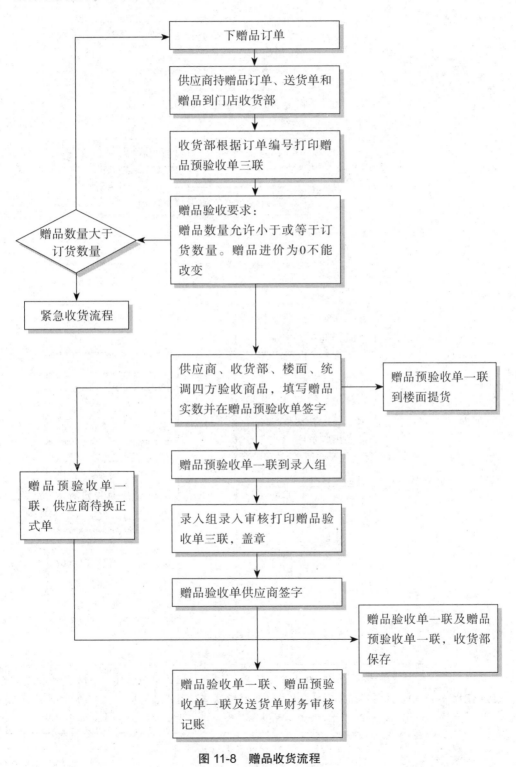

图 11-8　赠品收货流程

11.13 退货作业流程

退货作业流程见图11-9。

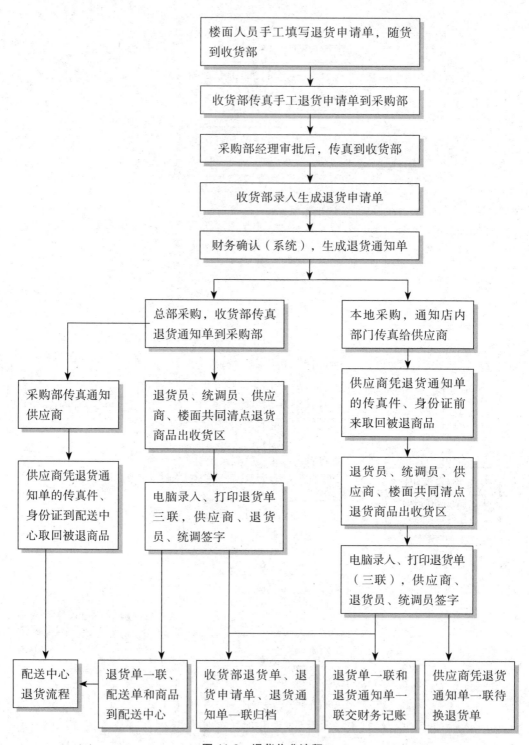

图 11-9 退货作业流程

11.14 收货部发现审核后的验收单差异流程

收货部发现审核后的验收单差异流程见图11-10。

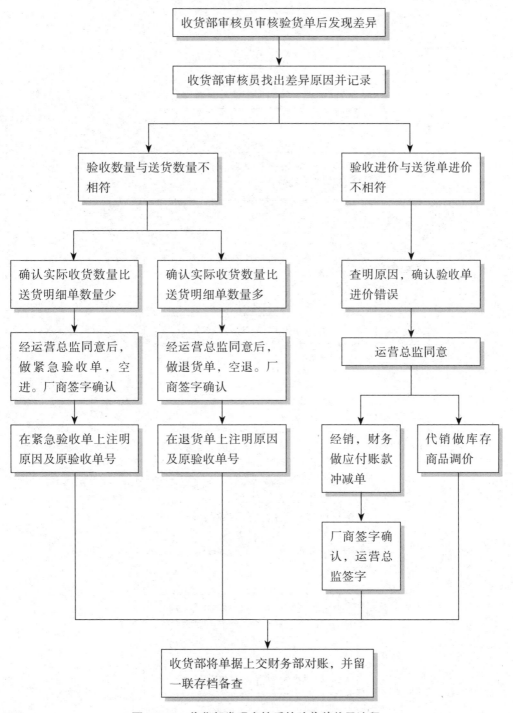

图 11-10 收货部发现审核后的验收单差异流程

11.15 商品报损流程

商品报损流程见图11-11。

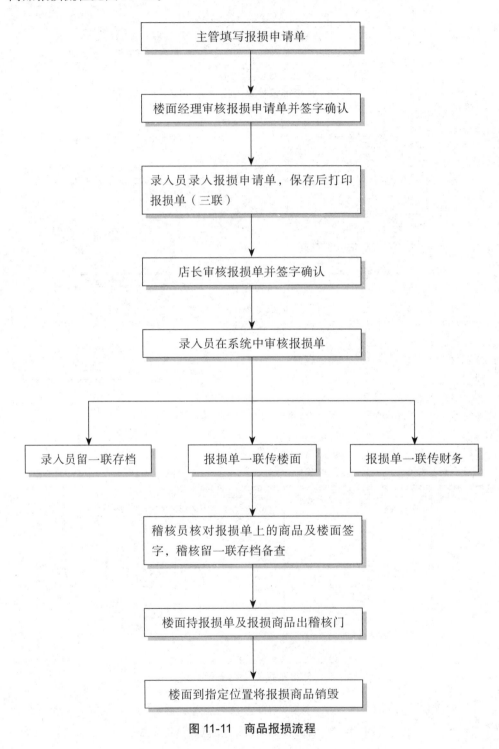

图 11-11 商品报损流程

11.16 收银流程

收银流程见图11-12。

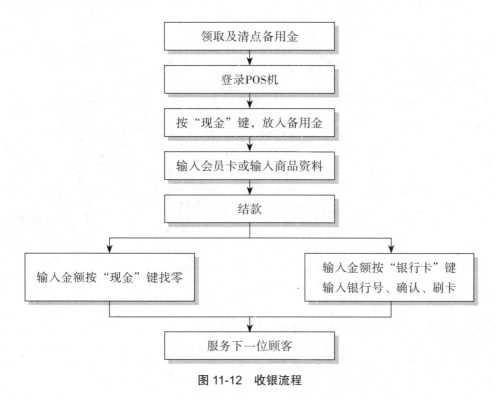

图 11-12　收银流程

11.17 联营销售流程

联营销售流程见图11-13。

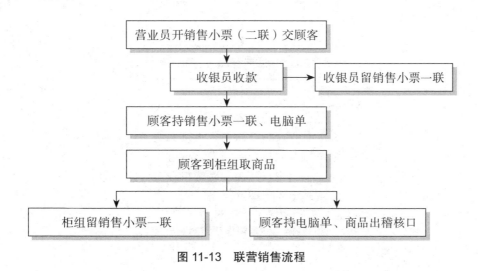

图 11-13　联营销售流程

11.18 联营销售日结对账流程

联营销售日结对账流程见图11-14。

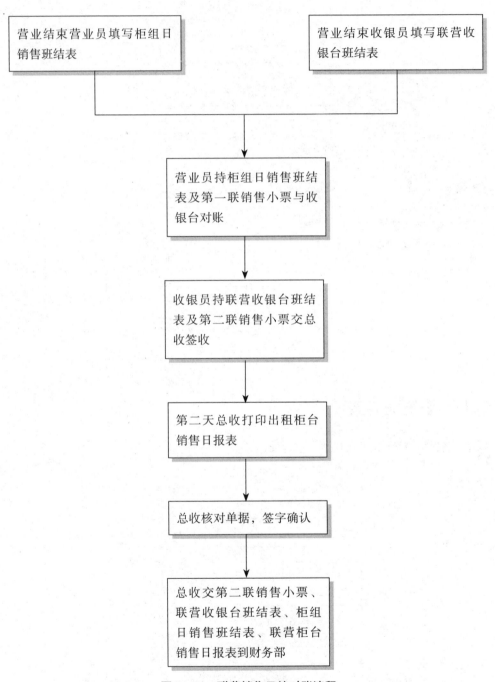

图 11-14　联营销售日结对账流程

11.19 顾客退/换货流程

顾客退/换货流程见图11-15。

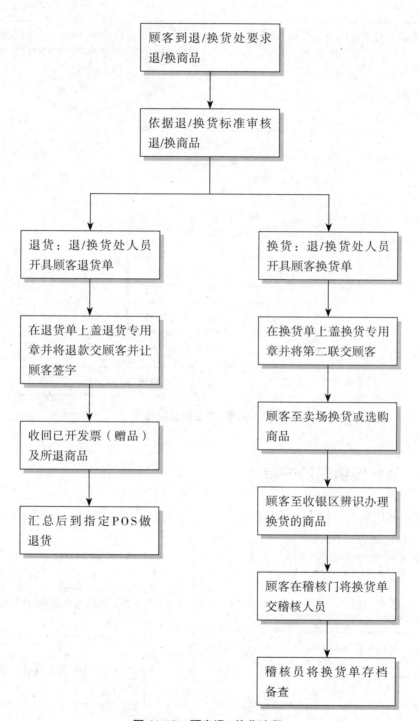

图 11-15 顾客退/换货流程

11.20 组合销售流程

组合销售流程见图 11-16。

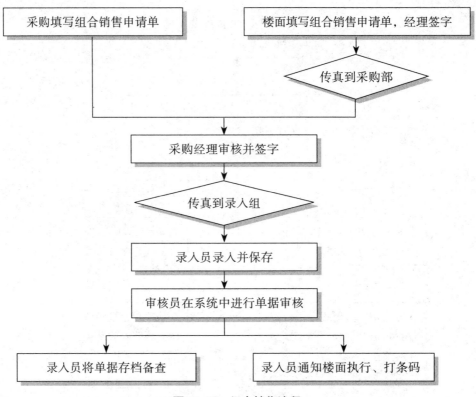

图 11-16 组合销售流程

11.21 DM 促销调价流程

DM 促销调价流程见图 11-17。

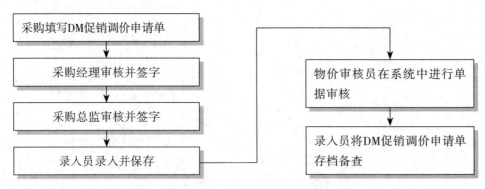

图 11-17 DM 促销调价流程

11.22 店内促销流程

店内促销流程见图11-18。

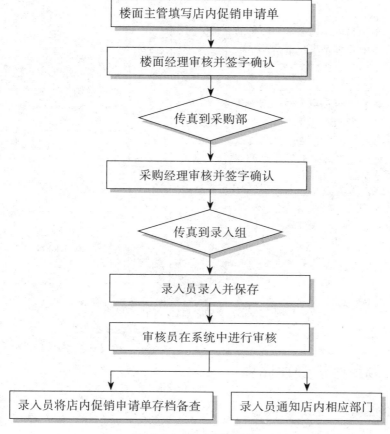

图 11-18 店内促销流程

11.23 单品促销折让流程

单品促销折让流程见图11-19。

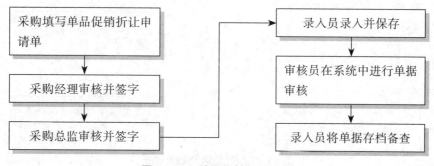

图 11-19 单品促销折让流程

11.24 单品时点促销折让流程

单品时点促销折让流程见图11-20。

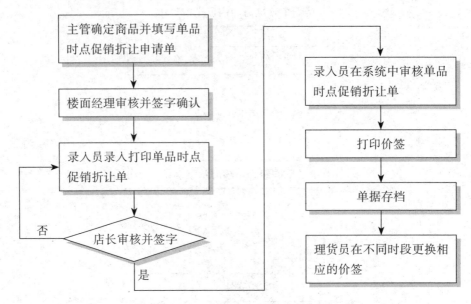

图 11-20　单品时点促销折让流程

11.25 商品削价处理流程

商品削价处理流程见图11-21。

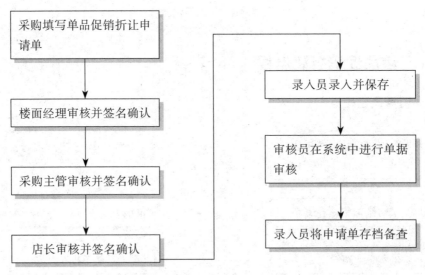

图 11-21　商品削价处理流程

11.26 进/售价调价流程

进/售价调价流程见图11-22。

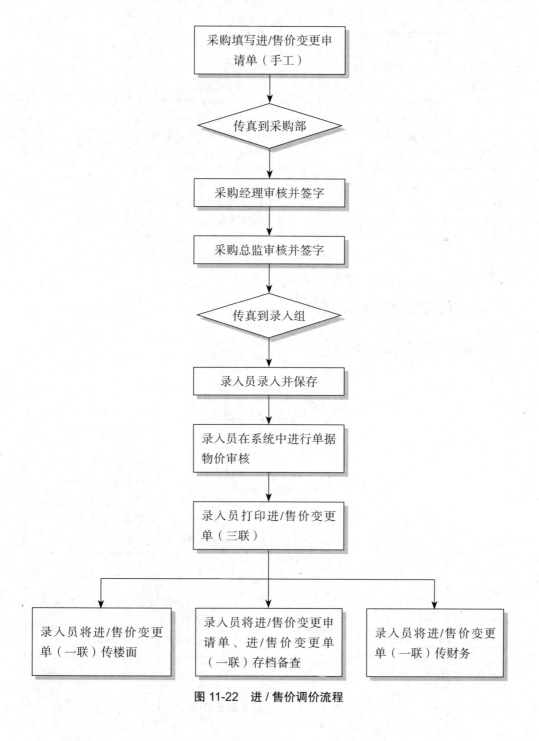

图 11-22 进/售价调价流程

11.27 赠品领用流程

赠品领用流程见图11-23。

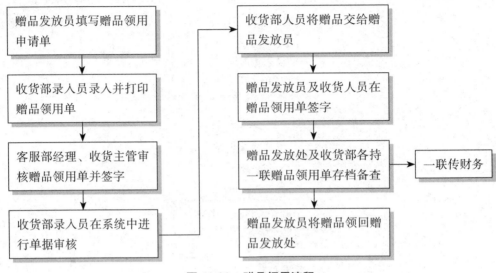

图 11-23 赠品领用流程

11.28 行政领用商品流程

行政领用商品流程见图11-24。

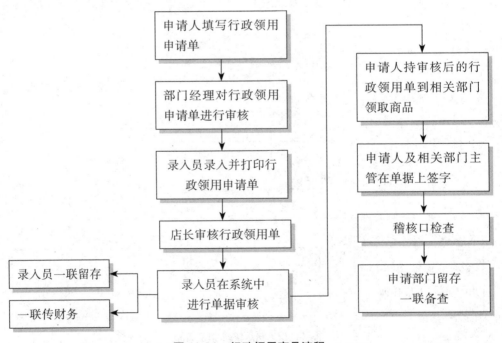

图 11-24 行政领用商品流程

11.29 供应商领用流程

供应商领用流程见图11-25。

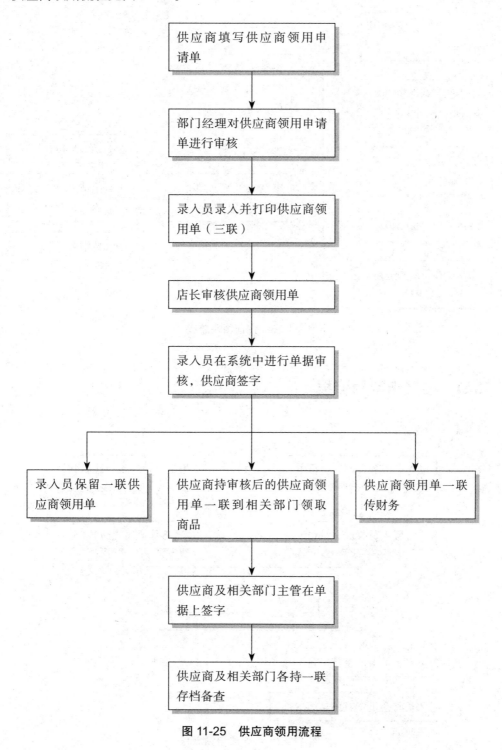

图 11-25 供应商领用流程

11.30 销售领用流程

销售领用流程见图11-26。

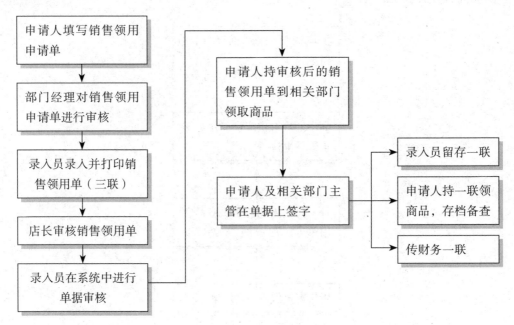

图 11-26　销售领用流程

11.31 会员卡申领流程

会员卡申领流程见图11-27。

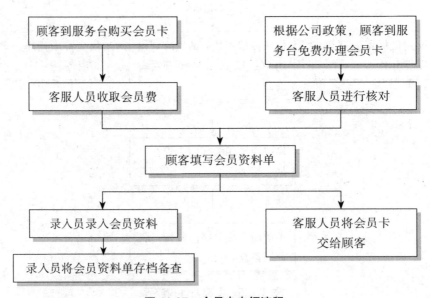

图 11-27　会员卡申领流程

11.32 财务验收单记账核算流程

财务验收单记账核算流程见图11-28。

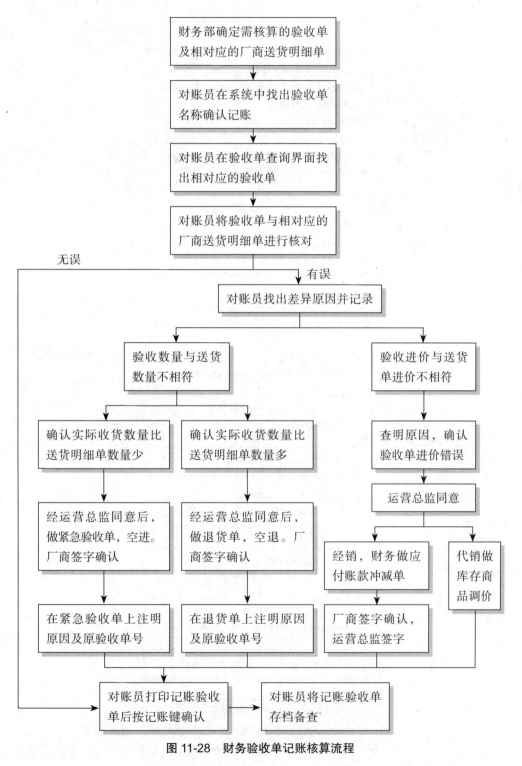

图 11-28 财务验收单记账核算流程

11.33 财务人员使用 MIS 系统的结算流程

财务人员使用 MIS 系统结算流程见图 11-29。

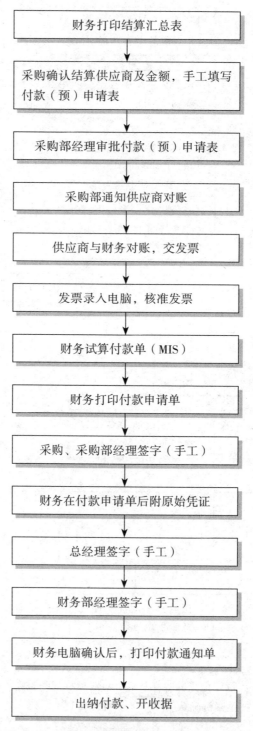

图 11-29 财务人员使用 MIS 系统的结算流程

第12章

门店运营管理流程

12.1 市场调研流程

市场调研流程见图12-1。

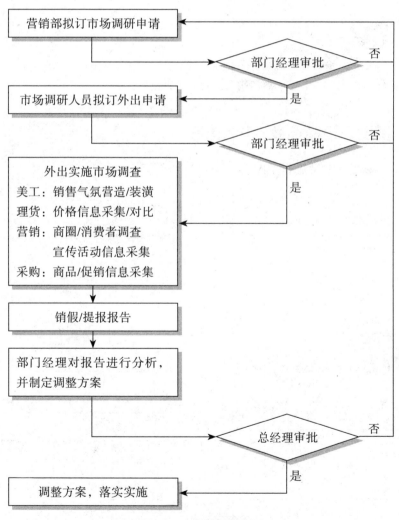

图 12-1 市场调研流程

12.2 员工招聘流程

员工招聘流程见图12-2。

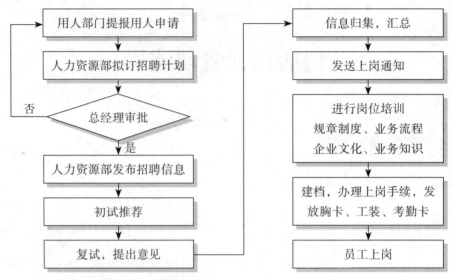

图 12-2　员工招聘流程

12.3 资财、设备购置/申领流程

资财、设备购置/申领流程见图12-3。

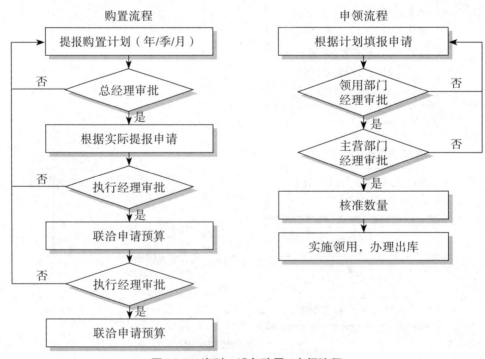

图 12-3　资财、设备购置/申领流程

12.4 内部领用/调拨流程

内部领用/调拨流程见图12-4。

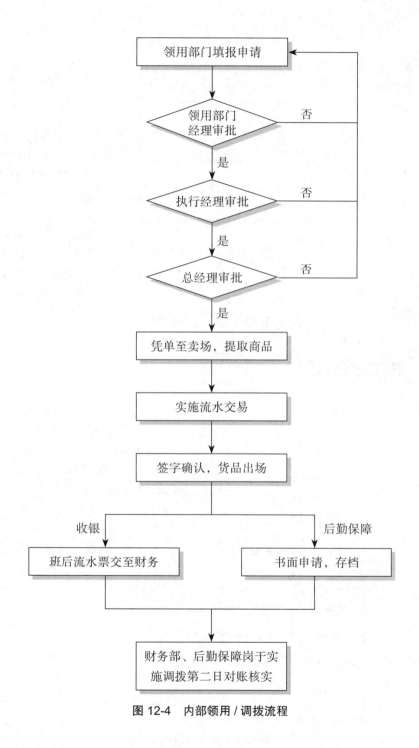

图 12-4 内部领用/调拨流程

12.5 员工入场流程

员工入场流程见图12-5。

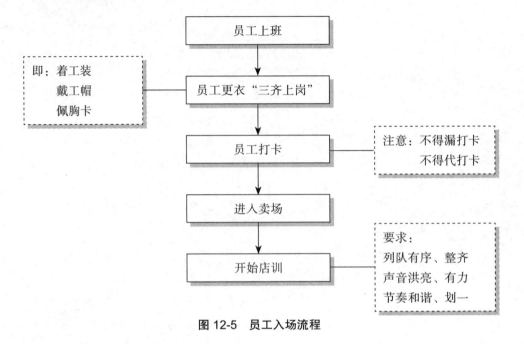

图 12-5　员工入场流程

12.6 员工出场流程

员工出场流程见图12-6。

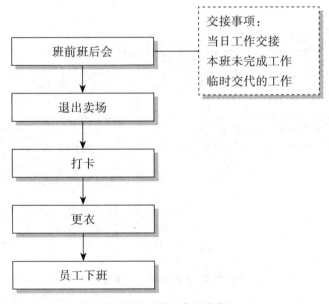

图 12-6　员工出场流程

12.7 大型活动策划/执行流程

大型活动策划/执行流程见图12-7。

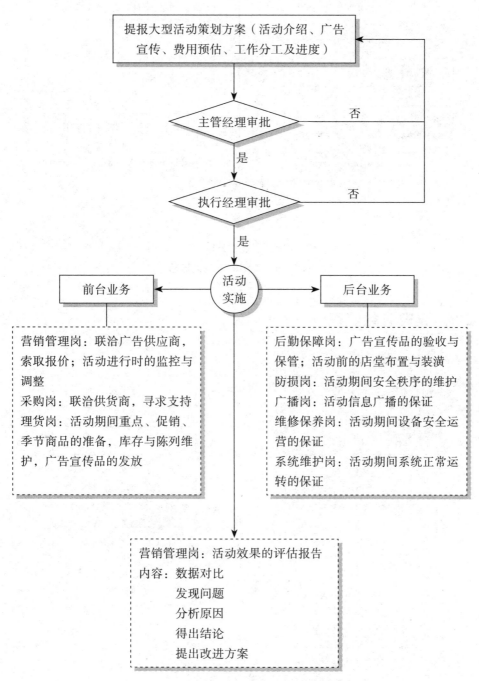

图12-7 大型活动策划/执行流程

12.8 卖场停电应急流程

卖场停电应急流程见图12-8。

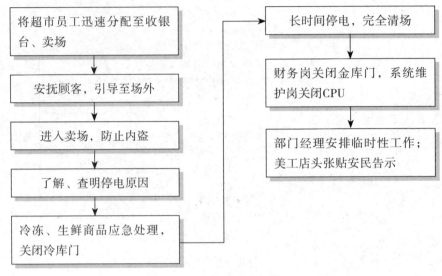

图12-8 卖场停电应急流程

12.9 火灾应急流程

火灾应急流程见图12-9。

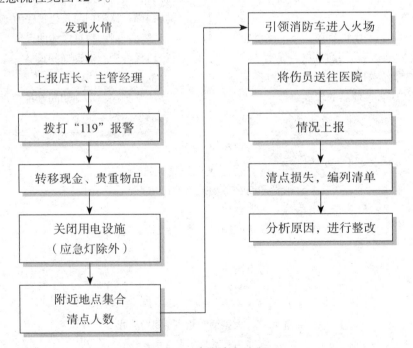

图12-9 火灾应急流程

12.10 执行总经理(店长)日工作流程

执行总经理(店长)日工作流程见图12-10。

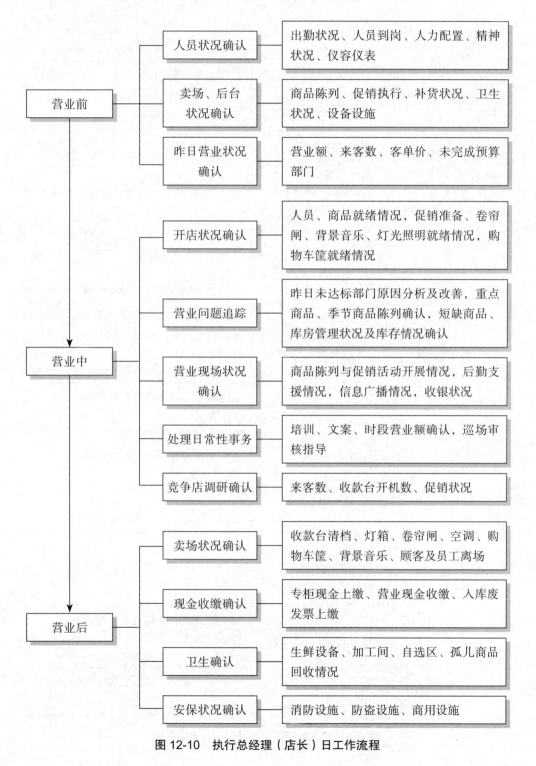

图12-10 执行总经理(店长)日工作流程

12.11 业务部经理（处长）日工作流程

业务部经理（处长）日工作流程见图12-11。

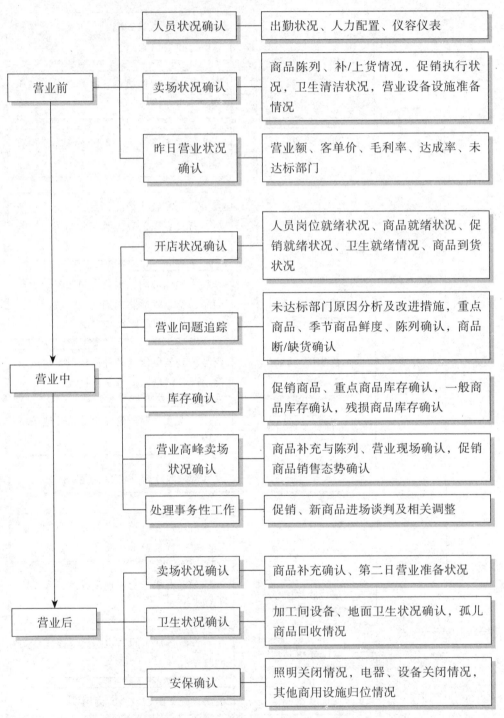

图12-11 业务部经理（处长）日工作流程

12.12 营业主管(部长)日工作流程

营业主管(部长)日工作流程见图12-12。

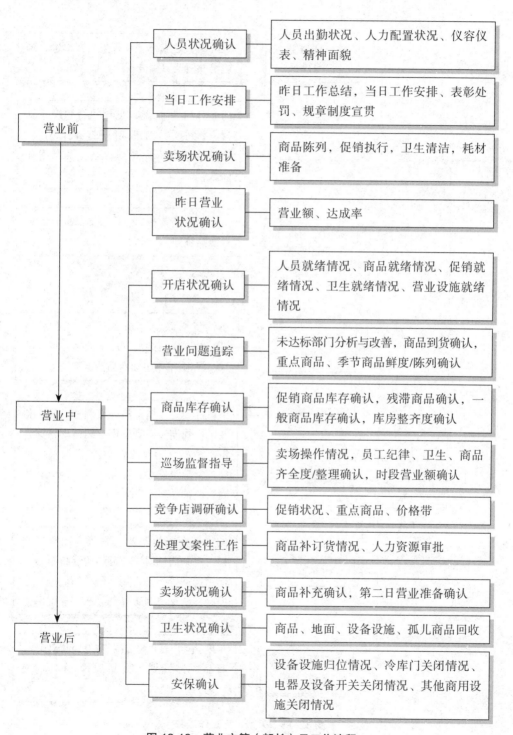

图 12-12 营业主管(部长)日工作流程

12.13 采购员日工作流程

采购员日工作流程见图12-13。

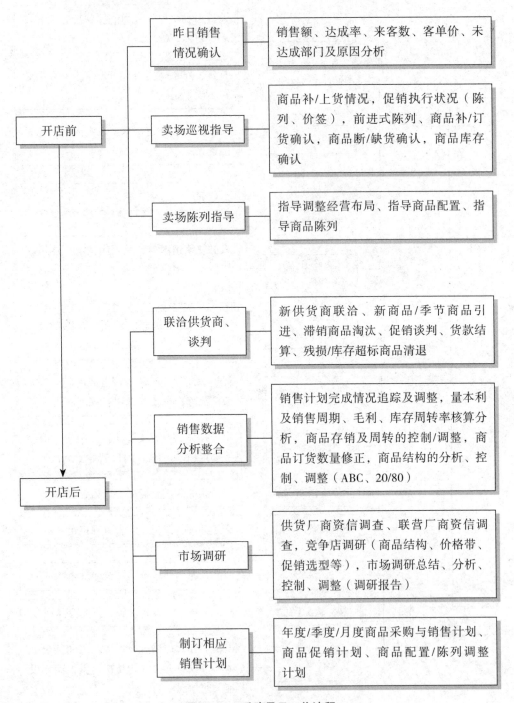

图12-13 采购员日工作流程

12.14 理货员日工作流程

理货员日工作流程见图12-14。

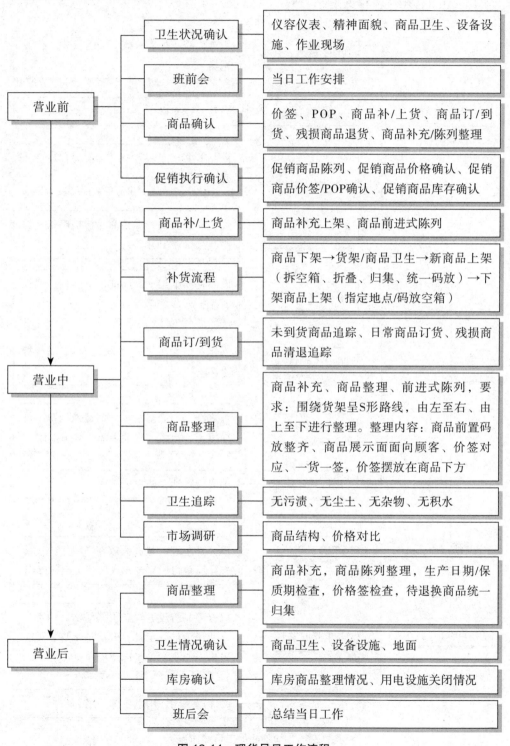

图12-14 理货员日工作流程

12.15 加工间员工日操作流程

加工间员工日操作流程见图12-15。

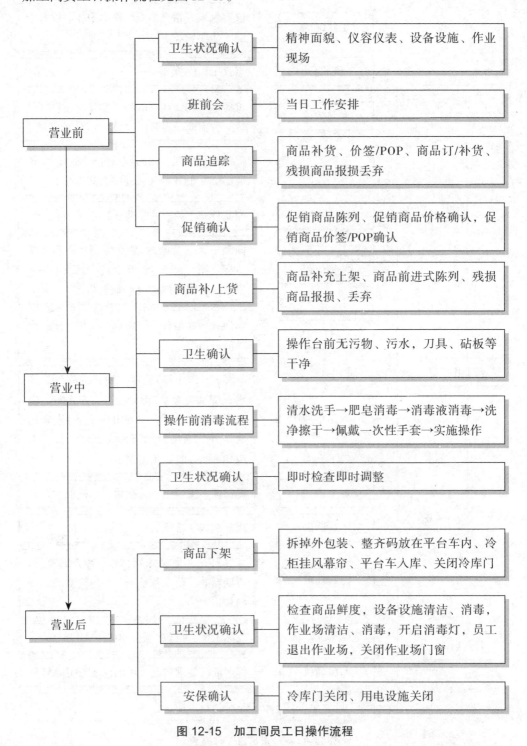

图 12-15 加工间员工日操作流程

12.16 收银主管日工作流程

收银主管日工作流程见图12-16。

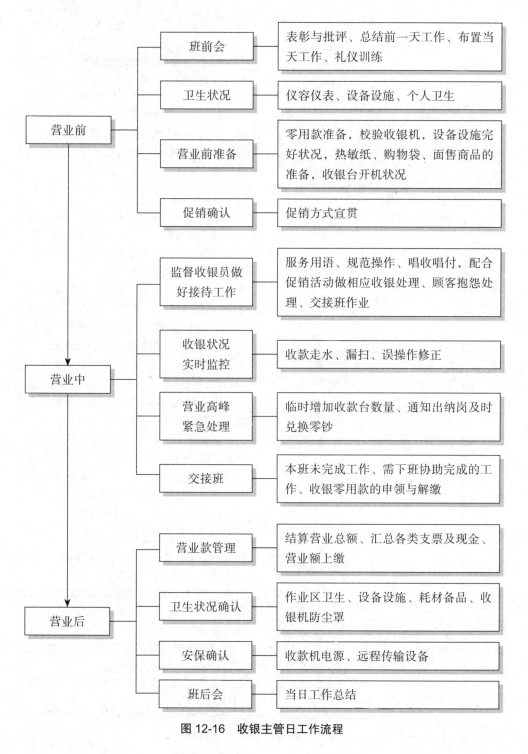

图12-16 收银主管日工作流程

12.17 收银员日工作流程

收银员日工作流程见图12-17。

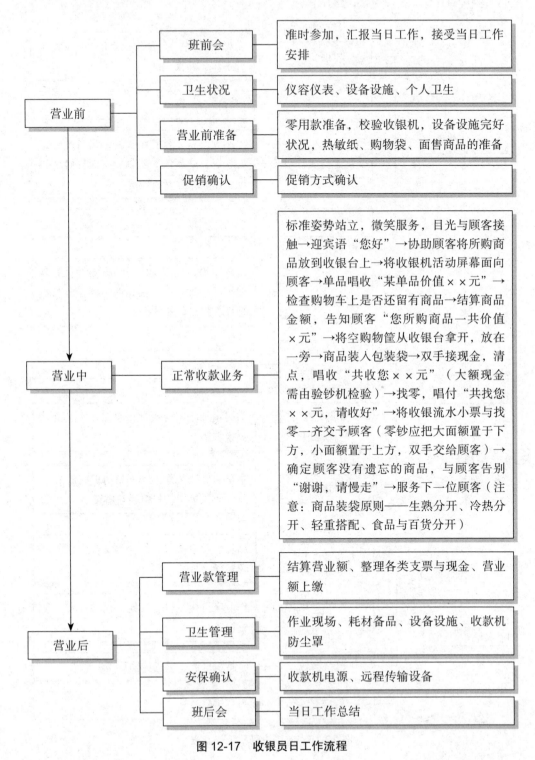

图12-17 收银员日工作流程

12.18 收货主管日工作流程

收货主管日工作流程见图12-18。

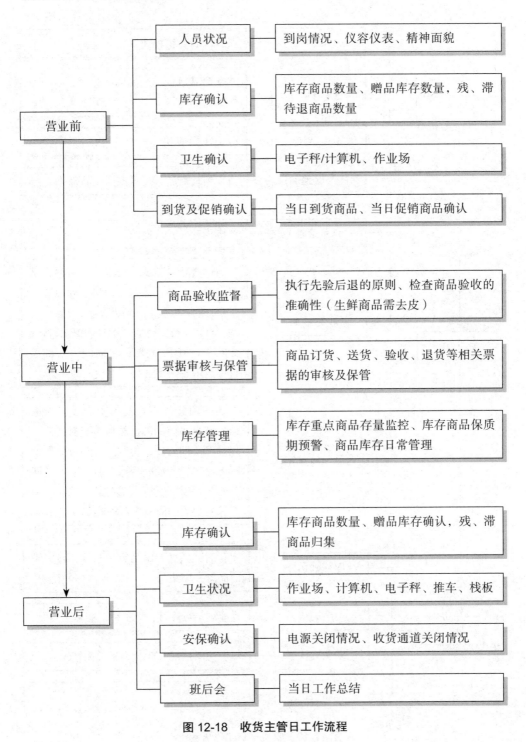

图 12-18 收货主管日工作流程

12.19 收货员日工作流程

收货员日工作流程见图12-19。

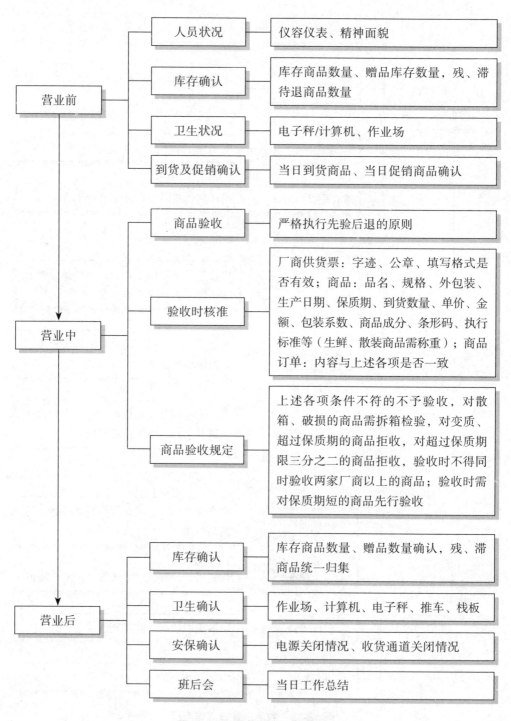

图 12-19　收货员日工作流程

12.20 库管员日工作流程

库管员日工作流程见图12-20。

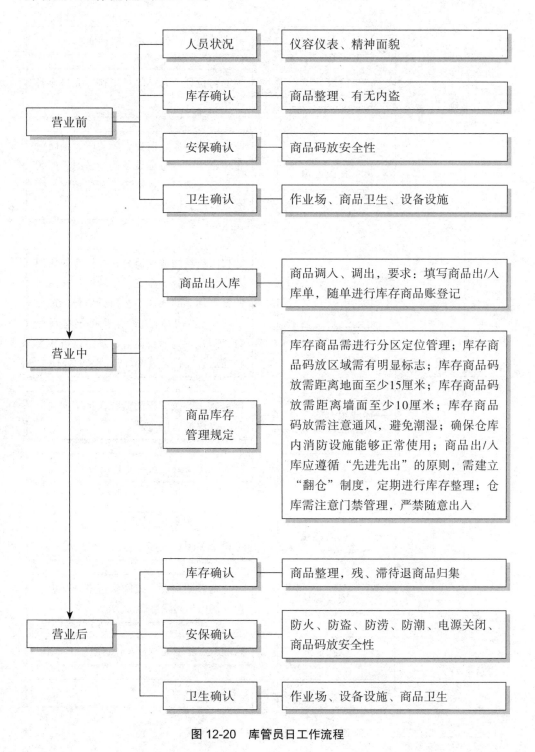

图 12-20 库管员日工作流程

12.21 防损主管日工作流程

防损主管日工作流程见图12-21。

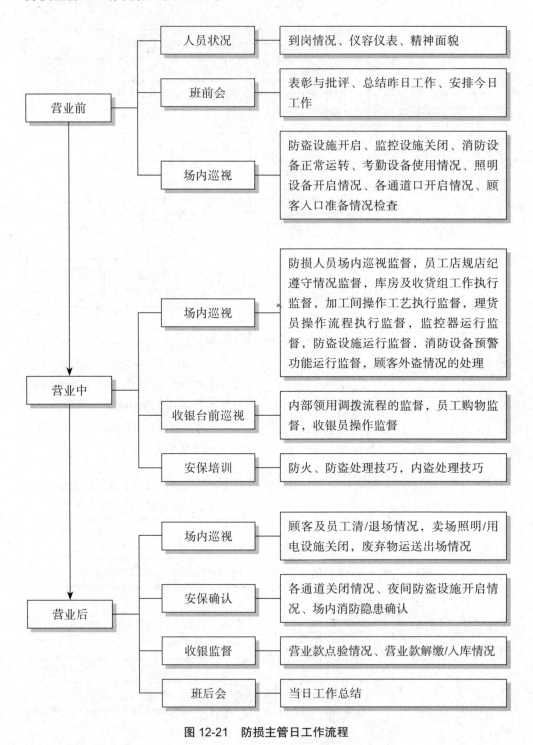

图 12-21 防损主管日工作流程

12.22 防损员日工作流程

防损员日工作流程见图12-22。

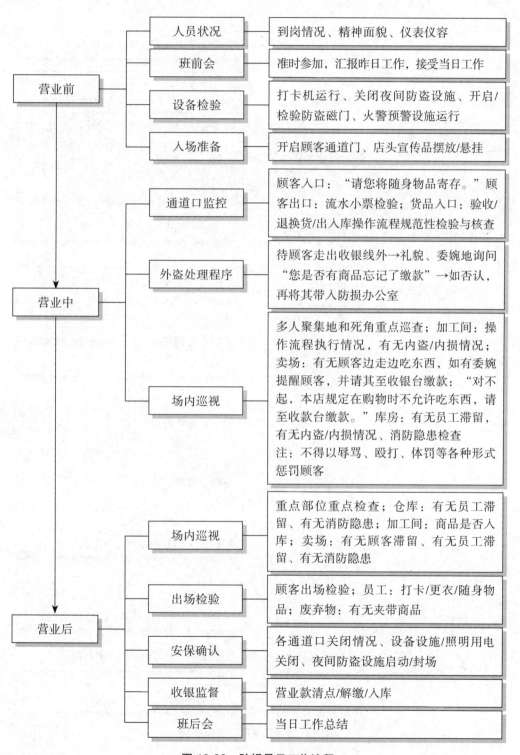

图 12-22 防损员日工作流程

12.23 保洁员日工作流程

保洁员日工作流程见图12-23。

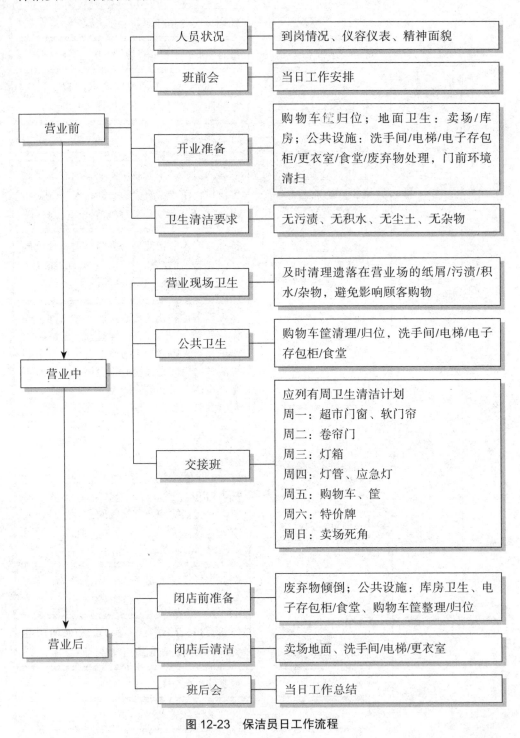

图12-23 保洁员日工作流程

12.24 客服员日工作流程

客服员日工作流程见图12-24。

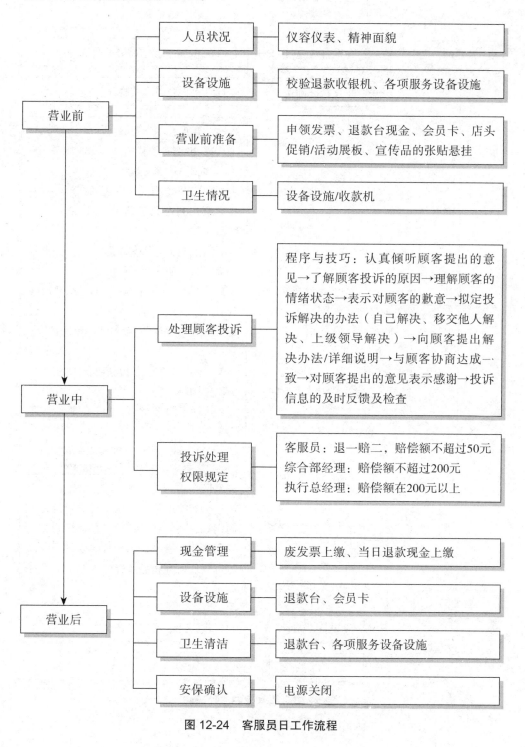

图 12-24　客服员日工作流程

12.25 存包员日工作流程

存包员日工作流程见图12-25。

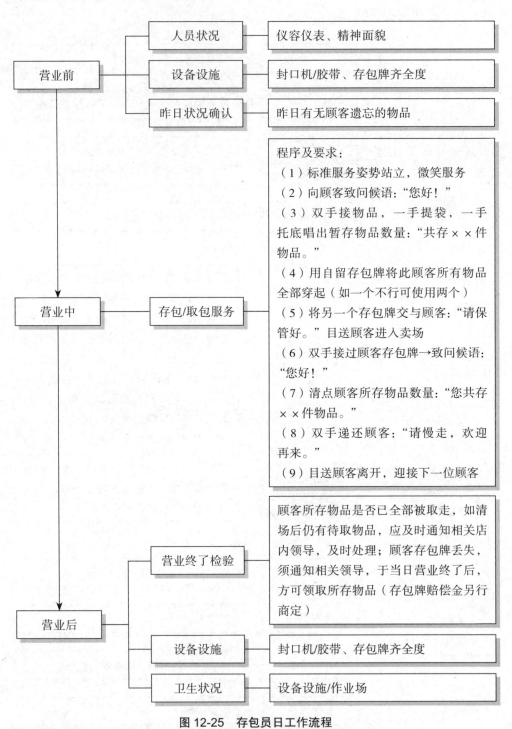

图 12-25　存包员日工作流程

12.26 广播员日工作流程

广播员日工作流程见图 12-26。

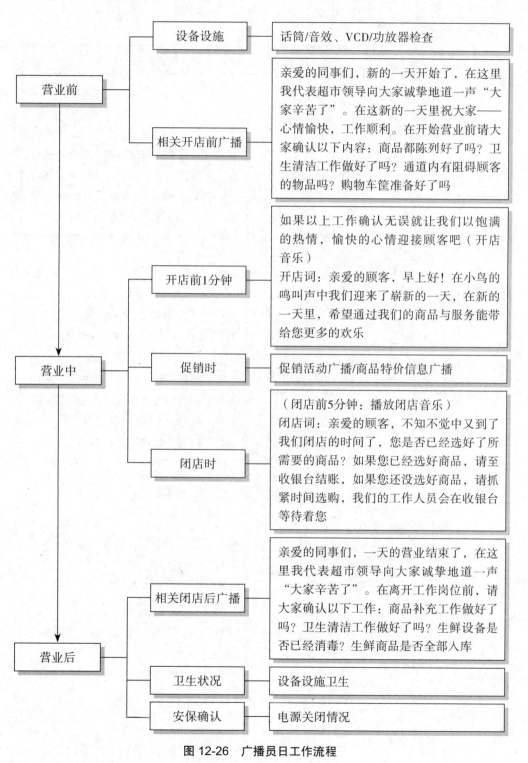

图 12-26 广播员日工作流程

12.27 维修保养岗日工作流程

维修保养岗日工作流程见图12-27。

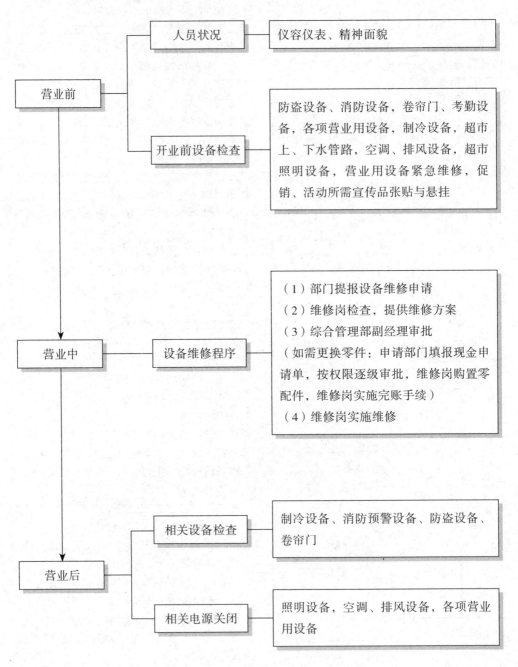

图12-27 维修保养岗日工作流程

12.28 财务岗日工作流程

财务岗日工作流程见图12-28。

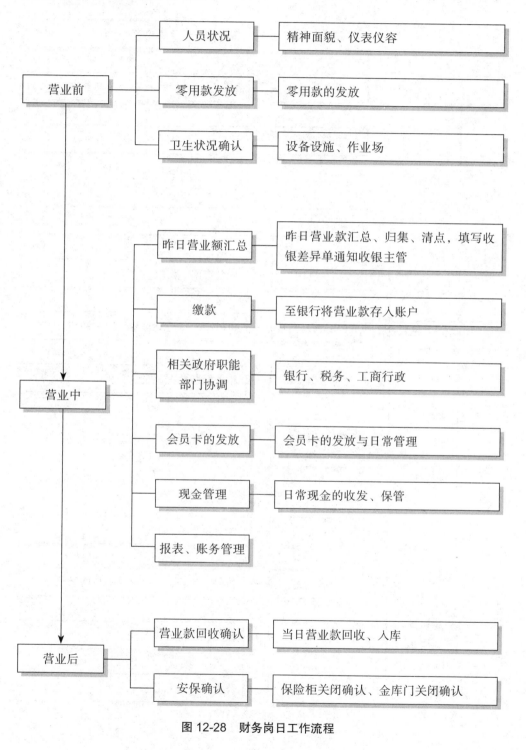

图12-28 财务岗日工作流程

12.29 信息岗日工作流程

信息岗日工作流程见图12-29。

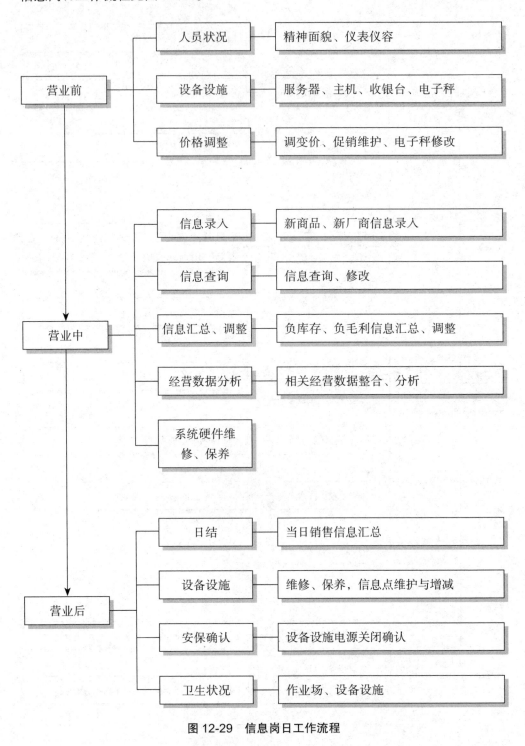

图12-29 信息岗日工作流程

第13章 门店业务管理流程

13.1 新品引进作业流程

新品引进作业流程见图13-1。

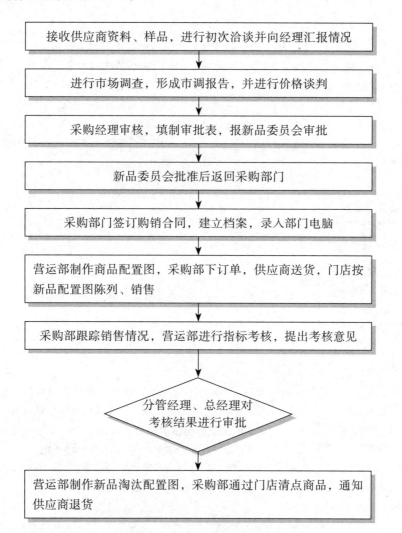

图 13-1 新品引进作业流程

13.2 专柜标价签打印流程

专柜标价签打印流程见图13-2。

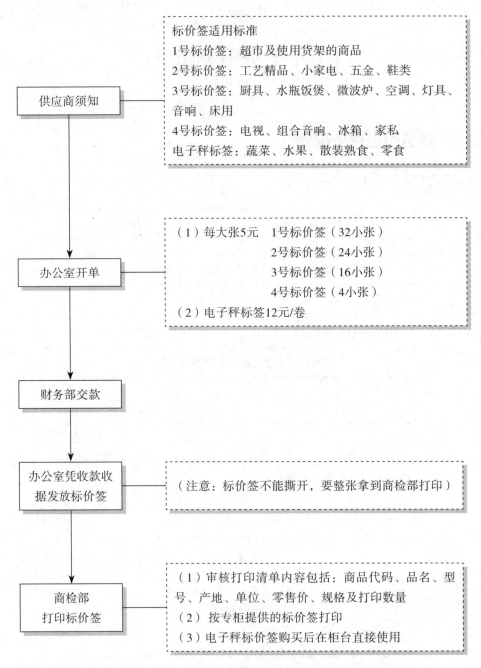

图 13-2 专柜标价签打印流程

13.3 自营专柜标价签打印流程

自营专柜标价签打印流程见图13-3。

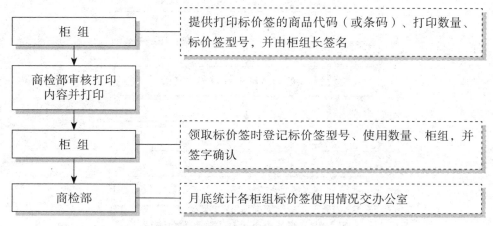

图 13-3 自营专柜标价签打印流程

13.4 供应商打印条码流程

供应商打印条码流程见图13-4。

图 13-4 供应商打印条码流程

13.5 供应商赠品发放流程

供应商赠品发放流程见图13-5。

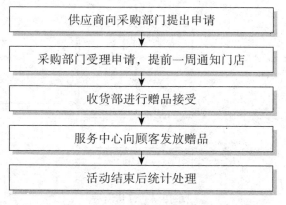

图 13-5 供应商赠品发放流程

13.6 服务中心（台）赠品发放流程

服务中心（台）赠品发放流程见图13-6。

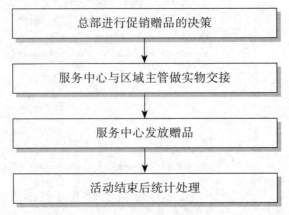

图 13-6 服务中心（台）赠品发放流程

13.7 订货流程

订货流程见图13-7。

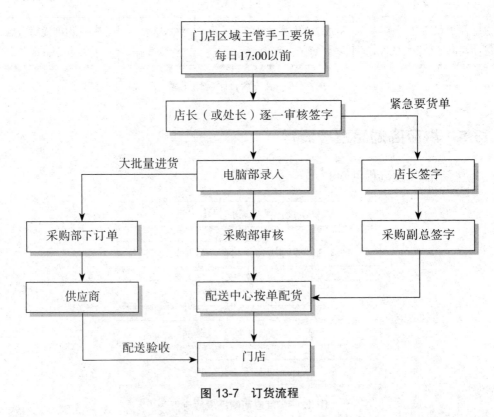

图 13-7 订货流程

13.8 商品调价工作流程

商品调价工作流程见图 13-8。

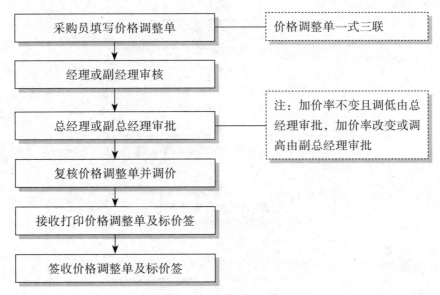

图 13-8　商品调价工作流程

13.9 商品不在竞争商品清单上的变价流程

商品不在竞争商品清单上的变价流程见图 13-9。

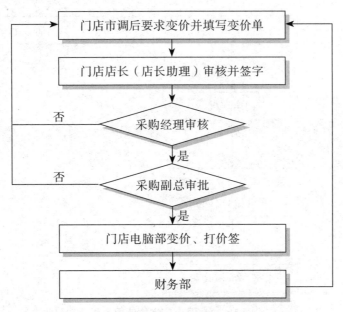

图 13-9　商品不在竞争商品清单上的变价流程

13.10 竞争商品清单的变价流程

竞争商品清单的变价流程见图13-10。

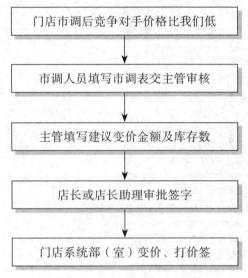

图 13-10 竞争商品清单的变价流程

13.11 门店广告位使用流程

门店广告位使用流程见图13-11。

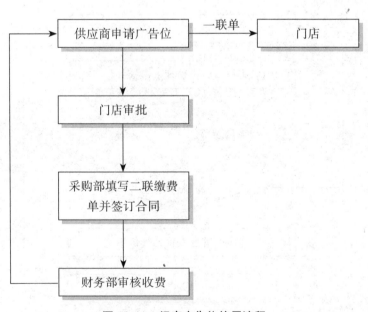

图 13-11 门店广告位使用流程

13.12 场外促销活动流程

场外促销活动流程见图 13-12。

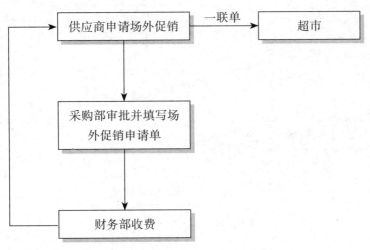

图 13-12 场外促销活动流程

13.13 场内堆头、端架等特殊陈列审批、收费流程

场内堆头、端架等特殊陈列审批、收费流程见图 13-13。

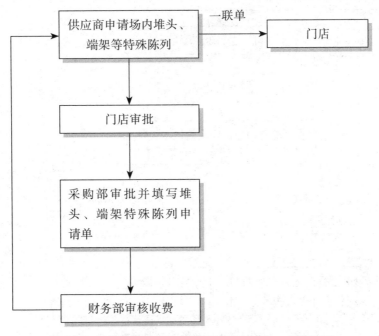

图 13-13 场内堆头、端架等特殊陈列审批、收费流程

13.14 商品淘汰申请流程

商品淘汰申请流程见图13-14。

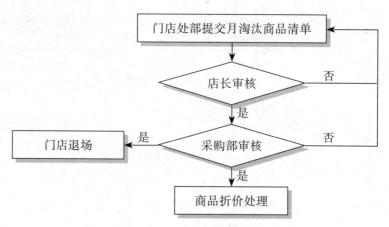

图 13-14 商品淘汰申请流程

13.15 坏品的处理流程

坏品的处理流程见图13-15。

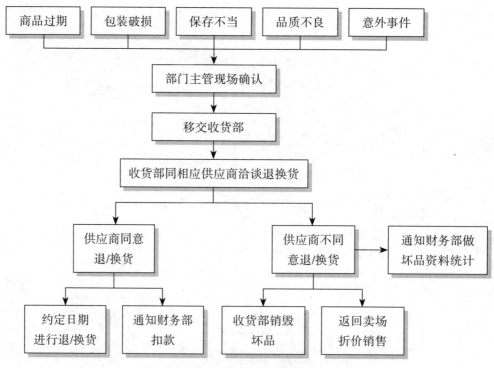

图 13-15 坏品的处理流程

13.16 问题商品处理流程

问题商品处理流程见图13-16。

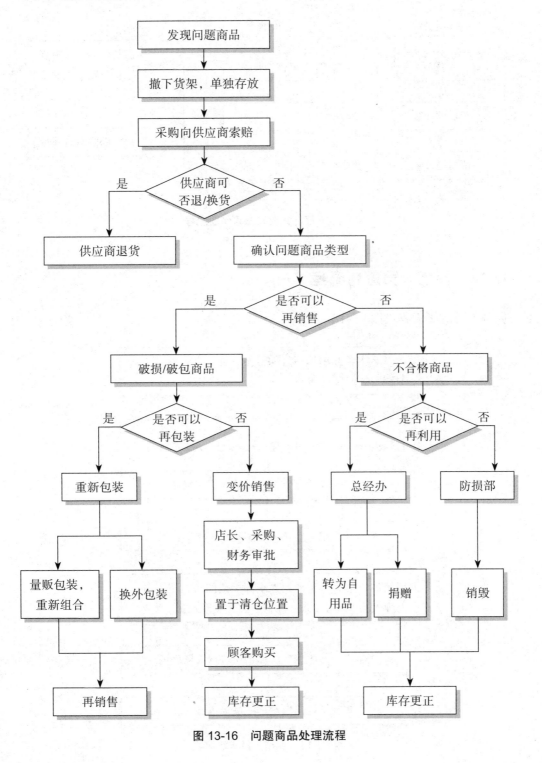

图 13-16 问题商品处理流程

13.17 营业款缴款作业流程

营业款缴款作业流程见图13-17。

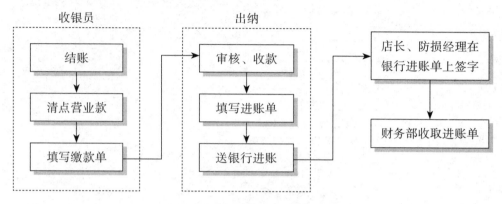

图 13-17　营业款缴款作业流程

13.18 促销人员进场流程

促销人员进场流程见图13-18。

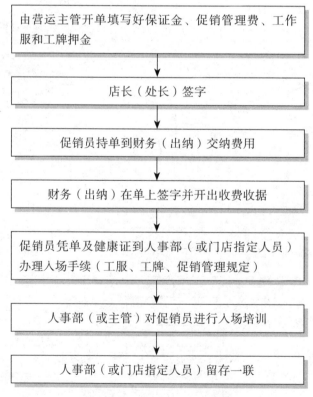

图 13-18　促销人员进场流程

13.19 促销人员离场流程

促销人员离场流程见图13-19。

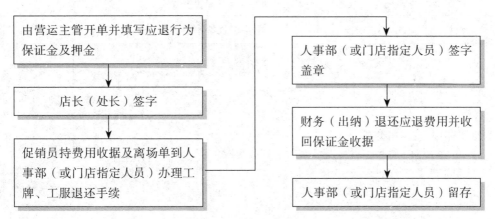

图 13-19 促销人员离场流程

13.20 顾客投诉处理流程

顾客投诉处理流程见图13-20。

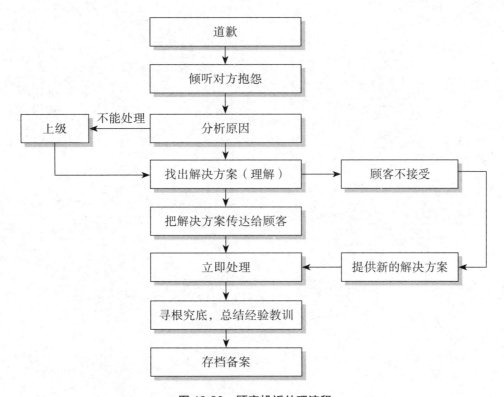

图 13-20 顾客投诉处理流程

13.21 自用品内部转货流程

自用品内部转货流程见图13-21。

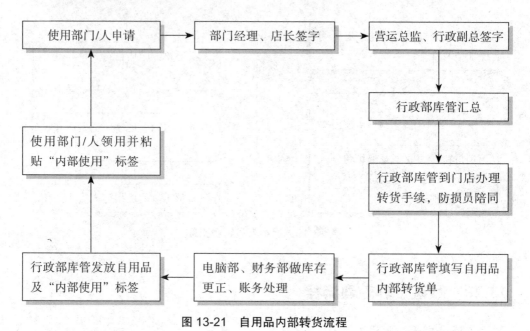

图 13-21 自用品内部转货流程

第14章 采购业务管理流程

14.1 采购业务管理总流程

采购业务管理总流程见图14-1。

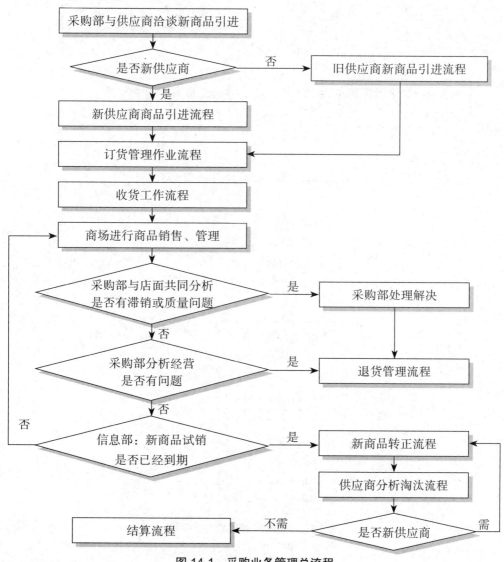

图 14-1 采购业务管理总流程

14.2　新供应商商品引进流程

新供应商商品引进流程见图14-2。

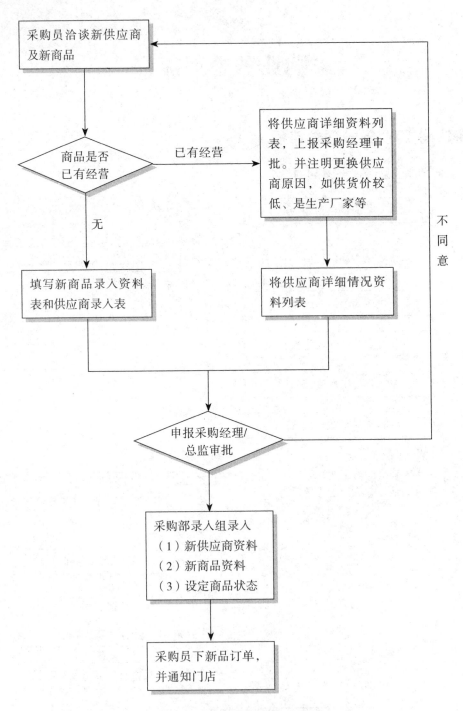

图 14-2　新供应商商品引进流程

14.3 旧供应商新商品引进流程

旧供应商新商品引进流程见图14-3。

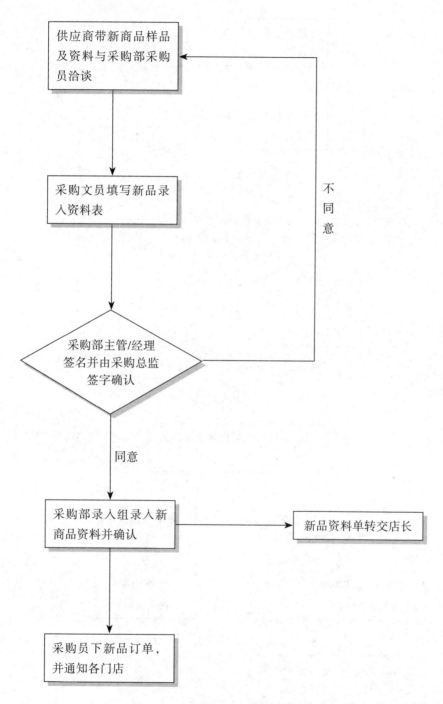

图 14-3 旧供应商新商品引进流程

14.4 联营及代销供应商引进流程

联营及代销供应商引进流程见图14-4。

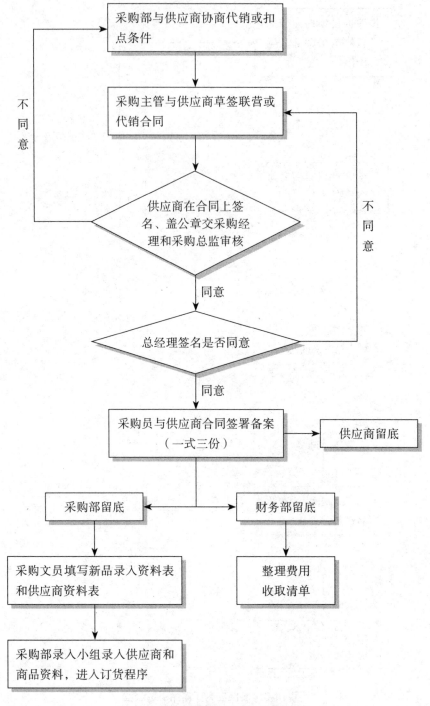

图 14-4 联营及代销供应商引进流程

14.5 新商品转正流程

新商品转正流程见图14-5。

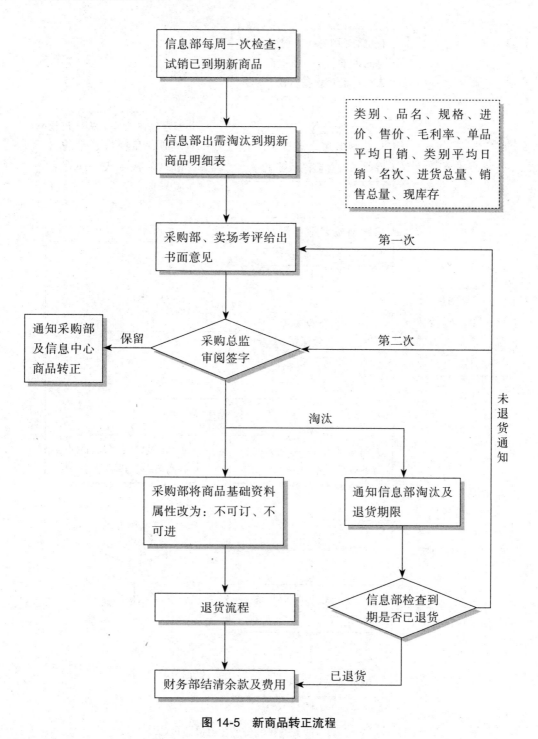

图14-5 新商品转正流程

14.6 供应商分析淘汰流程

供应商分析淘汰流程见图14-6。

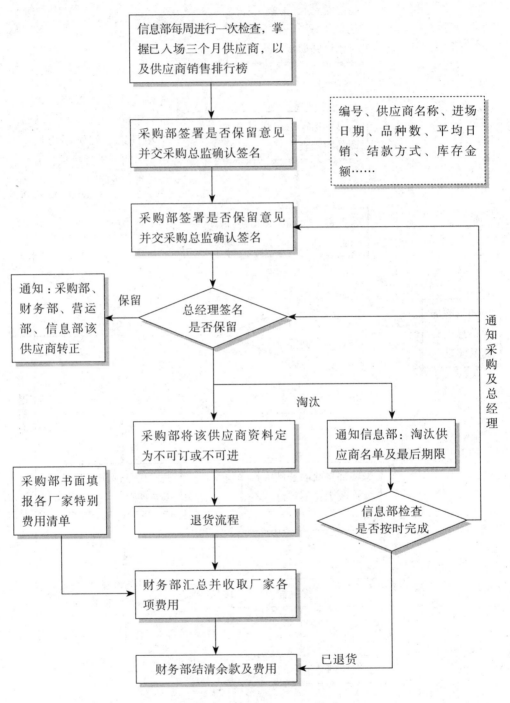

图14-6 供应商分析淘汰流程

14.7 租赁结算流程

租赁结算流程见图14-7。

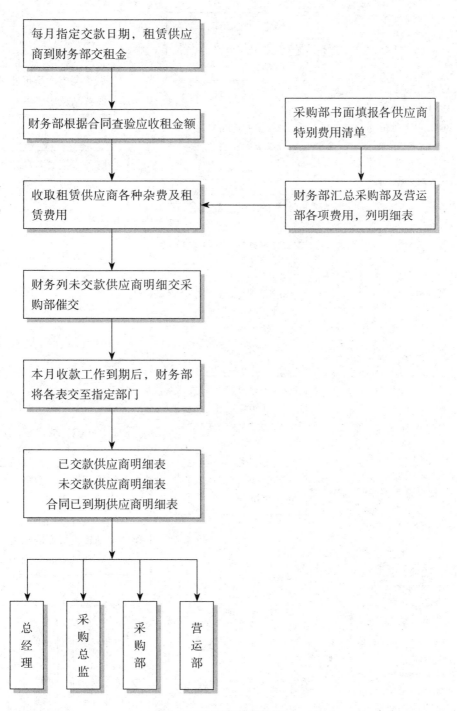

图 14-7 租赁结算流程

14.8 联营供应商结算流程

联营供应商结算流程见图14-8。

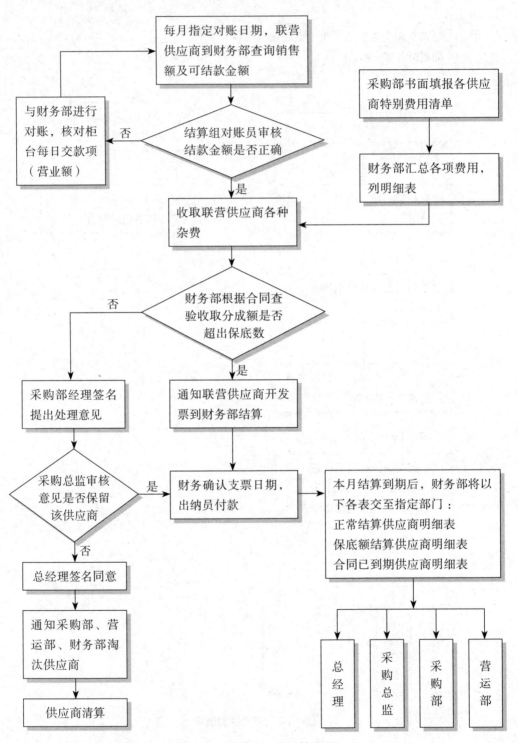

图 14-8 联营供应商结算流程

14.9 代销结算流程

代销结算流程见图14-9。

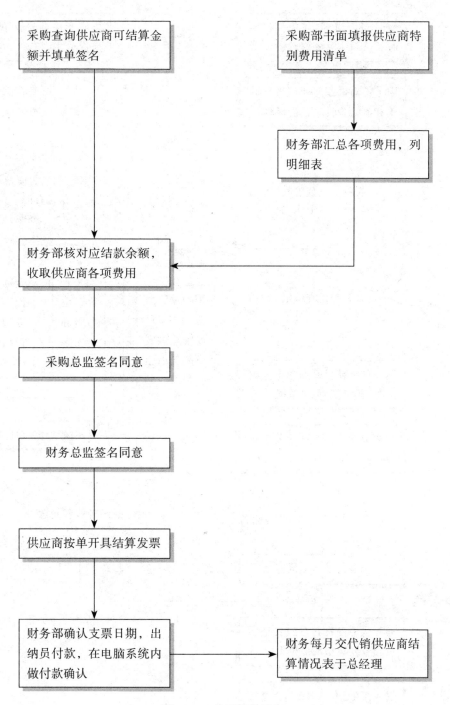

图 14-9　代销结算流程

14.10 购销（先货后款）结算流程

购销（先货后款）结算流程见图14-10。

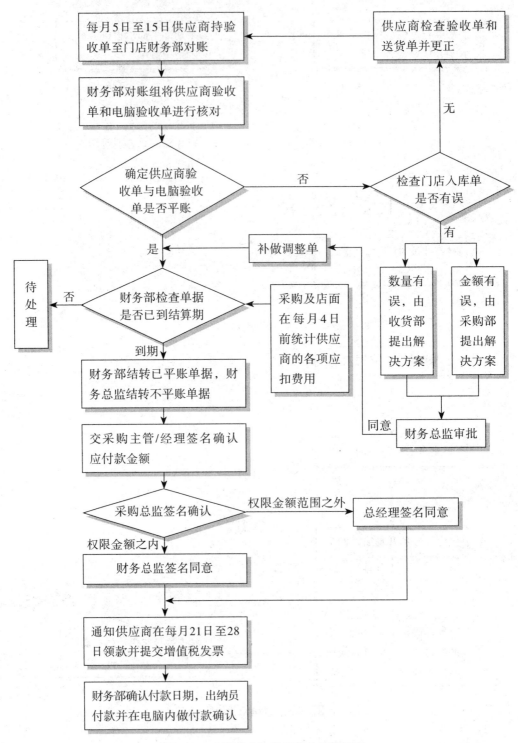

图 14-10 购销（先货后款）结算流程

14.11 购销（先款后货）结算流程

购销（先款后货）结算流程见图14-11。

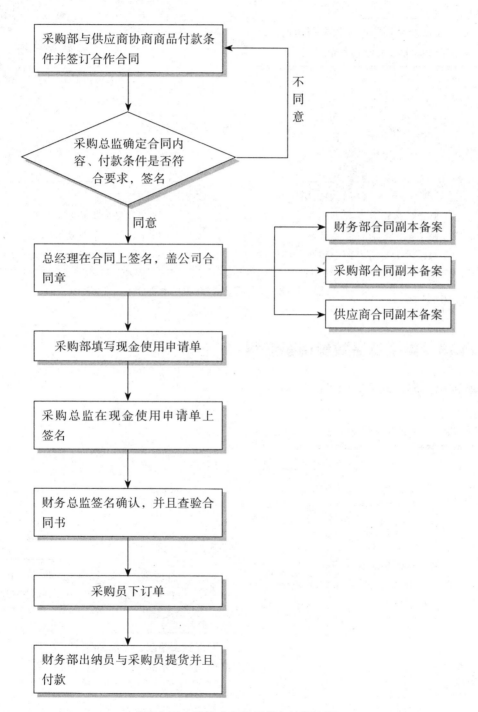

图 14-11 购销（先款后货）结算流程

14.12　类别单品数量确定流程

类别单品数量确定流程见图 14-12。

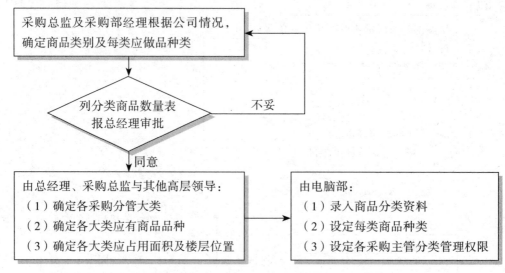

图 14-12　类别单品数量确定流程

14.13　类别单品数量调整流程

类别单品数量调整流程见图 14-13。

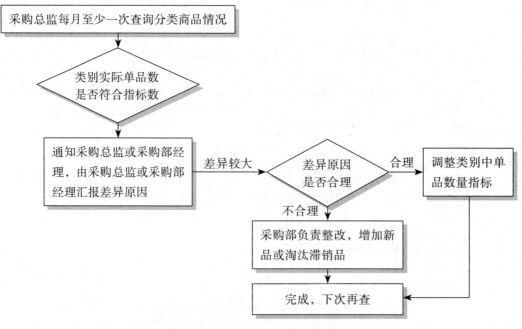

图 14-13　类别单品数量调整流程

14.14 赠品送货流程

赠品送货流程见图14-14。

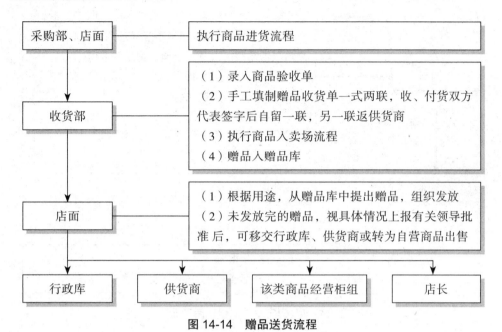

图 14-14 赠品送货流程

14.15 供应商自行举办的促销活动流程

供应商自行举办的促销活动流程见图14-15。

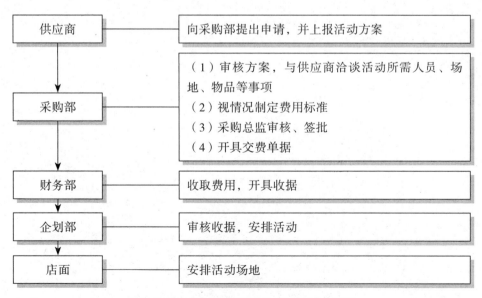

图 14-15 供应商自行举办的促销活动流程

14.16 门店举办的促销活动流程

门店举办的促销活动流程见图14-16。

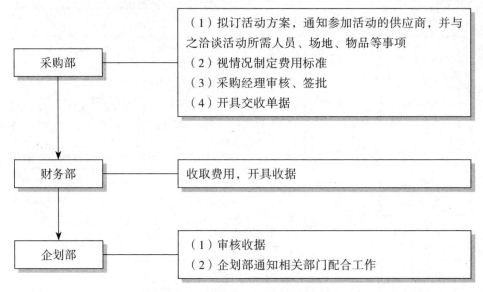

图 14-16 门店举办的促销活动流程

第15章

卖场作业管理流程

15.1 端架、地堆及货架编号作业流程

端架、地堆及货架编号作业流程见图15-1。

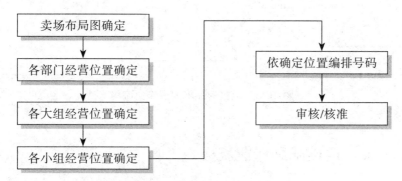

图 15-1 端架、地堆及货架编号作业流程

15.2 确定商品陈列图作业流程

确定商品陈列图作业流程见图15-2。

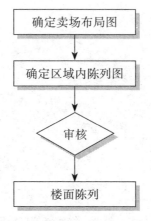

图 15-2 确定商品陈列图作业流程

15.3 促销商品陈列图作业流程

促销商品陈列图作业流程见图15-3。

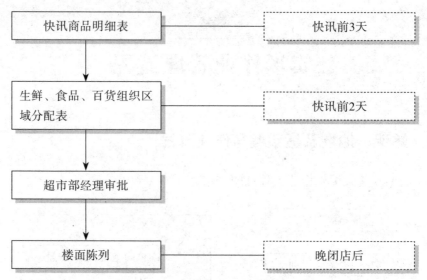

图 15-3　促销商品陈列图作业流程

15.4 端架、地堆陈列作业流程

端架、地堆陈列作业流程见图15-4。

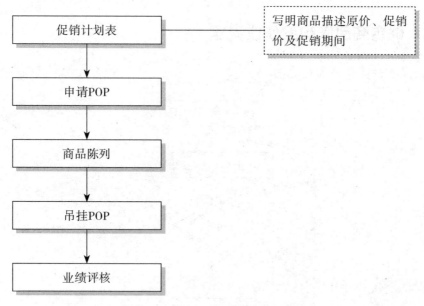

图 15-4　端架、地堆陈列作业流程

15.5 人工订单作业流程

人工订单作业流程见图15-5。

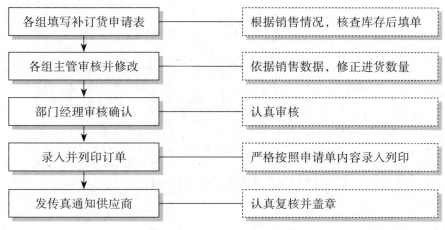

图 15-5 人工订单作业流程

15.6 紧急订单作业流程

紧急订单作业流程见图15-6。

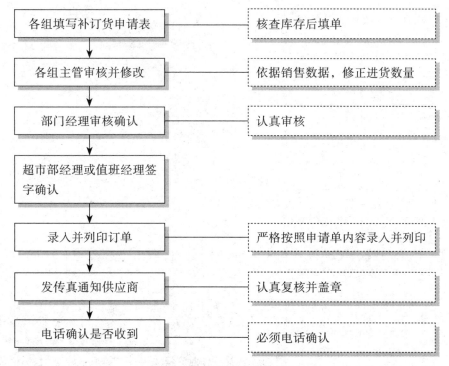

图 15-6 紧急订单作业流程

15.7 生鲜永续订货作业流程

生鲜永续订货作业流程见图15-7。

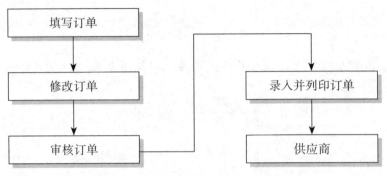

图 15-7 生鲜永续订货作业流程

15.8 补货作业流程

补货作业流程见图15-8。

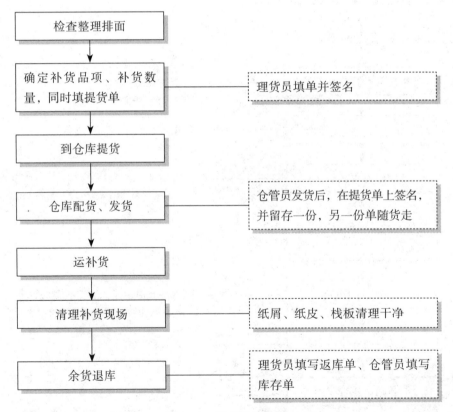

图 15-8 补货作业流程

15.9 缺货管理流程

缺货管理流程见图15-9。

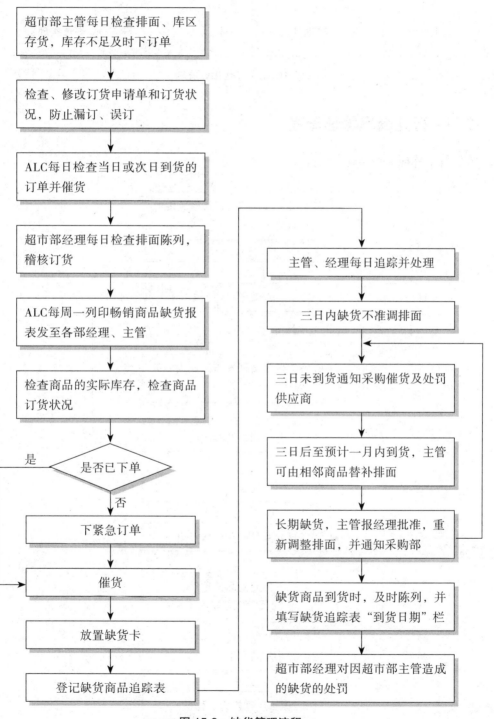

图 15-9　缺货管理流程

15.10 理货作业流程

理货作业流程见图15-10。

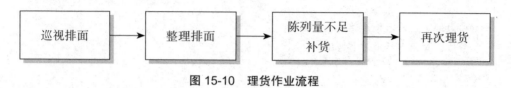

图 15-10 理货作业流程

15.11 孤儿商品管理流程

孤儿商品管理流程见图15-11。

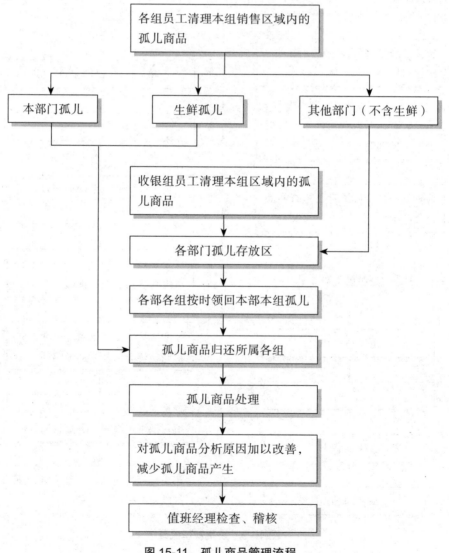

图 15-11 孤儿商品管理流程

15.12 食品、百货报废管理流程

食品、百货报废管理流程见图15-12。

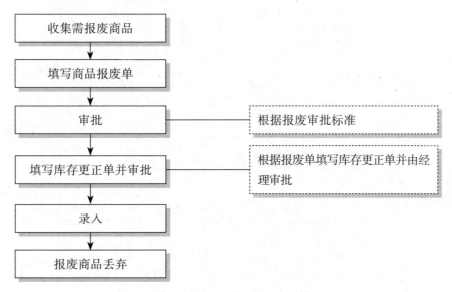

图 15-12　食品、百货报废管理流程

15.13 防盗签（扣）管理流程

防盗签（扣）管理流程见图15-13。

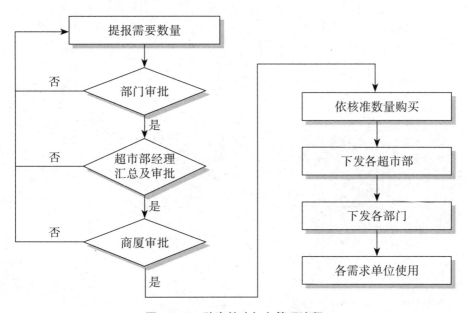

图 15-13　防盗签（扣）管理流程

15.14 商品残次、破包处理作业流程

商品残次、破包处理作业流程见图 15-14。

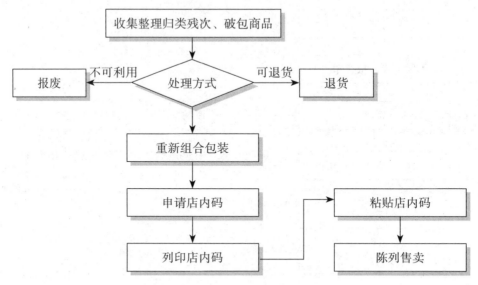

图 15-14　商品残次、破包处理作业流程

15.15 货价卡、标签作业流程

货价卡、标签作业流程见图 15-15。

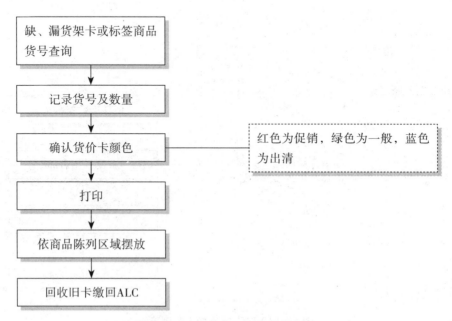

图 15-15　货价卡、标签作业流程

15.16 商品变价作业流程

商品变价作业流程见图15-16。

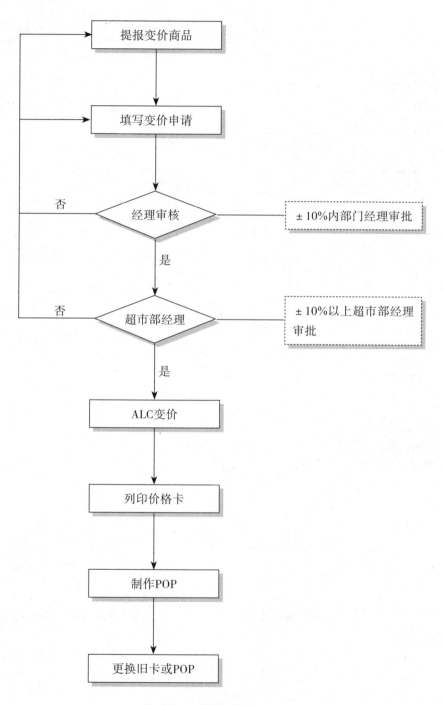

图 15-16　商品变价作业流程

15.17 清仓、滞销品处理作业流程

清仓、滞销品处理作业流程见图15-17。

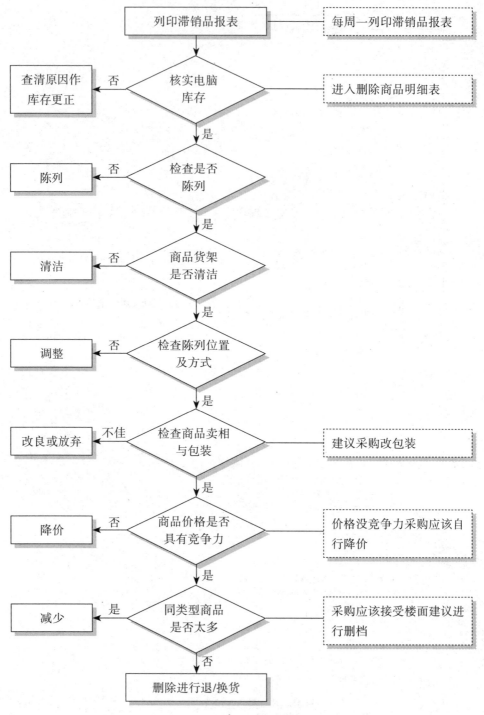

图 15-17 清仓、滞销品处理作业流程

15.18 库存更正作业流程

库存更正作业流程见图15-18。

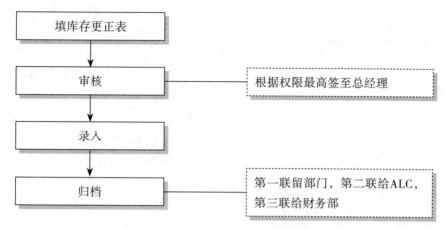

图 15-18　库存更正作业流程

15.19 商品负库存处理作业流程

商品负库存处理作业流程见图15-19。

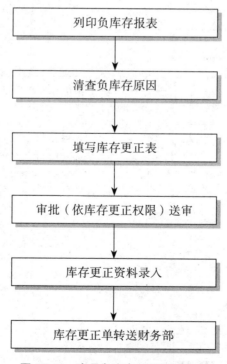

图 15-19　商品负库存处理作业流程

15.20 食品、百货盘点作业流程

食品、百货盘点作业流程见图15-20。

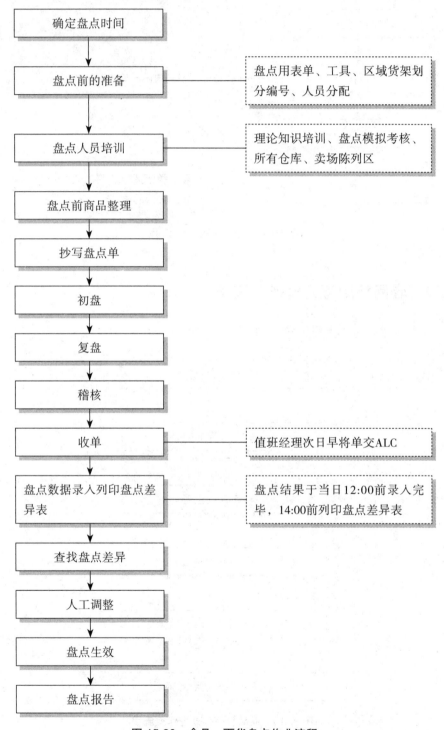

图 15-20　食品、百货盘点作业流程

15.21 超市部快讯作业流程

超市部快讯作业流程见图15-21。

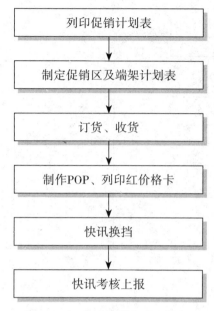

图 15-21 超市部快讯作业流程

15.22 店内促销作业流程

店内促销作业流程见图15-22。

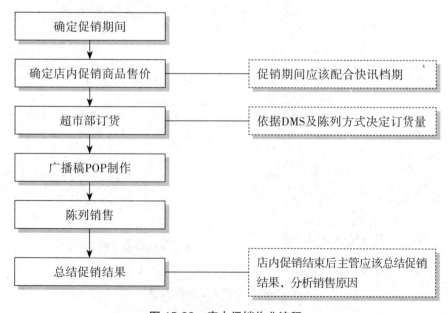

图 15-22 店内促销作业流程

15.23　促销人员管理流程

促销人员管理流程见图15-23。

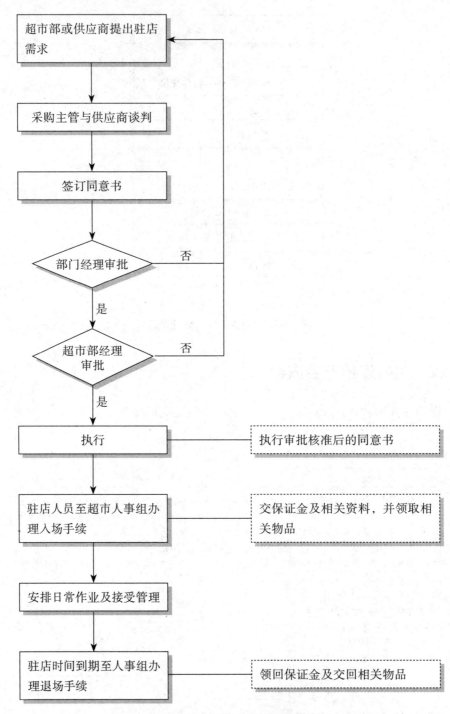

图 15-23　促销人员管理流程

15.24 专题促销作业流程

专题促销作业流程见图15-24。

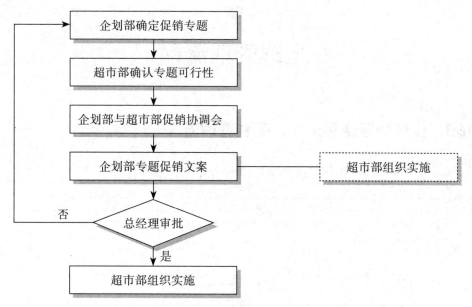

图 15-24　专题促销作业流程

15.25 超市部市场调查作业流程

超市部市场调查作业流程见图15-25。

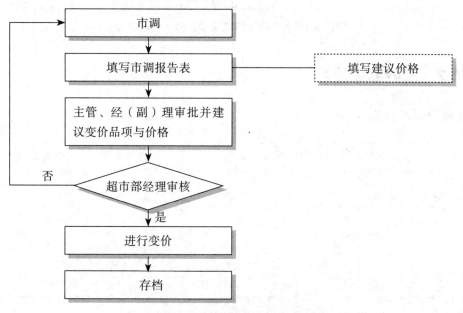

图 15-25　超市部市场调查作业流程

第16章

生鲜管理流程

16.1 生鲜蔬菜商品采购、销售管理流程

生鲜蔬菜商品采购、销售管理流程见图16-1。

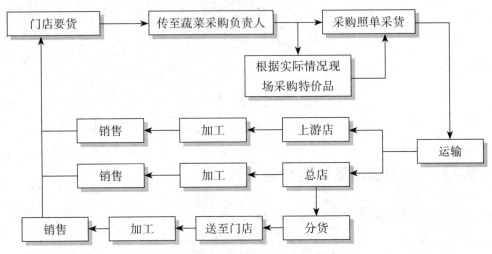

图16-1 生鲜蔬菜商品采购、销售管理流程

16.2 生鲜物流流程

生鲜物流流程见图16-2。

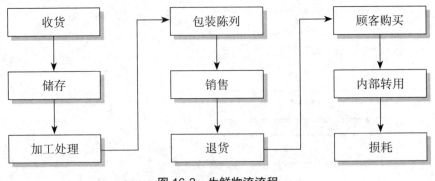

图16-2 生鲜物流流程

16.3 扎菜流程

扎菜流程见图16-3。

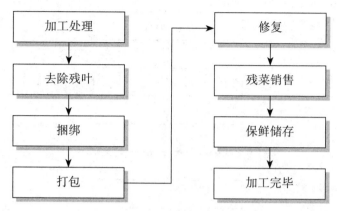

图 16-3　扎菜流程

16.4 叶菜加工流程

叶菜加工流程见图16-4。

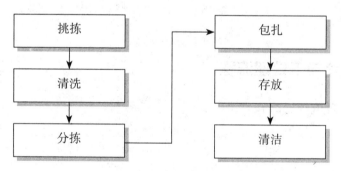

图 16-4　叶菜加工流程

16.5 水果加工流程

水果加工流程见图16-5。

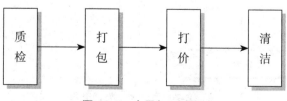

图 16-5　水果加工流程

16.6 果盘加工流程

果盘加工流程见图16-6。

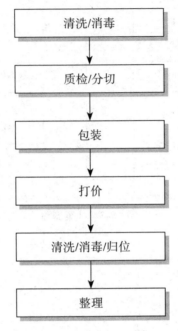

图 16-6　果盘加工流程

16.7 果汁加工处理流程

果汁加工处理流程见图16-7。

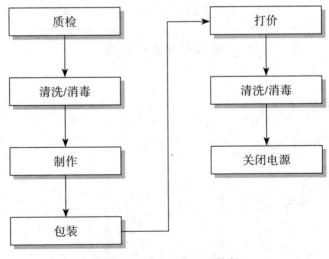

图 16-7　果汁加工处理流程

16.8 熟食半成品、原材料的引进流程

熟食半成品、原材料的引进流程见图16-8。

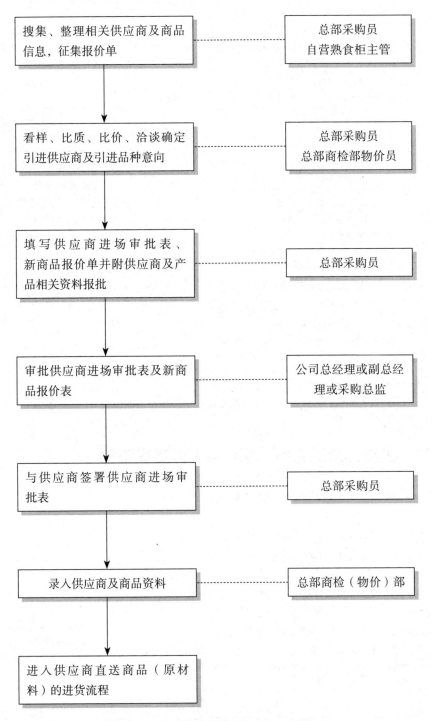

图16-8 熟食半成品、原材料的引进流程

16.9 熟食成品及原材料的现金采购流程

熟食成品及原材料的现金采购流程见图 16-9。

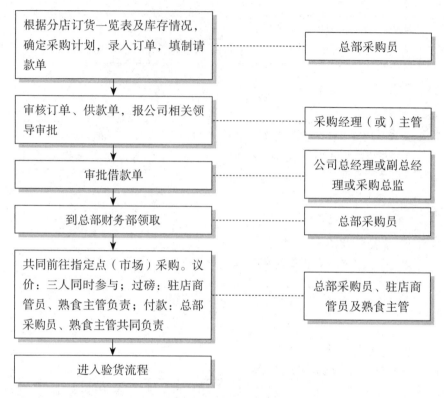

图 16-9 熟食成品及原材料的现金采购流程

16.10 供货商直送商品（原材料）的进货流程

供货商直送商品（原材料）的进货流程见图 16-10。

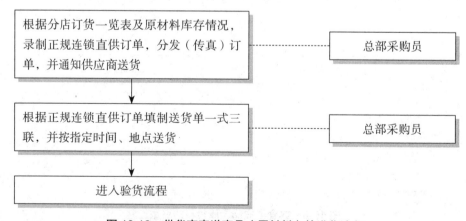

图 16-10 供货商直送商品（原材料）的进货流程

16.11 熟食订货、验货流程

熟食订货、验货流程见图16-11。

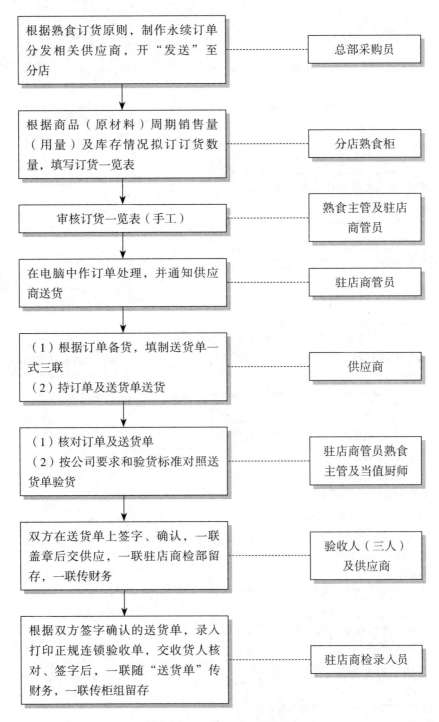

图 16-11 熟食订货、验货流程

16.12 熟食生产加工管理流程

熟食生产加工管理流程见图 16-12。

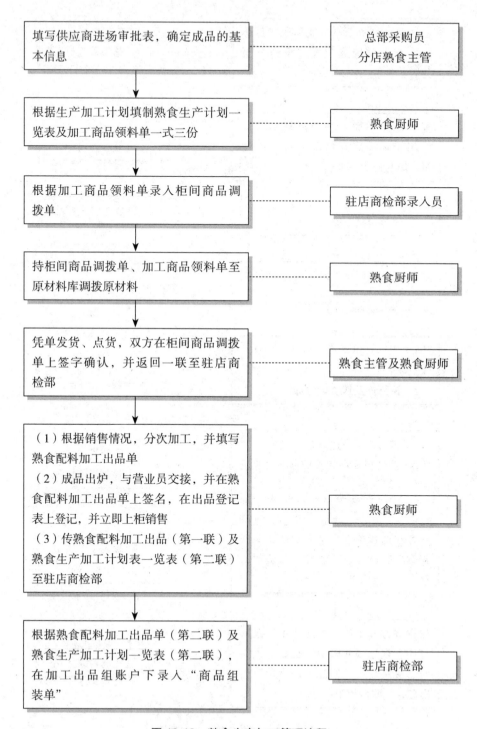

图 16-12　熟食生产加工管理流程

16.13 熟食定价流程

熟食定价流程见图16-13。

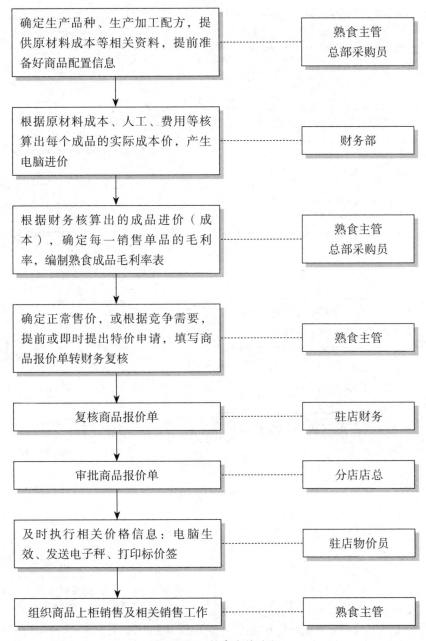

图 16-13 熟食定价流程

16.14 熟食销售、退/换货流程

熟食销售、退/换货流程与超市、散装食品柜销售、退/换货相同。

16.15 熟食退厂流程

熟食退厂流程见图16-14。

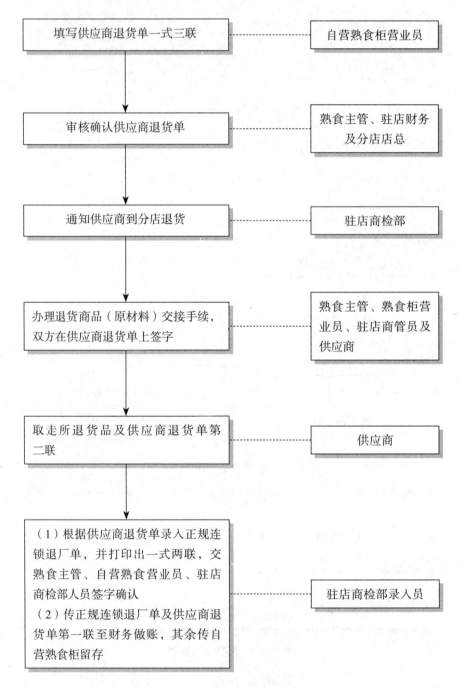

图16-14 熟食退厂流程

16.16 熟食促销流程

熟食促销流程见图16-15。

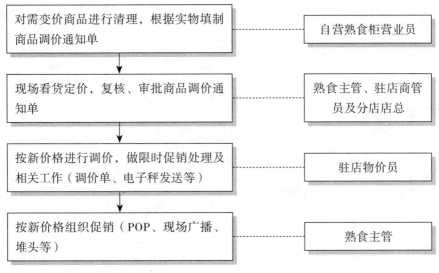

图 16-15　熟食促销流程

16.17 熟食报损流程

熟食报损流程见图16-16。

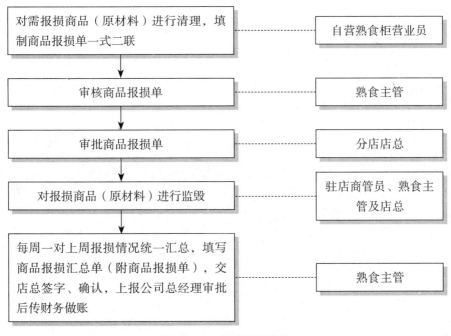

图 16-16　熟食报损流程

16.18 生鲜报损流程

生鲜报损流程见图16-17。

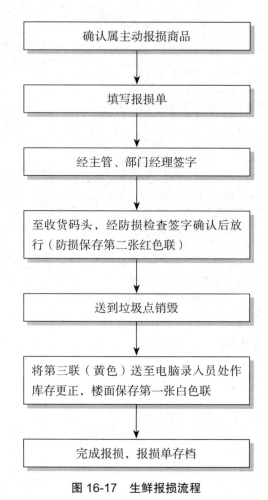

图 16-17 生鲜报损流程